우정사업본부 우체국 9급

계리직 공무원

기출문제집

미디어정훈
www.정훈에듀.com

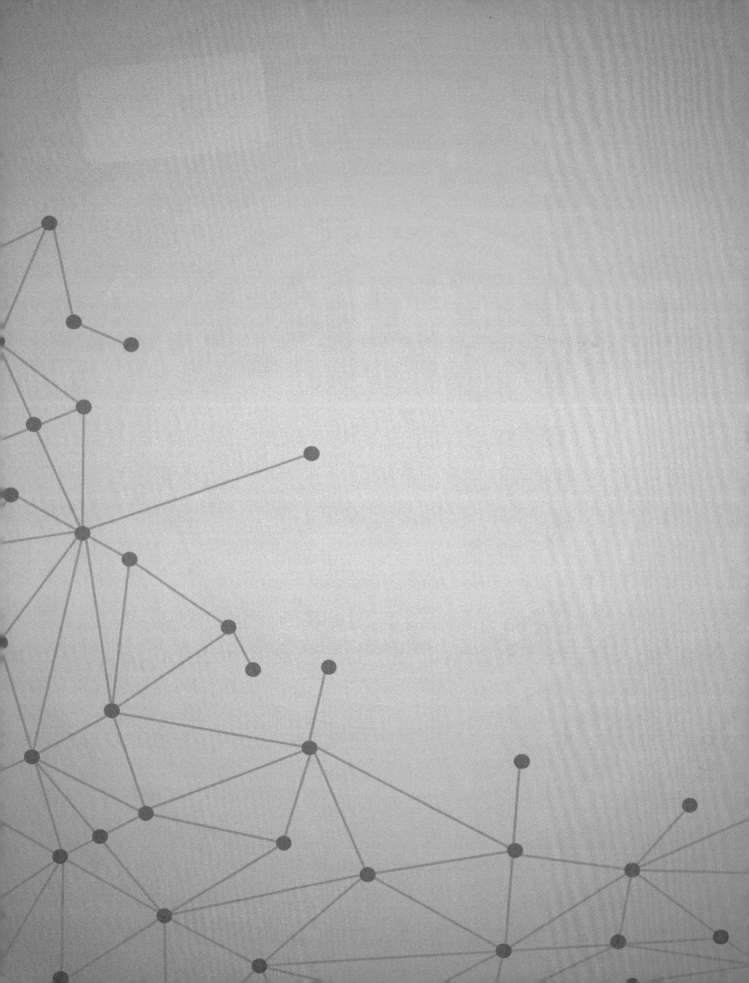

PREFACE

기출은 미리보는 시험이다!

계리직 공무원 시험이 인기가 높아지면서 시험도 2021년부터는 매년 시행되고 있으며, 2025년도에도 7월 5일 시행될 예정입니다.

시험과목이 일부 개정된 후 처음 실시된 2024년 시험에서는 『우편일반』, 『예금일반』, 『보험일반』의 기본이론을 묻는 문제들은 학습서안에서 모두 출제되어 열심히 공부한 수험생이라면 어렵지 않게 시험을 치루었을 것으로 보입니다. 단지 보험상품(8문제), 예금상품(6문제)관련부분은 출제비중도 높고 암기할 내용이 많아, 이 부분을 어떻게 잘 정리하고 암기하느냐에 따라 득점에 차이가 있었을 것으로 보이며, 2025년 시행될 예정인 시험에서도 2024년도의 출제경향을 크게 벗어나지는 않을 것으로 보입니다.

『컴퓨터 일반』은 일반적으로 학습한 범위를 약간 벗어났다고 생각되는 소위 킬러문제들이 일부 있어 어려웠다고 하는 수험생이 많았습니다. 킬러문제는 시험출제자가 의도적으로 틀리라고 출제하는 문제인 경우가 많은데 그런 킬러문제들을 모두 맞추겠다고 구석구석공부하기 보다는 기본이론에 선택과 집중을 해서 반복학습하는 것이 합격의 지름길입니다. 단지 평소에 틈틈이 AI.비트코인등 뉴스가 되는 컴퓨터 관련분야의 자료를 스마트폰등을 통해 관심있게 숙독할 필요는 있습니다.

기본이론의 교재는 2024년에도 미디어 정훈에서 출간된 기본서 시리즈들이 정리가 잘되어 이론을 정리하기 쉬워서 합격에 도움이 되었다는 수험생이 많았습니다, 서점에서 타교재와 꼼꼼히 비교해보고 구입하여 학습하길 추천합니다.

아무쪼록 2025년에는 계리직 공무원시험에 꼭 합격하여 계리직 공무원으로 한국 우정사업분야의 중추적인 역할을 담당하는 훌륭한 공무원으로 성장하길 진심으로 기원합니다.

2025년 새 봄을 기다리며 관악산 우거에서

저자 識

"합격으로 가는 길"로 안내해 드립니다!

왜, 많은 수험생들이 계리직에 관심을 가질까?

계리직 공무원은 국가직 공무원으로 일반직 9급 공무원과 급여, 복지혜택, 승진, 공무원 연금 등 동일한 대우를 받으며 정년까지 보장된다. 또한, 일반공무원 시험과목과 같이 5과목(한국사능력검정정시험 포함)인 것은 같지만 시험범위가 주어진 학습서내에서 출제되고 컴퓨터 일반의 출제범위도 기존의 기출범위에서 크게 벗어나지 않기 때문에 짧은 시간에 시험준비가 가능하다는 장점이 있다. 또한 일반 9급 공무원시험과 일정이 다르기 때문에 9급 공무원시험에 한번 더 응시기회가 주어지므로 공무원이 될 수 있는 길이 또 하나 생긴다는 점에서 많은 수험생들이 계리직 시험에 응시하고 있다.

우체국 계리직 공무원이 하는 일은?

1. 금융업무, 우체국회계업무, 현장창구업무, 현금수납 등의 각종 계산 수납 등의 관리업무
2. 우편물 수납통계업무를 담당하는 9급 공무원
3. 집배원과 별도의 업무 구분 : 우편물을 배달하지 않음

2024~2021년 연도별 합격선은 어땠을까?

구 분	2021년 제8회		2022년 제9회		2023년 제10회		2024년 제11회	
	선발인원	합격선	선발인원	합격선	선발인원	합격선	선발인원	합격선
서 울	43명	68.3	54명	70.0	62명	77.5	53명	86.25
경 인	37명	68.3	67명	71.25	91명	72.5	77명	85
부 산	34명	66.7	65명	67.5	43명	75	27명	87.5
충 청	53명	61.7	51명	65	17명	76.25	29명	82.5
전 남	40명	61.7	40명	62.5	9명	77.5	22명	82.5
경 북	35명	63.3	54명	63.75	22명	75	29명	86.25
전 북	14명	63.3	28명	61.25	9명	77.5	15명	83.75
강 원	25명	53.3	21명	62.5	8명	71.25	16명	76.25
제 주	5명	65.0	7명	70.0	9명	65.0	7명	82.5

9급 계리직 공무원 시험 대비 최신 수험정보

☑ 시험과목 및 시험방법

제1차시험 (2024년 부터 적용)	과 목	우편일반 (20문항), 예금일반 (20문항) 보험일반 (20문항), 컴퓨터일반(20문항 중 생활영어 7문항) ※ 한국사는 한국사능력검정시험으로 대체 (기준 등급 : 3급 이상)
	배점 및 형식	매 과목당 100점 만점, 객관식 4지 20문항
	시험시간	80분 (문항당 1분 기준 과목당 20분)
제2차시험		면접시험

☑ 응시자격

1. 응시연령 : 18세 이상
2. 학력 · 경력 : 제한 없음
3. 응시자 거주지역 제한 안내
   - 응시자는 공고일 현재 응시하는 지방우정청 관할지역에 주민등록이 되어 있어야 응시할 수 있다.
   ※ 향후 채용시험이 시행될 경우 응시자 거주지역 제한 내용은 변경될 수 있다.
4. 응시결격사유
   국가공무원법 제33조(결격사유)에 해당되거나, 국가공무원법 제74조(정년)에 해당되는 자 또는 공무원임용시험령 등 관계법령에 의하여 응시자격을 정지당한 자는 응시할 수 없다(판단기준일 : 면접시험 최종예정일).
   ※ 국가공무원법 제33조 결격사유나 장애인, 저소득층구분모집 응시대상자에 대한 자세한 내용은 공고 참조바람

☑ 원서접수 시 유의사항

1. 모집단위(지역)를 참고하여 희망지역에 응모하여야 한다.
2. 장애인 응시자는 응시원서 접수 시 본인의 장애유형에 맞는 편의를 신청할 수 있으며, 지정기한 내에 장애인증명서 사본과 의료법 제3조에 의한 종합병원에서 발급한 의사소견서를 제출해야 한다.
3. 접수기간 동안에는 기재사항을 수정할 수 있으나, 접수기간 이후에는 변경이 불가능하다.
4. 원서접수 시 복수로 원서를 접수할 수 없다.

☑ 가산점 적용

구 분	가산비율	비 고
취업지원대상자	과목별 만점의 10% 또는 5%	취업지원대상자 가점과 의사상자
의사상자 등(의사자 유족, 의상자 본인 및 가족)	과목별 만점의 5% 또는 3%	등 가점은 본인에게 유리한 1개만 적용

※ 단, 통신 · 정보처리 및 사무관리분야 자격증 가산점은 국가직 공무원 직렬 공통으로 2017년 폐지됨에 따라 가산점이 인정되지 않는다.

해당 연도 응시자는 우정사업본부 계리직 채용공고를 반드시 확인하여 주시기 바랍니다.

컴퓨터일반

1. 컴퓨터 일반

구 분	2024	2023	2022	2021	2019	2018	2016	2014	2012	2010	2008	기출키워드
1. 컴퓨터구조	3	3	2	4	3	5	4	2	8	3	4	MAR, MBR, RAID, 용량의 단위, 캐시적중률, 주기억장치, 보조기억장치, 유비쿼터스컴퓨팅, 카르노맵, 논리게이트, RISC, 동기식 전송, 불대수식, IEEE754, 부동소수점형식, 가상기억장치, 채널에 의한 입출력FIFO스케줄링, XOR, 자기디스크용량, 인터럽트, 클라우드컴퓨팅, 기억장치계층, 데이지체인, 2의보수, 진법변환, 0번지 명령어, 마이크로 오퍼레이션, 시스템 소프트웨어
2. 운영체제	1	1	3	3	2		1		2	4	3	운용방식, 프로세스, 가상기억장치 관리이론, 라운드 - 로빈, LRU 페이지 교체 알고리즘 ,교착상태예방, 스레드, 기억장치배치정책, 교착상태발생조건, UNIX, 리눅스
3. 데이터베이스	2	2	2	3	2	3	3	5	2	3	1	ER모델, 관계형스키마, 로킹기법, 무결성제약조건, 트랜잭션, 관계데이터베이스 인덱스, SQL, 뷰, 정규화, 키의 종류, SELECT문, 세마포어 알고리즘, DELETE문, CPM기법, 질의처리
4. 자료구조	–	4	3	2	1	3	3	2	2	3	1	출제범위 제외
5. 네트워크-IT트렌드	2	3	4	1	1	3	2	3	1	1	4	TCP/IP, 빅 데이터, 기계학습, 프로토콜, IP주소에더, 텐서플로우, 인공지능 신경망, 네트워크 연동장치, 퍼셉트론, 무선네트워크, IPv4, IPv6, 서브넷 마스크, 전송계층, 브로드캐스트 주소, DNS 서버, OSI 참조 모델, Go - Back - N ARQ
6. 정보보안	2	1		2	3	1	1		3	1	1	개인정보 보호 원칙, SET 보안 프로토콜, 공개키, 워터마킹, 악성코드, 비밀키, 전자서명, 서비스 거부 공격, 보안취약점 공격
7. 소프트웨어 공학	2	2	2	2	3	3	1	3	2		2	기능점수 모형, UML 다이어그램, 아키텍처 패턴, 디자인 패턴, AOE 작업네트워크, 애자일개발방법론, 결합도, 시스템 테스트, 프로토타입 모형, 소프트웨어 개발방법론, 블랙박스 테스트, 객체지향
8. 프로그래밍 언어	–	1	1	1	3	2	3	1	1	4	2	출제범위 제외
9. 엑셀/멀티미디어	1	1	1	2	2		1	1	1	2	2	HOOLUP, VLOOKUP, 절대참조, 수식입력결과, 수 표시 형식, ROUNDDOWN, FV, INDEX, 비디오파일 용량, 문자열 함수, 디지털 사운드 용량, 워크시트

2. 우편일반

구 분	2024	2023	2022	2021	2019	2018	2016	2014	2012	2010	2008	기출키워드
국내우편	9	10	4	4	4	3	3	3	3	3	4	우편서비스의 구분 및 배달기한, 통상우편물,소포우편물,서신독점, 방문접수소포(우체국소포), 준등기 우편물국내우편물의 부가서비스,등기취급,보험취급,증명취급, 특급취급,우편에 관한 요금 리스크관리 및 자금운영, 손해배상제도 손실보상제도, 이용자 실비지급제도 우편사서함 사용계약, 인터넷 우표
우편물류	4	3	2	2	2	3	3	1	2	2	2	우편물의 처리과정, 발착업무, 구분, 발송작업 우편물의 운송업, 도착작업 및 우편물 수수 우편물의 수집, 우편물 배달, 우편사서함 등기취급 특수취급 우편물의 배달 특급취급 우편물의 배달 익일특급
국제우편	7	7	7	3	3	3	3	5	3	3	3	국제우편물의 종류 및 취급우체국의 구분 국제우편물 종별 접수요령 국제우편요금의 별납 및 후납, 수취인부담, 해외 전자상거래용 반품서비스, 국제회신우표권, EMS 프리미엄 서비스, 행방조사청구 제도, 국제우편 손해배상제도, 국제우편물 및 국제우편요금의 반환,

3. 예금일반

구 분	2024	2023	2022	2021	2019	2018	2016	2014	2012	2010	2008	기출키워드
금융개론	6	4	5	1	2	1	2	1	2	2	3	국민경제의 순환과 금융의 역할, 금융회사와 금융상품, 저축의 기초 투자의 기초, 주식투자, 채권투자, 증권분석
우체국 금융 제도	8	3	4	1	2	1	2	1	2	2	2	예금계약,예금의 관리, 금융소득 종합과세 내부통제 · 준법감시 개요, 금융거래에 대한 비밀보장, 자금세탁방지제도, 금융소비자보호
우체국 금융 상품	6	3	1	1	1	1	1	2	1	1	1	예금상품,카드상품 (체크카드), 펀드상품 전자금융,우편환 · 대체, 전자금융 인터넷뱅킹 서비스, 모바일뱅킹 서비스 텔레뱅킹 서비스, CD/ATM 서비스, 신용카드, 직불카드, 체크카드, 선불카드

4. 보험일반

구 분	2024	2023	2022	2021	2019	2018	2016	2014	2012	2010	2008	기출키워드
보험개론	9	3	3	2	1	2	1	2	1	3	2	위험관리와 보험,보험료 계산의 기초(3이원방식, 현금흐름방식), 언더라이팅과 클레임 보험윤리와 소비자보호, 제3보험, 보험계약법, 리스크관리 및 자금운영
우체국 보험 제도	3	4	3	2	1	2	1	1	1	1	–	우체국보험 모집 및 언더라이팅 우체국보험 계약유지 및 보험금지급
우체국 보험 상품	8	3	4	2	2	2	2	2	2	2	1	보장성 상품, 저축성 상품, 연금보험 우체국보험 관련 세제

CONTENTS

노력을 이기는 재능은 없고,
노력을 외면하는 결과도 없다!

제1편

최신 기출문제

2024 기출문제
2023 기출문제
2022 기출문제

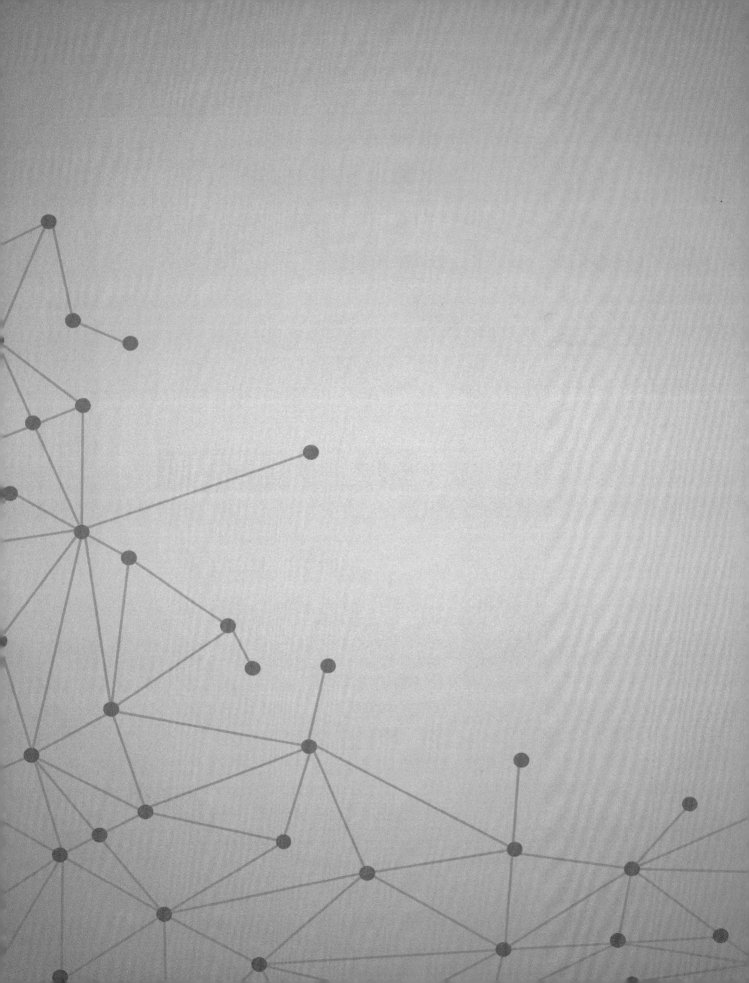

2024년 기출문제

우편 일반	20문항
예금 일반	20문항
보험 일반	20문항
컴퓨터 일반(기초영어포함)	20문항

01 서신독점의 예외

가)「신문 등의 진흥에 관한 법률」에 따른 신문
나)「잡지 등 정기간행물의 진흥에 관한 법률」에 따른 정기간행물
다) 다음 각 목의 요건을 모두 충족하는 서적
 – 표지를 제외한 48쪽 이상인 책자의 형태로 인쇄·제본되었을 것
 – 발행인·출판사나 인쇄소의 명칭 중 어느 하나가 표시되어 발행되었을 것
 – 쪽수가 표시되어 발행되었을 것
라) 상품의 가격·기능·특성 등을 문자·사진·그림으로 인쇄한 16쪽 이상(표지를 포함한다)인 책자 형태의 상품안내서
마) 화물에 첨부하는 봉하지 아니한 첨부서류 또는 송장
바) 외국과 주고받는 국제서류
사) 국내에서 회사(「공공기관의 운영에 관한 법률」에 따른 공공기관을 포함한다)의 본점과 지점 간 또는 지점 상호 간에 수발하는 우편물로써 발송 후 12시간 이내에 배달이 요구되는 상업용 서류
아)「여신전문금융업법」에 해당하는 신용카드

02 준등기 우편물의 처리

1) 전송: 준등기 우편물로 처리(수수료 없음)
2) 반송: 일반 우편물로 처리(수수료 없음)
3) 반환: 일반우편물로 처리
③ 접수 시부터 수취함 투함 등 배달완료 시까지 배달결과에 대한 종적조회가 가능(전송우편 포함)하다.
④ 우체국 접수 시부터 배달국에서 배달증 생성 시까지만 최대 5만원까지 손해배상을 제공하며, 배달완료 후에 발생된 손실·분실은 손해배상 제공대상에서 제외된다

03

③ 인터넷우표는 고객편의 제고와 위조, 변조를 방지하기 위하여 단독으로 사용할 수 없으며 수취인 주소가 함께 있어야 한다

서울특별시 광진구 자양동
680번지 우정사업정보센터

우정이 받음

143 - 766

01 ③ 02 ② 03 ③

---

01 〈보기〉에서 서신독점 예외 대상인 것을 모두 고른 것은?

보 기

ㄱ. 타인에게 보내는 중량 300g의 서신
ㄴ. 화물에 첨부하는 봉하지 아니한 송장
ㄷ. 국가기관에서 발송하는 등기취급 서신
ㄹ. 기본통상우편요금의 10배를 넘는 서신
ㅁ. 「여신전문금융업법」 제2조 제3호에 해당하는 신용카드

① ㄱ, ㄴ
② ㄱ, ㄷ
③ ㄴ, ㄹ, ㅁ
④ ㄷ, ㄹ, ㅁ

02 준등기 우편물에 대한 설명으로 옳지 않은 것은?

① 대상은 200g 이하의 국내 통상우편물이며 배달기한은 접수한 다음 날부터 3일 이내이다.
② 반송 시 등기 우편물로 처리되어 반송 수수료는 등기통상우편요금이 적용된다.
③ 접수 시부터 수취함 투함까지 배달 결과에 대한 종적조회가 가능하다.
④ 배달완료된 후 발생한 손실·분실에 대한 손해는 배상하지 않는다.

03 인터넷 우표에 대한 설명으로 옳지 않은 것은?

① 국제우편물과 소포우편물은 이용대상이 아니다.
② 정가 판매한 인터넷 우표는 우표류 교환 대상에서 제외된다.
③ 고객의 편의를 위하여 수취인 주소 없이 단독으로 사용이 가능하다.
④ 구매 후 출력하지 않은 인터넷 우표에 한정하여 구매 취소가 가능하다.

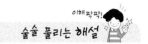

04 내용증명 우편물에 대한 설명으로 옳은 것은?

① 내용문서의 원본과 관계없는 물건을 함께 봉입할 수 없다.

② 내용문서의 원본과 등본은 양면을 사용하여 작성할 수 없다.

③ 발송인은 반드시 내용문서 원본 1통과 등본 2통을 제출하여야 한다.

④ 내용문서가 2장 이상인 경우, 내용문서의 원본 및 등본의 글자를 훼손하지 않도록 발송인의 인장으로 간인한다.

05 우체국 꽃배달 서비스에 대한 설명으로 옳지 않은 것은?

① 배달 결과는 공급업체에서 직접 입력한다.

② 꽃송이의 부족으로 교환을 요구할 경우에는 상품 교환 조치를 한다.

③ 공급업체는 상품을 발송할 때 반드시 우체국 꽃배달 태그를 함께 보내야 한다.

④ 배달 중 공급업체의 잘못으로 상품에 결함이 생기면 접수우체국에서 모든 비용을 부담한다.

06 나만의 우표 서비스에 대한 설명으로 옳은 것은?

① 기본형은 고객 이미지 1종이 기본이며 홍보형 및 시트형은 기본 종수(1종) 외에 큰 이미지 1종을 무상으로 제공한다.

② 전국의 우체국(별정우체국, 우편취급국 제외), 인터넷우체국, 우체국 모바일 앱에서 접수가 가능하다.

③ 지적재산권자로부터 받은 사용허가서를 신청 고객으로부터 제출받아 2년 동안 보관한다.

④ 접수담당자는 신청서에 우편날짜도장으로 날인하여 원본은 우체국에 3년 동안 보관한다.

`보충`

기본형

홍보형

시트형

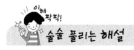

이해 팍팍! 술술 풀리는 해설

07 〈보기〉에서 요금별납 우편물에 대한 설명으로 옳은 것을 모두 고른 것은?

보 기
ㄱ. 취급할 수 있는 최저수량은 통상우편물과 소포우편물이 다르다. ㄴ. 창구업무 취급시간 내에 우편창구에서 접수하는 것이 원칙이다. ㄷ. 요금별납 고무인은 담당자가 수량을 정확히 파악해서 보관, 사용한다. ㄹ. 1개월간 발송 예정인 우편 요금액의 2배에 해당하는 금액을 담보금으로 제공받는다. ㅁ. 우편물의 종별, 중량, 우편요금 등이 같고 동일인이 동시에 발송하는 우편물이어야 한다.

① ㄱ, ㄹ
② ㄴ, ㅁ
③ ㄱ, ㄷ, ㅁ
④ ㄴ, ㄷ, ㄹ

07
ㄱ. 취급할 수 있는 최저수량은 10통으로 동일하다.
ㄴ. (o)
ㄷ. 요금별납 고무인은 책임자(5급 이상 관서: 과장, 6급 이하 관서: 국장)가 수량을 정확히 파악해서 보관해야 하며, 담당자는 책임자에게 필요할 때마다 받아서 사용한다
ㄹ. 요금후납 우편물에 대한 설명이다. 요금별납 우편물은 요금은 일괄하여 현금(신용카드 결제 등 포함)으로 별도 납부하는 제도이다.
ㅁ. (o)

08 우편요금 감액제도에 대한 설명으로 옳은 것은?

① 대리점, 영업사원, 보급대행인, 개인 등이 발송하는 정기간행물은 감액대상이다.
② 종류와 규격이 같은 서적 우편물은 상품의 선전 및 광고가 전 지면의 10%를 초과하는 경우, 감액대상에서 제외된다.
③ 20kg을 초과한 소포 1개를 2개로 분할(1개의 무게는 10kg을 초과할 것)하여 접수한 등기소포 우편물은 1,000원이 감액된다.
④ 1회에 10통 이상 발송하는 요금별납 또는 요금후납 일반등기 통상우편물은 접수방법 감액과 접수물량 감액을 동시에 적용받는다.

08
① 계약당사자가 아닌 대리점, 영업사원, 개인 등이 발송하는 정기간행물은 감액대상에서 제외한다.
② (o)
③ 중량 20kg 초과 소포 1개를 2개로 분할하여 접수할 경우 2,000원 감액
※ 동일 시간대, 동일 발송인, 동일 수취인이고, 분할한 소포 1개의 무게는 10kg을 초과할 것
④ 접수방법 감액을 적용받는다.

09 우편사서함 사용계약에 대한 설명으로 옳지 않은 것은?

① 계약 해지 시 열쇠는 반납할 필요가 없다.
② 법인, 공공기관 등 단체의 우편물 수령인은 5명까지 등록이 가능하다.
③ 배달된 우편물을 정당한 사유 없이 30일 이상 수령하지 않을 경우, 계약을 해지할 수 있다.
④ 우체국장은 연 1회 이상 운영 실태를 점검하고 사용계약 해지대상자 등을 정비하여야 한다.

09
④ 사서함을 운영하고 있는 관서의 우체국장은 연 2회 이상 운영 실태를 점검하고 사용계약 해지 대상자 등을 정비하여야 한다.

07 ② 08 ② 09 ④

10 〈보기〉의 '우선취급' 표시 규격에서 옳은 것을 모두 고른 것은?

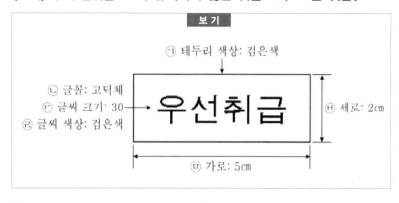

① ㄱ, ㄴ, ㄹ
② ㄱ, ㄷ, ㄹ
③ ㄴ, ㅁ, ㅂ
④ ㄷ, ㅁ, ㅂ

11 집배코드에 대한 설명으로 옳지 않은 것은?

① 우편물의 구분·운송·배달에 필요한 구분정보를 가독성이 높은 단순 문자와 숫자로 표기한 것이다.
② 도착집중국 2자리, 배달국 3자리, 집배팀 2자리, 집배구 2자리로 이루어져 있다.
③ 도착집중국 약호의 첫 자리는 경인청 우편집중국의 경우 'B'로 시작한다.
④ 배달국 번호의 마지막 자리는 청번호를 의미한다.

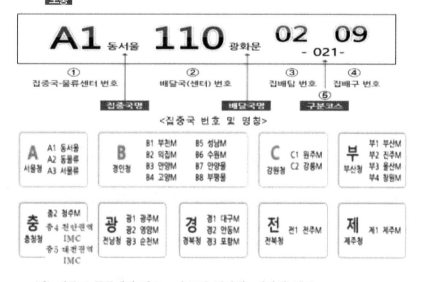

(가) 집중국·물류센터 약호 : 수도권 알파벳, 지방권 한글
(나) 배달국(센터) 번호 : 첫 자리는 청번호, 두 번째는 일련번호
　- 서울청 1, 강원청 2, 충청청 3, 경인청 4, 전남청 5, 부산청 6, 경북청 7, 전북청 8, 제주청 9

술술 풀리는 해설

10
③ 우선취급의 사양
　- 크기 : 가로 5㎝, 세로 2㎝
　　(글씨 크기 : 고딕체 32)
　- 글씨와 테두리 색상 : 붉은색

11
④ 배달국(센터) 번호 : 첫 자리는 청번호, 두 번째는 일련번호

10 ③　**11** ④

12 수집우편물의 정리

가) 수집하여온 우편물은 소인 작업에 편리하도록 종류와 형태별로 분류하여 우표나 요금인면을 바르게 간추려 우표면에 날짜도장을 찍는다.

나) 국제우편물은 국제날짜도장을 찍으며, 항공우편물은 국제우편물류센터로, 선편우편물은 부산국제우체국으로 발송한다.

다) 부가취급에 해당하는 우표를 붙인 우편물은 '취급 중 발견' 표시 후 우편창구에서 접수 처리한다.

라) 이탈품과 습득물은 책임자에게 인계한다.

13

② 사용된 유가증권류, 기프트카드 등에 대하여 보험취급을 원할 경우 유가증권등기로 취급할 수 없으나 물품등기로는 접수가 가능하다.

① 액면 또는 권면가액이 10원 이상 2천만 원 이하의 송금수표, 국고수표, 우편환증서, 자기앞수표, 상품권, 선하증권, 창고증권, 화물상환증, 주권, 어음 등의 유가증권으로 취급할 수 있다.다만, 10원 미만의 단수를 붙일 수 없다.

14

(가) 교부송달은 우편물 표면에 기록된 주소지에서 수취인이나 이에 준하는 사람에게 배달하는 경우를 말한다.

(나) 유치송달은 수취인 본인이나 그 사무원, 고용인, 동거인(보충송달이 가능한 사람)이 정당한 사유 없이 수령을 거부할 경우 송달장소에 특별송달우편물을 두고 오는 경우를 말한다.

(다) 조우송달은 우편물의 표면에 기록된 주소지가 아닌 곳에서 수취인 본인을 만나 배달하는 경우를 말한다.
  * 우체국 창구에서 교부하는 경우도 조우송달의 하나임

(라) 보충송달은 우편물에 표기된 주소지에서 수취인을 만나지 못하여 배달할 수 없을 때 그 사무원, 고용인, 동거인 등에게 배달하는 것으로 수취인을 대신할 수 있는 사람에게 배달하는 경우를 말한다.

---

12 우체통에서 수집한 우편물의 처리에 대한 내용으로 〈보기〉의 ( )에 들어갈 말을 바르게 짝지은 것은?

> **보기**
>
> (가) 수집해 온 우편물을 소인 작업에 편리하도록 종류와 형태별로 분류한 후에 우표나 요금인 면을 바르게 간추려 ( )에 날짜도장을 찍는다.
>
> (나) 국제우편물에는 국제날짜도장을 찍으며, 항공우편물은 ( )(으)로, 선편우편물은 부산국제우체국으로 발송한다.
>
> (다) 부가취급에 해당하는 우표를 붙인 우편물은 ( ) 표시 후 우편창구에서 접수 처리한다.

	(가)	(나)	(다)
①	우표 면	국제우편물류센터	'취급 중 발견'
②	우표 면	인천해상교환우체국	'취급 중 발견'
③	수취인 성명	국제우편물류센터	'우선취급'
④	수취인 성명	인천해상교환우체국	'우선취급'

13 유가증권 등기우편물의 취급에 대한 설명으로 옳지 않은 것은?

① 취급한도액은 10원 이상 2천만 원 이하이다.

② 이미 사용된 유가증권류, 기프트카드 등의 보험취급을 원할 경우, 유가증권 등기우편물 접수가 가능하다.

③ 배달 시에는 수취인에게 겉봉을 열게 한 후, 표기된 유가증권 증서류명, 금액, 내용을 서로 비교하여 확인한다.

④ 관공서, 회사 등에 유가증권 등기우편물이 포함된 다량의 등기우편물 배달 시 상호 대조 및 확인 없이 일괄배달되지 않도록 유의한다.

14 〈보기〉의 특별송달 우편물 배달 사례에 맞는 송달방법을 바르게 짝지은 것은?

> **보기**
>
> (가) 우편물 표면에 기록된 주소지에서 수취인 본인에게 송달하였다.
>
> (나) 수취인이 정당한 사유없이 수령을 거부하여 송달장소에 우편물을 두고 왔다.
>
> (다) 우편물에 표기된 주소지가 아닌 우체국 창구에서 수취인 본인에게 송달하였다.
>
> (라) 우편물에 표기된 주소지를 방문하였으나 수취인이 외출 중이라 그 동거인에게 송달하였다.

	(가)	(나)	(다)	(라)
①	교부송달	유치송달	조우송달	보충송달
②	교부송달	보충송달	유치송달	조우송달
③	보충송달	조우송달	교부송달	유치송달
④	보충송달	유치송달	교부송달	조우송달

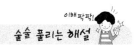
15 다음의 우정당국들이 가입한 국제연합체에 대한 설명으로 옳은 것은?

① 국제특송 시장에서의 주도권 확보 및 EMS 경쟁력 향상을 목적으로 결성되었으며, 사무국은 태국에 소재하고 있다.

② 연합체의 역할 확대를 위해 최근 K-Packet 등 여러 상품을 주력 우편 상품으로 취급하고 있다.

③ 슬로건은 'The Passion to Deliver'이다.

④ 약속한 날짜보다 하루라도 지연 배달될 경우, 우편요금을 배상해주는 고품질 서비스를 운영한다.

15 EMS 배달보장 서비스

카할라우정연합체 10개국가로 발송하는 EMS에 대해 배달보장일자를 고객에게 제공하며, 제공한 배달예정일보다 하루라도 지연배달된 경우 우편요금을 배상해 주는 고품질 서비스
※ 카할라 우정연합 10개 회원국)
한국, 일본, 미국, 중국, 호주, 홍콩, 영국, 스페인, 프랑스, 태국, 캐나다 등 10개국
① 사무국은 홍콩에 소재하고 있다.
③ 슬로건 :「The Power to Deliver」

16 국제소포에 대한 설명으로 옳은 것은?

① 접수검사 시 중계국가와 우리나라의 소포 교환 여부, 접수 중지 여부를 확인한다.

② 보통소포의 경우에는 기록 취급하지 않으나 등기취급을 부가할 경우, 기록 취급이 가능하다.

③ 발송인이 작성 제출한 주소기표지(운송장)에는 도착 국가명, 중량, 요금 등을 접수담당자가 기재한다.

④ 항공소포는 실중량(Actual weight) 산정을 위해 우편물의 가로(cm), 세로(cm), 높이(cm)를 주소기표지(운송장)에 기재한다.

16

③ 발송인이 작성 제출한 주소기표지(운송장)에는 도착국가명, 중량, 요금, 접수우체국명/접수일자 등을 접수담당자가 명확히 기재

① 도착국가와 우리나라의 소포 교환 여부, 접수 중지 여부를 확인한다.

② 기록 취급하며 항공, 배달통지 등의 부가취급이 가능하다.

④ 항공소포는 실제중량과 부피중량 중 더 큰 중량의 요금을 적용하며, 부피중량 산정을 위해 우편물의 가로(cm)·세로(cm)·높이(cm)를 정확히 기재한다.

※ 부피중량 산출식 : 가로(cm)×세로(cm)×높이(cm)÷6,000

15 ④ **16** ③

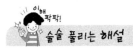

17
② 보험취급되는 통상우편물은 등기보험서장 (Insured Letter)이다.
① 취급우체국 : 모든 우체국(우편취급국 포함)
③ 소포우편물은 보험소포(Insured parcel)로, 신중하게 취급하기 위해 중요 서류, 유가증권 등 부피가 작은 귀중품은 등기보험서장으로 접수 권유
④ 국제우편물 발송조건(포스트넷 · 인터넷우체국)에서 취급국가및 보험가액 최고한도액을 확인한다.

18
① 대상국가는 UPU 회원국가 중 우리나라와 우편물을 교환하는 국가이다. 또한 ICS2 R2 대상국가로 발송하는 우편물은 도착국가 세관으로부터 반드시 승인 완료(AC)를 받은 경우에만 운송수단 탑재 및 발송이 가능하다.
② (0)
③ 대상우편물은 비서류(국제소포우편물, K-Packet, EMS[비서류], 한중 해상특송우편물), EMS(서류), 소형포장물이다.
④ 대상 관서 : 전국 우체국(우편취급국 포함)

19
③ 미국 FDA에서 운영하는 사전신고 인터넷 사이트를 통해 신고
※ 해당 사이트에 계정을 먼저 개설한 후, 사전신고 등록, 우편 및 전화 등에 의한 신고는 불가
① 사전신고 대상우편물 : 미국행 국제(항공 · 선편)우편물 전량
② 사전신고 면제 및 유예 우편물

구 분	대 상
면 제	가정에서 제조한 비상업적 목적의 식품
유 예	개인(자기 자신, 가족 또는 친구)이 개인에게 보내는 비상업적 목적의 식품
해 당	기관, 협회 또는 회사가 발송인 또는 수취인인 경우

④ 미국의 '공공보건 안전 및 바이오 테러리즘 대응 법률'에 따라 미국으로 식품반입시 FDA(Food & Drug Administration)에 사전 신고해야 한다는 조항의 적용 실시

---

17 국제우편 보험취급(Insured)에 대한 설명으로 옳은 것은?

① 우편취급국을 제외한 모든 우체국에서 취급이 가능하다.
② 보험취급한 통상우편물을 등기보험서장(Insured Letter)이라 한다.
③ 중요서류, 유가증권 등 부피가 작은 귀중품은 보험소포로 접수를 권유한다.
④ 국제우편물 발송조건(포스트넷 · 인터넷우체국)에서 취급국가 및 보험가액 최저한도액을 확인하여 접수한다.

18 국제우편 사전 통관정보 제공 제도에 대한 설명으로 옳지 않은 것은?

① 대상국가가 UPU 회원국 전체로 확대되었으며, 반드시 도착국가 세관의 승인 완료(AC: Assessment Complete)를 받은 경우에만 운송수단 탑재 및 발송이 가능하다.
② 우편물에 부착하는 주소기표지(운송장) 및 세관신고서의 작성 언어는 영어이며 포스트넷에 숫자 이외의 문자는 모두 영문으로 입력한다.
③ 대상 우편물은 국제소포우편물, K-Packet, EMS(서류 · 비서류), 한중해상특송우편물, 소형포장물이다.
④ 우편취급국을 포함한 모든 우체국에서 실시 중이다.

19 미국행 식품 우편물의 FDA(Food & Drug Administration) 신고에 대한 설명으로 옳지 않은 것은?

① 항공 및 선편우편물 모두에 대하여 적용한다.
② 사전신고는 '면제', '유예', '해당'으로 구분된다.
③ FDA 인터넷 사이트에서 계정을 먼저 개설한 후 인터넷, 우편, 전화 등을 통해 신고한다.
④ 미국의 「공공보건 안전 및 바이오 테러리즘 대응 법률」에 따라 미국으로 식품반입 시 FDA에 사전 신고해야 한다.

17 ② 18 ① 19 ③

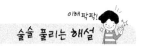

20 국제우편 소형포장물에 대한 설명으로 옳은 것은?

① 우편물에 굵은 글씨로 소형포장물을 나타내는 'Small parcel' 또는 'Petit paquet'를 표시한다.

② 우편물의 내부나 외부에 발송인과 수취인 사이에 교환되는 통신문에 관한 참고 사항을 기재할 수 있다.

③ 등기소형포장물의 경우, 고객이 편리하게 국제우편스마트접수를 이용할 수 있으나 이에 따른 요금할인은 없다.

④ 세관신고서는 내용품의 가격에 따라 300SDR을 기준으로 CN22 또는 CN23을 이용하며, 우정사업본부 고시에 의해 1SDR은 현재 1,450원이다.

20

② 우편물의 내부나 외부에 다음 사항 기록 가능
 1. 상거래용 지시 사항
 2. 수취인과 발송인의 주소성명
 3. 제조회사의 마크나 상표
 4. 발송인과 수취인 사이에 교환되는 통신문에 관한 참고 사항
 5. 물품의 제조업자 또는 공급자에 관한 간단한 메모, 일련번호나 등기번호, 가격·무게·수량·규격에 관한 사항, 상품의 성질, 출처에 관한 사항

① 주소기록면 좌측 상단이나 발송인 주소·성명기록란 아래에 굵은 글씨로 소형포장물을 나타내는 'Small packet' 또는 'Petit paquet'를 표시

③ 국제우편스마트접수
대상우편물 : EMS(EMS프리미엄), 국제소포(항공·선편), 등기소형포장물(항공)

우편물	할 인
EMS(EMS프리미엄)	요금 5% 할인 (EMS프리미엄은 요금할인 없음), 고객 선택에 따라 우체국 창구접수 및 방문접수(방문접수수수료 납부 필요) 모두 가능 ※ 우체국별로 우체국직원 방문접수 불가지역이 있음 ※ 방문접수는 우체국직원이 고객을 방문하여 우편물을 접수하는 것을 말함
국제소포	요금할인 없음, 고객이 우체국에 직접방문(방문접수 불가)
등기소형포장물	요금 5% 할인, 고객이 우체국에 직접방문(방문접수 불가

④ 첨부해야 하는 세관신고서는 내용품의 가격에 따라 300SDR 이하인 경우는 기록 요령이 간단한 CN22를, 300SDR을 초과하는 경우는 CN23을 이용
※ SDR(Special Drawing Right; 특별인출권)환율: 1SDR = 1,749원

20 ②

예금일반

01
ㄴ. 기준금리 변경은 예금, 대출 금리 등에
영향을 주지만 부동산, 외환 등 자산가격
에는 영향을 미치지 않는다.
ㄹ 일반적으로 기준금리를 인하하면 시중에
돈이 많이 풀리므로 물가가 상승하고 기
준금리를 인상하면 반대로 물가가 하락
한다.

01 〈보기〉에서 기준금리에 대한 설명으로 옳은 것을 모두 고른 것은?

보기

ㄱ. 시중에 풀린 돈의 양을 조절하기 위해 금융통화위원회의 의결을 거쳐 결정하는 정책금리이다.

ㄴ. 기준금리 변경은 예금, 대출 금리 등에 영향을 주지만 부동산, 외환 등 자산가격에는 영향을 미치지 않는다.

ㄷ. 통상적으로 경기 침체 양상을 보이면 기준금리를 인하하고 경기과열 양상을 보이면 기준금리를 인상한다.

ㄹ. 일반적으로 기준금리를 인하하면 물가가 하락하고 기준금리를 인상하면 물가가 상승한다.

① ㄱ, ㄴ   ② ㄱ, ㄷ

③ ㄴ, ㄹ   ④ ㄷ, ㄹ

02
우리나라는 '미화 1달러에 몇원'식으로 외국
화폐 1단위에 상응하는 원화 가치를 환율로
표시하는 자국통화표시법을 사용하고 있다.

02 〈보기〉의 ( )에 들어갈 내용을 바르게 짝지은 것은?

보기

(가) 외화가 국내로 유입되면 환율이 (　　)한다.

(나) 환율 상승은 원화 (　　　)(이)라고도 한다.

(다) 우리나라는 (　　　)으로 환율을 표시하고 있다.

	(가)	(나)	(다)
①	상승	평가절상	자국통화표시법
②	하락	평가절하	자국통화표시법
③	하락	평가절하	외국통화표시법
④	상승	평가절상	외국통화표시법

01 ②   02 ②

03 〈보기〉에서 저축상품에 대한 설명으로 옳은 것을 모두 고른 것은?

> **보 기**
>
> ㄱ. 시장금리부 수시입출식예금(MMDA)은 어음관리계좌(CMA) 및 단기금융상품펀드(MMF)와 경쟁하는 실적배당 상품이다.
> ㄴ. 종합금융회사의 어음관리계좌(CMA)는 예금자보호가 되지만 증권회사의 어음관리계좌(CMA)는 예금자보호가 되지 않는다.
> ㄷ. 양도성예금증서는 정기예금에 양도성을 부여한 금융상품으로 중도해지가 되지 않으므로 만기 전에 현금화가 불가능하다.
> ㄹ. 실세금리연동형 정기예금은 시장실세금리를 반영하여 적용금리를 변경하는 정기예금으로 금리 상승기 목돈 운용에 적합하다.

① ㄱ, ㄷ   ② ㄱ, ㄹ
③ ㄴ, ㄷ   ④ ㄴ, ㄹ

해설 단기금융상품 비교

구 분	CMA	MMF	MMDA
취급기관	종금사, 증권사	은행, 증권사,보험사	은행, 우체국
예금자 보호	해당없음 (종금사 CMA는보호)	해당없음	해당됨
이율	실적배당상품	실적배당상품	시장실세금리상품
이체 및 결제	가능	불가능	가능

04 〈보기〉와 같은 조건일 때 단리 계산과 복리 계산에 대한 설명으로 옳지 않은 것은?

> **보 기**
>
> | 현재 원금 | 총 투자 기간 | 이자율 |
> |---|---|---|
> | 1,000,000원 | 5년 | 연 5% |

① 단리 계산 시 5년 후의 원리금은 1,250,000원이 된다.
② 복리 계산 시 5년 후의 원리금 계산식은 $1,000,000원 \times (1+0.05)^5$이다.
③ 총 투자 기간 중 처음 1년 거치기간에 대한 단리 계산과 복리 계산 결과의 원리금은 동일하지 않다.
④ 복리 계산 시 '72의 법칙'에 따라 10년 소요 기간 동안 현재 원금의 2배가 되려면 〈보기〉의 이자율보다 연 2.2%p가 더 높아야 한다.

03

ㄱ. 시장금리부 수시입출식예금(MMDA)은 주로 증권사, 종합금융회사의 어음관리계좌(CMA), 자산운용회사의 단기금융상품펀드(MMF) 등과 경쟁하는 상품이다.
어음관리계좌(CMA), 자산운용회사의 단기금융상품펀드(MMF)이 실정배당 상품인 반면, 시장금리부 수시입출식예금(MMDA)은 확정금리 상품이다.
ㄷ. 양도성예금증서는 정기예금에 양도성을 부여한 금융상품으로 중도해지가 불가능하며 만기 전에 현금화하고자 할 경우에는 증권회사 등 유통시장에서 매각할 수 있다.

04

③ 총 투자 기간 중 처음 1년 거치기간에 대한 단리 계산과 복리 계산 결과의 원리금은 동일하다.
〈 처음 1년(n=1)거치기간에 대한 단리 계산〉
$FV = PV \times [1 + (r \times n)] = PV \times (1 + r)$
[FV = 미래가치, PV = 현재가치, r = 수익률(연이율), n = 투자기간 (연단위)]

〈 처음 1년(n=1)거치기간에 대한 복리 계산〉
$FV = PV \times (1 + r)^n = PV \times (1 + r)$
[FV = 미래가치, PV = 현재가치, r = 수익률(연이율), n = 투자기간 (연단위)]
① $1,000,000원 \times (1+(0.05 \times 5)) = 1,250,000원$
② $1,000,000원 \times (1+0.05)^5 = 1,276282원$
④ 72÷금리= 원금이 두 배가 되는 시기(년)
72÷ 금리= 10년 이므로 금리는 7.2%가 되어야 되고 , 즉 5%보다 연 2.2%p가 더 높아야 한다.

03 ④   04 ③

05

②

구 분	내 용	예
분산가능위험 또는 비체계적위험	분산투자를 통해서 위험의 크기를 줄일 수 있는 위험	경영자의 횡령, 산업재해, 근로자의 파업 등
분산불가능위험 또는 체계적 위험	분산투자를 통해서 위험의 크기를 줄일 수 없는 위험	세계경제위기나 천재지변, 전쟁 등

③ 투자 레버리지 = 총 투자액 / 자기자본
④ 기대수익률 = 무위험수익률+리스크 프리미엄

06

① 유상증자는 이미 설립되어 있는 주식회사가 자기자본을 조달하기 위하여 새로운 주식을 발행하는 것으로, 기업의 자기 자본이 확대되기 때문에 기업의 재무구조를 개선하고 타인 자본에 대한 의존도를 낮춘다.
② 우선주는 배당이나 잔여재산분배에 있어서 <u>사채권자보다는 우선순위가 낮으나 보통주 주주보다는 우선권이 있는 주식을 말한다.</u>
③ 교환사채란 회사채의 형태로 발행되지만 일정 기간이 경과된 후 보유자의 청구에 의하여 <u>발행회사가 보유 중인 다른 주식으로의 교환을 청구할 수 있는 권리가 부여된 사채이다.</u>
④ 주식배당에 대한 설명이다. 주식분할은 주식배당처럼 주식분할도 분할 이전에 비해 더 많은 주식을 소유하지만 현금배당 대신에 지급되는 것이 아니며 보다 많은 투자자들에게 그 기업의 주식을 매수할 수 있게 하기 위해 주식의 시장가격을 낮추고자 할 때 발생한다.

07 우체국의 금융 업무
1. 우체국예금,
2. 우체국보험,
3. 우편환 · 대체,
4. 외국환업무,
5. 체크카드,
6. 집합투자증권(펀드) 판매
7. 전자금융서비스 등
ㅂ. 우체국금융은 은행법에 따른 은행업 인가를 받은 일반은행이나 보험업법에 따른 보험업 인가를 받은 보험회사와는 달리 「우체국예금 · 보험에 관한 법률」등 소관 특별법에 의해 운영되는 국영금융기관으로 대출, 신탁, 신용카드 등 일부 금융 업무에 제한을 받고 있다.

05 ② 06 ① 07 ④

---

05 투자의 위험(risk)에 대한 설명으로 옳지 않은 것은?

① 투자에서의 위험은 미래에 받게 되는 수익이 불확실성에 노출되는 정도를 의미하며 부정적 상황 외 긍정적 가능성도 포함된다.
② 분산투자를 통해서 위험의 크기를 줄일 수 없는 부분을 분산불가능 위험 또는 비체계적 위험이라고 한다.
③ 투자 레버리지 공식에 따르면 총 투자액 1천만 원 중 5백만 원이 자기 자본일 경우, 레버리지는 2배가 된다.
④ 투자의 기대수익률은 리스크가 없는 상태에서의 수익률인 무위험수익률과 리스크에 대한 보상으로 증가하는 기대수익률인 리스크프리미엄을 합한 값과 같다.

06 주식투자와 채권투자에 대한 설명으로 옳은 것은?

① 유상증자는 기업의 자기 자본이 확대되기 때문에 기업의 재무구조를 개선하고 타인 자본에 대한 의존도를 낮춘다.
② 우선주는 배당이나 잔여재산분배에 있어 사채권자보다 우선순위가 높은 주식을 말하며 의결권이 제한되는 특징이 있다.
③ 교환사채는 회사채의 형태로 발행되지만 일정 기간이 경과된 후 보유자의 청구에 의하여 발행 회사의 주식으로 교환할 수 있다.
④ 주식 분할은 현금 대신 주식으로 배당을 실시하여 이익을 자본으로 전입하는 것을 의미하며 기업이 재무적으로 어렵거나 현금을 아껴야 할 필요가 있을 때 이루어진다.

07 〈보기〉에서 우체국 금융의 업무 범위에 해당하는 것의 총 개수는?

> **보 기**
>
> ㄱ. 체크카드   ㄴ. 펀드판매   ㄷ. 증권계좌개설
> ㄹ. 전자금융서비스   ㅁ. 우편환 · 대체   ㅂ. 신탁

① 2개   ② 3개
③ 4개   ④ 5개

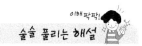

08 예금채권의 양도에 대한 설명으로 옳지 않은 것은?

① 기명식예금은 지명채권이므로 원칙적으로 그 양도성이 인정된다.
② 예금주가 양도금지특약을 위반하여 예금을 다른 사람에게 양도한 경우, 그 양도는 무효이다.
③ 은행(우체국)양도승낙서는 예금채권에 대해 권리가 경합한 때 누가 우선하는가를 결정하는 기준이 된다.
④ 실무상 양도인인 예금주가 예금양도 통지만을 하는 경우, 당사자사이에는 유효하나 그 양도로 은행(우체국)에 대항할 수는 없다.

09 〈보기〉에서 「금융실명거래 및 비밀보장에 관한 법률」에 대한 설명으로 옳은 것을 모두 고른 것은?

> **보 기**
>
> ㄱ. 금융회사 등은 명의인의 서면상의 동의를 받아 명의인 외의 자에게 거래정보 등을 제공한 경우, 사용 목적은 기록·관리해야 할 대상이 아니다.
> ㄴ. 금융회사 직원이 금융거래 비밀보장 의무위반행위를 한 경우, 3천만 원 이하의 과태료를 부과한다.
> ㄷ. 특정인의 금융거래 사실 또는 금융거래정보를 식별할 수 없는 자료라도 비밀보장 대상이 된다.
> ㄹ. 금융회사 업무 종사자는 본인이 취급하는 업무에 의하여 직접적 또는 간접적으로 금융거래 정보를 알게 된 경우에 비밀보장 의무가 있다.

① ㄱ, ㄷ
② ㄱ, ㄹ
③ ㄴ, ㄹ
④ ㄷ, ㄹ

술술 풀리는 해설

08

③ 제3자에게 예금양도로써 대항하기 위해서는 은행(우체국)의 승낙서에 확정일자를 받아두어야 한다. 이는 예금채권에 대해 권리가 경합한 때에 누가 우선하는가를 결정하는 기준이 되는 것으로 제3자와의 관계에서 확정일자를 받지 않았으면 채권의 양수로 대항할 수 없으며, 확정일자를 받았으면 대항요건을 갖춘 시기의 앞뒤에 따라 그 우열관계가 결정된다.
④ 예금을 양도하기 위해서는 양도인과 양수인 사이에 예금양도계약 및 은행(우체국)의 승낙이 있어야 한다. 실무상 양도인인 예금주가 예금양도 통지만을 하는 경우가 있으나 이는 양도금지특약을 위반한 것이므로, 당사자 사이에는 유효하나 그 양도로 은행(우체국)에 대항할 수 없다.

09

ㄱ.(O) 기록·관리해야 할 대상
1. 요구자(담당자 및 책임자)의 인적사항, 요구하는 내용 및 요구일
1의2. 사용 목적(명의인의 서면상의 동의를 받아 명의인 외의 자에게 거래정보등을 제공한 경우는 제외한다)
2. 제공자(담당자 및 책임자)의 인적사항 및 제공일
3. 제공된 거래정보등의 내용
4. 제공의 법적 근거
5. 명의인에게 통보한 날
6. 통보를 유예한 경우 통보유예를 한 날, 사유, 기간 및 횟수
ㄴ. (X)처벌 및 제재

위반행위	제재
금융회사의 직원이 불법 차명거래 알선·중개행위를 하거나 금융거래 비밀보장의무 위반행위를 한 경우	5년 이하의 징역 또는 5천만 원 이하의 벌금
실명거래의무 위반행위를 하거나 설명의무 위반행위, 금융거래정보의 제공사실 통보의무 위반행위, 금융거래 정보 제공 내용 기록관리의무 위반행위를 한 경우	3천만 원 이하의 과태료

ㄷ.(X) 특정인의 금융거래 사실 또는 금융거래정보를 식별할 수 없는 자료는 비밀보장 대상에서 제외 된다.
ㄹ. (O)

08 ③   09 ②

10

④ 미성년자·피성년후견인은 원칙적으로 행위능력이 없지만, 피한정후견인은 원칙적으로 행위능력이 있다.

① 민법 제13조 제1항

② 가정법원의 행위의 범위 변경

구 분	내 용
피성년후견인	가정법원은 본인, 배우자, 4촌 이내의 친족, 성년후견인, 성년후견감독인, 검사 또는 지방자치단체의 장의 청구에 의하여 제2항의 범위(취소할 수 없는 법률행위의 범위)를 변경할 수 있다.
피한정후견인	가정법원은 본인, 배우자, 4촌 이내의 친족, 한정후견인, 한정후견감독인, 검사 또는 지방자치단체의 장의 청구에 의하여 제1항에 따른 한정후견인의 동의를 받아야만 할 수 있는 행위의 범위를 변경할 수 있다.

11

① 금융정보자동교환제도에 대한 설명이다.

② 의심거래보고를 허위보고 하는 경우 1년 이하의 징역 또는 1천만 원 이하의 벌금에 처하며, 미보고하는 경우 3천만 원 이하의 과태료 부과도 가능하다.

③ 고객확인제도란 (CDD), 금융회사가 고객과 거래 시 고객의 실지명의(성명, 실명번호) 이외에 주소, 연락처, 실제 소유자 등을 확인하고, 자금세탁행위 등의 우려가 있는 경우 금융거래 목적 및 자금의 원천 등을 추가로 확인하는 제도이다.

④ 강화된 고객확인제도는 고객별·상품별 자금세탁위험도를 분류하고 자금세탁위험이 큰 경우에는 더욱 엄격한 고객확인, 즉 실제 당사자 여부 및 금융거래 목적과 거래자금의 원천 등을 확인하도록 하는 제도이다.

12

③ 설명의무에 해당하며, 옳은 설명이다.

① 예금성 상품의 경우, 수익률 등 변동 가능성이 있는 상품에 한정하여 적합성의 원칙이 적용된다.

② 적합성의 원칙에 해당한다.

④ 부당권유행위 금지의 원칙에 해당한다.

---

10 제한능력자에 대한 설명으로 옳지 않은 것은?

① 민법 제13조에 따르면 가정법원은 피한정후견인이 한정후견인의 동의를 받아야 하는 행위의 범위를 정할 수 있다.

② 4촌 이내의 친족도 피한정후견인이 한정후견인의 동의를 받아야만 할 수 있는 행위의 범위변경을 가정법원에 청구할 수 있다.

③ 피한정후견인은 질병, 노령, 장애 등의 사유로 인한 정신적 제약으로 사무를 처리할 능력이 부족하여 한정후견개시 심판을 받은 자이다.

④ 원칙적으로 행위능력이 없는 미성년자·피성년후견인·피한정후견인은 단독으로 유효한 법률 행위를 하는 것이 제한된 제한능력자이다.

11 자금세탁방지제도에 대한 설명으로 옳지 않은 것은?

① 이 제도는 「국제조세조정에 관한 법률」에 따라 금융거래 상대방의 금융정보 교환 의무, 인적 사항 확인 절차, 과태료 규정 등을 정의하고 있다.

② 의심거래보고(STR)를 허위로 하는 경우, 1년 이하의 징역 또는 1천만 원 이하의 벌금에 처한다.

③ 고객확인제도(CDD)는 금융회사가 고객과 거래 시 고객의 실지명의(성명, 실명번호) 이외에 주소, 연락처, 실제 소유자 등을 확인하는 제도이다.

④ 강화된 고객확인제도(EDD)는 차등화된 고객 확인을 실시하여 고객의 실지명의(성명, 실명번호) 및 CDD 확인 이외에 금융거래목적·거래자금의 원천 등까지 추가로 확인하는 제도이다.

12 다음 밑줄 친 내용에 대한 설명으로 옳은 것은?

> **보 기**
>
> 금융소비자보호법은 개별업법에서 일부 금융상품에 한정하여 적용하고 있는 금융상품 6대 판매원칙을 모든 금융상품으로 확대하여 적용하였다.

① 예금성 상품의 경우, 수익률 등 변동 가능성이 없는 상품에 한정하여 적합성의 원칙이 적용된다.

② 적정성의 원칙에 따르면 소비자에게 부적합한 금융상품 계약체결의 권유를 금지하여야 한다.

③ 소비자가 설명을 요청하는 경우뿐만 아니라 계약체결을 권유할 경우에도 상품의 중요사항을 설명하여야 한다.

④ 소비자가 오인할 우려가 있는 허위사실 등을 알리는 행위를 금지하는 것은 불공정 영업행위 금지에 해당한다.

10 ④ 11 ① 12 ③

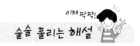

13 다음 우체국 금융직원 중 가장 적절히 예금업무 처리를 한 직원으로 옳은 것은?

① 연선: 고객이 방금 실수로 다른 계좌에 송금했다고 해서 즉시 예금보험공사에 반환지원 신청을 하시라고 안내했어.

② 승재: 고객이 대여금고를 약정하러 왔었는데 계속적 금융거래가 아니라서 고객확인제도(CDD)에서 말하는 고객 확인을 하지는 않았어.

③ 명은: 고객이 전화로 기업인터넷뱅킹서비스를 인터넷뱅킹으로 가입 가능한지 물어봤는데 무조건 우체국 방문신청해야 한다고 안내했어.

④ 민경: 대리인(乙)이 우체국에 와서 본인(甲)의 신분증 사본으로 계좌 개설이 가능한지 물어보길래 사본으로는 불가능하다고 했어.

14 〈보기〉에서 「우체국 예금거래 기본약관」에 대한 설명으로 옳은 것의 총 개수는?

> **보 기**
>
> ㄱ. 이 약관은 국민의 저축 의욕을 북돋우고 국민 경제생활의 안정과 공공복리의 증진에 이바지함을 목적으로 한다.
>
> ㄴ. 예금이율을 변경할 때에는 예금이율 변경시행일 1개월 전에 그 내용을 우체국과 인터넷 홈페이지에 게시하여야 한다.
>
> ㄷ. 법령의 개정이나 제도의 개선 등으로 긴급히 약관을 변경할 때에는 즉시 이를 게시 또는 공고하여야 한다.
>
> ㄹ. 예금이율을 변경한 때에 거치식·적립식예금은 계약 당시의 이율을 적용하되, 변동금리가 적용되는 예금은 금리를 변경한 다음 날로부터 변경이율을 적용한다.

① 1개   ② 2개   ③ 3개   ④ 4개

15 우체국 적립식 예금에 대한 설명으로 옳지 않은 것은?

① 달달하이(high) 적금은 1개월 또는 2개월의 초단기로 가입하는 스마트뱅킹 전용 적립식 예금으로 가입대상은 실명의 개인이다.

② 우체국 마미든든 적금은 우체국 수시입출식 예금에서 월 30만 원이상이 적금으로 자동이체약정을 할 경우, 부가서비스로 우체국쇼핑 할인쿠폰을 제공한다.

③ 우체국 아이LOVE적금은 가입 고객을 대상으로 우체국 주니어보험 무료가입, 통장명 자유 선정, 자동 재예치 등의 부가서비스를 제공한다.

④ 2040+α 자유적금은 여행 자금, 모임회비 등 목돈 마련을 위해 여럿이 함께 자유롭게 저축할수록 다양한 우대 서비스를 제공하는 적립식 예금이다.

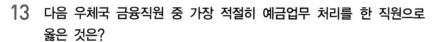

13

③ 인터넷뱅킹은 개인고객과 기업고객(법인, 개인사업자)으로 서비스가 구분된다.

개인고객	금융실명거래 확인을 위한 신분증을 지참하고 거래금융기관을 방문하여 신청하거나 비대면으로 신청할 수 있다.
기업고객	사업자등록증, 대표자 신분증 등 관련 서류를 지참하여 거래금융기관에 방문하여 신청해야 한다.

① 착오송금시 먼저 금융회사를 통해 수취인에게 반환을 요청하여야 하며, 미반환된 경우 (금융회사의 반환청구절차 결과 '반환거절' 또는 일부반환' 종결)에만 예금보험공사에 반환지원 신청이 가능하다.

② 보험·공제계약, 대출·보증·팩토링 계약의 체결, 양도성 예금증서, 표지어음의 발행, 펀드 신규 가입, 대여금고 약정, 보관어음 수탁을 위한 계약 등도 "계좌의 신규개설"에 포함되므로 고객확인 대상이므로 고객확인을 하여야 한다.

④ 본인 및 대리인 모두의 실명확인증표와 첨부된 위임장의 진위여부 확인을 위한 인감증명서 및 본인서명사실확인서를 제시받아 실명 확인함 (이 경우 본인의 실명확인증표는 사본으로도 가능)

14

ㄱ. 우체국예금·보험에 관한 법률의 목적이다.

ㄴ. 우체국은 예금종류별 이율표를 창구 또는 인터넷 홈페이지에 비치·게시하고, 이율을 바꾼 때는 그 바꾼 내용을 창구 또는 인터넷 홈페이지에 1개월 동안 게시한다.

ㄷ. (o) 약관 제20조 제1항 단서

ㄹ. 예금이율을 바꾼 때에는 입출금이 자유로운 예금은 바꾼 날로부터 바꾼 이율을 적용하며, 거치식·적립식예금은 계약 당시의 이율을 적용함을 원칙으로 하되, 변동금리가 적용되는 예금은 금리를 바꾼 날로부터 바꾼 이율을 적용한다.

15

④ 우체국 가치모아적금에 대한 설명이다.
   ※ 2040+α 자유적금

• 가입대상은 개인, 개인사업자, 단체, 법인(금융기관 제외)으로 20~40대 직장인과 카드 가맹점, 법인 등의 자유로운 목돈 마련을 위해 급여이체 실적, 카드 가맹점 결제계좌 이용, 적금 자동이체 실적 등의 조건에 해당하는 경우 우대금리를 제공하는 적립식 예금

13 ③   **14** ①   **15** ④

술술 풀리는 해설

16

ㄱ. 저축예금은 개인고객을 대상으로 (법인✕)하는 입출금이 자유로운 예금이다. (✕)

ㄴ. 듬뿍우대저축예금은 개인고객을 대상으로 예치 금액별로 차등 금리를 적용하는 개인 MMDA 상품으로 입출금이 자유로운 예금이다(○)

ㄷ. 우체국 청년미래든든통장은 가입대상이 18세 이상 ~ 35세 이하이다.(✕)

ㄹ. 우체국 생활든든통장은 가입대상이 50세 이상 실명의 개인이며 50세 이상 고객의 기초연금, 급여, 용돈 수령 및 체크카드 이용 시 금융 수수료 면제, 우체국 보험료 자동이체 또는 공과금 자동이체 시 캐시백, 창구소포 할인쿠폰 등 다양한 서비스를 제공하는 시니어 특화 입출금이 자유로운 예금

---

17 우체국 새출발자유적금가입대상자

새출발 희망 패키지	새출발 행복 패키지
기초생활수급자, 근로장려금수급자, 장애인연금 · 장애수당 · 장애아동수당수급자, 한부모가족지원보호대상자, 소년소녀가장, 북한이탈주민, 결혼이민자	헌혈자, 입양자, 장기 · 골수기증자, 다자녀가정, 부모봉양자, 농어촌읍면단위거주자, 개인신용평점상위92%초과 개인, 협동조합종사자, 소상공인

---

16 〈보기〉에서 우체국 예금상품에 대한 설명으로 옳은 것을 모두 고른 것은?

> **보기**
>
> ㄱ. 저축예금은 개인과 법인 고객을 대상으로 하는 입출금이 자유로운 예금이다.
>
> ㄴ. 듬뿍우대저축예금은 개인고객을 대상으로 예치 금액별로 차등 금리를 적용하는 개인 MMDA 상품이다.
>
> ㄷ. 우체국 청년미래든든통장은 가입대상이 18세부터 30세까지 실명의 개인이며 대학생 · 사회초년생 등에게 다양한 혜택을 제공한다.
>
> ㄹ. 우체국 생활든든통장은 가입대상이 50세 이상 실명의 개인이며 시니어 특화예금이다.

① ㄱ, ㄴ   ② ㄱ, ㄷ

③ ㄴ, ㄹ   ④ ㄷ, ㄹ

17 우체국 공익형 예금상품에 대한 설명으로 옳지 않은 것은?

① 우체국 새출발자유적금의 새출발 행복 패키지는 기초생활수급자, 근로장려금수급자, 장애수당수급자에게 우대금리를 제공하는 공익형 적립식 예금이다.

② 우체국 국민연금안심통장은 가입대상이 실명의 개인이며 국민연금 수급권자의 연금수급 권리를 보호하기 위한 압류 방지 전용 통장이다.

③ 우체국 건설하나로통장의 가입대상은 자격 확인 증빙서류를 통해 건설업 종사자임을 알 수 있는 실명의 개인 또는 개인사업자이다.

④ 우체국 장병내일준비적금은 국군 병사의 군 복무 중 목돈 마련을 지원하고 금융 실적에 따라 우대금리를 제공하는 적립식 예금이다.

---

16 ③ 17 ①

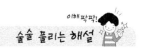

18 〈보기〉에서 설명하는 우체국 거치식 예금을 바르게 짝지은 것은?

> **보기**
>
> (가) 가입기간(연, 월, 일 단위) 및 이자 지급방식(만기일시지급식, 월이자지급식)을 자유롭게 선택할 수 있는 고객맞춤형 정기예금이다.
>
> (나) 가입대상은 실명의 개인으로 인터넷뱅킹, 스마트뱅킹을 통해 가입이 가능한 온라인 전용 상품이며 온라인 예·적금 가입, 자동이체 약정, 체크카드 이용 실적에 따라 우대금리를 제공하는 정기예금이다.

	(가)	(나)
①	이웃사랑정기예금	e-Postbank정기예금
②	이웃사랑정기예금	우체국 편리한 e정기예금
③	챔피언정기예금	e-Postbank정기예금
④	챔피언정기예금	우체국 편리한 e정기예금

19 우체국 체크카드에 대한 설명으로 옳은 것은?

① 법인용 체크카드의 기본 사용한도는 일 1천만 원, 월 2천만 원이며, 최대 사용한도는 일 5천만 원, 월 3억 원이다.

② 법인용 체크카드의 발급대상은 일반법인, 개인사업자, 고유번호 또는 납세번호가 있는 단체(임의단체)이다.

③ 개이득 체크카드는 음식점·대형마트 5%, 약국·골프 10%, 영화·숙박 15% 할인 등 생활형 실속 혜택을 제공한다.

④ 행복한 체크카드는 환경부 인증 친환경 카드로 디지털콘텐츠 서비스 이용 시 최대 20% 캐시백 제공 등 다양한 혜택이 있다.

20 우체국 금융의 제휴 서비스에 대한 설명으로 옳지 않은 것은?

① 우체국은 신용카드사와 업무제휴를 통해 제휴 체크카드를 발급하고 있으며 심사기준으로 별도의 자격 기준을 부여하고 있다.

② 우체국은 증권·선물회사와 업무제휴 계약을 체결하여 전국 우체국창구에서 고객의 증권·선물 계좌개설을 대행하고 있다.

③ 우체국과 민간은행은 업무제휴를 맺어 제휴 은행 고객이 전국 우체국 창구에서 타행환 거래방식이 아닌 자행 거래방식으로 입·출금 거래를 할 수 있다.

④ 우체국은 카드·캐피탈 회사 등과 개별 이용약정을 통해 전국 우체국에서 CMS 입금 업무를 대행한다.

술술 풀리는 해설

18
(가) 챔피언정기예금
(나) e-Postbank정기예금
① 이웃사랑정기예금
· 국민기초생활수급자, 장애인, 한부모가족, 소년소녀가정, 조손가정, 다문화가정 등 사회 소외계층과 장기기증희망등록자, 골수기증희망등록자, 헌혈자, 입양자 등 사랑나눔 실천자 및 농어촌 지역(읍·면 단위 지역 거주자) 주민의 경제생활 지원을 위한 공익형 정기예금
② 우체국 편리한 e정기예금
· 가입대상은 실명의 개인으로 보너스입금, 비상금 출금, 자동 재예치, 만기 자동해지 서비스로 편리한 목돈 활용이 가능한 디지털전용 정기예금

19
① 법인용 체크카드의 기본 사용한도는 일 6백만 원, 월 2천만 원이며, 최대 사용한도는 일 1억 원, 월 3억 원이다.
③ 브라보 카드에 대한 설명으로 하이브리드 카드 발급이 가능하다.
개이득 체크카드는 전 가맹점 0.3%, OTT·패션·멤버십 30% 할인 및 디자인 특화 카드이다.
④ 영리한PLUS카드에 대한 설명이다.
행복한 체크카드는 병·의원, 약국, 학원, 마트, 문화 10% 캐시백, 우편서비스 12% 캐시백 등 의료혜택 특화 카드이다.

20
① 제휴 체크카드의 자격기준은 없고 (신용불량자도 가능), 반면에 제휴 신용카드는 별도 자격기준을 부여하고 있다.

18 ③ 19 ② 20 ①

계리직공무원

2024시행 보 험 일 반

01

① 종신보험은 보험기간을 정하지 않고 피보험자가 일생을 통하여 언제든지 사망했을 때 보험금을 지급하는 보험이다.

02

③ 기대 수익을 사전에 예상하여 일정 비율로 보험료를 할인해주는 할인율을 예정이율이라고 하며, 예정이율이 낮아지면 보험료는 올라가고 예정이율이 높아지면 보험료는 내려간다.

03

ㄷ. 모집조직에 의한 선택
ㄹ. 건강진단에 의한 선택
ㅁ. 언더라이팅 부서에 의한 선택
ㄱ. 계약적부 확인 – 보험회사 직원이나 계약적부확인 전문회사 직원이 피보험자의 체질 및 환경 등 계약선택상 필요한 모든 사항을 직접 면담 · 확인하는 것을 말한다.
ㄴ. 사고 및 사망조사 –보험계약 체결 이후 보험사고 발생으로 보험계약자가 보험금 지급을 신청한 경우 고지의무와 관련하여 의심가는 사항이 있는 계약에 대해 실시하는 사후적 심사과정이며 이를 통해 역선택에 따른 보험금 지급을 최소화할 수 있다

01 생명보험 상품의 종류에 대한 설명으로 옳지 않은 것은?

① 종신보험은 보험기간을 미리 정해놓고 피보험자가 그 기간 내에 사망 시 보험금을 지급한다.

② 보장성보험은 만기 시 환급되는 금액이 없거나 이미 납입한 보험료보다 적거나 같다.

③ 생사혼합보험(양로보험)에는 사망보험의 보장기능과 생존보험의 저축기능이 결합되어 있다.

④ 변액보험은 보험계약자가 납입한 보험료로 특별계정을 통한 기금을 조성한 후 주식, 채권 등에 투자하여 발생한 이익을 보험금 또는 배당으로 지급한다.

02 보험료를 계산하는 방식에 대한 설명으로 옳지 않은 것은?

① 3이원방식은 예정위험률, 예정이율, 예정사업비율을 기초로 하여 계산하는 방식이다.

② 현금흐름방식은 3이원방식을 포함한 다양한 가격 요소를 반영하여 보험료를 산출하는 방식이다.

③ 보험자는 적립보험료의 기대수익을 사전에 예상하여 일정 비율로 보험료를 할인해 주는데, 이 할인율이 높아지면 보험료는 올라간다.

④ 보험자는 보험사고가 발생할 확률을 대수의 법칙에 의해 미리 예측하여 보험료 계산에 적용하는데, 예정사망률이 높아지면 사망보험의 보험료는 올라간다.

03 〈보기〉에서 언더라이팅(청약심사)의 수행 절차를 바르게 나열한 것은?

> **보 기**
>
> ㄱ. 계약적부 확인
> ㄴ. 사고 및 사망조사
> ㄷ. 모집조직에 의한 선택
> ㄹ. 건강진단에 의한 선택
> ㅁ. 언더라이팅 부서에 의한 선택

① ㄷ → ㄹ → ㅁ → ㄱ → ㄴ   ② ㄷ → ㅁ → ㄹ → ㄴ → ㄱ
③ ㄹ → ㄷ → ㅁ → ㄱ → ㄴ   ④ ㄹ → ㄷ → ㅁ → ㄴ → ㄱ

01 ① 02 ③ 03 ①

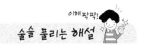

04 보험업법상 보험을 모집할 수 있는 자에 대한 설명으로 옳지 않은 것은?

① 보험중개사는 독립적으로 보험계약의 체결을 중개한다.

② 대표이사를 포함한 보험회사의 임직원은 보험모집이 가능하다.

③ 보험대리점은 보험회사를 위하여 보험계약의 체결을 대리한다.

④ 보험설계사는 보험회사, 보험대리점 또는 보험중개사에 소속되어 보험계약의 체결을 중개한다.

05 제3보험에 대한 설명으로 옳은 것은?

① 생명보험으로서 제3보험은 실손보상을 원칙으로 한다.

② 생명보험사가 제3보험업을 겸영하는 경우, 제3보험에 부가하는 질병사망 특약 보험금액 한도는 개인당 2억 원 이내이다.

③ 보험회사가 생명보험업에 해당하는 보험종목의 일부에 관하여 허가를 받은 경우에는 제3보험업에 대해서도 허가를 받은 것으로 본다.

④ 위험보장을 목적으로 사람의 질병·상해 또는 이에 따른 간병에 관하여 금전 및 그 밖의 급여를 지급할 것을 약속하고 대가를 수수하는 계약이다.

06 보험계약에 대한 설명으로 옳은 것은?

① 보험계약의 실효는 계약이 처음에는 유효하게 성립되었으나 계약이후 특정 원인이 발생하여 계약의 효력이 계약시점으로 소급되어 없어지는 것이다.

② 고지의무는 청약서에서 질문한 사항에 대해 보험자에게 사실대로 알리는 것으로, 계약 청약 시에만 이행하고 부활 시에는 이행하지 않는다.

③ 보험가입증서(보험증권)는 보험계약의 성립 및 그 내용에 관한 증거로서 보험가입증서(보험증권)의 교부는 보험계약의 성립요건이다.

④ 보험계약자 또는 피보험자나 보험수익자는 보험사고의 발생을 안 때에는 지체없이 이를 보험자에게 통지해야 한다.

07 우체국보험과 민영보험에 대한 설명으로 옳은 것은?

① 우체국보험은 변액보험, 퇴직연금, 손해보험을 취급할 수 없다.

② 민영보험은 감사원, 금융위원회, 금융감독원의 관리 감독을 받는다.

③ 우체국보험과 민영보험은 보험 종류별 계약보험금 한도액에 제한이 없다.

④ 우체국보험과 민영보험은 예금자보호법에 따라 원금과 소정이자를 합산하여 가입자 1인당 최고 5천만 원까지 보호된다.

술술 풀리는 해설

04 보험모집의 자격

□ 보험설계사 : 보험회사, 보험대리점 또는 보험중개사에 소속되어 보험계약 체결을 중개하는 자

□ 보험대리점 : 보험회사를 위하여 보험계약의 체결을 대리하는 자

□ 보험중개사 : 독립적으로 보험계약의 체결을 중개하는 자

□ 보험회사의 임직원(대표이사, 사외이사, 감사 및 감사위원은 제외)

05

① 손해보험(생명보험×)으로서 제3보험은 실손보상을 원칙으로 한다.

② 손해보험(생명보험×)회사에서 판매하는 질병사망 특약의 보험기간은 80세 만기, 보험금액 한도는 개인당 2억원 이내로 부가할 수 있으며, 만기시 지급하는 환급금이 납입보험료 합계액 범위 내여야 하는 요건이 충족하는 경우 겸영이 가능하다.(보험업법 시행령 제15조 제2항)

③ 보험회사가 생명보험업에 해당하는 보험종목의 전 종목 (일부×)에 관하여 허가를 받은 경우에는 제3보험업에 대해서도 허가를 받은 것으로 본다.

06

④ 보험계약시 지체없이 해야 하는 5가지

1. 체결후 보험료의 전부 또는 제1회 보험료 납부
2. 보험증권의 교부
3. 위험변경증가의 통지
4. 보험사고의 통지
5. 보험사고의 통지시 지급할 보험금액 정하는 것

① 취소의 경우 계약시점으로 소급되어 없어지는 데 반해 실효는 장래에 대해서만 효력이 없어지는 것을 말한다.

② 고지의무는 계약 청약시 뿐 아니라 부활시에도 이행하여야 한다.

③ 보험가입증서(보험증권)의 교부 여부는 보험계약의 효력발생에 아무런 영향을 미치지 못한다.

07

② 과학기술정보통신부, 감사원, 국회, 금융위원회 등은 우체국보험의 감독 기관이다.

③ 우체국보험의 가입한도액 (민영보험제한없음)
• (사망) 4,000만원
• (연금) 연 900만

④ 민영보험은 예금자보호법에 따라 동일 금융기관 내에서 원금과 소정이자를 합산하여 가입자 1인당 최고 5천만 원까지 보호되지만(예금보험공사 보증), 우체국은 국가에서 전액 보장한다.

04 ② 05 ④ 06 ④ 07 ①

08

② 우체국보험특별회계법 제8조 제4항
① 2000년 들어서 교통안전보험 재원을 활용하여 본격적인 공익사업을 추진하였으며, 2013년 9월에는 우체국공익재단을 설립하여 현재까지 다양한 공적역할을 수행하고 있다.
③ 사익(주주이익)을 추구하지 않는 국영보험으로서 장애인, 취약계층 등과 관련된 보험상품을 확대 보급하고 있다. 또한 사회소외계층을 위한 현장밀착형 공익사업을 발굴 및 지원함으로써 사회적 책임을 강화하고 있다.
④ 공익준비금의 재원마련

우체국 예금	우체국 보험
정부예산에서 재원을 마련	1. 전 회계연도 적립금 이익잉여금의 5%이내, 2. 그린보너스저축보험 전년도 책임준비금의 0.05% 이내(친환경사업 활용)에서 재원을 마련

09 리스크의 종류

리스크 유형		내 용
재무 리스크	시장 리스크	시장가격(주가, 이자율, 환율 등)의 변동에 따른 자산가치 변화로 손실이 발생할 리스크
	신용 리스크	채무자의 부도, 거래 상대방의 채무불이행 등으로 인하여 손실이 발생할 리스크
	금리 리스크	금리 변동에 따른 순자가산가치의 하락 등으로 재무상태에 부정적인 영향을 미칠 리스크
	유동성 리스크	자금의 조달, 운영기간의 불일치, 예기치 않은 자금 유출 등으로 지급불능상태에 직면할 리스크
	보험 리스크	예상하지 못한 손해율 증가 등으로 손실이 발생할 리스크
비재무 리스크	운영 리스크	부적절하거나 잘못된 내부의 업무 절차, 인력 및 시스템 또는 외부의 사건 등으로 인하여 손실이 발생할 리스크

---

08 우체국보험 공익사업에 대한 설명으로 옳은 것은?

① 2000년 9월에 우체국공익재단을 설립하여 국영보험으로서 공익적 역할을 수행하고 있다.
② 공익사업의 범위와 그 재원 조성 등에 관하여 필요한 사항은 과학기술정보통신부령으로 정한다.
③ 우체국공익재단은 저소득 장애인 우체국 암보험 지원과 같이 보험가입자의 의료복지 증진에 한하여 공익사업을 발굴해 지원하고 있다.
④ 공익준비금은 전 회계연도 적립금 결산에 따른 이익잉여금의 0.05% 이내, 그린보너스저축보험 전년도 책임준비금의 5%이내에서 재원을 마련하고 있다.

09 금융회사에서 발생할 수 있는 리스크(risk)의 종류 중 〈보기〉의 ( )에 들어갈 내용을 바르게 짝지은 것은?

> **보 기**
>
> (가) ( )리스크는 예상하지 못한 손해율 증가 등으로 손실이 발생할 리스크이다.
> (나) ( )리스크는 주가, 이자율, 환율 등 시장가격의 변동에 따른 자산가치 변화로 손실이 발생할 리스크이다.
> (다) ( )리스크는 자금의 조달, 운영기간의 불일치, 예기치 않은 자금 유출 등으로 지급불능상태에 직면할 리스크이다.

	(가)	(나)	(다)
①	보험	시장	유동성
②	보험	금리	신용
③	운영	금리	유동성
④	운영	시장	신용

10 〈보기〉에서 우체국보험 모집자 자격요건에 대한 설명으로 옳은 것의 총 개수는?

> **보 기**
>
> ㄱ. 금융업무 담당자를 제외한 신규임용일로부터 3년 이하인 직원은 보험모집을 제한한다.
> ㄴ. 직원 중 보험모집을 희망하는 자는 우정인재개발원장이 실시하는 보험모집 희망자 사이버교육과정을 이수하고 우체국장이 실시하는 보험 관련 집합교육을 20시간 이상 이수할 경우, 보험모집 자격이 부여된다.
> ㄷ. 우체국FC(Financial Consultant)로 선정될 수 있는 국내 거주 외국인은 출입국관리법상 국내거주권(F-2) 또는 동반비자(F-3), 재외동포(F-4), 영주자격(F-5), 결혼이민(F-6)이 인정된 자이다.
> ㄹ. 「우체국예금·보험에 관한 법률」 및 보험업법에 따라 벌금 이상의 형을 선고받고 그 집행이 종료되거나 집행이 면제된 날부터 2년이 경과되지 아니한 자는 우체국FC 등록이 제한된다.

① 1개 ② 2개 ③ 3개 ④ 4개

11 계속보험료 실시간이체에 대한 설명으로 옳지 않은 것은?

① 계약상태가 정상인 계약만 가능하다.
② 대상 보험료는 당월분 보험료, 1·2연체 보험료, 선납보험료이다.
③ 수금 방법이 자동이체인 계약은 실시간이체 출금계좌와 자동이체 약정계좌가 달라도 자동이체 할인이 적용된다.
④ 고객 요청 시 즉시 보험계약자의 계좌 또는 보험료 자동이체 계좌에서 현금을 인출하여 보험료를 납부하는 제도이다.

술술 풀리는 해설

10
ㄱ. (O)
ㄴ. (O)
ㄷ. 「출입국관리법상」 국내거주권(F-2) 또는 재외동포(F-4), 영주자격(F-5), 결혼이민(F-6)이 인정된 자 이어야 한다 동반비자(F-3)는 인정되지 않는다.(x)
ㄹ. (O)

11
② 대상 보험료는 1·2연체 보험료 및 당월분 보험료이며, 선납보험료는 납입이 불가하다.

10 ③ **11** ②

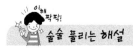

12

ㄱ.(x) 선납보험료 및 미경과 보험료가 있는 계약은
해당보험금에 합산하여 지급하고, 미납보험료,
대출원리금이 있을 경우에는 이를 공제 후 지급
한다.

ㄴ. (o) 납입 면제 사유가 발생한 날이 해당 월의
계약응당일(매월 계약일과 동일한 날) 이후일 경
우, 당월분 보험료는 납입해야 한다.

ㄷ. (o)

ㄹ. (x) 선납할인

원 칙	향후의 보험료를 3개월분(2021. 9.12. 이전 계약은 1개월분) 이상 미리 납입하는 경우의 할인
적 용 제외	금리변동형 상품 및 (개인)연금저축 상품과 계약응당일 이후(당일 포함) 납입 시 차회분 보험료는 선납할인 적용에서 제외된다

13

④ 보험기간 중 계약의 해지 · 무효 · 취소 · 철회
등의 사유로 발생한 해약환급금 내지 보험료 반
환에 해당하는 금액은 과학기술정보통신부장관
에게 귀속(주계약 또는 특약의 보험금 지급사유
에 해당하는 보험금 등은 해당금액에서 제외)

① 보험은 보험료의 전부를 공동 보험계약자인 과학기술
정보통신부장관이 납입한다.

② 이 특약의 피보험자는 주계약 피보험자를 임신한 모
(母)(산모)에 한하며, 임신 22주 이내 태아가 주계약
에 가입하는 경우 이 특약을 선택하여 가입할 수
있음

③ 무배당 임신질환진단특약 2309는 보험기간 10개월
을 기준으로 체결하나, 실제 보험기간은 계약일부터
분만시까지(최대 10개월)로 하고, 분만이후에 해당
하는 보험료는 정산하여 계약자에게 지급함.
이 때, 분만은 출산, 사산, 유산을 포함.

14

③ 무배당 우체국New100세건강보험 2203에 대한 설명
이다.

① ○ 90, 95, 100세만기

② ○ 주계약 (1종(4대질병진단형)(표준형, 해약환급금
50%지급형) 이 있다.
○ 80세, 90세, 100세 만기
○ 보험기간은 15년 만기(갱신형)으로 운영함. 단,
최종 갱신계약의 보험기간 만료일은 주계약 보
험기간 만료일까지로 함

④ ○ 주계약에 1종(해약환급금 50%지급형)이 있다.
○ 주계약의 보험기간은 종신이다.
※ 주계약의 보험기간 80세, 90세, 100세 만기
무배당 우체국New100세건강보험 2203
무배당 우체국당뇨안심보험 2109
※ 국민체력100' 체력 인증 시 보험료 지원 혜택
무배당 우체국건강클리닉보험(갱신형) 2109
무배당 우체국New100세건강보험 2203

12 ③ 13 ④ 14 ③

12 〈보기〉에서 우체국보험 보험료의 할인 및 납입 면제에 대한 설명으로
옳은 것을 모두 고른 것은?

> **보기**
>
> ㄱ. 보험료 납입 면제 시 선납보험료는 해당 보험금에 합산하여 지급하고,
> 미경과 보험료는 해당 보험금에서 제외한 후 지급한다.
>
> ㄴ. 납입 면제 사유가 발생한 날이 해당 월의 계약응당일 이후일 경우, 당월
> 분 보험료는 납입해야 한다.
>
> ㄷ. 실손의료비보험의 피보험자가 의료급여 수급권자 자격상실 시에는 자격
> 을 상실한 날부터 할인되지 않은 영업보험료를 납입해야 한다.
>
> ㄹ. 금리변동형 상품 및 (개인)연금저축 상품을 포함한 보험계약은 향후의
> 보험료를 3개월분(2021.9.12. 이전 계약은 1개월분) 이상 미리 납입하는
> 경우, 선납할인이 적용된다.

① ㄱ, ㄷ   ② ㄱ, ㄹ   ③ ㄴ, ㄷ   ④ ㄴ, ㄹ

13 무배당 우체국대한민국엄마보험 2309에 대한 설명으로 옳은 것은?

① 과학기술정보통신부장관이 보험료의 50%를 납입한다.

② 무배당 임신질환진단특약 2309는 임신 24주 이내 임신부가 가입 가능하다.

③ 무배당 임신질환진단특약 2309의 실제 보험기간은 계약일로부터 10개월이
다.

④ 보험기간 중 계약 해지 등의 사유로 발생한 해약환급금은 과학기술정보통
신부장관에게 귀속된다.

14 〈보기〉의 내용을 모두 충족하는 보험상품으로 옳은 것은?

> **보기**
>
> ○ 주계약에 1종(해약환급금 50%지급형)이 있다.
>
> ○ 주계약의 보험기간은 80세, 90세, 100세 만기이다.
>
> ○ '국민체력100' 체력 인증 시 보험료 지원 혜택이 있다.
>
> ○ 주계약은 비갱신형으로서 납입기간 동안 보험료 인상이 없다.

① 무배당 우체국통합 건강보험 2109

② 무배당 우체국와이드 건강보험 2112

③ 무배당 우체국New100세 건강보험 2203

④ 무배당 우체국하나로OK 건강종신보험 2402

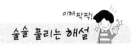
15 〈보기〉의 ( )에 들어갈 내용을 바르게 짝지은 것은?

> **보기**
>
> (가) 무배당 우체국든든한종신보험 2109는 주계약 보험가입금액 4천만 원에 가입하는 경우, 주계약 보험료의 ( )%를 할인하여 준다.
>
> (나) 무배당 우체국치매간병보험 2109는 중증치매상태로 최종 진단확정되고, 최종 진단 확정된 날을 최초로 하여 ( )년 동안 매년 최종 진단 확정일에 살아 있을 때 중증치매진단간병자금을 지급한다.
>
> (다) 무배당 우체국간병비보험 2309는 장기요양상태 보장개시일 이후에 최초로 장기요양 1등급 또는 2등급으로 진단 확정되고, 진단 확정된 날을 최초로 하여 ( )년 동안 매년 진단 확정일에 살아 있을 때 장기요양(1~2등급)진단간병자금을 지급한다.

	(가)	(나)	(다)
①	2	10	15
②	3	15	10
③	2	15	10
④	3	10	15

16 우체국보험상품에 대한 설명으로 옳지 않은 것은?

① 무배당 우체국더든든한자녀지킴이보험 2203 2종(든든형)은 최대 100세까지 보장이 가능하다.

② 무배당 우체국간편가입건강보험(갱신형) 2109는 건강 관련 3가지의 간편고지로 가입이 가능하다.

③ 무배당 win-win단체플랜보험 2109는 피보험자가 3인 이상 단체로 가입할 경우, 보험료 할인 혜택이 있다.

④ 무배당 우체국든든한종신보험 2109는 3대 질병 진단보험금 지급사유가 발생한 경우, 주계약 사망보험금 일부를 선지급한다.

15

(가) 고액 할인

주계약 보험가입금액	2천만원 이상~3천만원 미만	3천만원 이상~4천만원 미만	4천만원
할인율	1.0%	2.0%	3.0%

(나) 중증치매로 최종 진단 확정되고, 매년 생존시 최대 15년동안 중증치매진단간병자금 매월 지급

(다) 장기요양 1~2등급으로 진단 확정되고, 매년 생존시 최대 10년동안 간병자금을 매월 지급 (장기요양간병비특약II 가입시, 최대 120개월 한도)

16

③ (x) 무배당 win-win단체플랜보험 2109는 피보험자가 5인 이상 단체로 가입할 경우, 보험료 할인 혜택이 있다.

피보험자수	5인~20인	21인~100인	101인 이상
할인율	1.0%	1.5%	20%

① (0)무배당 우체국더든든한자녀지킴이보험 2203 1종(기본형)은 30세 만기 2종(든든형)은 최대 100세까지 보장이 가능하다.

② (0)무배당 우체국간편가입건강보험(갱신형) 2109는 건강 관련 3가지의 간편고지로 가입이 가능하다.
　ㅇ 간편고지란 보험시장에서 소외되고 있는 유병력자나 고연령자 등이 보험에 가입할 수 있도록 간소화된 계약전 고지 의무 사항을 활용하여 계약 심사 과정을 간소화함을 의미함

④ (0)무배당 우체국든든한종신보험 2109는 3대 질병(암, 뇌출혈, 급성심근경색증)진단보험금 지급사유가 발생한 경우, 주계약 사망보험금 일부를 선지급한다.

15 ② 　 16 ③

술술 풀리는 해설

17

ㄱ.(○) 무배당 어깨동무보험 2109는 근로소득자는 납입한 보험료(연간 100만원 한도)에 대하여 15% 세액공제, 증여세 면제(보험수익자가 장애인인 경우 연간 4,000만원 한도) 등의 세액공제혜택이 있다.

ㄴ. (×) 무배당 그린보너스저축보험플러스 2203은 장애인전용보험전환특약 2007을 부가할 수 없다.

ㄷ.(×) 무배당우체국급여실손의료비보험(갱신형) 2109는 주계약의 경우, 종합형만 가입할 수 있음. 다만, 중복가입, 병력 등의 사유로 종합형 가입이 불가능한 경우에는 예외로 하며, 이 경우에도 주계약 상해형과 비급여특약 상해형, 주계약 질병형과 비급여특약 질병형은 함께 가입하여야 함

ㄹ. (○)고액 할인

주계약 보험가입금액	2천만원 이상~3천 만원 미만	3천만원 이상~4천 만원 미만	4천만원
할인율	1.0%	2.0%	3.0%

18

④ 가입 1개월 유지 후 언제든지 해약해도 납입보험료의 100% 이상을 보장하는 신개념 저축보험이다.

① 무배당 파워적립보험 2109는 주계약 상품유형에 1종(만기목돈형)과 2종(이자지급형)이 있다. 무배당 그린보너스저축보험플러스 2203 주계약 상품유형에 일반형과 비과세종합저축이 있다.

② 무배당 알찬전환특약 2109는 납입기간이 일시납으로 보험기간을 2, 3, 4, 5, 7, 10년으로 다양화하여 학자금, 결혼비용, 주택마련자금, 사업자금 등 경제적 필요에 맞춰 자유롭게 선택 가능하며 다양한 목적의 재테크 수단으로 활용할 수 있다.

③ 무배당 그린보너스저축보험플러스 2203은 만기유지 시 계약일부터 최초 1년간 보너스금리를 추가 제공한다.

---

17 〈보기〉에서 우체국보험상품에 대한 설명으로 옳은 것의 총 개수는?

> **보 기**
>
> ㄱ. 무배당 어깨동무보험 2109는 장애인전용보장성보험료의 세액공제 혜택이 있다.
> ㄴ. 무배당 그린보너스저축보험플러스 2203은 장애인전용보험전환특약 2007을 부가할 수 있다.
> ㄷ. 무배당 우체국급여실손의료비보험(갱신형) 2109는 주계약의 경우, 질병형만 가입이 가능하다.
> ㄹ. 무배당 우체국와이드건강보험 2112는 주계약 보험가입금액이 2천만 원 이상인 경우, 주계약 보험료를 할인하여 준다.

① 1개 ② 2개 ③ 3개 ④ 4개

18 우체국 저축성보험상품에 대한 설명으로 옳은 것은?

① 무배당 파워적립보험 2109는 주계약 상품유형에 일반형과 비과세종합저축이 있다.

② 무배당 알찬전환특약 2109는 납입기간이 일시납으로 보험기간은 3년부터이다.

③ 무배당 그린보너스저축보험플러스 2203은 만기 유지 시 전체 보험기간 동안 보너스금리를 제공한다.

④ 무배당 우체국온라인저축보험 2109는 가입 1개월 유지 후 언제든지 해약해도 해약환급금이 납입보험료의 100% 이상이다.

19 우체국 연금보험상품에 대한 설명으로 옳은 것은?

① 어깨동무연금보험 2109는 30세부터 연금수령이 가능하다.

② 우체국연금저축보험 2109는 납입주기를 월납과 일시납 중에서 선택할 수 있다.

③ 무배당 우체국온라인연금저축보험 2109는 계약일 이후 1년이 지난 후부터 '연금개시나이-1세'까지 추가납입이 가능하다.

④ 무배당 우체국연금저축보험(이전형) 2109는 납입주기가 월납인 경우, 보험료를 추가로 납입할 수 있는 제도가 있다.

20 우체국연금보험 2312에 대한 설명으로 옳지 않은 것은?

① 가입나이는 0세부터 '연금개시나이-5세'까지이다.

② 연금지급 형태에는 종신연금형, 확정기간연금형, 더블연금형이 있다.

③ 관련 세법에서 정하는 요건에 부합하는 경우, 이자소득 비과세 혜택을 받을 수 있다.

④ 월납 계약으로 기본보험료가 30만 원을 초과하는 경우, 초과금액에 대해서는 고액계약 적립금액을 받을 수 있다.

술술 풀리는 해설

19

④ 무배당 우체국연금저축보험(이전형) 2109의 추가납입보험료는 계약일 이후 1개월이 지난 후부터 (연금개시나이-1)세 계약해당일까지 납입 가능하며, "월납계약"과 함께 가입할 경우에 한하여 납입이 가능하다.

① 어깨동무연금보험 2109는 장애인 부모의 부양능력 약화 위험 및 장애아동을 고려, 20세부터 연금수급이 가능하다.

② 우체국연금저축보험 2109는 납입주기는 월납으로로 한다.

③ 무배당 우체국온라인연금저축보험 2109의 추가납입보험료는 계약일 이후 1개월이 지난 후부터 (연금개시나이-1)세 계약해당일까지 납입 가능하며, "월납계약"과 함께 가입할 경우에 한하여 납입이 가능하다.

20

② 연금지급 형태에는 종신연금형, 확정기간연금형, 이 있다.

종신연금형 (정액형, 조기집중 연금형)	초기연금액 증액으로 소득절벽기 보완 (조기집중연금형), 평생동안 연금수령 통한 생활비 확보 가능, 조기사망시에도 보증지급기간 동안 안정적인 연금 수령
확정기간 연금형	연금개시 후에도 해지 가능하므로 다양한 목적자금으로 활용 가능

③ 관련 세법에서 정하는 요건에 부합하는 경우 이자소득 비과세 및 금융소득종합과세에서 제외된다.

④ 월납 계약으로 기본보험료가 30만 원을 초과하는 경우, 초과금액에 대해서는 고액계약 적립금액을 받을 수 있다.

기본보험료 납입기간	고액계약 적립조건	고액계약 적립금액
3년납	기본보험료 > 30만원	기본보험료 30만원 초과분의 1.0%
5년납	기본보험료 > 30만원	기본보험료 30만원 초과분의 1.5%
7년납 이상	기본보험료 > 30만원	기본보험료 30만원 초과분의 2.0%

19 ④ **20** ②

01

= B3 〈1%, (1%미만일 때 참)

구분	조건		판정
3	A	1.05%	거짓
4	B	1.10%	거짓
5	C	0.90%	참

= C3)=500 (500이상일 때 참)

구분	조건	판정
3	A	495	거짓
4	B	510	참
5	C	537	참

OR(B3〈1%,C3)=500 일때 합격인 OR조건이므로 하나만 참이면 합격이고 둘다 거짓이면 재작업을 한다. 따라서 D3:D5셀의 출력 결괏값은 3.재작업, 4.합격, 5.합격이 된다.

01

다음 워크시트에서 D3셀에 수식 '=IF(OR(B3〈1%,C3)=500),"합격","재작업")'을 삽입하고 D4셀과 D5셀에 D3셀의 채우기 핸들을 이용하여 드래그했을 때 D3:D5셀의 출력 결괏값은?

	A	B	C	D
1	공정별 작업현황			
2	공정	오차율	생산량	판정
3	A	1.05%	495	
4	B	1.10%	510	
5	C	0.90%	537	

① 합격, 재작업, 합격 ② 재작업, 합격, 합격
③ 재작업, 재작업, 합격 ④ 합격, 재작업, 재작업

02 블랙박스 테스트와 화이트박스 테스트

구분	블랙박스 테스트	화이트박스 테스트
의의	소프트웨어의 내부를 보지 않고 입출력 값만을 확인하여 기능의 유효성을 판단하는 기법	소프트웨어 내부 소스 코드를 직접 확인하는 기법
종류	동치 분할 검사, 경곗값 분석, 비교 검사, 원인-효과그래프검사, 오류 예측 검사	기초 경로 검사, 조건 커버리지, 루프 검사, 데이터 흐름 검사 문장 (구문) 커버리지

02

〈보기〉에서 블랙박스 테스트의 종류로 옳은 것을 모두 고른 것은?

> 보기
> ㄱ. 비교검사(comparison testing)
> ㄴ. 조건 커버리지(condition coverage)
> ㄷ. 문장 커버리지(statement coverage)
> ㄹ. 경곗값 분석(boundary value analysis)

① ㄱ, ㄴ ② ㄱ, ㄷ
③ ㄱ, ㄹ ④ ㄴ, ㄹ

01 ② 02 ③

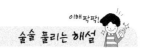

03 트랜잭션의 특성(ACID)에 대한 설명으로 옳지 않은 것은?

① 지속성(durability): 트랜잭션이 실행을 성공적으로 완료하면 결과는 영속적이다.

② 일관성(consistency): 트랜잭션이 실행을 성공적으로 완료하면 언제나 일관성 있는 데이터베이스 상태로 변환한다.

③ 원자성(atomicity): 트랜잭션은 전체 또는 일부 실행만으로도 트랜잭션의 기능을 갖는다.

④ 고립성(isolation): 트랜잭션 실행 중에 있는 연산의 중간 결과는 다른 트랜잭션이 접근할 수 없다.

04 〈보기〉에서 전자우편에 대한 설명으로 옳은 것을 모두 고른 것은?

보기

ㄱ. 전자우편을 보낼 때 사용되는 일반적인 프로토콜은 POP3이다.

ㄴ. SMTP 프로토콜은 TCP/IP 계층의 네트워크 계층에 포함된 서비스이다.

ㄷ. 전자우편을 보낼 때 사용되는 일반적인 프로토콜은 SMTP(Simple Mail Transfer Protocol)이다.

ㄹ. 전자우편은 Web 기반 전자우편과 POP3(Post Office Protocol, Version 3)를 사용하는 전자우편으로 나눌 수 있다.

① ㄱ, ㄴ

② ㄱ, ㄹ

③ ㄴ, ㄷ

④ ㄷ, ㄹ

05

- WHERE 절에 (NOT) EXIST가 나오면 속성명 Sno는 사용할 수 없다 따라서 ③,④는 틀린 내용이다
- 메인쿼리의 WHERE 와 서브쿼리의 SELECT 에 나오는 검색어는 항상 동일하여야 한다. 따라서 ②,④는 틀린 내용이다.

WHERE 절이 있는 경우 서브쿼리가 먼저 실행된다.

① 서브쿼리 해석

FROM ENROLL 테이블에서

WHERE Cno = 'C413' 과목번호 413에등록한

SELECT Sno : 학생의 번호(Sno)를 검색하라

〈문제의 주어진 조건 : 등록하지 않은 경우 = NOT IN 〉

〈문제의 주어진 조건 : 등록한 경우 = IN〉

- 메인쿼리 해석

WHERE Sno   (부속쿼리에서)검색한 학생번호 를 통해

FROM STUDENT테이블에서

SELECT Sname : 학생의 이름을 검색하라

---

05 〈보기〉의 테이블(COURSE, STUDENT, ENROLL)을 참조하여 과목 번호'C413'에 등록하지 않은 학생의 이름을 검색하려고 한다. 〈SQL문 결괏값〉을 도출하기 위한 SQL문으로 옳은 것은?

보기

<COURSE Table>

Cno	Cname	Credit	Dept	PRname
C123	프로그래밍	3 컴퓨터		김성국
C312	자료구조	3 컴퓨터		황수관
C324	회일구조	3 컴퓨터		이규찬
C413	데이타베이스	3 컴퓨터		이멀로
E412	반도체	3 전자		홍봉진

<STUDENT Table>

	Sno	Sname	Syear	Dept
+	100	나수영	4	컴퓨터
+	200	이찬수	3	전기
+	300	정기태	1	컴퓨터
+	400	송병길	4	컴퓨터
+	500	박종화	2	산공

<ENROLL Table>

Sno	Cno	Grade	Midterm	Final
100	C413	A	90	95
100	E412	A	95	95
200	C123	B	85	80
300	C312	A	90	95
300	C324	C	75	75
300	C413	A	95	90
400	C312	A	90	95
400	C324	A	95	90
400	C413	B	80	85
400	E412	C	65	75
500	C312	B	85	80

<SQL문 결괏값>

쿼리1

Sname
이찬수
박종화
*

---

05 ①

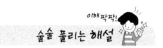

①	②
SELECT Sname FROM STUDENT WHERE Sno NOT IN (SELECT Sno FROM ENROLL WHERE Cno = 'C413');	SELECT Sname FROM STUDENT WHERE Sno NOT IN (SELECT Cno FROM ENROLL WHERE Cno = 'C413');
③	④
SELECT Sname FROM STUDENT WHERE Sno NOT EXISTS (SELECT Sno FROM ENROLL WHERE Cno = 'C413');	SELECT Sname FROM STUDENT WHERE Sno NOT EXISTS (SELECT Cno FROM ENROLL WHERE Cno = 'C413');

06 〈보기〉에서 소프트웨어 생명 주기 모형에 대한 설명으로 옳은 것의 총 개수는?

보 기

ㄱ. 폭포수 모형은 각 단계를 완전히 수행한 뒤 다음 단계로 진행하는 방식으로, 개발 적용 사례가 많다.

ㄴ. 프로토타입 모형은 실제 개발될 소프트웨어 일부분을 개발하여 사용자의 요구사항을 미리 파악하기 위한 모형이다.

ㄷ. 나선형 모형은 폭포수 모형과 프로토타입 모형의 장점을 수용하여 위험 분석 단계를 추가한 진화적 개발 모형이다.

ㄹ. 애자일 모형은 프로세스와 도구 중심이 아닌 개발과정의 소통을 중요하게 생각하는 소프트웨어 개발 방법론으로 반복적인 개발을 통한 잦은 출시를 목표로 한다.

① 1개　　② 2개　　③ 3개　　④ 4개

06 소프트웨어 생명 주기 모형
소프트웨어 개발과정상, 계획 및 설계, 개발 및 유지보수 등의 과정을 단계별로 나누고 이를 규정한 것을 말한다. 모두 옳은 설명이다.

ㄱ. 폭포수 모형은 각 단계
　타당성 검토 ― 계획 ― 요구분석 ― 설계 ―
구현(코딩) ― 시험(검사) ― 유지/보수
ㄴ. 프로토타입의 사전적 의미는 대량 생산에 앞서 미리 제작해보는 원형 또는 시제품으로, 제작물의 모형이라 할 수 있다. 소프트웨어 개발에서는 정식 절차에 따라 완전한 소프트웨어를 만들기 전에 사용자의 요구를 받아 일단 모형을 만들고 이 모형을 사용자와 의사소통하는 도구로 활용한다.
ㄷ. 나선형 모델은 대규모 시스템 및 위험 부담이 큰 시스템 개발에 적합하고, 프로젝트 위험을 조기 발견해서 대처, 반복적인 접근으로 위험을 최소화한다.
ㄹ. 애자일 모형은 계획을 따르기 보다는 변화에 반응하는 것에 가치를 두며, 고객의 요구사항 변화에 유연하게 대응 할 수 있도록 일정 주기를 반복하면서 개발과정을 진행한다.

06 ④

07 인터럽트란 CPU가 특정 기능을 수행하는 도중에 급하게 다른 일을 처리하고자 할 때 사용할 수 있는 기능이다.
대부분의 컴퓨터는 한 개의 CPU를 사용하므로 한 순간에는 하나의 일 밖에 처리할 수 없기 때문에 어떤 일을 처리하는 도중에 우선 순위가 급한 일을 처리할 필요가 있을 때 대처할 수 있는 방안이 필요하다.

인터럽트의 우선순위
ㄴ. 전원 공급 이상
ㄷ. CPU의 기계적인 착오
ㄱ. 외부 신호에 의한 인터럽트
ㄹ. 입출력 전송요청 및 전송완료,전송오류
ㅁ. 명령의 잘못 사용 (명령어 오류)
ㅂ. 슈퍼 바이저 호출(SVC)

08 클라우드 서비스 모델은 인터넷을 통해 컴퓨팅 서비스를 제공하는 방식이며, 서비스로 제공하는 대상은 서버, 플랫폼, 소프트웨어이다.
IaaS는 서비스로 제공되는 인프라스트럭처이다.
PaaS는 서비스로 제공되는 플랫폼이다.
SaaS는 서비스로 제공되는 소프트웨어이다.
① (x)SaaS(Software as a Service)는 클라우드에 구성된 소프트웨어를 이용하는 서비스로, 소프트웨어를 웹에서 쓸수 있게 빌려준다.
그러나 인프라와 플랫폼 상에서 개발 작업을 수행하고 사용하는 것은 PaaS에 대한 설명이다.

09
② 시분할 시스템에 대한 설명이며, 시분할시스템은 응답시간을 최소화하는 것이 목표이다.
※ 분산 처리 시스템
여러 대의 컴퓨터들에 의해 작업들을 나누어 처리하여 그 내용이나 결과를 통신망을 이용하여 상호 교환할 수 있는 시스템이다.

---

07 〈보기〉에서 인터럽트의 우선순위를 바르게 나열한 것은?

> **보기**
>
> ㄱ. 외부 신호　　　　　ㄴ. 전원 이상
> ㄷ. 기계 착오　　　　　ㄹ. 입출력
> ㅁ. 명령의 잘못 사용　　ㅂ. 슈퍼 바이저 호출(SVC)

① ㄱ → ㄴ → ㄷ → ㄹ → ㅂ → ㅁ
② ㄱ → ㄷ → ㄴ → ㅁ → ㄹ → ㅂ
③ ㄴ → ㄱ → ㄷ → ㄹ → ㅂ → ㅁ
④ ㄴ → ㄷ → ㄱ → ㄹ → ㅁ → ㅂ

08 클라우드 서비스 모델 중 설명이 옳지 않은 것은?

① SaaS(Software as a Service)는 클라우드에 구성된 소프트웨어를 이용하는 서비스로 사용자는 인프라와 플랫폼 상에서 개발 작업을 수행하고 사용해야 한다.
② IaaS(Infrastructure as a Service)는 네트워크, 서버와 같은 자원을 이용해 사용자 스스로 미들웨어, 소프트웨어 등을 설치해서 이용하는 서비스이다.
③ CaaS(Container as a Service)는 사용자가 컨테이너 및 클러스터를 구동하기 위한 IT 리소스 기술로 애플리케이션 실행에 필요한 라이브러리, 바이너리, 구성 파일 등의 환경을 제공하는 서비스이다.
④ PaaS(Platform as a Service)는 클라우드의 미들웨어를 이용해 소프트웨어 개발 환경을 구성할 수 있는 방식으로 플랫폼의 라이선스, 자원관리, 보안 이슈, 버전 업그레이드 등의 서비스를 제공 받을 수 있다.

09 운영체제 유형에 대한 설명으로 옳지 않은 것은?

① 다중 프로그래밍은 여러 개의 프로그램을 주기억장치에 동시에 저장하고 하나의 CPU로 실행하는 방식이다.
② 분산 처리 시스템은 여러 사용자가 하나의 컴퓨터를 동시에 이용할 수 있도록 하기 위해 CPU 운영 시간을 잘게 쪼개어서 처리 시간을 여러 사용자에게 공평하게 제공하는 방식이다.
③ 실시간 시스템은 정해진 시간 내에 응답하는 시스템 방식으로 예약 시스템, 은행 업무 처리 서비스 등에 활용하는 방식이다.
④ 대화 처리 시스템은 여러 사용자가 컴퓨터와 직접 대화하면서 처리하는 방식으로 사용자 위주의 처리 방식이다.

07 ④　　**08** ①　　**09** ②

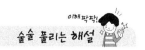

10 현재 운영되고 있는 정보보호 및 개인정보보호 관리체계(Personal Information & Information Security Management System)에 대한 설명으로 옳지 않은 것은?

① 한국인터넷진흥원에서 제도운영 및 인증품질 관리, 인증심사원 양성, 금융 분야를 포함하여 인증 심사를 진행하고 있다.

② 보호대책 요구사항은 인적 보안, 외부자 보안, 물리보안, 접근통제, 암호화 적용, 사고예방 및 대응 등의 내용으로 구성되어 있다.

③ ISMS-P 인증 심사를 받는 기관은 기관의 개인정보를 취급하는 모든 서비스에 대해 개인정보를 식별하고 흐름도 또는 흐름표를 작성해야 한다.

④ 정보보호 및 개인정보보호 관리체계는 침해위협에 효과적으로 대응하고 기관의 부담을 최소화하기 위하여 ISMS-P로 통합해 운영하고 있다.

11 〈보기〉에서 블록체인과 관련한 설명으로 옳은 것의 총 개수는?

> **보 기**
>
> ㄱ. 비트코인 반감기는 5년이다.
> ㄴ. 블록체인의 첫 번째 블록은 제네시스 블록(genesis block)이다.
> ㄷ. 작업증명(Proof of Work)은 계산 능력으로 해결해야 하는 문제를 의미한다.
> ㄹ. 하드포크는 채굴 소프트웨어를 업그레이드하여 네트워크를 바꾸는 것으로 블록체인의 대표 기업이 결정한다.

① 1개   ② 2개   ③ 3개   ④ 4개

12 플래시 메모리(Flash Memory)에 대한 설명으로 옳지 않은 것은?

① 자기디스크(magnetic disk)보다 읽기 속도가 빠르다.
② 메모리 어드레싱이 아닌 섹터 어드레싱을 한다.
③ 메모리 셀을 NAND 플래시는 수평으로, NOR 플래시는 수직으로 배열한다.
④ 메모리 칩의 정보를 유지하는데 전력이 필요 없는 비휘발성 메모리이다.

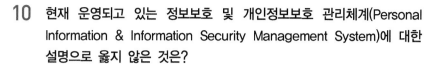

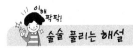

13

④ 이상탐지기법과 오용탐지기법

이상 탐지	정상 상태를 기준으로 상대적으로 급격한 변화를 일으키거나 확률이 낮은 일이 발생하면 알려준다.
오용 탐지	이미 발견되고 정립된 공격 패턴을 미리 입력해 두었다가 해당하는 패턴이 탐지되면 알려준다.

13 침입탐지시스템(Intrusion Detection System)의 동작 단계에 대한 설명으로 옳지 않은 것은?

① 데이터 필터링과 축약 단계에서는 효과적인 필터링을 위해 데이터 수집 규칙을 설정하는 작업이 필요하다.

② 데이터 수집 단계에서는 데이터의 소스에 따라서 호스트 기반 IDS와 네트워크 기반 IDS로 나뉘며 상호 보완적으로 사용된다.

③ 보고 및 대응 단계에서는 침입자의 공격에 대응하여 역추적하기도 하고, 침입자가 시스템이나 네트워크를 사용하지 못하도록 하는 능동적인 기능이 추가되기도 한다.

④ 침입탐지 단계에서는 다양한 탐지 방법이 있는데 이상탐지(anomaly detection)는 이미 발견된 공격 패턴을 미리 입력해 두었다가 매칭되는 패턴이 발견되면 공격으로 판단하는 기법이다.

해설 침입탐지시스템 4단계

<table>
<tr><td rowspan="3">1.데이터 수집</td><td colspan="3">탐지 대상 (시스템 사용 내역, 패킷)으로부터 생성되는 데이터를 수집하며, 설치 위치와 목적에 따라 호스트 기반의 HIDS와 네트워크 기반의 NIDS가 있다.</td></tr>
<tr><td colspan="3">HIDS : 윈도우나 유닉스 등의 운영체제에 부가적으로 설치되어 운용되거나 일반 클라이언트에 설치된다.</td></tr>
<tr><td colspan="3">NIDS : 네트워크에서 하나의 독립된 시스템으로 운영된다</td></tr>
<tr><td rowspan="3">2.데이터 필터링과 축약</td><td colspan="3">HIDS와 NIDS로 수집한 침입 관련 데이터는 한 곳에 모아서 관리하는 것이 상호 연관된 내용을 좀더 효과적으로 분석할 수 있고, 빠르게 대응할 수 있어 좋다.</td></tr>
<tr><td colspan="3">보안감사(Audit Trailing)는 HIDS와 NIDS를 통하여 쌓여 있는 로그를 살펴보고 유효성을 확인하는 작업으로 방대하게 모인 데이터를 보안 감사를 실시하는데 불필요한 데이터를 필터링하고 축약할 필요가 있다.</td></tr>
<tr><td colspan="3">효과적인 필터링을 위해서 데이터 수집에 규칙을 설정하면 된다.</td></tr>
<tr><td rowspan="3">3.침입 탐지</td><td colspan="3">이상(행위기반)탐지기법과 오용(지식기반)탐지기법</td></tr>
<tr><td>구 분</td><td>장 점</td><td>단 점</td></tr>
<tr><td>이상
탐지</td><td>1. 인공지능 알고리즘 사용으로 스스로 판단하여 수작업의 패턴 업데이트 불필요
2. 오용 탐지 기법보다 데이터 베이스 관리가 용이하고 알려지지 않은 공격(Zero-Day Attack)도 탐지 가능
3. 침입 이외의 시스템 운용상의 문제점도 발견할 수 있음</td><td>1 오탐률(False Positive)이 높음
2 정상과 비정상 구분을 위한 임계치 설정이 어려움</td></tr>
<tr><td rowspan="2"></td><td>오용
탐지</td><td>1. 오탐률(False Positive)이 낮음
2. 전문가 시스템(추론기반 지식 베이스)을 이용
3. 트로이 목마, 백도어 공격 탐지 가능</td><td>1. 새로운 공격탐지를 위해 지속적인 공격 패턴 갱신이 필요
2. 패턴에 없는 새로운 공격에 대해서는 탐지가 불가능</td></tr>
<tr><td>4.보고 및 대응 단계</td><td colspan="3">침입으로 판정된 경우 이에 대한 적절한 대응을 자동으로 취하거나 보안 관리자에게 알려 조치</td></tr>
</table>

13 ④

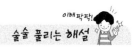

14 다음 대화에서 빈칸에 들어갈 말로 가장 적절한 것은?

> A: Excuse me. I'd like to send this parcel to Los Angeles, USA.
> B: Okay. What's in it?
> A: Just some clothes and snacks.
> B: Did you put any fragile items in it?
> A: No. How long will it take to LA?
> B: The airmail usually takes about 5-7 days, and it takes about two weeks by ship. _____
> A: Then I'll go with the second one.

① What's the recipient's name?
② How much does it weigh?
③ Which one do you prefer?
④ What's your mailing address?

15 다음 대화에서 빈칸에 들어갈 말로 가장 적절한 것은?

> A: Good morning. How can I help you today?
> B: Hi. I received a notification saying that I have a registered mail waiting for me.
> A: I see. _____
> B: Here's my driver's license.
> A: Okay. Bear with me while I look for your mail. I'll be right back.
> B: Sure. No problem.

① Can I wait in line?
② May I see your identification?
③ Should I send a registered mail?
④ Why don't you send the notification?

술술 풀리는 해설

14
A: 실례합니다. 이 소포를 미국 로스앤젤레스로 보내고 싶은데요
B: 네. 안에 무엇이 들어있지요?
A: 몇가지의 옷들과 간식거리에요.
B: 안에 깨질만한 물건이 있나요?
A: 아니요. LA까지 몇일이나 걸릴까요?
B: 항공편으로는 대략 5-7일 선박편으로는 대략 2주정도 걸릴 예정입니다. (어떤 것을 선택하실건가요?)
A: 그럼 두번째 거로 진행을 하겠습니다.

① 수취인 이름은 무엇입니까?
② 무게가 얼마나 나가나요?
③ 어느 것을 더 선호하시나요?
④ 당신의 메일주소는 어떻게 되나요?
• parcel : 소포
• fragile : 깨지기 쉬운
• recipient : 수취인, 수령인

15
A: 안녕하세요. 오늘 무엇을 도와드릴까요?
B: 안녕하세요. 내가 나에게 온 등기우편물이 있다는 통지를 받았어요
A: 네 . 신분증 좀 보여주실까요?
B: 여기 나의 운전면허증이 있습니다.
A: 좋아요. 내가 당신의 우편물을 찾는 동안 잠시만 기다려주세요. 곧 돌아오겠습니다.
B: 네. 괜찮습니다.

① 줄 서야 되나요?.
② 당신의 신분증 좀 보여주시겠어요?
③ 내가 등기 우편물을 보내야 하나요?
④ 통지를 보내는게 어때요?
• notification : 통지
• registered : 등록[등기]한, 기명의
• bear with somebody/something : ~을 참을성 있게 대해 주다[참아 주다], 잠시만 기다려 주다.

14 ③ 15 ②

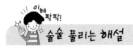
16

나는 대한민국 초대 우정국장인 홍영식을 (① 깔보는 ② 드러내는, ③ 경의를 표하는, ④ 기억을 기리는) 새 우표를 발행하게 된 것을 알리게 되어 기쁘게 생각합니다.

• release : 면하게 하다, 해제하다. (대중들에게) 공개하다, 발매하다, 발표하다, 개봉하다.
• tribute : 공물, 찬사, 헌사
• honor : 경의, 영예, 존경

17

잘 상하는 품목이란 음식, 식물 등등과 같이 우편물 안에서 썩기 쉬운 물질들을 말한다. 허가되는 잘상하는 품목은 발송인의 본인의 책임으로 보내진다. 이러한 품목들은 상하기 시작하기 전에 특별히 포장되고 배달되어 져야 한다.
① ~이 되다.
② 쌓아올리다, 증진하다, 확립하다.
③ 치워두다.
④ 몸이 쇠약해지거나 음식이 상해지다.
• Perishable : 잘 상하는 [썩는]
• material : 재료, 물질
• deteriorate : 악화하다
• Permissible : 허용되는

16 빈칸에 들어갈 말로 적절하지 않은 것은?

> I'm glad to announce that we are releasing a new stamp to _____ the first president of the Korea Post, Yeongsik Hong.

① look down at   ② bring to light
③ pay tribute to   ④ honor the memory of

17 빈칸에 들어갈 말로 가장 적절한 것은?

> Perishable items are materials that can deteriorate in the mail such as food, plants, etc. Permissible perishable items are sent at the mailer's own risk. These items must be specially packaged and delivered before they begin to_____.

① turn out   ② build up
③ put away   ④ waste away

16 ①   **17** ④

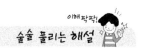

18 다음 글의 목적으로 가장 적절한 것은?

Dear Valued Customer,

We regret to inform you of the temporary closure of the Bluff Park branch of the U.S. bank at 762 Shades Mountain Plaza, effective from August 3 to September 1. This decision stems from the safety concern regarding a pervasive leakage problem in that building. Customers who use the Bluff Park branch are being directed to the branch at 1809 Riverchase Drive instead. Hours there are 9 a.m. to 6 p.m. Monday through Friday. Customers may call 1-800-ASK-BANK or visit the website — www.usbank.com — for locations of additional nearby branches and approved banking service providers.

Thank you for your continued support and patronage.

Warm regards,

① 은행 상품을 홍보하려고

② 새로운 은행 지점을 소개하려고

③ 은행 홈페이지 주소를 안내하려고

④ 은행 지점의 일시적 이용 중지를 공지하려고

19 밑줄 친 부분이 문법상 옳지 않은 것은?

The Korea Post announced that phishing emails impersonating the post office ① are increasing rapidly, and caution is needed. According to the analysis data, most phishing emails are related to parcel delivery, and induce users ② to make payments in the name of shipping fees, storage fees, fines, etc. through links included in emails. However, the post office never asks for payment through email. In the case of cash on delivery parcels, the recipient pays in advance through the post office app or the Internet post office website or pays a cash on delivery fee ③ who the postman delivers the mail. The Korea Post advised that you ④ should never respond to requests in the name of payment of shipping or return fees.

술술 풀리는 해설

18

친애하는 소중한 고객님,

우리는 8월 3일 부터 9월 1일까지, 762쉐이드마운틴플라자에 있는 미국은행의 Bluff Park 지점의 일시적 폐쇄를 알려드리게 되어 유감스럽게 생각합니다. 이번 결정은 빌딩안에 널리 퍼진 누수문제와 관련한 안전우려로부터 비롯된 것입니다. Bluff Park 지점을 이용하시는 고객분들은 대신에 1809리버체이스드라이브에 있는 지점으로 안내됩니다.

시간은 월요일부터 금요일까지 오전 9시부터 오후6시까지 입니다.

고객님들은 추가로 근처의 지점들이나 승인된 은행서비스 제공자의 위치에 대해 1-800-ASK-BANK 로 전화하거나 웹사이트 www.usbank.com를 방문할 수 있다.

고객님의 지속적인 지지와 성원에 감사드립니다. 따뜻한 안부를 전하며.

- regret to : 유감으로 생각한다.
- effective from : ~부터 시행되다, 적용되다.
- stem ; 줄기, 유래하다, 기인하다.
- pervasive : 만연하는, (구석구석) 스며[배어]드는
- leakage : 누출, 누수
- directed to : 직접 보내지다, 안내되다.
- additional : 추가로
- patronage : 후원, 지원, 애용

19

한국 우정사업본부는 우체국을 사칭하는 피싱이메일 급격히 증가하고 있으며, 그래서 주의가 필요하다고 발표했습니다.

분석데이타에 따르면, 대부분의 피싱이메일은 소포배달과 관련이 있으며, 이메일에 포함된 링크를 통하여, 배송료, 보관수수료, 벌금 등등의 명목으로 이용자들이 지불하도록 설득합니다. 그러나, 우체국은 이메일을 통하여 지불하도록 결코 요청하지 않으며. 착불소포배달의 경우에도, 수취인은 우체국앱 또는 인터넷 우체국 웹사이트를 통하여 미리 지불하거나 또는 우체부가 메일을 ③ 배달할 때 (관계부사 when이 필요). 배달료로 현금을 지불합니다. 한국우정사업본부는 고객들이 절대로 배달료 또는 반환료라는 명목의 요청에 결코 응답하지 말것을 권고했습니다.

- phishing : 개인정보를 빼내려는 사기통신행위
- impersonating : 사칭하는
- caution : 주의
- induce : 설득하다, 유도하다.
- fines : 벌금, 과태료
- shipping : 배송, 운송

18 ④ **19** ③

20

우정사업의 수익구조를 개선하기 위하여, 구식 재무시스템은 철저하게 정비(overhauled) 하고, 빅데이터와 AI와 같은 첨단기술을 사용하는 진보된 시스템이 대체되었다.

이것은 고객들이 MyData기반자산을 관리하고, 상담을 하고, 대면적 그리고 비대면적으로 등록하는 것을 허락하고, 고객서비스를 개선시킨다. 게다가, 사용자친화적인 서비스 화면과 내용, 24시간 챗봇서비스 등이 제공된다.

통합된 고객정보서비스, 빅데이타와 AI에 기반한 상품추천과 보험평가, 종이없는 디지털서비스, 그리고 금융단말기의 다양한 기능등의 제공이 사용자들에게 이익이 있다고 증명되었다.

이 새롭고 확장 가능한 클라우드기반 기초시설은 일년내내 하루 24시간 7일 (24/7) 연중무휴 회사 업무중단을 최소화 (minimizes) 하는 지원시스템을 허용함으로써, 결국에는 궁극적으로 효율성과 편리함 증가를 기대할 수 있습니다.

- modify : 수정하다, 개선하다.
- revenue : 수익
- outdated : 구식
- overhauled : 점검[정비]하다
- emerging : 최근 생겨난, 첨단의
- consultation : 상담, 진찰
- in person and online : 대면 또는 온라인(비대면)으로
- scalable : [컴퓨터] 확장 · 축소(가변)하여도 난조가 생기지 않는
- infrastructure : 기초시설
- around – the – clock all year around 24/7 : 일년내내 하루 24시간 7일 (24/7), 연중무휴
- interruption : 중단, 방해
- ultimately : 궁극적으로
- increase : 증가하다, 제고하다
- in the long run.: 결국에는
- minimize : 최소화하다.
- subsided : 가라앉다, 진정되다, 내려앉다
- disregard : 무시하다,
- underrate : 과소평가하다.
- exaggerate :과장하다.

---

20 밑줄 친 (A), (B)에 들어갈 말로 가장 적절한 것은?

> 보 기

In order to modify the revenue structure for postal business, the outdated financial system has been completely (A) , and an advanced system using emerging technologies such as big data and AI were instituted in its place. This allows customers to manage MyData – based asset and get consultation and sign – up both in person and online, improving customer service. In addition, user – friendly service screen and content, 24 – hour chatbot service, etc. are provided. Offering integrated customer information service, big data – and AI – based product recommendations and insurance reviews, paperless digital services, and various functions of financial terminals has been proven to be beneficial for the users. The new scalable Cloud – based infrastructure allows around – the – clock all year around 24/7 support system which (B) business interruptions, and it is expected to ultimately increase efficiency and convenience in the long run.

	(A)	(B)
①	overhauled	minimizes
②	subsided	disregards
③	overhauled	underrates
④	subsided	exaggerates

나만의 정리노트

01

① 요금수취인부담우편물 처리

구 분	처 리
발송 유효기간을 경과하여 발송된 우편물	발송인에게 반환
계약의 해지 후 발송유효기간 내에 발송된 우편물	수취인에게 배달

③ 발송 유효기간은 요금수취인부담 계약일로부터 2년이 원칙이다. 다만, 국가기관, 지방자치단체 또는 정부투자기관에 있어서는 발송 유효기간을 제한하지 아니할 수 있어 2년을 초과하여 발송 유효기간을 정할 수 있다.

01 국내 요금수취인부담 우편물에 대한 설명으로 옳지 않은 것은?

① 요금수취인부담 이용계약의 해지 이후 발송 유효기간 내에 발송된 우편물은 발송인에게 반환한다.

② 우편요금은 부가취급 수수료를 포함한 금액의 110%이며, 합계금액에 원 단위가 있을 경우에는 절사한다.

③ 국가기관, 지방자치단체 또는 정부투자기관은 계약일로부터 2년을 초과하여 발송 유효기간을 정할 수 있다.

④ 배달우체국장(계약등기와 등기소포는 접수우체국장)과의 계약을 통해 그 우편요금을 발송인에게 부담시키지 않고 수취인 자신이 부담하는 제도이다.

02

② 무게가 50g초과하거나 누르지 않은 자연상태에서 두께가 5㎜를 초과하는 경우에는 규격외로 취급한다.

① 규격으로 취급하며, 여섯자리 우편번호 작성란이 인쇄(2019년 10월이전)된 봉투를 이용한 통상우편물은 우편번호 숫자를 왼쪽 칸부터 한 칸에 하나씩 차례대로 기입하고 마지막 칸은 공란으로 두어야 한다.

③ 규격외로 취급한다.

④ 규격으로 취급한다.

요 건		내 용
크기	세로	최소 90mm, 최대 130mm (허용 오차 ±5mm)
	가로	최소 140mm, 최대 235mm (허용 오차 ±5mm)
	두께	최소 0.16mm, 최대 5mm (누르지 않은 자연 상태)
모 양		직사각형 형태
무 게		최소 3g, 최대 50g
재 질		종이(창문봉투의 경우 다른 소재로 투명하게 창문제작)

02 국내통상우편물의 규격요건 및 외부표시(기재) 사항에 대한 설명으로 옳은 것은?

① 여섯자리 우편번호 작성란이 인쇄된 봉투를 이용한 통상우편물은 모두 규격외로 취급한다.

② 무게가 50g이고 누르지 않은 자연 상태에서 두께가 10㎜인 경우에는 규격외로 취급한다.

③ 봉투의 세로 크기가 최소 140㎜, 최대 235㎜(허용오차 ±5㎜)인 경우에는 규격으로 취급한다.

④ 봉투의 모양이 직사각형 형태로 재질은 종이이며 색깔이 검은 색인 경우에는 규격외로 취급한다.

01 ① 02 ②

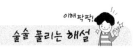

03 민원우편 서비스에 대한 설명으로 옳지 않은 것은?

① 우정사업본부에서 발행한 민원우편 취급용 봉투(발송용, 회송용)를 사용하여야 한다.
② 회송용 민원우편물은 우체국 취급담당자가 인장 또는 자필서명하여 봉함하여야 한다.
③ 민원발급 수수료와 회송할 때의 민원발급 수수료 잔액을 현금으로 우편물에 봉입하여 발송할 수 있다.
④ 발송인은 민원우편 회송용 취급요금(50g규격요금+등기취급수수료+익일특급수수료)을 접수 시에 선납하여야 한다.

04 〈보기〉에서 국내우편물 배달기한에 대한 설명으로 옳은 것을 모두 고른 것은?

> **보기**
>
> ㄱ. 익일특급우편물의 배달기한은 접수한 다음날까지이다.
> ㄴ. 관보규정에 따른 관보는 배달기한 적용의 예외 대상이다.
> ㄷ. 등기통상과 등기소포우편물의 배달기한은 접수한 다음날까지이다.
> ㄹ. 교통 여건 등으로 인해 우편물 운송이 특별히 어려운 곳은 관할우편 집중국장이 별도로 배달기한을 정하여 공고한다.

① ㄱ, ㄴ
② ㄷ, ㄹ
③ ㄱ, ㄴ, ㄷ
④ ㄱ, ㄴ, ㄹ

05 국내소포우편물에 대한 설명으로 옳은 것은?

① 가로, 세로, 높이를 합하여 35㎝ 미만인 소형포장우편물은 소포우편물로 구분하여 취급한다.
② 일반소포우편물은 우표납부로 우편요금 결제가 가능하며 반송 시 반송수수료를 징수하지 않는다.
③ 최소용적은 평면의 크기가 길이 14㎝, 너비 9㎝ 이상, 원통형으로 된 것은 직경의 2배와 길이를 합하여 23㎝이다.
④ 고객이 등기소포우편물 1개의 접수정보를 사전에 제공하고 우체국창구에서 요금즉납으로 결제한 경우, 우편요금의 3%를 감액받는다.

이해팍팍! 술술 풀리는 해설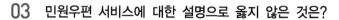

03
회송용 민원우편물의 봉함은 민원발급기관의 취급담당자(우체국 취급담당자가 아님)가 인장(지장) 및 서명(자필)을 날인하여 봉함하여야 하며, 수수료 잔액 등 내용품 확인에 대하여는 우체국 담당자는 참관하지 않는다.

04
ㄱ. (○)
ㄴ. 관보규정에 따른 관보「와 신문 등의 진흥에 관한 법률」에 따라 주 5회 발행하는 일간신문은 배달기한 적용의 예외 대상이다.
ㄷ. 등기통상의 배달기한은 접수한 다음날부터 3일 이내이다. (×)
ㄹ. 교통 여건 등으로 인해 우편물 운송이 특별히 어려운 곳은 관할지방우정청장 (관할 우편집중국장 ×) 이 별도로 배달기한을 정하여 공고한다.

05
④ 창구접수 및 방문접수 소포우편물의 감액
가. 감액대상: 창구접수(등기소포), 방문접수 우편요금(부가취급수수료 제외)
 ※ 창구접수 감액은 접수정보를 고객이 사전에 제공시에만 적용
나. 감액접수 대상관서 :전국 모든 우편관서(우편취급국 포함)
다. 감액범위
 1~2개 : 3%
 3개이상 : 5%
 10개이상 : 10%
 50개이상 :15%
① 소포우편물은 가로·세로·높이 세 변을 합하여 35㎝이상이어야 한다.
② 현금, 우표첨부, (우표납부×), 신용카드 등으로 결제가 가능하다.
 등기소포는 우표납부 가능
③ 최소 용적은 가로·세로·높이 세 변을 합하여 35㎝ 이상 (단, 가로는 17㎝ 이상, 세로는 12㎝ 이상) 이고
 원통형은 "지름의 2배"와 길이를 합하여 35㎝ 이상이어야 한다.

---

03 ② 04 ① 05 ④

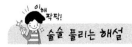

술술 풀리는 해설

06

ㄴ. 외화등기 이용방법
 – 접수우체국: 계약에 따라 지정된 우체국
 – 배달우체국: 전국 우체국(익일특급 배달 불가능 지역은 제외함)
ㄹ. 안심소포의 가액은 300만 원 이하의 물건에 한정하여 취급하며 취급한도액을 초과한 것은 취급할 수 없으나 발송인이 취급한도액까지만 기록하기로 하고 취급을 요구할 때에는 취급할 수 있다.

---

07 1회 발송 최소우편물 수량

구 분	물량(기본) 감액	구분 감액	반환불필요 감액
서적 우편물	요금별납 100통이상	요금별납 2천통	—
	요금후납 50통 이상	요금후납 1천통	
다량 우편물	1만통이상	요금별납 2천통	요금별납 2천통
		요금후납 1천통	요금후납 1천통
상품 광고 우편물	1만통이상	요금별납 2천통	요금별납 2천통
		요금후납 1천통	요금후납 1천통

※ **24**년 교재에서 환부라는 용어는 반환이라는 용어로 바뀜
 25년 교재에서 반환불필요감액 삭제됨

06 ④ 07 ①

---

06 〈보기〉에서 보험취급우편물에 대한 설명으로 옳은 것을 모두 고른 것은?

> **보기**
>
> ㄱ. 통화등기로 취급할 수 있는 대상은 강제 통용력이 있는 국내통화에 한정한다.
> ㄴ. 외화등기는 전국 우체국에서 익일특급 배달 불가능 지역을 제외하고 접수가 가능하다.
> ㄷ. 물품등기의 물품 가액은 발송인이 정하며, 취급 담당자는 가액판단에 관여할 필요가 없다.
> ㄹ. 안심소포의 가액은 300만 원 이하의 물건에 한정하여 취급하며, 취급한도액을 초과하는 물품은 어떤 경우에도 취급할 수 없다.
> ㅁ. 사용된 유가증권류, 기프트카드 등에 대하여 보험취급을 원하는 경우, 유가증권등기로 취급할 수 없으나 물품등기로는 접수가 가능하다

① ㄱ, ㄴ, ㄷ
② ㄴ, ㄹ, ㅁ
③ ㄱ, ㄷ, ㄹ
④ ㄱ, ㄷ, ㅁ

---

07 국내우편요금 감액제도 중 환부불필요 감액을 받기 위한 1회 발송 최소 우편물 수량으로 옳지 않은 것은?

① 요금별납 서적우편물 2천통
② 요금후납 다량우편물 1천통
③ 요금별납 상품광고우편물 2천통
④ 요금후납 상품광고우편물 1천통

08 국내우편물의 지연배달에 따른 손해배상 범위 및 금액으로 옳은 것은?

① 준등기: D+3일 배달분부터 우편요금

② 등기통상: D+5일 배달분부터 우편요금과 등기취급수수료

③ 등기소포: D+3일 배달분부터 우편요금

④ 익일특급: D+1일 배달분부터 우편요금과 국내특급수수료

해설 손해배상의 범위 및 금액

구 분		손실,분실 (최고)	지연배달
통상	일 반	없음	없음
	준등기	5만원	없음
	등기취급	10만원	D+5일 배달분부터 : 우편요금과 등기취급수수료
	국내특급 익일특급	10만원	D+3일 배달분부터 : 우편요금 및 국내특급수수료
소포	일 반	없음	없음
	등기취급	50만원	D+3일 배달분부터 : 우편요금 및 등기취급수수료
	안심소포 (보험소포 우편물)	300만원	

09 국내 계약등기우편물의 부가취급 서비스에 대한 설명으로 옳지 않은 것은?

① 우편주소 정보제공은 수취인의 동의를 받아 발송인에게 바뀐 우편주소 정보를 제공하는 서비스로 부가취급수수료는 1,000원이다.

② 착불배달 맞춤형 계약등기우편물이 반송되는 경우, 착불요금을 제외한 우편요금(등기취급수수료 포함)과 반송수수료를 징수한다.

③ 회신우편의 취급대상은 발송인이 사전에 배달과 회신에 대한 사항을 계약관서와 협의하여 정한 계약등기우편물로 부가취급수수료는 1,500원이다.

④ 반송수수료 사전납부 우편물 접수 시 우편요금 반송률(최초 1년은 등기우편물 반환율에 0.5% 가산)을 적용한 반송수수료를 합산하여 납부한다.

10
여러 형태의 우편물을 함께 넣을 때에는 작업을 쉽게 하기 위하여
일반소포 → 등기소포 → 일반통상 → 등기통상 → 중계우편물의 순으로 적재한다.

10 운송용기(운반차)에 적재할 우편물이 여러 종류일 경우, 순서에 맞게 나열한 것은?

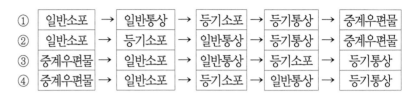

① 일반소포 → 일반통상 → 등기소포 → 등기통상 → 중계우편물
② 일반소포 → 등기소포 → 일반통상 → 등기통상 → 중계우편물
③ 중계우편물 → 일반소포 → 일반통상 → 등기소포 → 등기통상
④ 중계우편물 → 일반소포 → 등기소포 → 일반통상 → 등기통상

11 기계구분 불가능우편물
– 주소와 우편번호를 기재하지 않은 우편물
– 주소와 우편번호의 기록위치가 적정하지 않은 우편물
– 주소와 우편번호를 손 글씨로 흘려 쓴 우편물
– 주소와 우편번호 주위에 다른 문자가 표시된 우편물
– 주소와 우편번호 문자 선명도가 낮은 우편물
– 우편물 표면이 고르지 아니한 우편물
　(도장, 동전, 병 덮개 등을 넣은 우편물)
– 봉투 색상이 짙은 우편물
– 봉투의 끝부분이 접혀있거나 봉함되지 아니한 우편물
– 스테이플러, 핀 등으로 봉투를 봉함한 우편물
– 내용물의 글씨가 봉투에 비치는 우편물
– 둥근 소포, 쌀자루, 취약소포 등

11 우편물을 기계구분 우편물과 수구분 우편물로 분류할 경우, 기계구분할 수 없는 우편물은?

① 우편번호 앞쪽에 '(우)'라고 표시한 경우
② 주소와 우편번호를 적정한 위치에 선명하게 인쇄한 경우
③ 봉함된 상태이고 내용물의 글씨가 봉투에 비치지 않는 경우
④ 봉투 색상이 흰색이고 표면이 울퉁불퉁하지 않고 균일한 경우

12
인계 · 인수가 끝난 우편물은 익일특급, 그외 등기우편물 순으로 개봉하여 처리한다.

12 운송용기의 개봉작업에 대한 설명으로 옳지 않은 것은?

① 인계 · 인수가 끝난 우편물은 등기우편, 익일특급 순으로 개봉하여 처리해야 한다.
② 부가취급 우편물을 담은 운송용기를 개봉할 때 책임자나 책임자가 지정하는 사람이 참관해야 한다.
③ 부가취급 우편물을 담은 운송용기를 개봉할 때 담당자는 송달증의 기록명세와 우편물의 등기번호 및 통수에 이상이 없는지 확인해야 한다.
④ 개봉이 끝난 운송용기는 운송용기 관리지침에 따르고, 우편자루는 뒤집어서 남은 우편물이 없는지 확인해야 한다

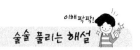

13 〈보기〉에서 등기취급 우편물의 정당 수령인을 모두 고른 것은?

> **보기**
>
> ㄱ. 우편물 표면에 기재된 주소지에서 만난 동거인
> ㄴ. 대리수령인으로 지정되어 우편관서에 등록된 사람
> ㄷ. 우편물 표면에 기재된 주소지(회사)에서 만난 같은 직장 근무자
> ㄹ. 수취인과 같은 집배구에 있고 발송인의 배달동의를 받은 무인우편물 보관함

① ㄱ, ㄷ
② ㄱ, ㄹ
③ ㄱ, ㄴ, ㄷ
④ ㄴ, ㄷ, ㄹ

14 〈보기〉의 조건을 모두 충족하는 국제우편물 취급우체국은?

> **보기**
>
> ㄱ. 국제우편물의 접수와 배달 업무를 수행
> ㄴ. 국제우편물을 직접 외국으로 발송하고, 외국에서 오는 우편물을 받는 업무를 수행
> ㄷ. 관세청장이 지정한 우체국으로 세관공무원이 주재하거나 파견되어 국제우편물의 수출입에 관한 세관검사를 실시

① 중부권 광역우편물류센터
② 인천해상교환우체국
③ 부산국제우편물류센터
④ 국제우편물류센터

15 〈보기〉에서 국제우편 인쇄물로 접수가 가능한 것의 총 개수는?

> **보기**
>
> ㄱ. 서적   ㄴ. 정기간행물   ㄷ. CD   ㄹ. 비디오테이프
> ㅁ. OCR   ㅂ. 포장박스   ㅅ. 봉인한 서류   ㅇ. 홍보용 팸플릿
> ㅈ. 잡지   ㅊ. 상업광고물   ㅋ. 달력

① 4개   ② 5개   ③ 6개   ④ 7개

술술 풀리는 해설

13 정당 수령인
ㄱ. 우편물 표면에 기재된 주소지의 수취인이나 동거인(같은 직장 근무자 포함)
ㄴ. 대리수령인으로 지정되어 우편관서에 등록된 사람
ㄷ. 같은 건축물 및 같은 구내의 관리사무소, 접수처, 관리인
ㄹ. 수취인과 같은 집배구에 있고 수취인(발송인×)의 배달동의를 받은 무인우편물 보관함

14
ㄱ. 통상국 업무 : 국제우편물류센터, 부산국제 우체국,
ㄴ. 교환국 업무 : 국제우편물류센터, 부산국제우체국, 인천해상교환우체국
ㄷ. 통관국 업무 : 국제우편물류센터, 부산국제우체국, 인천해상교환우체국

15 국제우편인쇄물로 접수

구분	물품
접수 가능	서적, 정기간행물, 홍보용 팸플릿, 잡지, 상업광고물, 달력, 사진, 명함, 도면 등
접수 불가	CD, 비디오테이프, OCR, 포장박스, 봉인한 서류

13 ③   **14** ④   **15** ③

16
국제통상우편물에 해당하지만, 따로 과학기술부장관이 고시하지는 않는다.

17 통관정보 제공 데이터 항목

구 분	필 수	선 택
발송인	성명, 상세주소 우편번호, 전화번호	Email
수취인	성명, 상세주소 우편번호,	전화번호 Email
내용품	내용품유형 내용품명 순중량, 생산지 HS Code, 가격 개수	

18 EMS 보험취급한도액 및 수수료

보험취급 한도액	4,000SDR 또는 7백만원 ※ EMS프리미엄 : 5천만원
보험취급 수수료	- 보험가액 최초 65.34 SDR 또는 최초 114,300원까지: 2,800원 - 보험가액 65.34 SDR 또는 114,300원 추가마다 : 550원 추가

16 국제우편 소형포장물에 대한 설명으로 옳지 않은 것은?

① 내용품 검사를 위해 쉽게 열어볼 수 있도록 봉하여야 한다.
② 우편물의 내부 또는 외부에 상품송장(Invoice)을 첨부할 수 있다.
③ 내용품 가격이 300SDR 이하인 경우 CN22, 300SDR을 초과할 경우에는 CN23을 첨부한다.
④ 국제통상우편물에 속하며, 과학기술정보통신부장관이 필요하다고 인정하여 고시하는 우편물이다.

17 〈보기〉에서 사전통관정보제공에 따른 필수 통관정보항목의 총 개수는?

> **보기**
>
> ㄱ. 발송인 성명,상세주소,우편번호 ㄴ. 발송인 전화번호
> ㄷ. 발송인 이메일 ㄹ. 수취인 성명,상세주소,우편번호
> ㅁ. 수취인 전화번호 ㅂ. 수취인 이메일
> ㅅ. 내용품유형 ㅇ. 내용품명
> ㅈ. HS Code ㅊ. 순중량
> ㅋ. 개수 ㅌ. 생산지
> ㅍ. 가격

① 9개　　② 10개　　③ 11개　　④ 12개

18 〈보기〉의 국제특급우편물(EMS) 보험취급 수수료 계산으로 옳은 것은?

> **보기**
>
> ㄱ. 도착국 : 일본 ㄴ. 중량 : 12kg
> ㄷ. 우편요금 : 67,000원 ㄹ. 물품가(보험가) : 120,000원

① 최초 114,300원까지 2,800원 + 500원
② 최초 114,500원까지 2,800원 + 500원
③ 최초 114,300원까지 2,800원 + 550원
④ 최초 114,500원까지 2,800원 + 550원

19 〈보기〉의 국제우편물이 일부 훼손된 경우, 손해배상 금액 계산으로 옳은 것은?

보 기

ㄱ. 보통소포우편물(항공)   ㄴ. 중량: 10kg
ㄷ. 우편요금: 52,000원   ㄹ. 물품가: 300,000원

① 52,500원 + 70,800원 금액 범위 내(123,300원)의 실손해액
② 52,500원 + 78,700원 금액 범위 내(131,200원)의 실손해액
③ 70,000원 + 70,800원 금액 범위 내(140,800원)의 실손해액
④ 70,000원 + 78,700원 금액 범위 내(148,700원)의 실손해액

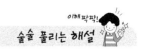

19 보통소포우편물(항공)

손해배상의 범위	배 상 금 액
분실, 전부 도난 또는 전부훼손 된 경우	70,000원에 1Kg당 7,870원을 합산한 금액범위내의 실손해액과 납부한 우편요금
일부분실·도난 또는 일부 훼손된 경우	70,000원에 1Kg당 7,870원을 합산한 금액범위내의 실손해액

20 국제우편 요금감액제도에 대한 설명으로 옳지 않은 것은?

① 국제특급 요금감액은 계약특급, 수시특급, 일괄특급으로 나눌 수 있다.
② 특별감액의 장기이용고객 조건에 해당할 경우, 3%의 요금감액률을 적용한다.
③ 계약국제특급의 18% 이상 감액률은 우정사업본부장의 승인 후 적용한다.
④ 발송비용절감 요금감액은 EMS, EMS프리미엄, K-Packet, 소형포장물, 한·중해상특송우편물에 대해서 적용한다.

20
② 2%p이하의 요금감액률을 적용한다.

※특별감액의 장기이용고객 감액

감 액 요 건	감액률	대 상
계약기간이 1년을 초과하고 직전 계약기간 동안의 이용금액이 600만 원 이상인 경우	1%p 이하	EMS, EMS프리미엄 K-Packet, 등기소형포장물, 한·중해상특송
계약기간이 3년을 초과하고 직전 계약기간 동안의 이용금액이 1억 원 이상인 경우 ※ 감액조건의 금액은 고시된 요금(EMS 프리미엄은 요금표) 기준이며, 일괄계약 이용고객은 제외 ※ 직전 계약기간 중 6월 이상 이용실적이 있는 경우에 적용	2%p 이하	

해설 국제특급 요금감액

구 분		내 용
특급우편물 (EMS · EMS프리미엄)	계약특급 우편	우편관서와 발송인과의 이용계약에 따라 특급우편 (EMS · EMS프리미엄)을 발송하는 이용자 ※ 계약특급의 18%이상 감액률은 우정사업본부장의 승인 후 적용함
	수시특급 우편	별도의 이용계약을 맺지 않고 특급우편(EMS · EMS 프리미엄)을 발송하는 창구접수 이용자
	일괄특급 우편	우편관서와 발송인과의 이용계약에 따라 접수우체국을 통해 특급우편(EMS · EMS프리미엄)을 발송하는 본사와 지사, 협회와 회원사, 다문화가정 이용자, 공공기관과 연계된 중소기업지원사업자
K-Packet		우편관서와 발송인과의 이용계약에 따라 K-Packet을 전산시스템으로 접수(e-shipping)하여 발송하는 이용자
소형포장물		우편관서와 발송인이 이용계약을 하거나 별도의 이용 계약을 맺지 않고 소형포장물을 발송하는 이용자
한 · 중 해상특송		우편관서와 발송인과의 이용계약에 따라 전자상거래(B2C) 물량을 전산시스템으로 접수(e-shipping)하여 발송하는 이용자

19 ④ 20 ②

2023시행 금융상식

해설

01

(가) 거래중지계좌에의 편입은 매년 2회 하며, 상반기에는 5월 마지막 일요일에 편입하고 하반기에는 11월 마지막 일요일에 편입한다. (시행규칙 제20조 제2항)

(나) 저축성예금의 예금자로서 우정사업본부장이 정하는 기간 이상 월부금을 납입하거나 우정사업본부장이 정하는 기간 이상 예치한 자는 예입액의 90퍼센트의 범위에서 만기 전에 지급을 청구할 수 있다.(시행규칙 제28조 제1항)

(다)체신관서는 예금자가 10년간 예금을 하지 아니하거나 예금의 지급, 이자의 기입, 인감 변경, 예금통장(예금증서를 포함한다)의 재발급신청 등을 하지 아니한 경우에는 과학기술정보통신부령으로 정하는 바에 따라 그 예금의 지급청구나 그 밖에 예금의 처분에 필요한 신청을 할 것을 최고(催告)하여야 한다(법 제24조)

문제

01 다음 (가) ~ (다)는 『우체국예금 · 보험에 관한 법률』 및 동법 시행규칙에 대한 설명이다. 밑줄 친 (   )안에 들어갈 내용으로 옳은 것은?

> **보 기**
>
> (가) 잔액이 1만 원 미만으로서 1년 이상 계속하여 거래가 없을 때 거래중지계좌에 편입할 수 있으며, 거래중지계좌에의 편입은 매년 (   )회 한다.
>
> (나) 저축성예금의 예금자로서 우정사업본부장이 정하는 기간 이상 월부금을 납입하거나 우정사업본부장이 정하는 기간 이상 예치한 자는 예입액의 (   )퍼센트의 범위에서 만기 전에 지급을 청구할 수 있다.
>
> (다) 체신관서는 예금자가 (   )년간 예금을 하지 아니하거나 예금의 지급, 이자의 기입, 인감 변경, 예금통장(예금증서를 포함한다)의 재발급신청 등을 하지 아니한 경우에는 과학기술정보통신부령으로 정하는 바에 따라 그 예금의 지급청구나 그 밖에 예금의 처분에 필요한 신청을 할 것을 최고(催告)하여야 한다

	(가)	(나)	(다)
①	1	80	5
②	2	90	5
③	1	80	10
④	2	90	10

02

④ 착오송금일로부터 1년 이내 신청에 예금보험공사에 반환지원 신청을 할 수 있다 (착오송금반환지원제도 신설).

02 예금의 입금과 지급에 대한 설명으로 옳지 않은 것은?

① 금융회사는 예금청구서의 금액 · 비밀번호 · 청구일자 등이 정정된 경우, 반드시 정정인을 받거나 새로운 전표를 작성하도록 하여야 한다.

② 직원이 입금조작을 잘못하여 착오계좌에 입금한 경우, 금융회사는 착오계좌 예금주의 동의와 관계없이 취소 처리하고 정당계좌에 입금할 수 있다.

③ 금융회사는 실제로 받은 금액보다 과다한 금액으로 통장 등을 발행한 경우, 실제로 입금한 금액에 한하여 예금계약이 성립하므로 예금주의 계좌에서 초과입금액을 인출하면 된다.

④ 송금인이 착오송금한 경우, 송금인은 금융회사를 통해 수취인에게 반환요청할 수 있고, 반환이 거절된 경우에는 반환거절일로부터 1년 이내 예금보험공사에 반환지원 신청을 할 수 있다.

01 ④ **02** ④

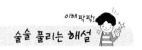

03 다음은 상속 가계도를 나타낸 것이다. C의 사망(그 외는 생존하고 있는 것으로 본다)으로 인한 상속에 대한 설명으로 옳은 것은?

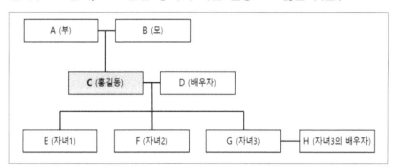

① C의 사망 당시 G가 상속결격자였다면 상속인은 총 3명이다.

② C가 정기적금 적립기간 중에 사망한 경우, E는 F와 G의 동의만으로도 C의 적금계약을 승계할 수 있다.

③ C가 사망 당시 유언으로 전 재산 9억 원을 사회단체에 기부하여 공동상속인 모두가 유류분 반환 청구를 한다면 E의 유류분 금액은 1억 원이다.

④ 합유설에 의하면 C의 사망 당시 F가 행방불명인 경우 F의 상속분을 제외한 나머지 상속분은 각 공동상속인 요청에 따라 분할하여 지급할 수 있다.

03
유류분이란 유증에 의한 경우에 법정상속인 중 직계비속과 배우자는 법정상속의 2분의 1까지, 직계존속과 형제자매는 3분의 1까지 수증자에게 반환을 청구할 수 있는 권리를 말한다. 9억원에 대한 법적상속분은 배우자 3억, 세명의 자녀는 각각 2억원이므로, 각자녀의 유류분은 각각 1억원이다.

① 민법 1001조 및 1003조에 의해 상속결격자의 배우자나 직계비속이 있다면 대습상속인으로서 상속을 받을 수 있기 때문에 C의 배우자와 자녀(E, F) 및 상속결격자G의 배우자인 H는 대습상속인으로서 상속을 받게되므로 상속인은 총 <u>4명</u>이다

② C가 정기적금 적립기간 중에 사망한 경우, E는 F와 G의 동의뿐만 아니라 공동상속인인 <u>D의 동의까지</u> 얻어야 C의 적금계약을 승계할 수 있다.

④ 는 공유설의 설명이며, 합유설에 의하면 행방불명인 자의 지분을 제외한 나머지 부분도 <u>지급할 수 없다.</u>

---

04 채권에 대한 설명으로 옳지 않은 것은?

① 채권은 정부, 지방자치단체, 금융회사 또는 신용도가 높은 주식회사 등이 발행하므로 채무 불이행 위험이 상대적으로 낮다.

② 전환사채는 발행회사가 보유 중인 타 회사의 주식을 보유하게 되는 반면 교환사채는 발행회사의 주식을 보유하게 된다는 점에서 차이가 있다.

③ 우리나라에서 주로 발행되는 주가지수연계채권(원금보장형)은 투자금액의 대부분을 일반 채권에 투자하고 나머지를 파생상품(주로 옵션)에 투자하는 방식으로 운용된다.

④ 첨가소화채권은 주택 또는 자동차를 구입하거나 부동산을 담보로 대출을 받을 때 의무적으로 매수해야 하는 채권으로 정부나 지방자치단체 등이 공공사업추진을 위한 재원을 조달하려는 목적으로 발행하는 채권이다

04
전환사채의 경우에는 전환을 통해 발행회사의 주식을 보유하게 되는 반면에 교환사채의 경우는 발행회사가 보유 중인 타 회사의 주식을 보유하게 된다는 점에서 차이가 있다.

④ 첨가소화채권은 정부나 지방자치단체 등이 공공사업 추진을 위해 재원을 조달하고자 할 때 관련 국민들에게 법률에 의해 강제로 매입하게 하는 준조세로서의 성격을 가지고 있다.

술술 풀리는 해설

05

ㄴ.CD/ATM의 계좌이체 기능을 이용한 전화금융사기(일명 '보이스피싱') 사건의 증가로 인한 피해를 최소화하기 위하여 최근 1년간 CD/ATM을 통한 계좌이체 실적이 없는 고객에 한하여 1일 및 1회 이체한도를 각각 70만 원으로 축소하였다..

ㄹ.보이스피싱 피해 방지를 위해 수취계좌 기준 1회 100만원 이상 이체금액에 대해 CD/ATM에서 인출 시 입금된 시점부터 30분 후 인출 및 이체가 가능하도록 하는 지연인출제도가 시행되고 있다.

06

① 우체국 희망지킴이통장에 대한 설명이다.
② 우체국 매일모아 e적금에 대한 설명이다.
③ 초록별 사랑 정기예금에 대한 설명이다.

05 〈보기〉에서 CD/ATM 서비스에 대한 설명으로 옳은 것을 모두 고른 것은?

> **보기**
>
> ㄱ. "우체국 스마트 ATM"은 기존 ATM 서비스뿐만 아니라 계좌개설, 체크카드 및 보안매체 발급, 비밀번호 변경 등이 가능하다.
> ㄴ. CD/ATM 계좌이체는 최근 1년간 영업점 창구를 통한 현금 입·출금 실적이 없는 고객에 한하여 1일 및 1회 이체한도를 각각 70만 원으로 축소하고 있다.
> ㄷ. CD/ATM 서비스를 이용하기 위해서는 현금카드나 신용·체크카드 등이 있어야 하지만 최근 기술 발달로 휴대폰, 바코드, 생체인식으로도 이용할 수 있으며 이용매체가 없어도 CD/ATM 서비스 이용이 가능하다.
> ㄹ. 보이스피싱 피해 방지를 위해 수취계좌 기준 1회 100만 원 이상 이체금액에 대해 CD/ATM에서 인출 시 입금된 시점부터 10분 후 인출 및 이체가 가능하도록 하는 지연인출제도가 시행되고 있다.

① ㄱ, ㄷ
② ㄴ, ㄹ
③ ㄱ, ㄴ, ㄷ
④ ㄱ, ㄷ, ㄹ

06 우체국예금 상품에 대한 설명으로 옳은 것은?

① 우체국 생활든든통장은 산업재해 보험급여 수급권자의 보험급여에 한해 입금이 가능한 수시입출식 예금이다.
② 우체국 가치모아적금은 예금주에게 매주 알림저축 서비스를 통해 편리하게 목돈 모으기가 가능한 적립식 예금이다.
③ 이웃사랑정기예금은 종이통장 미발행, 친환경 활동 및 기부참여 시 우대혜택을 제공하는 ESG 연계 정기예금이다.
④ 우체국 편리한e정기예금은 보너스 입금, 비상금 출금, 자동 재예치, 만기 자동해지 서비스로 편리한 목돈 활용이 가능한 디지털전용 정기예금이다.

05 ① **06** ④

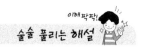

07 우체국 체크카드에 대한 설명으로 옳은 것은?

① 법인용 체크카드의 현금 입출금 기능은 법인, 임의단체에 한하여 선택 가능하다.

② 개인 체크카드 발급대상은 우체국 거치식예금 통장을 보유한 만 12세 이상의 개인이다.

③ 위탁업체를 통하여 발급받은 경우, 고객이 카드 수령 후 우체국을 직접 방문하여 사용 등록하여야만 효력이 발생한다.

④ 우체국 체크카드는 일반적인 직불 전자지급 수단에 의한 지불결제, 현금카드 기능 외에도 상품별 특성에 따라 다양한 기능 추가 및 발급 형태의 선택이 가능하다.

08 〈보기〉에서 우체국 외국환 업무에 대한 설명으로 옳은 것을 모두 고른 것은?

> **보기**
>
> ㄱ. 외화배달 서비스 이용 시 외화 수령일은 신청일로부터 3 영업일에서 10 영업일 이내로 지정할 수 있다.
> ㄴ. 머니그램(MoneyGram)은 송금 후 약 10분 뒤에 송금번호(REF.NO)만으로 수취가 가능한 특급해외송금 서비스이다.
> ㄷ. 외화환전 예약서비스는 인터넷뱅킹 · 스마트뱅킹에서 신청 후 모든 우체국 또는 제휴은행 일부 지점에서 현물을 수령할 수 있다.
> ㄹ. 우체국은 하나은행과 업무 제휴하여 하나은행 SWIFT 망을 통해 전 세계 금융기관을 대상으로 해외송금 서비스를 운영하고 있다.

① ㄱ, ㄴ

② ㄱ, ㄹ

③ ㄴ, ㄷ

④ ㄷ, ㄹ

07

① 법인용 체크카드의 현금 입출금 기능은 개인 사업자에 한하여 선택 가능하다.

② 개인카드의 경우 발급대상은 12세 이상의 개인이다

※시험출제당시 금융상식 학습서에는 우체국 수시입출식 통장을 보유한 이란 조건이 붙어 있었는데 24년도 학습서에는 이 조건이 삭제되고 단순히 12세이상이면 가입된다고 규정하고 있다.

③ 위탁업체를 통하여 후 발급 받은 경우에는 카드 수령 후 회원 본인이 우체국 창구 방문, 인터넷 뱅킹, 우체국뱅킹, ARS을 통하여 사용 등록하여야 효력이 발생한다.

08

ㄱ. 우편서비스를 이용하여 접수 된 외화 실물을 직접 배달해 주는 서비스로,외화 수령일은 신청일로부터 3 영업일에서 10 영업일 이내로 지정할 수 있다. (○)

ㄴ. 미국 머니그램社와 제휴한 Agent 간 네트워크 상 정보에 의해 자금을 송금·수취하는 무계좌 거래로 송금 후 약 10분 뒤에 송금번호(REF.NO)만으로 수취가 가능한 특급해외송금 서비스이다. (○)

ㄷ. (×)우체국 창구 방문 신청 또는 인터넷뱅킹 · 스마트뱅킹을 이용하여 환전(원화를 외화로 바꾸는 업무) 거래와 대금 지급을 완료하고,. 수령 장소는 고객이 지정한 일부 환전 업무 취급 우체국 및 우정사업본부와 환전업무 관련 제휴 된 하나은행 지점(환전소)에서 수령할 수 있다.

ㄹ.(×) 우체국은 신한은행과 제휴하여 신한은행 SWIFT 망을 통해 전 세계금융기관을 대상으로 해외송금 서비스를 운영하고 있다.

---

07 ④ 08 ①

술술 풀리는 해설

09
ㄱ. (○)
ㄹ. (○)
ㄴ. 통보유예기간이 종료되면 종료일로부터 10일 이내에 명의인에게 정보제공사실과 통보유예 사유 등을 통보해야 한다.(×)
ㄷ.과세자료의 제공, 금융회사 내부 또는 금융회사 상호간의 정보제공의 경우에는 기록·관리의무가 면제된다..(×)

10

보호 금융상품	비보호 금융상품
• 요구불예금 (보통예금, 기업자유예금, 당좌예금 등) • 저축성예금 (정기예금, 주택청약예금, 표지어음 등) • 적립식예금 (정기적금, 주택청약부금, 상호부금 등) • 외화예금 • 예금보호대상 금융상품으로 운용되는 확정기여형 퇴직연금제도 및 개인형퇴직연금제도의 적립금 • 개인종합자산관리계좌(ISA)에 편입된 금융상품 중 예금보호 대상으로 운용되는 금융상품 • 원본이 보전되는 금전신탁 등	• 양도성예금증서(CD) • 환매조건부채권(RP) • 금융투자상품 (수익증권 뮤추얼펀드, MMF등) • 은행 발행채권 • 주택청약저축, 주택청약종합저축 등 • 확정급여형 퇴직연금 제도의 적립금 • 특정금전신탁 등 실적배당형 신탁 • 개발신탁

09 〈보기〉에서 금융거래 비밀보장에 대한 설명으로 옳은 것을 모두 고른 것은?

> **보 기**
>
> ㄱ. 금융거래정보제공 관련 서류의 보관기간은 정보제공일로부터 5년간이다.
> ㄴ. 통보유예기간이 종료되면 즉시 명의인에게 정보제공사실과 통보유예 사유 등을 통보하여야 한다.
> ㄷ. 과세자료의 제공, 금융회사 내부 또는 금융회사 상호 간에 정보를 제공한 경우에는 그 내용을 기록·관리하여야 한다.
> ㄹ. 금융회사가 금융거래정보 등을 제공한 경우에는 정보 등을 제공한 날로부터 10일 이내에 명의인에게 서면으로 제공사실을 통보하여야 한다.

① ㄱ, ㄴ   ② ㄱ, ㄹ
③ ㄴ, ㄷ   ④ ㄷ, ㄹ

10 예금자보호에 대한 설명으로 옳지 않은 것은?

① 정부, 지방자치단체(국·공립학교 포함), 한국은행, 금융감독원, 예금보험공사, 부보금융회사의 예금은 보호대상에서 제외한다.
② 주택청약저축, 주택청약종합저축 상품은 보호금융상품이며, 주택청약예금, 주택청약부금은 비보호금융상품이다.
③ 보호금액 5천만 원은 예금의 종류별 또는 지점별 보호금액이 아니라 동일한 금융회사 내에서 예금자 1인이 보호받을 수 있는 총 금액이다.
④ 예금보험공사로부터 보호받지 못한 나머지 예금은 파산한 금융회사가 선순위채권을 변제하고 남는 재산이 있는 경우 이를 다른 채권자들과 함께 채권액에 비례하여 분배받는다

11 〈보기〉에서 보험계약의 요소에 대한 설명으로 옳은 것의 총 개수는?

보기

ㄱ. 보험목적물은 보험사고 발생의 객체로 보험자가 배상하여야 할 범위와 한계를 정해준다.
ㄴ. 보험기간은 보험에 의한 보장이 제공되는 기간으로 위험기간 또는 책임기간이라고도 하며 보험자의 책임은 보험을 승낙함으로써 개시된다.
ㄷ. 보험사고란 보험에 담보된 재산 또는 생명이나 신체에 관하여 보험자가 보험금 지급을 약속한 사고가 발생하는 것이다.
ㄹ. 보험료는 보험사고에 의한 보장을 받기 위하여 계약자가 보험자에게 지급하여야 할 금액이다.

① 1개   ② 2개   ③ 3개   ④ 4개

12 〈보기〉에서 우체국보험 언더라이팅(청약심사)에 대한 설명으로 옳은 것을 모두 고른 것은?

보기

ㄱ. 언더라이팅(청약심사)은 일반적으로 보험사의 "위험의 선택"업무로서 위험평가의 체계화된 기법을 말한다.
ㄴ. 보험판매 과정에서 계약선택의 기준이 되는 위험 중 환경적 위험은 피보험자의 직업 및 업무내용, 운전여부, 취미활동, 음주 및 흡연여부, 피보험자와 수익자의 관계 등이다.
ㄷ. 체신관서는 피보험자의 신체적·환경적·도덕적 위험 등을 종합적으로 평가하여 정상인수, 조건부인수, 거절 등의 합리적 인수조건을 결정하는 언더라이팅(청약심사)을 하게 된다.
ㄹ. 계약적부조사는 적부조사자가 계약자를 직접 면담하여 계약적부조사서상의 주요 확인사항을 중심으로 확인하는 제도이다.

① ㄱ, ㄴ   ② ㄱ, ㄷ
③ ㄴ, ㄹ   ④ ㄷ, ㄹ

술술 풀리는 해설

11
보험기간 (위험기간 또는 책임기간)
ㄴ.보험에 의한 보장이 제공되는 기간으로 상법에서는 보험자의 책임을 최초의 보험료를 지급받은 때로부터 개시한다고 규정하고 있다.

12
ㄱ. (○)
ㄴ. 계약선택의 기준이 되는 위험 (×)

신체적 위험	환경적 위험	도덕적 위험 (재정적위험)
·피보험자의 음주 및 흡연여부, 체격 ·과거 병력 ·현재의 병증(病症)	·직업 및 업무내용 ·운전여부 ·취미활동	·보험가입금액의 과다여부 ·피보험자와 수익자의 관계 ·과거 보험사기 여부

ㄷ. (○)
ㄹ. 계약적부조사란 적부조사자가 피보험자를 직접 면담 또는 전화를 활용하여 적부 주요 확인사항을 중심으로 확인하며, 계약적부조사서상에 주요 확인사항 등을 기재하고 피보험자가 최종 확인하는 제도이다(×)

11 ③ 12 ②

13

③ 보험료를 미리 납부하거나, 미납한 보험료를 추후 납부한 경우 실제 납부일이 속하는 과세기간에 세액공제가 가능하다.

① 세액공제 대상을 근로소득자로 제한하고 있어 연금소득자 또는 개인사업자 등은 보장성보험에 가입하더라도 <u>세액공제를 받을 수 없다.</u>(×)

② 과세 기간 중 보장성보험을 해지할 경우 해지 시점까지 납입한 보험료에 대해 세액공제가 가능하며, 이미 세액공제 받은 보험료에 대한 추징 또한 없다.(×)

④ 장애인을 피보험자 또는 수익자로 하는 장애인전용보험(보험계약 또는 보험료 납입영수증에 장애인전용보험으로 표시) 및 장애인전용보험전환특약을 부가한 보장성 보험의 경우 과세기간 납입 보험료(1년 100만원 한도)의 15%에 해당되는 금액을 종합소득산출세액에서 공제받을 수 있다..(×)

14

③ 무배당 우체국나르미안전보험 2109는 운송업종사자 전용 공익형 교통상해보험으로 체신관서가 공익재원으로 보험료를 50% 지원하는 상품이다. (○)

① 공익보험으로 특정 피보험자 범위에 해당하는 청소년에게 전액무료로 (보험료를 50% 지원 ×) 보험가입 혜택을 주어 학자금을 지급하는 교육보험

② 무배당 우체국예금제휴보험은 전액무료가입 상품이다.

　ㅇ1종 (휴일재해보장형) : '**시니어싱글벙글 정기예금**' 가입시 무료로 가입

　ㅇ 2종 (주니어보장형) : '우체국 아이LOVE 적금' 가입시 무료로 가입

　ㅇ 3종 (청년우대형) 우체국예금 신규가입 고객 중 가입기준을 충족할 경우 무료로 가입 가능

④ 무배당 만원의 행복보험 2109 차상위계층 이하 저소득층을 위한 공익형 상해보험으로, 성별 · 나이에 상관없이 보험료 1만원(1년 만기 기준), 1회 납입 1만원(1년 만기 기준) 초과 보험료는 체신관서가 공익자금으로 지원하는 보험이다.

13 보장성보험료의 세액공제에 대한 설명으로 옳은 것은?

① 근로소득이 없는 연금소득 거주자도 세액공제 대상이다.

② 보장성보험을 해지할 경우, 이미 세액공제 받은 보험료는 기타 소득세로 과세된다.

③ 보험료를 미리 납부했을 경우, 그 보험료는 실제 납부일이 속하는 과세기간에 세액공제가 가능하다.

④ 장애인전용보장성보험의 경우, 납입한 보험료(100만 원 한도)의 12%에 해당하는 금액을 해당 과세기간의 종합소득산출세액에서 공제한다.

14 우체국 보험상품에 대한 설명으로 옳은 것은?

① 무배당 청소년꿈보험 2109는 체신관서가 공익재원으로 보험료를 50% 지원하는 상품이다.

② 무배당 우체국예금제휴보험 2109는 체신관서가 공익재원으로 보험료를 80% 지원하는 상품이다.

③ 무배당 우체국나르미안전보험 2109는 체신관서가 공익재원으로 보험료를 50% 지원하는 상품이다.

④ 무배당 만원의 행복보험 2109는 성별 · 나이에 상관없이 체신관서가 공익재원으로 보험료 1만 원(1년 만기 기준)을 지원하는 상품이다.

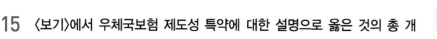

15 〈보기〉에서 우체국보험 제도성 특약에 대한 설명으로 옳은 것의 총 개수는?

> **보 기**
>
> ㄱ. 장애인전용보험전환특약 2007의 대상계약은 전환대상상품의 피보험자 또는 수익자가 소득세법상 장애인인 계약이다.
> ㄴ. 지정대리청구서비스특약 2109에서 지정대리 청구인은 피보험자의 가족관계등록부상의 배우자 또는 4촌 이내의 친족이다.
> ㄷ. 지정대리청구서비스특약 2109의 대상계약은 계약자, 피보험자 및 수익자(사망 시 수익자 제외)가 모두 동일한 계약이다.
> ㄹ. 이륜자동차 운전 및 탑승중 재해부담보특약 2109의 가입대상은 이륜자동차 운전자 및 소유자이며, 관리하는 경우는 포함되지 않는다.

① 1개   ② 2개   ③ 3개   ④ 4개

16 우체국보험상품에 대한 설명으로 옳은 것은?

① 무배당 알찬전환특약 2109의 일시납 보험료는 전환전 계약의 만기보험금과 배당금의 합계액이다.
② 무배당 에버리치상해보험 2109는 보험 만기일 1개월 전부터 만기일 전일까지 무배당 알찬전환특약 2109로 가입 신청이 가능하다.
③ 무배당 파워적립보험 2109는 기본보험료 20만 원 초과금액에 대해 수수료를 인하함으로써 수익률을 증대한 상품이다.
④ 무배당 우체국온라인저축보험 2109는 계약일 이후 1년이 지난 후부터 보험기간 중에 보험년도 기준 연 12회에 한하여 적립금액의 일부를 인출할 수 있다.

17

③ "해약환급금 50%지급형"의 계약이 보험료 납입기간 중(보험기간 중×) 해지될 경우의 해약환급금은 "표준형" 해약환급금의 50%에 해당하는 금액으로 한다.
다만, 보험료 납입기간이 완료된 이후 계약이 해지되는 경우에는 "표준형"의 해약환급금과 동일한 금액을 지급한다.

① (o)
② 고액할인

주계약 보험 가입금액	2천만원 이상~ 3천만원 미만	3천만원 이상~ 4천만원미만	4천 만원
할인율	1.0%	2.0%	3.0%

④ 이 상품 가입 후 계약일부터 3개월 이내에 일반심사보험 가입을 희망하는 경우, 일반계약 심사를 통하여 일반 심사보험((무)우체국실속정기보험 2109 1종(일반가입))에 청약할 수 있다.

18

④ 보험료 납입 유예기간은 해당 월분 보험료의 납입기일부터 납입기일이 속하는 달의 **다음 다음 달**의 말일까지로 한다. 다만, 유예기간의 마지막 날이 영업일이 아닌 때에는 그 다음 날로 한다.

---

17 우체국보험상품에 대한 설명으로 옳지 않은 것은?

① 무배당 우체국더간편건강보험(갱신형) 2109는 1가지 건강관련 간편고지로 가입이 가능한 상품이다.

② 무배당 우체국와이드건강보험 2112에 보험가입금액 2,500만 원을 가입하는 경우, 주계약 보험료에 대해서 고액계약 보험료 할인을 받을 수 있다.

③ 무배당 우체국치매간병보험 2109의 해약환급금 50%지급형에 가입한 경우, 보험기간 중 계약이 해지될 경우에는 표준형 해약환급금의 50%를 해약환급금으로 지급받는다.

④ 무배당 우체국실속정기보험 2109 2종(간편가입)에 가입 후 계약일부터 3개월 이내에 1종(일반가입)으로 가입을 희망하는 경우, 일반계약 심사를 통하여 1종(일반가입)에 청약할 수 있다.

18 우체국보험의 효력상실 및 부활에 대한 설명으로 옳지 않은 것은?

① 보험료의 납입연체로 인한 해지계약이 해약환급금을 받지 않은 경우, 계약자는 해지된 날부터 3년 이내에 계약의 부활을 청약할 수 있다

② 보험료 납입이 연체 중인 경우, 납입최고는 유예기간이 끝나기 15일 이전까지 서면(등기우편 등) 등으로 이루어진다.

③ 체신관서가 부활을 승낙한 경우, 계약자는 부활을 청약한 날까지의 연체된 보험료에 약관에서 정한 이자를 더하여 납입하여야 한다.

④ 보험료 납입 유예기간은 해당 월분 보험료의 납입기일부터 납입기일이 속하는 달의 다음 달의 말일까지이며, 유예기간의 마지막 날이 영업일이 아닌 때에는 그 다음 날로 한다.

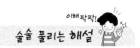

19 우체국보험의 보험금 지급청구에 대한 설명으로 옳은 것은?

① 보험금청구권은 지급사유 발생일로부터 2년간 행사하지 않으면 소멸된다.

② 체신관서는 보험금 청구서류를 접수한 날부터 10일 이내에 보험금을 지급하여야 한다.

③ 소송제기, 분쟁조정신청, 수사기관의 조사, 해외에서 발생한 보험사고에 대한 조사는 보험금 지급예정일 30일 초과사유에 해당된다.

④ 사망보험금 선지급제도는 피보험자의 남은 생존기간이 6개월 이내인 경우 사망보험금액의 60%를 선지급사망보험금으로 수익자에게 지급하는 제도이다.

20 우체국보험 재무건전성 관리에 대한 설명으로 옳은 것은?

① 우체국보험은 자본의 적정성 유지를 위하여 지급여력비율을 반기별로 산출·관리하여야 한다.

② 과학기술정보통신부장관은 우체국보험사업에 대한 건전성을 유지하고 관리하기 위하여 필요한 경우에는 금융위원회에 검사를 요청할 수 있다.

③ 우정사업본부장은 지급여력비율이 150% 미만인 경우로서 보험계약자에게 보험금을 지급하지 못할 우려가 있다고 판단되는 경우에는 경영개선계획을 수립·시행하여야 한다.

④ 우정사업본부장은 자산건전성 분류 대상 자산에 해당하는 보유자산에 대해 건전성을 5단계로 분류하여야 하며 "고정", "회수 의문" 또는 "추정손실"로 분류된 자산을 조기에 상각하여야 한다.

19

③ (○)

① 보험금청구권, 보험료 반환청구권, 해약환급금청구권 및 책임준비금 반환청구권은 3년간 행사하지 않으면 소멸시효가 완성된다.

② 체신관서는 보험금 청구서류를 접수한 날부터 3영업일 이내에 보험금을 지급하거나 보험료 납입을 면제한다. 다만, 보험금 지급사유 또는 보험료 납입면제 사유의 조사나 확인이 필요한 때에는 접수 후 10영업일 이내에 보험금을 지급하거나 보험료 납입을 면제한다

④ 사망보험금 선지급은 종합병원의 전문의 자격을 가진 자가 실시한 진단결과 피보험자의 남은 생존기간이 6개월 이내라고 판단한 경우에 체신관서가 정한 방법에 따라 사망보험금액의 60%를 선지급사망보험금으로 피보험자(수익자×)에게 지급하는 제도이다

20

② (○)

① 우체국보험은 자본의 적정성 유지를 위하여 지급여력비율을 분기별(반기별×)로 산출·관리하여야 한다.

③ ~지급여력비율이 150% 미만→
~지급여력비율이 100% 미만

④ "정상", "요주의", "고정", "회수의문", "추정손실"의 5단계로 분류하여야 한다. 또한, "회수의문" 또는 "추정손실"로 분류된 자산(이하 "부실자산"이라 함)을 조기에 상각하여 자산의 건전성을 확보하여야 한다.

01

= FACT(5) =5!=5×4×3×2×1 = 120

= INT(−3.14) = − 4
  (−3.14에 가까운 정수중 작은 값)`

= MOD(3,4) = 3
  (3을 4로 나누었을 때 나머지값)

= POWER(3,3) = 3^3 = 27

= PRODUCT(3, 6, 2) = 3×6×2 = 36

02

스택의 입출력은 스택에 요소를 삽입(push)하고 스택에 저장된 요소를 삭제(pop)하는 입출력 연산으로 구분할 수 있다.

㉠ pop( )이므로 (7, 4, 1)중 맨 위의 1을 삭제하므로 (7, 4)가된다.

㉡ ㉠(7,4)중 (7)만 남기위해서는 4를 삭제하여야 하므로 pop( )연산이 필요하다.

㉢ (7)중 최상위원소값은 7밖에 없으므로7이 출력된다.

---

01 엑셀 시트를 이용한 수식의 결과값으로 옳은 것의 총 개수는?

수 식	결 과
=FACT(5)	15
=INT(−3.14)	−3
=MOD(3, 4)	1
=POWER(3, 3)	27
=PRODUCT(3, 6, 2)	36

① 2개   ② 3개   ③ 4개   ④ 5개

02 자료구조가 정수형으로 이루어진 스택이며, 초기에는 빈 스택이라고 할 때, 빈칸 ㉠~㉢의 내용으로 모두 옳은 것은? (단, top()은 스택의 최상위 원소값을 출력하는 연산이다.)

연산	출력	스택 내용
push(7)	—	(7)
push(4)	—	(7, 4)
push(1)	—	(7, 4, 1)
pop( )	—	㉠
㉡	—	(7)
top( )	㉢	(7)
push(5)	—	(7, 5)

	㉠	㉡	㉢
①	(7, 4)	push( )	1
②	(4, 1)	push(7)	1
③	(7, 4)	pop( )	7
④	(4, 1)	pop(7)	7

01 ①   **02** ③

03 다음은 정렬 알고리즘을 이용해 초기 단계의 데이터를 완료 단계의 데이터로 정렬하는 과정을 보여 준다. 이 과정에 사용된 정렬 알고리즘으로 옳은 것은?

6	4	9	2	3	8	초기 단계
4	6	2	3	8	9	
4	2	3	6	8	9	

…(중략)…

| 2 | 3 | 4 | 6 | 8 | 9 | 완료 단계 |

① 퀵(quick) 정렬
② 기수(radix) 정렬
③ 버블(bubble) 정렬
④ 합병(merge) 정렬

04 〈보기〉에서 해시 함수(hash function)의 충돌 해결 방안으로 옳은 것의 총 개수는?

> **보기**
>
> ㄱ. 별도 체이닝(separate chaining)
> ㄴ. 오픈 어드레싱(open addressing)
> ㄷ. 선형 검사(linear probing)
> ㄹ. 이중 해싱(double hashing)

① 1개　　② 2개　　③ 3개　　④ 4개

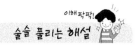

03
버블정렬은 작은 수를 앞으로 큰수를 뒤로 보내는 정렬이다.
초기단계 첫번째 정렬에서 6과 4중 작은수 4를 앞으로 보내고 다시 6과 9중 작은 6을 쓰고 9와 2중 작은수 2를 앞으로 보내고 9와 3중 작은수 3을 앞으로 보내고 9와 8중 작은수 8을 앞으로 보내고 마지막으로 9를 정렬하면

4	6	2	3	8	9

위 정렬을 다시 같은 방식으로 버블정렬하면

4	2	3	6	8	9

가 되고 반복하면

2	3	4	6	8	9

에서 완료된다.

04
해시 함수를 작성할 때 충돌을 아예 피할 수는 없다. 하여 이를 최소화 하여 작성해야 한다.
해시 함수(hash function)의 충돌 해결 방안

구 분	종 류
오픈 어드레싱 (open addressing) 충돌 발생 시 해시함수로 얻은 주소가 아닌 다른 주소 공간에 데이터를 저장한다.	• 선형검사 (linear probing) • 이차 검사 (Quadratic probing) • 이중해싱 (double hashing) • 재해싱 (rehashing)
클로즈드 어드레싱 (Closed Addressing)	• 별도 체이닝 (separate chaining)

05

위상 정렬(Topology Sort)은 '순서가 정해져있는 작업'을 차례로 수행해야 할 때 그 순서를 결정해주기 위해 사용하는 알고리즘이다. 보기에서 정렬할때 선수과목이 과목보다 먼저 정렬되어야 한다.

① 14 알고리즘 과목이 선수과목 13보다 먼저 정렬되었으므로 틀린 것이다.

② 옳은 답이다.

③ 13이 11보다 먼저나오고 14가 12보다 먼저 나와 잘못된 정렬이다.

④ 14과 13,12,11보다, 13이 11보다 먼저 나와 잘못된 정렬이다.

05 다음은 위상 정렬의 예이다. 위상 순서로 옳은 것은?

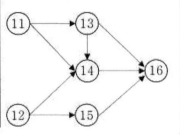

과목코드	과목명	선수과목
11	전산개론	없음
12	이산수학	없음
13	자바	11
14	알고리즘	11, 12, 13
15	수치해석	12
16	캡스톤디자인	13, 14, 15

① 11, 12, 14, 13, 15, 16

② 12, 11, 13, 14, 15, 16

③ 13, 11, 14, 12, 15, 16

④ 14, 13, 12, 15, 11, 16

06

임계 경로

작업 개시에서 종료까지의 과정을 조합시킨 경로 중에서 가장 긴 경로. 전체 공정 중 시간이 가장 많이 걸리는 경로이다.

주어진 S에서 X까지의 경로중 가장 긴경로를 찾는 방법인데 일일히 찾아서 계산해보는 방법밖에 없다.

찾아보면 S–B–E–H–M–X의 경로 36일 답이 된다.

06 다음 CPM(Critical Path Method) 네트워크에 나타난 임계경로(critical path)의 전체 소요 기간으로 옳은 것은?

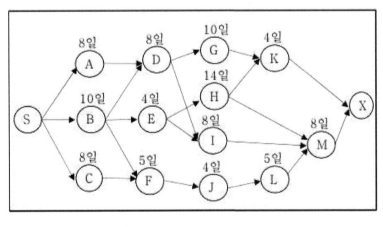

① 30일   ② 32일   ③ 34일   ④ 36일

05 ② **06** ④

07 〈보기〉에서 디자인 패턴에 대한 설명으로 옳은 것의 총 개수는?

ㄱ. 디자인 패턴은 유사한 문제를 해결하기 위하여 각 문제 유형별로 적합한 설계를 일반화하여 정리해 놓은 것이다.

ㄴ. 싱글턴(singleton) 패턴은 특정 클래스의 객체가 오직 하나만 존재하도록 보장하여 객체가 불필요하게 여러 개 만들어질 필요가 없는 경우에 주로 사용한다.

ㄷ. 메멘토(memento) 패턴은 한 객체의 상태가 변경되었을 때 의존 관계에 있는 다른 객체들에게 이를 자동으로 통지 하도록 하는 패턴이다.

ㄹ. 데코레이터(decorator) 패턴은 기존에 구현된 클래스의 기능확장을 위하여 상속을 활용하는 설계 방안을 제공한다.

① 1개 ② 2개 ③ 3개 ④ 4개

---

08 다음과 같이 '인사'로 시작하는 모든 부서에 속한 직원들의 봉급을 10% 올리고자 SQL문을 작성하였다. ㉠과 ㉡의 내용으로 옳은 것은?

```
UPDATE 직원
SET 봉급 = 봉급*1.1
WHERE 부서번호 ___㉠___   ( SELECT 부서번호
                          FROM 부서
                          WHERE 부서명 ㉡ '인사%' )
```

	㉠	㉡
①	IN	LIKE
②	EXISTS	HAVING
③	AMONG	LIKE
④	AS	HAVING

술술 풀리는 해설

07

ㄷ. 옵저버패턴에 대한 설명이다.
메멘토 패턴이란, 객체의 상태정보를 가지는 클래스를 따로 생성하여 객체 내부의 상태를 외부에 저장해놓고 저장해놓은 정보를 복원시킬 수 있도록 해주는 패턴이다.

ㄹ. 데코레이터(decorator) 패턴은 기존에 구현된 클래스의 기능확장을 위하여 부가기능을 추가하는 패턴 설계 방안이다.
상속을 활용하는 패턴은 구조클러스패턴으로 상속을 통해 클래스나 인터페이스를 합성한다.

08

㉠IN 연산자는 WHERE 절에서 특정값 여러 개를 선택하는 경우 사용하는 연산자이다. IN 연산자를 쓸 경우에는 검색할 값을 콤마로 구분해 사용하면 된다

㉡ LIKE 연산자는 '~와 같다'라는 의미로 %와 _ 같은 기호 연산자(wild card)와 함께 사용한다. %는 '모든 문자'라는 의미고, _는 '한 글자'라는 의미이다.

※HAVING 절은 그룹화된 값에 조건식을 적용할 때 사용한다. 즉, WHERE 절에서는 그룹 함수를 사용할 수 없으므로 HAVING 절을 사용해 그룹 함수의 결괏값에 대해 조건식을 적용한다.

09
1. N:M의 다대다 관계는 릴레이션으로 변환한다.
2. 등록이라는 관계에 참여하는 학생과 과목을 릴레이션으로 변환후 학번과 과목번호라는 기본키를 관계릴레이션에 포함시켜 외래키로 지정하고, 외래키들을 조합하여 관례릴레이션의 기본키로 지정한다.

10
ChatGPT는 사람이 언어로 작성하는 텍스트와 유사한 텍스트를 생성할 수 있는 OpenAI에서 개발한 대규모 언어 모델이다.

11
우선순위 스케줄링은 선점 또는 비선점이 존재한다.
선점 스케줄링은 시분할 시스템에서 타임슬라이스가 소진되었거나 인터럽트 혹은 시스템 호출 종료로 인한 여파로 현 프로세스보다 높은 우선순위의 프로세스가 나타나는 스케줄링이다. 현 프로세스로부터 강제로 CPU를 회수한다.
비선점 스케줄링은 프로세스가 입출력 요구 등으로 CPU를 자진 반납할 때까지 CPU에 의한 실행을 보장해주는 스케줄링이다.

09 다음 E-R다이어그램을 관계형 스키마로 올바르게 변환한 것은? (단, 속성명의 밑줄은 해당 속성이 기본키임을 의미한다.)

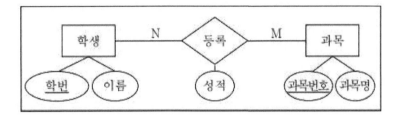

① 학생(<u>학번</u>, 이름)
　등록(성적)
　과목(<u>과목번호</u>, 과목명)

② 학생(<u>학번</u> 이름)
　등록(<u>과목번호</u>, 성적)
　과목(<u>과목번호</u>, 과목명, 성적)

③ 학생(<u>학번</u>, 이름)
　등록(<u>학번</u>, 성적)
　과목(과목번호, 과목명)

④ 학생(<u>학번</u>, 이름)
　등록(<u>학번</u>, <u>과목번호</u>, 성적)
　과목(<u>과목번호</u>, 과목명)

10 OpenAI가 개발한 생성형 인공지능 기반의 대화형 서비스는?

① LSTM
② ResNET
③ ChatGPT
④ Deep Fak

11 CPU 스케줄링 기법에 대한 설명으로 옳지 않은 것은?

① 라운드 로빈(Round-Robin) 스케줄링 기법은 선점 방식의 스케줄링 기법이다.
② HRN(Highest Response ratio Next) 스케줄링 기법은 우선순위에 대기 시간(waiting time)을 고려하여 기아(starvation) 문제를 해결한다.
③ 다단계 큐 스케줄링 기법은 프로세스들을 위한 준비 큐를 다수 개로 구분하며, 각 준비 큐는 자신만의 스케줄링 알고리즘을 별도로 가질 수 있다.
④ 우선순위 스케줄링 기법은 항상 선점 방식으로 구현되기 때문에 특정 프로세스에 대하여 무한대기 또는 기아(starvation) 현상 발생의 위험이 있다.

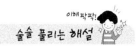

12 교착상태(deadlock)와 은행원 알고리즘(banker's algorithm)에 대한 설명으로 옳은 것은?

① 교착상태는 불안전한 상태(unsafe state)에 속한다.

② 은행원 알고리즘은 교착상태 회복(recovery) 알고리즘이다.

③ 불안전한 상태(unsafe state)는 항상 교착상태로 빠지게 된다.

④ 은행원 알고리즘은 불안전한 상태(unsafe state)에서 교착상태로 전이되는 것을 거부한다.

13 하드웨어적으로 인터럽트를 요구한 장치를 찾는 기법으로, 인터럽트선을 공유하면서 인터럽트를 발생시키는 모든 장치를 직렬로 연결하여 연결 순서에 따라 우선순위가 결정되는 방식으로 옳은 것은?

① 소프트웨어 폴링(polling) 방식

② 데이지 체인(daisy chain) 방식

③ 인터럽트 벡터(interrupt vector) 방식

④ 다수 인터럽트 선(multiple interrupt lines) 방식

술술 풀리는 해설

12

①,③ 불안전한 상태는 교착상태이기 위한 필요조건이다. 따라서 교착상태는 불안전한 상태에 속하지만, 불안전한 상태(unsafe state)라고 항상 교착상태로 빠지는 것은 아니다. 따라서 ①은 맞고 ③은 틀리다.

② 교착상태의 처리방법에는 예방,회피, 탐지, 복구의 방법이 있는데 은행원 알고리즘은 교착상태 회피의 알고리즘에 해당한다

④ 은행원 알고리즘은 불안전한 상태(unsafe state)에서 교착상태로 전이될 가능성도 높기 때문에 항상불안정상태를 방지해야 하므로 자원이용도가 낮은 단점이 있다.

13

② 데이지 체인방식에 대한 성명이다.

① CPU가 인터럽트를 요구할 장치를 먼저 검사하는 방식으로, 우선순위의 변경이 용이하다.

③ 인터럽트발생시 프로세서의 인터럽트서비스가 특정장소로 점프하여 서비스할 수 있게 하는 방식이다.

④ 각 I/O 제어기와 CPU 사이에 별도의 인터럽트 요구선과 인터럽트 확인선을 접속하는 방법

12 ① **13** ②

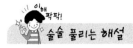

14 음수와 양수를 동시에 표현하는 2진수의 표현 방법에는 부호-크기(sign-magnitude) 방식, 1의 보수 방식, 2의 보수 방식이 있다. 다음은 10진수의 양수와 음수를 3비트의 2진수로 나타낸 표이다. ㉠~㉢에 들어갈 방식을 순서대로 나열한 것은?

10진 정수	㉠	㉡	㉢
3	011	011	011
2	010	010	010
1	001	001	001
0	000	000	000
−0	100	111	−
−1	101	110	111
−2	110	101	110
−3	111	100	101
−4	−	−	100

	㉠	㉡	㉢
①	1의 보수	2의 보수	부호-크기
②	2의 보수	1의 보수	부호-크기
③	부호-크기	1의 보수	2의 보수
④	부호-크기	2의 보수	1의 보수

15 IP주소가 117.17.23.253/27인 호스트에 대한 설명으로 옳은 것은?

① 이 주소의 네트워크 주소는 117.17.23.0이다.
② 이 주소의 서브넷 마스크는 255.255.255.224이다.
③ 이 주소는 클래스 기반의 주소지정으로 C클래스 주소이다.
④ 이 주소가 포함된 네트워크에서 사용될 수 있는 IP주소는 254개 이다

16 〈보기〉에서 설명하고 있는 HTTP 프로토콜 메소드로 옳은 것은?

> **보기**
>
> ㄱ. 서버로 정보를 보내는 데 사용한다.
> ㄴ. 대량의 데이터를 전송할 때 사용한다.
> ㄷ. 보내는 데이터가 URL을 통해 노출되지 않기 때문에 최소한의 보안성을 가진다.

① GET
② POST
③ HEAD
④ CONNEC

17 〈보기〉는 대칭형 암호 알고리즘이다. 이 중 국내에서 개발된 암호 알고리즘을 모두 고른 것은?

> **보기**
>
> ㄱ. AES   ㄴ. ARIA   ㄷ. IDEA
> ㄹ. LEA   ㅁ. RC5   ㅂ. SEED

① ㄱ, ㄴ, ㄷ
② ㄱ, ㄷ, ㅁ
③ ㄴ, ㄹ, ㅂ
④ ㄹ, ㅁ, ㅂ

18 〈보기〉는 서비스거부(DoS: Denial of Service) 공격 방법이다. 이 중 ICMP 프로토콜을 이용한 공격 방법으로 옳은 것의 총 개수는?

> **보기**
>
> ㄱ. 랜드 공격(land attack)
> ㄴ. SYN 플로딩 공격(SYN flooding attack)
> ㄷ. 티어드롭 공격(teardrop attack)
> ㄹ. HTTP GET 플로딩 공격(HTTP GET flooding attack)
> ㅁ. 스머프 공격(smurf attack)
> ㅂ. 죽음의 핑 공격(ping of death attack)

① 2개
② 3개
③ 4개
④ 5개

19

한 가지보다 두 개의 언어를 말하는 것은 점차 세계화되어가는 세상에서 분명한 실용적 혜택을 갖는다.

그러나 최근, 과학자들은 하나이상의 언어를 사용하는 것의 장점이 더 다양한 범위의 사람들과 소통할 수 있는 능력보다 훨씬 더 근본적인 것이 있음을 입증하기 시작했다.

(두 개의 언어를 할 줄 안다)는 것은 당신을 더 똑똑하게 할 수 있는 것으로 밝혀졌다.

그것은 당신의 뇌에 언어와 관련이 없는 인지적 능력을 증가시키는 영향과 심지어 노년에 치매를 막는 깊은 영향을 끼칠 수 있다.

(2015년 서울시 A형 19번 지문출제)

• obvious : 분명한, 명백한
• profound : 심오한
• cognitive : 인식의, 인지의
• shielding :차폐, 차단,막음
• dementia : 치매
• bilingual : 두개의 언어를 말하는

---

19 다음 글의 빈칸에 들어갈 말로 가장 적절한 것은?

Speaking two languages rather than just one has obvious practical benefits in an increasingly globalized world. However, in recent years, scientists have begun to demonstrate that the advantages of speaking more than one language are even more fundamental than the ability to with a wider range of people. Being _____, it turns out, makes you smarter. It can have a profound effect on your brain, improving cognitive skills that are not related to language and even shielding against in old age.

① scientific   ② talkative
③ bilingual   ④ practica

19 ③

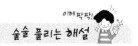

20 다음 글의 빈칸 (A), (B)에 들어갈 말로 가장 적절한 것은?

The physical benefits of team sports are well-documented. Exercise is essential for maintaining a healthy weight, improving cardiovascular health, and reducing the risk of chronic diseases like heart disease, diabetes, and cancer. And what better way to exercise than by playing a sport you enjoy? When you're having fun, you're more (A) to stick with it and that's when the real benefits start to show. In addition to the general health benefits of exercise, team sports also offer specific physical benefits. For example, playing soccer can help improve your balance and coordination, while basketball can help increase your vertical jump. And if you're looking to improve your (B) , there's no better way to do it than by playing a sport that requires you to run around for an extended period.

	(A)	(B)
①	liable	courage
②	likely	resistance
③	liable	resistance
④	likely	endurance

20
팀스포츠의 신체적 이점은 잘 기록되어 있다. 운동은 건강한 체중의 유지, 심혈관계통의 건강의 증진, 심장병, 당뇨병, 암과 같은 만성적인 질병의 위험감소에 필수적이다.
당신이 즐기는 스포츠를 하는것보다 운동하기에 더 좋은 방법이 무엇이 있는가?
당신이 (좋아하는 운동을)즐길 때, 당신은 그것과 함께하고 있을 (A:가능성)이 커지고, 바로 그 순간 진짜 잇점들이 보여지기 시작한다.
운동의 일반적인 건강의 잇점에 더하여, 팀스포츠는 특수한 육체점 잇점을 제공한다.
예를 들어 축구를 한다는 것은 당신의 균형과 조화를 증진시키는 것을 도울 수 있고, 반면에 농구는 당신의 수직점프를 향상시키는것을 도울수 있다.
만약에 당신의 (B: 지구력)를 증가시킬수 있는 것을 찾는다면, 당신이 오랜 기간동안 뛰어다니는 것을 요구하는 스포츠를 하는 것보다 더 좋은 방법은 없다.

• well-documented : (많은 자료에 의해 사실이라고) 잘 기록된
• cardiovascular :심혈관
• diabetes : 당뇨병
• stick with :함께하다, 고수하다.
• coordination: 협동, 조화, 조정력
• vertical :수직
• extended period. : 장기간

20 ④

01
② 집배코드는 총 9자리로 도착집중국 2자리, 배달국 3자리, 집배팀 2자리, 집배구 2자리로 구성한다.
③ 개인정보보호법령에 따른 주민등록번호 등 고유식별정보는 기재할 수 없다.
④ 우편번호에 대한 설명이다.
집배코드는 우편물의 구분 · 운송 · 배달에 필요한 구분정보를 가독성이 높은 단순한 문자와 숫자로 표기한 것을 말한다.

01 우편물의 외부표시(기재) 사항에 대한 설명으로 옳은 것은?

① 통상우편물 요금감액을 받기 위해서는 집배코드별로 구분하여 제출해야 한다.
② 집배코드는 도착 집중국 3자리, 배달국 2자리, 집배팀 2자리, 집배구 2자리로 구성되어 있다.
③ 우체국과 협의되지 않은 우편요금 표시인영은 표기할 수 없으나, 개인정보보호 법령에 따른 주민등록번호는 기재할 수 있다.
④ 집배코드란 우편물 구분을 편리하게 할 수 있도록 만든 일종의 코드로서, 문자로 기재된 수취인의 주소 정보를 일정한 기준에 따라 숫자로 변환한 것이다.

02
① 요금수취인부담 (요금 착불)도 가능하다.
② 초소형 물량이 90% 이상인 경우 적용이 가능하다.
③ 다수지발송계약에 대한 설명이다.
연합체 발송계약은 상가나 시장 또는 농장 등을 중심으로 일정한 장소에 유사사업을 목적으로 연합되어 있는 법인, 임의단체의 회원들이 1개의 우편관서와 계약을 체결하고 한 장소에 집하하여 계약소포를 발송하는 것을 말한다.

02 방문접수소포(우체국소포)에 대한 설명으로 옳은 것은?

① 인터넷우체국을 이용하여 방문접수 신청은 가능하나, 요금수취인부담 (요금 착불) 신청은 불가하다.
② 초소형 특정요금은 월 평균 10,000통 이상 발송업체 중 초소형 물량이 80% 이상인 경우에 적용이 가능하다.
③ 연합체 발송계약이란 계약자가 주계약 우체국을 지정하여 이용계약을 체결하고 여러 우편관서에서 별도의 계약 없이 계약 소포를 발송하는 것이다.
④ 한시적 발송계약은 3개월 이내에 한시적으로 계약소포를 발송하는 것이다.

03
② 단, 발송 후 배달증명은 수령인의 수령사실 확인 후 배달완료된 경우(무인우편함 포함)에 한해 청구가 가능하고, 우편함에 배달완료된 경우에는 청구가 불가하다
① 취급대상은 6kg(특급 취급 시 30kg) 이하 통상우편물이다.
③ 배달기한은 접수한 다음 날부터 3일 이내이다.
④ 손실, 분실에 한하여 최대 10만원까지 손해배상을 제공하며, 배달완료(우편함 등) 후에 발생된 손실, 분실은 손해배상 대상에서 제외한다.

03 선택등기 서비스에 대한 설명으로 옳은 것은?

① 취급대상은 2kg(특급 취급 시 30kg) 이하 통상우편물이다.
② 전자우편, 익일특급, 계약등기, 발송 후 배달증명 부가취급이 가능하나, 우편함에 배달이 완료된 경우에는 발송 후 배달증명 청구를 할 수 없다.
③ 배달기한은 접수한 다음 날부터 4일 이내이다.
④ 손실 또는 분실일 때 최대 5만 원까지 손해배상을 제공하나, 배달이 완료된 후에 발생한 손실 또는 분실은 손해배상 대상에서 제외한다.

01 ① 02 ④ 03 ②

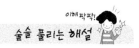

04 선납 라벨 서비스에 대한 설명으로 옳은 것을 모두 고른 것은?

보 기

ㄱ. 사용권장기간 경과로 인쇄 상태가 불량하거나 라벨지 일부훼손으로 사용이 어려운 경우 동일한 발행번호와 금액으로 재출력이 가능하다.
ㄴ. 훼손 정도가 심각하여 판매정보의 식별이 불가능한 경우 동일한 발행번호와 금액으로 재출력이 가능하다.
ㄷ. 우편물 접수 시 우편요금보다 라벨 금액이 많은 경우 잉여금액에 대해 환불이 가능하다.
ㄹ. 구매 당일에 한해 판매우체국에서만 환불 처리가 가능하다.

① ㄱ, ㄴ   ② ㄱ, ㄹ   ③ ㄴ, ㄷ   ④ ㄷ, ㄹ

05 내용증명 우편물에 대한 설명으로 옳은 것은?

① 문서 이외의 물건도 그 자체 단독으로 내용증명의 대상이 될 수 있다.
② 내용문서의 크기가 A4 용지 규격보다 큰 것은 발송할 수 없다.
③ 다수인이 연명으로 발송하는 내용문서의 경우 다수 발송인 중 1인의 이름, 주소를 우편물의 봉투에 기록한다.
④ 발송인이 재증명을 청구한 경우 문서 1통마다 재증명 청구당시 내용증명 취급수수료 전액을 징수한다.

06 국내우편서비스에 대한 설명으로 옳은 것을 모두 고른 것은?

보 기

ㄱ. 모사전송(팩스) 우편은 우편취급국을 포함한 모든 우체국에서 신청이 가능하다.
ㄴ. 나만의 우표 홍보형 신청 시에는 기본 이미지 1종 외에 큰 이미지 1종을 무상으로 제공한다.
ㄷ. 고객이 고객맞춤형 엽서를 교환 요청한 때에는 교환금액을 수납한 후 액면 금액에 해당하는 우표, 엽서, 항공서간으로 교환해 준다.
ㄹ. 우체국 축하카드 발송 시 50만 원 한도 내에서 문화상품권을 함께 발송할 수 있다.

① ㄱ, ㄷ   ② ㄱ, ㄹ   ③ ㄴ, ㄷ   ④ ㄴ, ㄹ

04
ㄱ. 사용권장기간(유효기간) 경과로 인쇄 상태가 불량하거나 라벨지 일부훼손으로 사용이 어려운 경우 동일한 발행번호와 금액으로 재출력(교환)이 가능하다. (O)
ㄴ. 선납라벨 훼손 정도가 심각하여 판매정보(발행번호, 바코드 등)의 식별이 불가능한 경우에는 재출력(교환)이 불가하다.(X)
ㄷ. 우편물 접수 시 우편요금보다 라벨 금액이 많은 경우 잉여금액에 대해 환불이 불가하다. (X)
ㄹ. 선납라벨 구매 고객이 취소를 요청하는 경우 구매 당일에 한해 판매우체국에서만 환불 처리가 가능하다.(우표류 판매취소 프로세스 적용)(O)

05
③ 다수인이 연명으로 발송하는 내용문서의 경우 그 발송인들 중 1인의 이름, 주소만을 우편물의 봉투에 기록한다.(o)
① 내용증명의 대상은 문서에 한정하며 문서 이외의 물건(예 : 우표류, 유가증권, 사진, 설계도 등)은 그 자체 단독으로 내용증명의 취급대상이 될 수 없다.
② 내용문서의 크기가 A4 용지 규격 보다 큰 것은 A4 용지의 크기로 접어서 총 매수를 계산하고, A4 용지보다 작은 것은 이를 A4용지로 보아 매수를 계산하여 발송할 수 있다.
④ 문서 1통마다 재증명 당시 내용증명 취급수수료의 반액을 징수한다.

06
ㄴ. 기본형은 고객 이미지 1종이 기본이며, 홍보형 및 시트형은 기본 종수(1종) 외에 큰 이미지 1종을 무상으로 제공한다.
ㄷ. 고객이 교환을 요청한 때에는 훼손엽서로 규정하여 교환금액(현행 10원)을 수납한 후 액면금액에 해당하는 우표, 엽서, 항공서간으로 교환해 준다.
ㄱ. (×) 모사전송(팩스) 우편은 우정사업본부장이 지정 고시하는 우체국에서만 취급할 수 있다. (우편취급국은 제외)
ㄹ. (×) 우체국 축하카드 발송 시 20만 원 한도 내에서 문화상품권을 함께 발송할 수 있다. (24년 학습교재에서는 내용삭제됨)

04 ②   05 ③   06 ③

07

4년간 성실히 납부한 사람은 전액 면제 대상이다.

① 취급관서

요금 별납	지문참조
요금 후납	㉠ 우편물을 발송할 우체국 또는 배달할 우체국 ㉡ 우편취급국은 총괄우체국장의 사전 승인을 받은 후 이용 가능

② 발송인이 개개의 우편물에 우표를 붙이는 일과 우체국의 우표 소인을 생략할 수 있어 발송인 및 우체국 모두에게 편리한 제도이다
④ 요금후납 계약국 변경 신청 제도 : 계약자가 다른 우체국으로 요금후납 계약국을 변경하는 제도

08

ㄱ. 표지를 제외한 쪽수가 48쪽미만이므로 감액이 불가하다.
ㄴ. 우편엽서, 빈 봉투, 지로용지, 발행인(발송인) 명함은 각각 1장만 동봉이 가능하므로 감액이 가능하다.
ㄷ. 본지, 부록을 포함한1통의 무게가 1.2kg이내 이므로 감액을 받을 수 있다.
ㄹ. 상품의 선전 및 광고가 전 지면의 10%를 초과하므로 감액불가하다.

---

07 국내우편 요금별납 및 요금후납 우편물에 대한 설명으로 옳지 않은 것은?

① 관할 지방우정청장이 요금별납 우편물을 접수할 수 있도록 정한 우체국이나 우편취급국에서 이용이 가능하다.
② 요금별납 우편물에는 원칙적으로 우편날짜도장을 찍지 않는다.
③ 최초 요금후납 계약일부터 체납하지 않고 4년간 성실히 납부한 사람은 50% 담보금 면제 대상이다.
④ 모든 요금후납 계약자는 요금후납 계약국 변경 신청제도를 이용할 수 있다.

08 다음 설명 중 서적우편물로 요금감액을 받을 수 없는 것의 총 개수는?

보기

ㄱ. 표지를 제외한 쪽수가 40쪽이며 책자 형태로 인쇄된 것
ㄴ. 우편엽서, 지로용지가 각각 1장씩 동봉된 것
ㄷ. 본지, 부록을 포함한 우편물 1통의 무게가 1kg인 것
ㄹ. 상품의 선전 및 광고가 전 지면의 20%인 것

① 1개   ② 2개   ③ 3개   ④ 4개

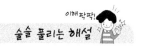

09 우편사서함 사용계약에 대한 설명으로 ( )에 들어갈 말로 옳게 짝지어진 것은?

> **보기**
>
> ○ 사서함 신청을 받은 우체국장은 국가기관, 지방자치단체, 일일 배달 예정물량이 (㉠)통 이상인 다량이용자, 우편물 배달 주소지가 사서함 설치 우체국의 관할구역인 신청자 순서로 우선적으로 계약할 수 있다.
> ○ 최근 3개월간 계속하여 사서함에 배달된 우편물의 총 수량이 월 (㉡)통에 미달한 경우, 사서함 사용계약을 해지할 수 있다.
> ○ 사서함을 운영하고 있는 관서의 우체국장은 연 (㉢)회 이상 운영 실태를 점검하고 사용계약 해지 대상자 등을 정비하여야 한다.

	㉠	㉡	㉢		㉠	㉡	㉢
①	50	30	1	②	100	50	1
③	50	50	2	④	100	30	2

10 우편물 운송용기의 종류와 용도에 대한 설명으로 옳지 않은 것은?

① 우편운반대 (평팔레트): 소포 등 규격화된 우편물 담기와 운반
② 소형우편상자: 소형통상우편물 담기
③ 대형우편상자: 얇은 대형통상우편물 담기
④ 특수우편자루: 부가취급우편물 담기

해설 우편물 운송용기의 종류와 용도

종 류		용 도	비고
운반차	우편운반차 (롤팔레트)	통상·소포우편물, 우편상자, 우편자루의 담기와 운반	
	우편운반대 (평팔레트)	소포 등 규격화된 우편물 담기와 운반	
	상자운반차 (트롤리)	우편상자(소형, 중형, 대형) 담기와 운반	
우편상자	소형상자	소형통상우편물 담기	부가취급우편물을 적재할 때에는 상자덮개를 사용하여 봉함하여야 함
	중형상자	얇은 대형통상우편물담기	
	대형상자	두꺼운 대형통상우편물 담기	
접수상자		소형통상 다량우편물 접수, 소형통상우편물 담기	
우편자루	일반자루	일반우편물(통상·소포) 담기	크기에 따라 가호, 나호
	특수자루	부가취급우편물 담기	가호, 나호

※ 특급자루는 삭제

술술 풀리는 해설

09
○ 사서함 신청을 받은 우체국장은 국가기관, 지방자치단체, 일일 배달 예정물량이 100통 이상인 다량이용자, 우편물 배달 주소지가 사서함 설치 우체국의 관할구역인 신청자 순서로 우선적으로 계약할 수 있다.
○ 최근 3개월간 계속하여 사서함에 배달된 우편물의 총 수량이 월 30통에 미달한 경우, 사서함 사용계약을 해지할 수 있다.
○ 사서함을 운영하고 있는 관서의 우체국장은 연 2회 이상 운영 실태를 점검하고 사용계약 해지 대상자 등을 정비하여야 한다.

10
③대형우편상자:두꺼운 대형통상우편물 담기

09 ④   10 ③

2022 시행 기출문제 **5**

11

① 설·추석 등 특수한 기간에 우편물이 대량으로 늘어나 늦게 배달되는 경우에는 지연배달로 보지 않는다.

② 당일특급우편물 삭제됨

④ 이용자실비를 지급받기 위해서는 사유가 발생한 날부터 15일 이내에 해당 우체국에 신고해야 한다.

12

ㄱ 감차에 대한 설명이다.

ㄷ 편에 대한 설명이다.

ㄹ 배분에 대한 설명이다.

※운송선로 용어 설명

가) 구간: 최초 발송국에서 최종 도착국까지의 운송경로

나) 편: 정해진 운송구간을 운송형태별(교환, 수집, 배분 등)로 운행

(예: 수집 1호, 배분 1호, 배집 1호)

다) 수집: 접수한 우편물을 우편집중국 등으로 모아오는 운송형태

라) 배분: 우편집중국 등에서 배달할 우편물을 배달국으로 보내는 운송형태

마) 배집: 배분과 수집이 통합된 운송형태

13

② 발송작업에 대한 설명이다.

---

11 손해배상 및 이용자 실비지급에 대한 설명으로 옳은 것은?

① 설·추석 등 특수한 기간에 우편물이 대량으로 늘어나 늦게 배달되는 경우에도 지연배달로 인한 손해배상 대상이 된다.

② D(우편물 접수일)+1일 20시 이후 배달된 당일특급 우편물은 국내특급 수수료만 손해배상한다.

③ EMS 우편물의 종·추적조사나 손해배상을 청구한 때, 3일 이상 지연 응대한 경우에는 무료발송권(1회 3만원권)을 이용자 실비로 지급한다.

④ 이용자실비를 지급받기 위해서는 사유가 발생한 다음 날부터 15일 이내에 해당 우체국에 신고해야 한다.

12 우편물 운송 용어에 대한 설명으로 옳은 것의 총 개수는?

> **보 기**
>
> ㄱ 감편: 우편물 감소로 운송편의 톤급을 하향 조정(예: 4.5톤 → 2.5톤)
>
> ㄴ 거리연장: 운송구간에 추가로 수수국을 연장하여 운행함
>
> ㄷ 구간: 정해진 운송구간을 운송형태별(교환, 수집, 배집 등)로 운행함
>
> ㄹ 배집: 우편집중국 등에서 배달할 우편물을 배달국으로 보내는 운송형태

① 1개   ② 2개   ③ 3개   ④ 4개

해설 용어정리

운행을 변경할 때	감편	우편물의 발송량이 적어 정기편을 운행하지 아니함
	증편	우편물의 과다 증가 등으로 정기편 외 추가로 운행함
거리를 변경할 때	거리연장	운송구간에 추가로 수수국을 연장하여 운행함
	거리감축	정기운송편 수수국의 일부 구간을 운행하지 아니함
차량톤급 변경시	증차	우편물의 과다 증가로 운송편의 톤급을 상향 조정(예: 2.5톤→4.5톤)
	감차	우편물 감소로 운송편의 톤급을 하향 조정(예: 4.5톤→2.5톤)

13 우편물 발착업무에 대한 설명으로 옳지 않은 것은?

① 발착업무의 처리과정은 분류·정리, 구분, 발송, 도착 작업으로 구성되어 있다.

② 분류·정리작업은 구분이 완료된 우편물을 보내기 위한 송달증 생성, 체결, 우편물 적재 등의 작업이다.

③ 주소와 우편번호 주위에 다른 문자가 표시된 우편물은 기계구분이 불가능한 우편물이다.

④ 소포우편물을 우편운반차에 적재할 때는 수취인 주소가 기재된 앞면이 위쪽으로 향하도록 적재한다.

---

11 ③ 12 ① 13 ②

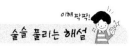

14 다음 설명에 해당하는 국제우편 업무 관련 국제연합체는?

> **보 기**
>
> ○ 2002년 아시아 · 태평양 연안 지역 6개 국가로 결성, 2024년 12월 현재 한국 포함 10개 국가로 구성
> ○ 공동으로 구축한 단일 네트워크 기반 및 'The Power to Deliver'라는 슬로건 하에 활동

① Universal Postal Union
② Asian Pacific Postal Union
③ World Logistics Organization
④ Kahala Posts Group

15 국제우편물의 종류별 접수에 관한 설명으로 옳은 것은?

① 우편자루배달 인쇄물의 등기취급은 미국, 캐나다 등 북미권역과 유럽, 아시아 등 만국우편연합 회원국가 간 발송에 제한이 없다.
② 시각장애인이나 공인된 시각장애인 기관에서 발송하는 공무를 위한 모든 우편물은 시각장애인용우편물로 취급 가능하다.
③ 소형포장물은 현실적이고 개인적인 통신문의 서류 동봉이 가능하며, 내용품의 탈락을 방지하기 위하여 단단히 밀봉하여야 한다.
④ 보험소포의 보험가액은 'Insured Value-words 보험가액-문자' 칸과 'Figures 숫자' 칸에 영문과 아라비아 숫자로 원화(KRW) 단위로 기재한다.

해설 보험가액의 기록

Insured Value-words 보험가액-문자	Figures 숫자
forty five thousand won	₩ 45,000

16 국제우편물 사전통관정보제공에 대한 설명으로 옳지 않은 것은?

① 우리나라의 HS코드는 10자리이며, 그 중 앞자리 6개 숫자는 국제공통 분류에 해당한다.
② 우편취급국을 포함한 전국 모든 우체국이 적용 대상 관서이다.
③ 대상우편물은 EMS(비서류), 항공소포, 소형포장물, K-Packet으로 한정하며, 포스트넷 입력은 숫자 이외의 문자는 모두 영문으로 입력하여야 한다.
④ 대상국가는 UPU 회원국가 중 우리나라와 우편물을 교환하는 국가이다.

14
카할라 우정연합(Kahala Posts Group)에 대한 설명이다.
① 만국우편연합
② 아시아 · 태평양우편연합
③ 세계물류조직

15
① 우편자루배달 인쇄물은 일반으로는 어느 나라든지 보낼 수 있으나, 등기는 취급하는 나라가 제한된다.
※ 미국, 캐나다는 우편자루배달인쇄물 등기 미취급 (2021.12.현재)
② 모든 우편물이 취급가능한 것은 아니고 무게한계는 7kg이며, 녹음물, 서장, 시각장애인용 활자를 표시된 금속판의 경우에 시각장애인용 우편물로 취급이 가능하다.
③ 소형포장물을 봉할 때에 특별 조건이 필요한 것은 아니나, 내용품 검사를 위하여 이를 쉽게 열어볼 수 있도록 하여야 한다.

16
③ 대상 우편물은 비서류(국제소포우편물, K-Packet, EMS[비서류], 한중 해상특송우편물), EMS(서류), 소형포장물이다.
④ 대상국가 : UPU 회원국가 중 우리나라와 우편물을 교환하는 국가('24.01.현재)

※ 24년 학습서 최종수정본(2024.4.19)에 맞게 4번 지문수정

14 ④ 15 ④ 16 ③

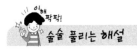
17

④ 보험가액을 잘못 기재한 경우 지우거나 수정하지 말고 주소기표지(운송장)를 다시 작성하도록 발송인에게 요구한다.

18

① 「국제우편규정」 제3조, 제9조에 따라 <u>과학기술정보통신부장관</u>이 고시한 전자상거래용 국제우편서비스를 말한다.

② EMS와 같은 선택적우편서비스이며 고객맞춤형 국제우편 서비스로서 평균 송달기간은 7~10일

※ 선택적우편서비스 : UPU회원국 간에 교환하는 보편적우편서비스(통상 및 소포우편물)의 상대적 개념(개별 국가의 자의적 선택에 의해 실시하는 우편서비스)

③ 온라인으로 판매되는 소형물품(2kg이하)의 해외배송에 적합한 서비스로'L'로 시작하는 우편물번호를 사용하며, 1회 배달 성공률 향상을 위해 해외우정당국과 제휴하여 <u>수취인 서명</u> 없이 배달하기로 약정한 국제우편서비스

17 국제소포우편물 접수 시 기표지(운송장) 작성에 대한 설명으로 옳지 않은 것은?

① 도착국가에서 배달불능 시, 발송인이 우편물을 돌려받지 않길 원할 경우 '□ Treat as abandoned 포기'를 선택한다.

② 항공우편물의 Actual weight (실중량), Volume weight (부피중량), 요금, 접수우체국명/접수일자 등을 접수 담당자가 정확하게 기재한다.

③ 중량기재 시 보통소포는 100g 단위로 절상하고, 보험소포는 10g 단위로 절상하여야 한다.

④ 보험소포의 보험가액을 잘못 기재한 경우 1회에 한하여 정정이 가능하나, 이후에 잘못 기재한 경우는 기표지를 새로 작성하여야 한다.

18 국제우편 K-Packet에 대한 설명으로 옳은 것은?

① 국제우편규정에 따라 우정사업본부장이 고시한 전자상거래용 국제우편서비스이다.

② EMS와 같은 경쟁서비스이며 고객맞춤형 국제우편서비스로서 평균송달기간은 5~6일이다.

③ 'L'로 시작하는 우편물번호를 사용하며, 1회 배달 성공률 향상을 위해 해외우정당국과 제휴하여 발송인 서명 없이 배달하기로 약정한 국제우편서비스이다.

④ 제휴(서비스)국가는 우정사업본부장이 고시하여 정한다.

17 ④ **18** ④

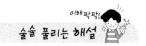

19 국제우편 스마트 접수에 대한 설명으로 옳지 않은 것은?

① 접수대상 우편물은 EMS(EMS프리미엄), 국제소포(항공 · 선편), 등기소형 포장물(항공)이다.

② 국제우편 스마트 접수 우편물에 대해서는 우편물 종별에 관계없이 스마트 접수 요금할인이 5% 적용된다.

③ 국제우편 스마트 접수 우편물 중 대상우편물에 따라 직접방문(방문접수)이 가능한 우편물과 그렇지 못한 우편물이 있다.

④ 국제우편 접수채널의 다양화를 통해 이용고객의 편의증진 및 접수창구요원의 접수부담 경감에 기여한다.

19

② 요금할인 및 접수

구 분	할 인	접 수
EMS (EMS프리미엄)	요금 5% 할인 (EMS프리미엄은 요금할인 없음)	창구접수 및 방문접수
등기소형포장물 (항공)	요금 5% 할인	직접방문
국제소포 (항공 · 선편)	요금할인 없음	직접방문

20 국제회신우표권(IRC)에 대한 설명으로 옳은 것의 총 개수는?

> **보기**
>
> ㄱ. 수취인의 회신요금 부담 없이 외국으로부터 회답을 받는 제도다.
>
> ㄴ. 만국우편연합 총회가 개최되는 매 4년마다 총회 개최지명으로 발행한다.
>
> ㄷ. 만국우편연합 관리이사회(CA)에서 발행하며 각 회원국에서 판매한다.
>
> ㄹ. 현재 필요한 상태에 있지 않으면서 다량구매를 요구하는 경우, 판매제한과 거절사유에 해당된다.
>
> ㅁ. 국제회신우표권 판매 시 교환개시일 안내를 철저히 해야 한다.
>
> ㅂ. 우리나라에서는 1,450원에 판매하고, 교환은 850원에 해당하는 우표류와 교환한다.

① 3개　　　② 4개　　　③ 5개　　　④ 6개

20

ㄷ. 만국우편연합 국제사무국에서 발행하며 각 회원국에서 판매한다. (×)

ㅁ. 국제회신우표권 판매 시 교환 마감일(유효기간) 안내를 철저히 한다. (×)

ㄱ. 국제회신우표권(IRC)은 수취인에게 회신요금의 부담을 지우지 아니하고 외국으로부터 회답을 받는데 편리한 제도이다.

ㄴ. 국제회신우표권은 UPU 총회가 개최되는 매 4년마다 총회 개최지명으로 국제회신우표권을 발행하며(4년마다 디자인 변경) 국제회신우표권의 유효기간은 앞면 우측과 뒷면 하단에 표시한다.

ㄹ. **판매 제한과 거절 사유**
- 현재 필요한 상태에 있지 않으면서 한꺼번에 다량 구매를 요구하는 경우
- 외국에 서적대금 지불수단 등으로 사용하려는 경우
- 외국의 우표를 다량 구입할 수단으로 다량 구매를 요청하는 경우

ㅂ. 외국에서 판매한 국제회신우표권은 우리나라에서 외국으로 발송되는 항공보통서장의 4지역 20g 요금(850원)에 해당하는 우표류와 교환한다.

19 ②　**20** ②

01

유동성, 또는 환금성이 떨어지는 금융자산을 매입하는 경우 이 자산을 현금으로 전환하는 데 발생할 손실을 예상하여 일정한 보상을 요구하게 되는데 이를 유동성 프리미엄이라고 한다.
따라서 유동성, 환금성이 높은 금융자산은 현금 전환과정의 예상 손실이 낮으므로 유동성 프리미엄도 낮아진다.

02

ㄱ. 주가지수옵션 매수자의 손실은 프리미엄에 한정되고 이익은 무한정이며 매도자의 이익은 프리미엄에 한정되나 손실은 무한정이다.

ㄴ. 풋옵션은 기초자산을 매도하기로 한 측이 옵션보유자가 되는 경우로, 풋옵션의 '매입자'는 장래의 일정시점 또는 일정기간 내에 특정 기초자산을 정해진 가격으로 매도할 수 있는 권리를 가진다.

---

01 금융시장의 기능에 대한 설명으로 옳지 않은 것은?

① 소비 주체인 가계 부문에 적절한 자산운용 및 차입 기회를 제공하여 자신의 시간선호에 맞게 소비시기를 선택할 수 있게 함으로써 소비자 효용을 증진시킨다.

② 유동성이 높은 금융자산일수록 현금 전환 과정에서의 예상 손실보상액에 해당하는 유동성 프리미엄도 높다.

③ 차입자의 재무 건전성을 제고하기 위해 시장참가자는 당해 차입자가 발행한 주식 또는 채권가격 등의 시장선호를 활용하여 감시 기능을 수행한다.

④ 금융시장이 발달할수록 금융자산 가격에 반영되는 정보의 범위가 확대되고 정보의 전파속도도 빨라지는 것이 일반적이다.

02 〈보기〉에서 장내 파생상품에 대한 설명으로 옳은 것을 모두 고른 것은?

> **보기**
>
> ㄱ. 주가지수옵션 매수자의 이익은 옵션 프리미엄에 한정되고 손실은 무한정인 반면, 매도자의 손실은 옵션 프리미엄에 한정되고 이익은 무한정이다.
>
> ㄴ. 풋옵션의 매도자는 장래의 일정 시점 또는 일정 기간 내에 특정기초자산을 정해진 가격으로 매도할 수 있는 권리를 가진다.
>
> ㄷ. 옵션 계약에서는 계약이행의 선택권을 갖는 계약자가 의무만을 지는 상대방에게 자신이 유리한 조건을 갖는 데 대한 대가를 지불하고 계약을 체결하게 된다.
>
> ㄹ. 계약 내용이 표준화되어 있고 공식적인 거래소를 통해 매매되는 선물거래에는 헤징(hedging) 기능, 현물시장의 유동성 확대기여, 장래의 가격정보 제공 기능 등이 있다.

① ㄱ, ㄴ   ② ㄱ, ㄷ

③ ㄴ, ㄹ   ④ ㄷ, ㄹ

---

01 ② 02 ②

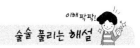

03 〈보기〉에서 증권투자 또는 증권분석에 대한 설명으로 옳은 것을 모두 고른 것은?

> **보기**
>
> ㄱ. 무상증자와 주식배당은 주주들의 보유 주식 수가 늘어나고, 주주의 실질 재산에는 변동이 없다는 점에서 유사하다.
> ㄴ. 전환사채(CB)나 신주인수권부사채(BW)는 보유자에게 유리한 선택권이 주어지기 때문에 다른 조건이 동일하다면 일반사채에 비해 높은 금리로 발행된다.
> ㄷ. 우선주와 채권은 회사경영에 대한 의결권이 없고, 법인이 우선주 배당금 또는 채권 이자 지급 시 비용처리를 할 수 없다는 공통점이 있다.
> ㄹ. 이자보상배율이 높으면 이자 비용을 충당하기에 충분한 영업이익이 있다는 뜻이고 이자보상배율이 1보다 작다면 기업이 심각한 재무적 곤경에 처해 있다고 볼 수 있다.

① ㄱ, ㄷ   ② ㄱ, ㄹ
③ ㄴ, ㄷ   ④ ㄴ, ㄹ

04 현행 상속제도에 대한 설명으로 옳은 것은?

① 상속은 사망한 시점이 아니라 사망한 사실이 가족관계등록부에 기재된 시점에서 개시된다.
② 피상속인에게 어머니, 배우자, 2명의 자녀, 2명의 손자녀가 있을 경우 배우자의 상속분은 1.5/3.5이다.
③ 친양자입양제도에 따라 2008년 1월 1일 이후에 입양된 친양자는 친생부모 및 양부모의 재산을 모두 상속받을 수 있다.
④ 유언의 방식 중 공정증서 또는 자필증서에 의한 경우에는 가정법원의 유언검인심판서를 징구하 여 유언의 적법성 여부를 확인하여야 한다.

술술 풀리는 해설

03
ㄱ. 무상증자는 주금 납입 없이 이사회 결의로 준비금이나 자산재평가적립금 등을 자본에 전입하고 전입액 만큼 발행한 신주를 기존주주에게 보유 주식 수에 비례하여 무상으로 교부하는 것으로, 회사와주주의 실질재산에는 변동이 없다. 주식배당은 실행 시 주주들의 보유 주식 수는 늘어나지만 실제 주주의 부(富)에는 변동이 없다. 기업의 전체 시장가치가 변하지 않은 상태에서 배당지급일에 주식의 시장가치는 낮아지고 주식의 수만 늘어났기 때문이다.
ㄴ. 전환사채는 보유자가 자신에게 유리할 때만 전환권을 행사하여 추가적인 수익을 꾀할 수 있는 선택권이 주어지기 때문에 다른 조건이 동일하다면 일반사채에 비해 낮은 금리로 발행된다. 신주인수권부사채 또한 전환사채와 마찬가지로 보유자에게 유리한 선택권이 주어지기 때문에 다른 조건이 같다면 일반사채에 비해 낮은 금리로 발행된다.
ㄷ. 우선주와 채권은 회사경영에 대한 의결권을 미부여하고 회사 순이익을 공유하지 않는 등의 공통점이 있지만 우선주만이 배당금 지급 시 법인 비용처리가 불가하다는 차이점이 있다.
ㄹ. 이자보상배율이 높으면 이자비용을 커버하기에 충분한 영업이익이 있다는 뜻이고 이자보상배율이 1보다 작다면 영업이익으로 이자비용도 감당하지 못한다는 의미로 기업이 심각한 재무적 곤경에 처해있다고 볼 수 있다. 따라서 옳은 내용은 ㄱ, ㄹ이다.

04
② 배우자와 직계비속은 1순위 상속자이다. 이때, 직계비속 중 자녀들이 손자녀에 비해 최근친이므로 직계비속은 자녀만 고려한다.이때의 공동상속인 간 상속분은 배우자가 1.5, 자녀가 1인당 1로 계산되므로 배우자의 상속분은 1.5/3.5이다.
① 상속은 사망한 시점에서 개시되며 사망한 사실이 가족관계등록부에 기재된 시점에서 개시되는 것은 아니다.
③ 만 2008.1.1.부터 시행된 친양자입양제도에 따라 입양된 친양자는 친생부모와의 친족관계 및 상속관계가 모두 종료되므로 생가부모의 예금을 상속하지는 못한다.
④ 유언의 방식 중 공증증서 또는 구수증서에 의한 것이 아닌 경우에는 가정법원의 유언검인심판서를 징구하여 유언의 적법성여부를 확인하여야 한다.

---

03 ②   **04** ②

05

ㄱ. 우체국 법인용 체크카드에는 성공파트너, e-나라도움(법인형),정부구매, Biz플러스 등이 있으며 지역화폐카드(지역)는 개인용이다.

ㄴ. 우체국 체크카드 개인카드의 발급대상은 12세 이상의 우체국 요구불예금 가입자이면 누구나 가능이다. 우체국 체크카드 결제계좌는 현재 우체국 요구불 예금으로 지정하도록 되어있으며, 따라서 우체국 요구불예금 가입자이어야 한다.

ㄷ. 소액신용 및 후불교통 기능이 부여되어 있는 하이브리드 체크카드의 가입연령은 18세 이상이다. 단,18세는 후불교통만 가능(소액신용 불가

ㄹ. 체크카드는 은행 또는 카드사가 제휴한 은행에 입출금이 자유로운 통장을 결제계좌로 하여 발급 가능하며, 최근에는 증권사나 종금사의 CMA를 결제계좌로 하는 체크카드도 발급된다.

따라서 옳은 내용은 ㄴ, ㄷ이다.

06

① 1905년 우편저금과 우편환, 1929년 우편보험을 실시하였다.

③ 우체국에서 취급하는 금융 관련 업무로는 우체예금·보험을 비롯하여 우편환, 우편대체, 체크카드, 집합투자증권(펀드) 판매, 외국환, 전자금융 업무가 있으며 민영금융기관의 신용카드 발급, 증권계좌개설, 결제대금 수납, 은행 입·출금서비스 제공 등을 대행하고 있다.

주택청약저축, 신탁업무는 제한된다.

④ 타인자본에는 예금을 통한 예수부채만 있고, 은행채의 발행 등을 통한 차입 혹은 금융기관 등으로부터의 차입을 통한 차입부채는 없다.

---

05 〈보기〉에서 체크카드에 대한 설명으로 옳은 것을 모두 고른 것은?

> 보 기
>
> ㄱ. 우체국 법인용 체크카드에는 지역화폐카드, Biz플러스 등이 있다.
> ㄴ. 우체국 체크카드의 발급대상은 개인카드의 경우 12세 이상의 개인이다.
> ㄷ. 고객의 신용등급에 따라 소액의 신용공여가 부여된 하이브리드형 카드를 발급받아 이용할 수 있다.
> ㄹ. 증권사나 종합금융회사의 MMF를 결제계좌로 하는 체크카드도 발급이 가능하다.

① ㄱ, ㄴ   ② ㄱ, ㄹ   ③ ㄴ, ㄷ   ④ ㄷ, ㄹ

06 우체국금융에 대한 설명으로 옳은 것은?

① 1905년부터 우편저금, 우편환과 우편보험을 실시하였다.

② 1982년 12월 제정된 「우체국예금·보험에 관한 법률」에 의거하여 1983년 1월부터 금융사업이 재개되었다.

③ 우체국의 금융업무에는 우체국예금, 우체국보험, 주택청약저축, 신탁, 펀드판매 등이 있다.

④ 우체국예금의 타인자본에는 예금을 통한 예수부채와 채권의 발행 등을 통한 차입부채가 있다.

05 ③ 06 ②

07 〈보기〉에서 우체국 예금상품에 대한 설명으로 옳은 것은 모두 몇 개인가?

> **보 기**
>
> ㄱ. 우체국 희망지킴이통장 : 기초생활보장, 기초(노령)연금, 장애인연금, 장애(아동)수당 등의 기초생활 수급권 보호를 위한 압류방지전용통장
>
> ㄴ. 이웃사랑정기예금 : 사회 소외계층과 사랑나눔 실천자 및 읍·면 단위 지역에 거주하는 농어촌 지역 주민의 경제생활 지원을 위한 공익형 정기예금
>
> ㄷ. 우체국 편리한 e정기예금 : 만 50세 이상 중년층 고객을 위한 우대이율 및 세무, 보험 등 부가서비스를 제공하는 정기예금
>
> ㄹ. 우체국 다드림적금 : 주거래 고객 확보 및 혜택 제공을 목적으로 각종 이체 실적 보유고객, 우체국예금 우수고객, 장기거래 등 주거래 이용 실적이 많을수록 우대 혜택이 커지는 자유적립식 예금

① 1개   ② 2개   ③ 3개   ④ 4개

08 밑줄 친 (   )에서 제공하는 주요 서비스 내용으로 옳은 것은?

> **보 기**
>
> (   )은/는 우체국 특화서비스인 우편환기반 경조금 송금서비스와 핀테크를 접목시킨 간편결제 및 간편송금 서비스를 제공하는 우체국예금 모바일뱅킹 서비스 앱이다.

① 수신자의 휴대전화 번호만 알면 경조금 및 경조카드를 보낼 수 있다.
② 전체 메뉴를 영어모드로 전환하는 서비스를 제공한다.
③ SWIFT, 국제환 서비스로 해외송금이 가능하다.
④ 증명서 신청 및 발급 등 전자문서지갑 기능을 제공한다.

술술 풀리는 **해설**

07
ㄱ. 우체국 희망지킴이통장은 산업재해 보험급여 수급권자의 보험급여에 한해 입금이 가능하며, 관련 법령에 따라 압류 대상에서 제외하는 압류방지 전용 통장이며
  ㄱ. 설명하는 상품은 우체국 행복지킴이통장이다.
ㄴ. 국민기초생활수급자, 장애인, 한부모가족, 소년소녀가정, 조손가정, 다문화가정 등 사회 소외계층과 장기기증희망등록자, 골수기증희망등록자, 헌혈자, 입양자 등 사랑나눔 실천자 및 농어촌 지역(읍·면단위 지역 거주자) 주민의 경제생활 지원을 위한 공익형 정기예금
ㄷ. 보너스입금, 비상금 출금, 자동 재예치, 만기 자동해지 서비스로 편리한 목돈 활용이 가능한 디지털 정기예금
  ㄷ. 이 설명하는 상품은 시니어 싱글벙글 정기예금이다.
ㄹ. 은 옳은 설명임
  따라서 옳은 것은 ㄴ, ㄹ이다.

08
문제에서 설명하는 서비스는 우체국페이 서비스이다.
우체국페이 앱을 통해 현금 또는 카드 없이 스마트폰만으로 지불 결제를 진행하고, 휴대전화번호만 알면 경조카드와 함께 경조금을 보낼 수 있다.
또한, 우체국 통합멤버십 가입 및 이용이 가능하여 우체국 쇼핑·체크카드 등에서 발생한 우체국 포인트를 통합적으로 관리할 수 있다.

07 ② 08 ①

09

④ 신규 및 재예치 계좌개설시마다 실명확인증표 원본에 의하여 실명을 확인하여 거래원장, 거래신청서, 계약서 등에 "실명확인필"을 표시하고 확인자가 날인 또는 서명해야 한다. 실명확인증표를 재사용할 수 있는 경우는 동시에 다수의 계좌를 개설하는 경우이다.

10

ㄱ. 금융정보분석원은 법무부 · 금융위원회국세청 · 관세청 · 경찰청 · 한국은행 · 금융감독원 등 관계기관의 전문 인력으로 구성되어 있으며, 금융기관 등으로부터 자금세탁관련 의심거래를 수집 · 분석하여 불법거래, 자금세탁행위 또는 공중협박자금조달행위와 관련된다고 판단되는 금융거래 자료를 법 집행기관 (검찰청 · 경찰청 · 국세청 · 관세청 · 금융위 · 중앙선관위 등) 제공하는 업무를 주업무로 한다.

ㄴ. 고객확인제도는 금융회사가 고객과 거래 시 고객의 성명과 실지명의 이외에 주소, 연락처, 실제 소유자 등을 확인하고, 자금세탁행위 등의 우려가 있는 경우 금융거래 목적 및 자금의 원천 등을 추가로 확인하는 제도이다. 금융실명제가 포함하지 않고 있는 사항을 보완하는 차원에서 「특정금융정보법」에 근거를 두고 2006년 1월 18일부터 이 제도를 도입하였다.

ㄹ. 옳은 설명인데 2023학습서에서 삭제된 내용이다.

---

09 금융실명거래 시 실명확인 방법에 대한 설명으로 옳지 않은 것은?

① 금융회사 본부의 비영업부서 근무직원이라도 실명확인 관련 업무를 처리하도록 지시받은 경우에는 실명확인을 할 수 있다.

② 금융회사의 임 · 직원이 아닌 대출모집인이나 보험모집인 등 업무수탁자는 실명확인을 할 수 없다.

③ 대리인을 통하여 계좌개설을 할 경우 본인 및 대리인 모두의 실명확인증표와 본인의 인감증명서가 첨부된 위임장을 제시받아 실명확인을 하되 본인의 실명확인증표는 사본으로도 가능하다.

④ 재예치 계좌를 개설할 때에는 기존 계좌 개설당시에 고객으로부터 징구하여 보관 중인 실명확인증표 사본을 재사용할 수 있다.

10 〈보기〉에서 자금세탁방지제도에 대한 설명으로 옳은 것을 모두 고른 것은?

> **보 기**
>
> ㄱ. 금융감독원은 금융기관 등으로부터 자금세탁관련 의심거래를 수집 · 분석하여 불법거래, 자금세탁행위 또는 공중협박 자금조달행위와 관련된다고 판단되는 금융거래 자료를 법 집행기관에 제공한다.
>
> ㄴ. 고객확인제도는 금융회사가 고객과 거래 시 자금세탁행위 등의 우려가 있는 경우 실제 당사자 여부 및 금융거래 목적을 확인하는 제도로, 금융실명제가 포함하지 않고 있는 사항을 보완하는 차원에서 「금융실명거래 및 비밀보장에 관한 법률」을 개정하고 이 제도를 도입하였다.
>
> ㄷ. 고액현금거래보고제도는 1거래일 동안 1천만 원 이상의 현금을 입금하거나 출금한 경우 거래자의 신원과 거래일시, 거래금액 등 객관적 사실을 전산으로 자동 보고하는 것이다.
>
> ㄹ. 2010년 6월 30일부터 의심거래보고 기준금액이 2천만 원에서 1천만 원으로 하향 조정되고, 2013년 8월 13일부터 의심거래보고 기준금액이 삭제됨에 따라 의심거래보고 건수는 크게 증가되고 있는 추세이다.

① ㄱ, ㄴ   ② ㄱ, ㄹ

③ ㄴ, ㄷ   ④ ㄷ, ㄹ

---

09 ④   10 ④

11 〈보기〉에서 생명보험계약 관계자에 대한 설명으로 옳은 것을 모두 고른 것은?

| 보 기 |

ㄱ. 보험계약자와 피보험자는 1인 또는 다수 모두 가능하다.
ㄴ. 피보험자와 보험계약자가 각각 다른 사람일 경우 '타인을 위한 보험'이라고 한다.
ㄷ. 보험계약자가 보험계약 시 보험수익자를 지정하지 않은 경우 생존보험금 발생 시 보험수익자는 피보험자이다.
ㄹ. 보험중개사는 독립적으로 보험계약 체결을 중개하는 자로 계약 체결권, 고지수령권, 보험료 수령권에 대한 권한이 없다.

① ㄱ, ㄴ ② ㄱ, ㄹ
③ ㄴ, ㄷ ④ ㄷ, ㄹ

12 우체국보험적립금에 대한 설명으로 옳지 않은 것은?

① 과학기술정보통신부장관이 운용 · 관리한다.
② 보험계약자를 위한 대출제도 운영에 사용된다.
③ 「우체국예금 · 보험에 관한 법률」에 근거를 두고 있다.
④ 순보험료, 운용수익 및 회계의 세입 · 세출 결산상 잉여금으로 조성한다.

13 〈보기〉에서 월적립식 저축성보험의 보험차익 비과세 요건에 대한 설명으로 옳은 것은 모두 몇 개인가?

| 보기 |

ㄱ. 최초 납입일로부터 납입기간이 5년 이상인 월적립식 보험계약
ㄴ. 최초로 보험료를 납입한 날부터 만기일 또는 중도해지일까지의 기간이 10년 이상
ㄷ. 2017년 4월 1일 이후 가입한 보험계약에 한하여 보험계약자 1명당 매월 납입하는 보험료 합계액이 250만 원 이하
ㄹ. 최초 납입일로부터 매월 납입하는 기본보험료가 균등(최초 계약 기본보험료의 1배 이내로 기본보험료를 증액하는 경우 포함)하고 기본보험료의 선납기간이 6개월 이내

① 1개 ② 2개 ③ 3개 ④ 4개

14

① 당뇨보장개시일 : 계약일(부활일)부터 그 날을 포함하여 1년이 지난 날의 다음날
③ 암보장개시일 : 계약일(부활일)부터 그 날을 포함하여 90일이 지난 날의 다음날
※피보험자 나이가 15세 미만인 경우 암보장개시일은 계약일(부활일)로 한다. 따라서 10세인 경우 계약일(부활일)이 암보장개시일이 된다.
④ 장기요양상태 보장개시일 : 일반적인 경우에는 계약일(부활일)부터 그 날을 포함하여 180일이 지난날의 다음 날로 하며, 재해를 직접적인 원인으로 장기요양상태가 발생한 경우에는 장기요양상태 보장개시일은 계약일(부활일)로 한다.
※24.4.19 개정 학습교재에는 무배당 우체국요양보험 21090이 삭제되고 무배당 우체국간병비보험 2309가 추가되어 예문의 지문 무배당 우체국요양보험 2109을 무배당 우체국간병비보험 2309로 수정함

15

② 어깨동무연금보험 2109는 장애인전용연금보험으로 장애인 부모의 부양능력 약화 위험 및 장애아동을 고려, 20세부터 연금수급이 가능하다.
③ 관련 세법에서 정하는 요건에 부합하는 경우 이자소득 비과세 및 금융소득종합과세에서 제외된다.
④ 우체국연금저축보험 2109의 추가납입보험료는 계약일 이후 1개월이 지난 후부터 (연금개시나이-1)세 계약해당일까지 납입이 가능하다.

---

14 우체국 보험상품별 보장개시일에 대한 설명으로 옳은 것은?

① 무배당 우체국당뇨안심보험 2109의 당뇨보장개시일은 계약일(부활일)부터 그 날을 포함하여 180일이 지난 날의 다음 날이다.

② 무배당 우체국치매간병보험 2109의 치매보장개시일은 질병으로 인하여 치매상태가 발생한 경우, 계약일(부활일)부터 그 날을 포함하여 1년이 지난 날의 다음 날이다.

③ 무배당 우리가족암보험 2109의 피보험자 나이가 10세인 경우, 암보장개시일은 계약일(부활일)부터 그날을 포함하여 90일이 지난날의 다음 날이다.

④ 무배당 우체국간병비보험 2309의 장기요양상태 보장개시일은 재해를 직접적인 원인으로 장기요양상태가 발생한 경우, 계약일(부활일)부터 그날을 포함하여 180일이 지난 날의 다음날이다.

15 우체국 연금보험상품에 대한 설명으로 옳은 것은?

① 무배당 우체국연금저축보험(이전형) 2109는 기본보험료가 일시납일 경우에는 납입한도액이 없다.

② 어깨동무연금보험 2109는 장애인전용연금보험으로 55세부터 연금수령이 가능하다.

③ 무배당 우체국연금보험 2109는 연간 400만원 한도 내에서 납입한 보험료에 대해 세액공제 혜택을 제공한다.

④ 우체국 연금저축보험 2109는 계약일 이후 1개월이 지난 후부터 연금개시나이 계약해당일까지 보험료 추가납입이 가능하다.

---

14 ② **15** ①

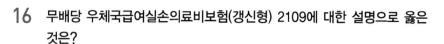

16 무배당 우체국급여실손의료비보험(갱신형) 2109에 대한 설명으로 옳은 것은?

① 보장내용 변경주기는 3년이며, 종신까지 재가입이 가능하다.

② 최초계약 가입나이는 0세부터 60세까지이며, 임신 23주 이내의 태아도 가입이 가능하다.

③ 갱신 직전 '무사고 할인판정기간' 동안 보험금지급 실적이 없는 경우, 갱신일부터 차기 보험기간 1년 동안 보험료의 5%를 할인해 준다.

④ 비급여실손의료비특약의 갱신보험료는 갱신 직전 '요율상대도판정기간' 동안의 비급여특약에 따른 보험금 지급 실적을 고려하여 영업보험료에 할인·할증요율을 적용한다.

17 〈보기〉에서 우체국보험 청약서비스에 대한 설명으로 옳은 것을 모두 고른 것은?

> **보기**
>
> ㄱ. 보험계약자가 성인인 계약에 한해서 태블릿청약 이용이 가능하다.
>
> ㄴ. 타인계약 또는 미성년자(만 19세 미만자)계약도 전자청약이 가능하다.
>
> ㄷ. 전자청약과 태블릿청약을 이용하는 고객에게는 제2회 이후 보험료 자동이체 시 0.5%의 할인이 적용된다.
>
> ㄹ. 전자청약은 가입설계서를 발행한 계약으로 전자청약 전환을 신청한 계약에 한하며, 가입설계일로부터 10일(비영업일 제외) 이내에만 가능하다.

① ㄱ, ㄷ   ② ㄱ, ㄹ
③ ㄴ, ㄷ   ④ ㄴ, ㄹ

술술 풀리는 **해설**

16

① 보장내용 변경주기는 5년이며 재가입 종료 나이는 종신이다.

③ 갱신(또는 재가입) 직전 '무사고 할인판정기간' 동안 보험금 지급 실적(일부 비급여의료비에 대한 보험금은 제외)이 없는 계약을 대상으로 갱신일(또는 재가입일)부터 차기 보험기간 1년 동안 보험료의 <u>10%를</u> 할인해 준다.

④ 비급여실손의료비특약의 보험료는 갱신 직전 '요율상대도 판정기간'동안의 비급여특약에 따른 보험금 지급 실적을 고려하여 보험료 갱신 시 순보험료(비급여특약의 순보험료 총액을 대상)에 요율 상대도(할인·할증요율)를 적용한다.

17

ㄱ. (o)

ㄴ. 타인계약(계약자와 피보험자가 다른 경우 또는 피보험자와 수익자가 다른 경우), 미성년자 계약 등은 전자청약이 불가하다.

ㄷ. 전자청약과 태블릿청약을 이용하는 고객에게는 제 2회 이후 보험료 자동이체시 0.5%의 할인이 적용된다. (o)

ㄹ. 전자청약이 가능한 계약은 가입설계서를 발행한 계약으로 전자청약전환을 신청한 계약에 한하며, 가입설계일로부터 10일(비영업일 포함)이내에 한하여 전자청약을 할 수 있다.

따라서 옳은 내용은 ㄱ, ㄷ이다.

16 ②   17 ①

18

① 환급금 대출의 자격은 유효한 보험계약을 보유하고 있는 우체국보험계약자로 한다.

② 계약해지가 가능한 연금보험 및 저축성 보험은 대출을 허용할 수 있으며 환급금대출의 대출액금은 해약환급금의 95% 이내에서 1만 원단위로 한다.
이중에서도 즉시연금보험 및 우체국연금보험 1종은 최대 85% 이내로 한다.
보장성 보험은 해약환급금의 최대 85% 이내에서 대출이 가능하고 이 중에서도 실손보험 및 교육보험은 최대 80% 이내로 가능하다.
무배당 파워적립보험 2109 저축성 보험이므로 최대 95% 이내에서 대출이 가능하다.

④ 무배당 우체국하나로OK건강종신보험 2402는 보장성 보험이므로 해약환급금의 최대 85% 이내에서 대출이 가능하다.

※24.4.19 개정학습교재에 따라 ④번 예문 무배당 우체국하나로OK보험 2109는 무배당 우체국하나로OK건강종신보험 2402로 수정한다.

18 우체국보험 환급금 대출에 대한 설명으로 옳은 것은?

① 보험계약자는 계약상태의 유효 또는 실효 여부에 관계없이 대출받을 수 있다.

② 무배당 파워적립보험 2109는 해약환급금의 최대 80% 이내에서 1만 원 단위로 대출이 가능하다.

③ 즉시연금보험 및 우체국연금보험 1종은 해약환급금의 최대 85%이내에서 1만 원 단위로 대출이 가능하다.

④ 무배당 우체국하나로OK건강종신보험 2402는 해약환급금의 최대 95%이내에서 1천 원 단위로 대출이 가능하다.

해설 환급금 대출

구 분	대출금액 범위
계약해지가 가능한 연금보험 및 저축성 보험	해약환급금의 95% 이내에서 1만원단위
즉시연금보험 및 우체국연금보험 1종	최대 85% 이내에서 1만원단위
보장성 보험	
실손보험 및 교육보험	최대 80% 이내에서 1만원단위

19

ㄱ. 보험기간과 보험료 납입기간이 일치하는 경우를 전기납, 납입기간이 보험기간보다 짧은 기간 내에 종료되는 보험을 단기납이라 한다. 일시납은 단기납에 포함된다. (x)

ㄴ. 자동이체 약정은 유지중인 계약에 한해서 처리가 가능하며, 예금주 본인에게만 신청·변경 권한이 있다.(x)

ㄷ. 실시간이체는 자동이체 약정여부에 관계없이 처리가 가능하며, 계약상태가 정상인 계약만 가능하다.(o)

ㄹ. 보험료의 자동대출납입기간은 최초 자동대출납입일부터 1년을 한도로 하며 그 이후의 기간에 대한 보험료의 자동대출 납입을 위해서는 재신청을 하여야 한다. (x)
따라서 ㄷ의 내용만이 옳은 내용이다.

19 〈보기〉에서 우체국보험 보험료 납입에 대한 설명으로 옳은 것은 모두 몇 개인가?

보기

ㄱ. 보험료의 납입기간에 따라 전기납, 단기납, 일시납으로 분류된다.

ㄴ. 보험료 자동이체 약정은 유지 중인 계약에 한해서 처리가 가능하며, 보험계약자 본인에게만 신청·변경 권한이 있다.

ㄷ. 계속보험료 실시간이체는 자동이체 약정 여부에 관계없이 처리가 가능하며, 계약상태가 정상인 계약만 가능하다.

ㄹ. 보험료의 자동대출납입기간은 최초 자동대출납입일부터 1년을 한도로 하며, 그 이후의 기간은 보험계약자의 별도 의사표시가 없으면 자동 연장된다.

① 1개   ② 2개   ③ 3개   ④ 4개

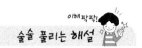

20 보험계약에 대한 설명으로 옳은 것은?

① 고지의무자는 보험계약자, 피보험자 및 보험수익자이다.

② 보험계약자는 보험가입증서(보험증권)를 받은 날부터 30일 이내에 청약을 철회할 수 있다.

③ 보험자는 계약을 체결한 날부터 2년이 지난 경우에는 고지의무위반으로 인한 계약해지를 할 수 없다.

④ 보험자는 보험계약이 성립하고 보험계약자가 보험료의 전부 또는 최초의 보험료를 지급한 때에는 지체없이 보험가입증서(보험증권)를 작성하여 보험계약자에게 교부하여야 한다.

20

① 고지의무자란 보험계약법상 고지할 의무를 부담하는 보험계약자, 피보험자 및 이들의 대리인이다. (보험수익자는 ×)

② 보험계약자는 보험가입증서(보험증권)을 받은 날부터 15일 이내에 청약을 철회할 수 있다.

③ 보험계약당시에 보험계약자 또는 피보험자가 고의 또는 중대한 과실로 인하여 중요한 사항을 고지하지 아니하거나 부실의 고지를 한 때에는 보험자는 그 사실을 안 날로부터 1월내에, 계약을 체결한 날로부터 3년 내에 한하여 계약을 해지할 수 있다.

20 ④

01

최소비용신장트리는 그래프의 각 노드를 한 번씩 탐색하면서 가중치의 합이 최소가 되는 트리로 노드 간 사이클을 허용하지 않는다. 가중치가 작은 값을 시작으로 간선을 연결하는 Kruscal 방식을 이용하면 최소비용신장 트리를 쉽게 구할 수 있다. 먼저 그래프의 형태를 그려놓고 가장 가중치가 작은 간선을 연결하면서 사이클 여부를 판단하고 다음 작은 값도 같은 방법으로 반복해서 구한다. 아래 그림을 참조하여 구해보면 가중치 3, 4 간선은 사이클이 형성되므로 제외된다.

따라서 가중치의 합 = 1+1+2+2 = 6

01 다음 가중치 그래프에서 최소비용신장트리(minimum cost spanning tree)의 가중치 합은?

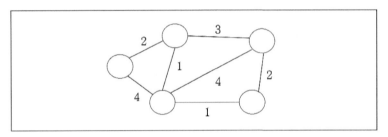

① 4
② 6
③ 13
④ 17

02

1) 초기값에서 1단계로 정렬된 값의 1의 자릿값을 살펴보면 정렬되어 있음을 확인할 수 있다.
    821, 512, 773, 534, 436, 348
2) 1단계에서 2단계로 정렬된 값의 10의 자릿값을 살펴보면 정렬되어 있음을 확인할 수 있다.
    512, 821, 534, 436, 348, 773
3) 2단계에서 완료단계로 정렬된 값의 100의 자릿값을 살펴보면 정렬되어 있음을 확인할 수 있다.
    348, 436, 512, 534, 773, 821
위와 같이 각 자리수를 기준으로 비교하여 정렬하는 방식이 기수(radix) 정렬이다.

02 다음은 정렬 알고리즘을 이용해 초기 단계의 데이터를 완료 단계의 데이터로 정렬하는 과정을 보여준다. 이 과정에 사용된 정렬 알고리즘으로 적절한 것은?

단계	데 이 터					
초기	534	821	436	773	348	512
1	821	512	773	534	436	348
2	512	821	534	436	348	773
완료	348	436	512	534	773	821

① 기수(radix) 정렬
② 버블(bubble) 정렬
③ 삽입(insertion) 정렬
④ 선택(selection) 정렬

01 ②   02 ①

03 노드의 수가 60개인 이진트리의 최대 높이에서 최소 높이를 뺀 값은?

① 53

② 54

③ 55

④ 56

03
최대높이는 각 노드를 하나씩 직접 연결하여 사향이진트리 형태를 구성하는 경우의 것으로 60이다.
최소높이는 각 노드를 루트, 왼쪽, 오른쪽으로 모두 채워 완성하는 정이진트리나 완전이진트리를 구성하는 경우의 것이 된다.
이때의 높이가 h라면 트리가 가질 수 있는 최대 노드수 = $2^h - 1$ 이 된다.
$60 = 2^h - 1$ 에서 $2^h = 61$을 만족하는 h의 값은 $\log_2 61 = 6$ 이다.
따라서 최소높이가 6이므로 최대높아−최소높이 = 60−6 = 54 이다.

04 〈보기〉에서 TCP에 대한 설명으로 옳은 것을 모두 고른 것은?

> **보기**
>
> ㄱ. RTT(Round Trip Time) 측정이 필요하다.
> ㄴ. 하나의 TCP 연결로 양방향 데이터 전달이 가능하다.
> ㄷ. 라우터 혼잡을 피하기 위해 흐름 제어(flow control)를 수행한다.
> ㄹ. TCP 헤더(옵션 제외)에 데이터의 길이 정보를 나타내는 길이 필드(length field)가 존재한다.
> ㅁ. 순서(sequence) 번호와 확인(acknowledgement) 번호를 사용한다.

① ㄱ, ㄷ

② ㄱ, ㄴ, ㄹ

③ ㄱ, ㄴ, ㅁ

④ ㄴ, ㄷ, ㅁ

04
ㄱ. RTT 측정 : 1개 이상의 TCP 세그먼트들이 보내지면, 한번만 확인응답이 이루어지며, 그 왕복시간을 측정한다. (○)
ㄴ. TCP는 양방향(전이중) 전달이 가능하다. (○)
ㄷ. 흐름제어는 라우터 혼잡을 피하는 것이 아니라 트래픽양을 조절하는 기능이다. (×)
ㄹ. TCP헤더에 데이터 길이 필드는 존재하지 않는다. (×)
ㅁ. 순서(sequence) 번호와 확인(acknowledgement) 번호를 사용한다.

05 이메일 서비스에서 사용되는 프로토콜로 적절하지 않은 것은?

① DNS

② HTTP

③ RTP

④ TCP

05
③ RTP는 오디오, 비디오 등 실시간 데이터를 전송하는 프로토콜로 이메일 서비스와는 관계없다.
① 이메일 서비스는 DNS의 MX레코드를 참조하여 메일서버 주소를 확인한다.
② HTTP 프로토콜로 인터넷을 이용한 이메일 서비스도 가능하다.
④ 이메일 서비스는 연결형, 신뢰성 서비스를 제공하는 TCP를 이용해 전달된다.

03 ②   04 ③   05 ③

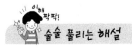

06
시분할 시스템은 선점 스케줄링 방식이다.
(×)

07
ㄱ. 인위적 연속성이란 가상공간의 연속주소
가 실제 기억공간에서는 연속적일 필요
가 없다는 것을 의미한다. (×)
ㄴ. 프로그램 수행시간보다 교체시간이 더
소요될 때 스레싱은 발생한다. (○)
ㄷ. 지역성은 프로세스 실행 시 일부 페이지
만 집중적으로 참조하는 특성으로 시간
지역성은 루핑, 카운팅 등이, 공간 지역
성은 배열 순회, 인접 변수선언 등이 있
다. (○)
ㄹ. 작업 집합(working set)을 구성하는 페이
지 집합은 고정적이 아니라 일정 시간마
다 변하는 가변적 특성을 갖는다. (×)

---

06 운영체제 유형에 대한 〈보기〉의 설명 중 옳은 것의 총 개수는?

> **보기**
>
> ㄱ. 다중 프로그래밍 시스템은 CPU가 유휴 상태가 될 때, CPU 작업을
> 필요로 하는 여러 작업 중 한 작업이 CPU를 사용할 수 있도록 한다.
> ㄴ. 다중 처리 시스템에서는 CPU 사이의 연결, 상호작업, 역할분담 등
> 이 고려되어야 한다.
> ㄷ. 시분할 시스템은 CPU가 비선점 스케줄링 방식으로 여러 개의 작업
> 을 교대로 수행한다.
> ㄹ. 실시간 처리 시스템은 작업 실행에 대한 시간제약 조건이 있으므로
> 선점 스케줄링 방식을 이용한다.
> ㅁ. 다중 프로그래밍 시스템의 목적은 CPU 활용의 극대화에 있으며, 시
> 분할 시스템은 응답시간의 최소화에 목적이 있다.

① 1개　　② 2개　　③ 3개　　④ 4개

---

07 가상 메모리에 대한 〈보기〉의 설명 중 옳은 것을 모두 고른 것은?

> **보기**
>
> ㄱ. 인위적 연속성이란 프로세스의 가상주소 공간상의 연속적인 주소가
> 실제 기억장치에서도 연속성이　보장되어야 함을 의미한다.
> ㄴ. 다중프로그래밍 정도가 높은 경우, 프로세스가 프로그램 수행시간보다
> 페이지 교환 시간에 더 많은 시간을 소요하고 있다면 스레싱
> (thrashing) 현상이 발생한 것이다.
> ㄷ. 프로세스를 실행하는 동안 일부 페이지만 집중적으로 참조하는 경우
> 를 지역성(locality)이라 하며, 배열 순회는 공간 지역성의 예이다.
> ㄹ. 프로세스가 자주 참조하는 페이지의 집합을 작업집합(working set)이라
> 하며, 작업집합은 최초 한번 결정되면 그 이후부터는 변하지 않는다.

① ㄱ, ㄴ　　　　　　　② ㄱ, ㄹ
③ ㄴ, ㄷ　　　　　　　④ ㄴ, ㄷ, ㄹ

---

08 운영체제 상의 프로세스(process)에 관한 설명으로 옳지 <u>않은</u> 것은?

① 프로세스의 영역 중 스택 영역은 동적 메모리 할당에 활용된다.

② 디스패치(dispatch)는 CPU 스케줄러가 준비 상태의 프로세스 중 하나를 골라 실행 상태로 바꾸는 작업을 말한다.

③ 프로세스 제어 블록(process control block)은 프로세스 식별자, 메모리 관련 정보, 프로세스가 사용했던 중간값을 포함한다.

④ 문맥교환(context switching)은 CPU를 점유하고 있는 프로세스 를 CPU에서 내보내고 새로운 프로세스를 받아들이는 작업이다.

09 조직의 내부나 외부에 분산된 여러 데이터 소스로부터 필요로 하는 데이터를 검색하여 수동 혹은 자동으로 수집하는 과정과 관련된 기술에 해당하지 않는 것은?

① ETL(Extraction, Transformation, Loading)

② 로그 수집기

③ 맵리듀스(MapReduce)

④ 크롤링(crawling)

10 기계학습(machine learning)에 대한 설명으로 옳지 <u>않은</u> 것은?

① 강화학습은 기계가 환경과 상호작용하면서 시행착오 과정에서의 보상을 통해 학습을 수행한다.

② 기계학습 모델의 성능 기준으로 사용되는 F1 점수(score)는 정밀도 (precision)와 검출률(recall)을 동시에 고려한 조화평균 값이다.

③ 치매 환자의 뇌 영상 분류를 위해서 기존에 잘 만들어진 영상 분류 모델에 새로운 종류의 뇌 영상 데이터를 확장하여 학습시키는 방법은 전이학습(transfer learning)의 예이다.

④ 비지도 학습은 라벨(label) 정보를 포함하고 있는 훈련 데이터를 사용하며, 주가나 환율 변화, 유가 예측 등의 회귀(regression) 문제에 적용된다.

11
ER 다이어그램을 관계형 스키마로 변환 시 관계 유형에 따라 스키마의 구성이 달라진다.
- 1:1 관계 : 두 개체 중 어느 한쪽의 기본키를 다른 개체의 외래키로 추가한다.
- 1:N 관계 : 1쪽의 기본키를 N쪽 개체의 외래키로 추가한다.
- M:N 관계 : 각 개체는 스키마로 변환하고, 관계도 개체처럼 새로운 스키마로 구성한다. 새로운 스키마는 두 개체의 기본키를 이용해 기본키를 만든다.
  문제에서는 N:1 관계로 1쪽의 공장 개체의 기본키 공장명을 N쪽의 판매처 개체의 외래키로 추가한다. 또한 관계의 속성 수량도 포함시킨다.
- 판매처(판매처번호, 담당자, 공장명, 수량)
- 공장(공장명, 단가)

12
ㄱ. 로크(lock)는 트랜잭션의 병행제어에 쓰인다. (○)
ㄴ. 해당 트랜잭션 종료전에 다른 트랜잭션을 위해 unlock 연산을 실행해야 한다. (○)
ㄷ. 로킹 단위가 작을수록 로크의 수가 많아져 관리는 복잡해지지만 작은 단위로 제어가 가능하므로 병행성 수준은 높아진다. (○)
ㄹ. 2단계 로킹 규약 적용 시 직렬가능성(= 병행성)은 보장되지만 교착상태가 발생한다. (×)

---

11 다음 E-R 다이어그램을 관계형 스키마로 올바르게 변환한 것은? (단, 속성명의 밑줄은 해당 속성이 기본키임을 의미한다.)

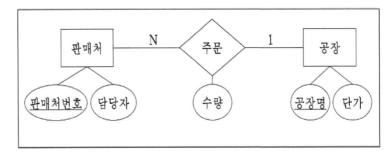

① 판매처(판매처번호, 담당자)
　 공장(공장명, 단가, 판매처번호, 수량)
② 판매처(판매처번호, 담당자, 공장명, 수량)
　 공장(공장명, 단가)
③ 판매처(판매처번호, 담당자)
　 주문(판매처번호, 수량)
　 공장(공장명, 단가)
④ 판매처(판매처번호, 담당자)
　 주문(공장명, 수량)
　 공장(공장명, 단가)

12 데이터베이스 상의 병행제어를 위한 로킹(locking) 기법에 대한 〈보기〉의 설명 중 옳은 것의 총 개수는?

> **보기**
> ㄱ. 로크(lock)는 하나의 트랜잭션이 데이터를 접근하는 동안 다른 트랜잭션이 그 데이터를 접근할 수 없도록 제어하는 데 쓰인다.
> ㄴ. 트랜잭션이 로크한 데이터에 대해서는 해당 트랜잭션이 종료되기 전에 해당 데이터에 대한 언로크(unlock)를 실행하여야 한다.
> ㄷ. 로킹의 단위가 작아질수록 로크의 수가 많아서 관리가 복잡해지지만 병행성 수준은 높아지는 장점이 있다.
> ㄹ. 2단계 로킹 규약을 적용하면 트랜잭션의 직렬 가능성을 보장할 수 있어서 교착상태 발생을 예방할 수 있다.

① 1개　　　② 2개　　　③ 3개　　　④ 4개

13 기능점수에 대한 〈보기〉의 설명 중 옳은 것의 총 개수는?

> **보기**
>
> ㄱ. 소프트웨어가 사용자에게 제공하는 기능의 수를 수치로 정량화하여 소프트웨어의 규모를 산정하는데 주로 사용한다.
> ㄴ. 트랜잭션의 기능을 측정하기 위한 기준으로 내부 입력, 내부 출력, 내부 조회가 있다.
> ㄷ. 응용 패키지의 규모 산정, 소프트웨어의 품질 및 생산성 분석, 소프트웨어 개발과 유지보수를 위한 비용 및 소요 자원 산정 등에 사용할 수 있다.
> ㄹ. 기능점수 산출 시 적용되는 조정 인자는 시스템의 특성을 반영하지 않는다.

① 1개   ② 2개   ③ 3개   ④ 4개

14 소프트웨어 테스트에 대한 설명으로 옳지 <u>않은</u> 것은?

① 통합 테스트는 단위 테스트가 끝난 모듈들을 통합하여 모듈 간의 인터페이스 관련 오류가 있는지를 찾는 검사이다.
② 테스트의 목적은 소프트웨어 요구사항의 만족도 및 예상 결과와 실제 결과의 차이점을 파악함으로써 소프트웨어의 오류를 찾아내는 것이다.
③ 화이트 박스 테스트는 프로그램 원시 코드의 논리적 구조를 체계적으로 점검하며, 프로그램 구조에 의거하여 검사한다.
④ 블랙박스 테스트에는 기초경로(basic path), 조건기준(condition coverage), 루프(loop)검사, 논리위주(logic driven)검사 등이 있다.

15 컴퓨터 메모리 용량이 8K×32Bit라 하면, MAR (Memory Address Register)과 MBR(Memory Buffer Register)은 각각 몇 비트인가?

① MAR: 8   MBR: 32
② MAR: 32   MBR: 8
③ MAR: 13   MBR: 8
④ MAR: 13   MBR: 32

이해팍팍!
술술 풀리는 해설

13
ㄴ. 트랜잭션의 기능을 측정하기 위한 기준으로 외부입력, 외부 출력, 외부 조회가 있다.
ㄹ. 기능점수 산출 시 적용되는 조정 인자는 시스템의 성능 및 운영환경 등 시스템의 특성을 반영한다.

14
기초경로, 조건기준, 루프검사, 논리위주 검사는 화이트박스 테스트에 해당된다

15
메모리 용량 = 주소수×워드크기
= 8K×32Bit에서
1) 주소수는 MAR의 크기와 관련 있다. MAR 크기가 k Bit라면 주소수는 2^k개다.
따라서 주소수 8K=$2^3 \cdot 2^{10} = 2^{13}$에서 MAR 크기는 13bit이다.
2) 워드크기는 MBR의 크기와 동일하다. 워드크기가 32Bit이므로 MBR크기도 32Bit이다.
우편금지물품을 우편물로서 발송한 자는 2년 이하의 징역 또는 2천만 원 이하의 벌금에 처하고 그 물건을 몰수한다.

13 ②   **14** ④   **15** ④

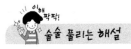

16

RAID 3에서는 별도의 패리티 디스크를 이용해 오류 검사를 수행하지만 쓰기 동작 시 패리티 비트 또한 변경, 갱신해야 하므로 시간 지연이 발생한다.

17

[A6] 셀 : = HLOOKUP(11, B1:D5, 3)은 행참조 함수로 [B1:D5] 범위의 첫 번째 행 [B1:D1]에서 11과 근사한 값 100이 위치하는 열(B열)을 찾고, 이 B열에서 3번째 행의 값 20원을 참조한다.

[A7] 셀 : = VLOOKUP("나", A2:D5, 4, TRUE)은 열 참조 함수로 [A2:D5] 범위의 첫 번째 열 [A2:A5]에서 "나"와 일치하는 값의 행(3행)을 찾고, 이 3행에서 4번째 열값을 참조하면 100원이 된다.

---

16 RAID(Redundant Array of Inexpensive Disks)에 대한 설명으로 옳지 않은 것은?

① RAID 1은 디스크 미러링(disk mirroring) 방식으로, 디스크 오류 시 데이터 복구가
가능하지만 디스크 용량의 효율성이 떨어진다.

② RAID 3은 데이터를 비트 또는 바이트 단위로 여러 디스크에 분할 저장하는 방식으로, 디스크 접근 속도가 향상되지는 않지만 쓰기 동작 시 시간 지연이 발생하지 않는다.

③ RAID 4는 데이터를 블록 단위로 여러 디스크에 분할 저장하는 방식으로, 오류의 검출 및 정정을 위해 별도의 패리티 비트를 사용한다.

④ RAID 5는 패리티 블록들을 여러 디스크에 분산 저장하는 방식으로, 단일 오류 검출 및 정정이 가능하다.

17 다음 워크시트의 [A6]셀과 [A7]셀에 아래와 같이 입력하였다. [A6]과 [A7]의 결과값을 순서대로 바르게 나타낸 것은?

> [A6] 셀 : =HLOOKUP(11, B1:D5, 3)
> [A7] 셀 : =VLOOKUP("나", A2:D5, 4, TRUE)

	A	B	C	D
1		10	20	30
2	가	10원	50원	90원
3	나	20원	60원	100원
4	다	30원	70원	110원
5	라	40원	80원	120원

① 20원,　　100원
② 20원,　　120원
③ 60원,　　100원
④ 60원,　　120원

16 ② 17 ①

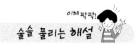

18 프로그래밍 언어 번역 프로그램에 대한 설명으로 옳지 <u>않은</u> 것은?

① 인터프리터(interpreter)는 고급언어로 작성된 원시 프로그램을 함수 단위로 읽어 기계어로 번역하는 프로그램이다.

② 컴파일러(compiler)는 고급언어로 작성된 원시 프로그램을 기계어나 어셈블리어로 된 목적 프로그램으로 바꾸는 프로그램이다.

③ 어셈블러(assembler)는 어셈블리어로 작성된 원시 프로그램을 기계어로 번역하는 프로그램이다.

④ 프리프로세서(preprocessor)는 컴파일러가 컴파일을 수행하기 전에 원시 프로그램의 내용을 변경하는 것이다.

19 다음 글에서 밑줄 친 부분이 문법상 옳지 <u>않은</u> 것은?

> The major source of anger is frustration. If one wants to go somewhere, perform some act, or ① <u>obtain</u> something and is prevented, we say that person is frustrated. One of the basic tenets ② <u>is</u> that frustration tends to arouse aggressive feelings. The behavioral effects of frustration were demonstrated in a classic study. Children were shown a room full of attractive toys but were not allowed to enter it.
>
> They stood outside looking at the toys, wanting to play with them, but were unable to reach them. After they had waited for some time, they were allowed to play with them.
>
> Other children were given the toys without first ③ <u>being</u> prevented from playing with them.
>
> The children who had been frustrated smashed the toys on the floor, threw them against the wall, and generally behaved very ④ <u>destructive</u>

18
인터프리터(interpreter)는 고급언어로 작성된 원시 프로그램을 기계어 번역 없이 행 단위로 읽고 직접 실행한다.

19
[해석] 분노의 주요 원인은 좌절이다. 어딘가에 가거나, 어떤 행동을 하거나, 또는 무엇인가를 얻기를 원하고, 방해를 받으면, 우리는 그 사람이 좌절했다고 말한다.
기본 교리 중 하나는 좌절이 공격적인 감정을 일으키는 경향이 있다는 것이다. 좌절의 행동 영향은 고전적인 연구에서 입증되었다. 아이들은 매력적인 장난감으로 가득 찬 방을 보여주었지만 들어갈 수 없었다.
그들은 밖에 서서 장난감을 바라보고, 장난감을 갖고 놀고 싶었지만 손을 닿는 것이 불가능했다. 그들은 얼마 동안 기다린 후에 장난감을 갖고 노는 것이 허락되었다. 다른 아이들은 처음부터 장난감을 가지고 노는 것을 방해받지 않고 장난감이 주어졌다. 좌절감을 느꼈던 아이들은 장난감을 바닥에 부수고 벽에 던지고 일반적으로 매우 파괴적인 행동을 했다.
[해설]
④ behaved는 자동사 이므로 목적어로 형용사는 올 수 없고 동사를 수식하는 부사 destructively로 써야 한다.
① obtain: 등위접속사 or을 통한 연결로, 동사원형을 쓴 것이 맞다. (~wants to go, (to) perform or (to) obtain
② 주어가 one(단수)이므로 동사는 is를 써야 한다.
③ '아이들이 방해받는다'는 수동표현이므로 be+prevented형태로 사용되었으며, 전치사without의 목적어이므로 동명사형태인 being으로 써야 한다.

18 ① 19 ④

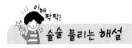

20 다음 글의 빈칸 (A), (B)에 들어갈 말로 가장 적절한 것은?

Related to the question of revealing persuasive intent is the question of whether a speaker should state conclusions clearly or leave them implied for the audience to discover.
Intuitively, we recognize that individuals may more readily embrace their own conclusions than they do those offered by others. For example, psychiatrists prefer to let their patients discover the causes of their mental condition for themselves rather than tell them (A) . Consequently, speakers may think it wise to merely imply their claims and let listeners draw their own conclusions, especially when source credibility is not high. Such a strategy is dangerous, however, particularly if the audience lacks intelligence or is highly opinionated, because they may draw an incorrect conclusion or distort the speaker's point.
The safer approach is to state conclusions (B) .

	(A)	(B)
①	directly	explicitly
②	directly	implicitly
③	indirectly	explicitly
④	indirectly	implicitly

제2편

과목별 기출문제

우편 및 금융상식
컴퓨터 일반

우편 및 금융상식

01

우편법시행규칙 제25조제1항제18호(회신우편)에 대한 설명이다.

※부가취급서비스의 부가취급수수료

부가취급서비스	수수료	비고
회신우편	1,500원	일반형 및 맞춤형 계약등기
본인지정배달	1,000원	
착불배달	500원	
우편주소 정보제공	1,000원	
반송수수료 사전납부	반송수수료 × 반송률	일반형 계약등기

02

③ 민원우편은 발송할 때의 취급요금(우편요금 + 등기취급수수료 + 익일특급 수수료)과회송할 때의 취급요금(50g 규격요금 + 등기취급수수료 + 익일특급수수료)을 합하여 접수 시에 선납한다.

※23년 학습교재에서 발송할 때의 취급요금(우편요금+등기취급수수료+**부가취급수수료**) 24년 학습교재에서 발송할 때의 취급요금(우편요금+등기취급수수료+**익일특급수수료**)로 수정되어 ③예문을 24년 학습교재에 맞추어 수정함

① 특별송달 우편물에 첨부된 우편송달통지서 용지의 무게는 우편물의 무게에 합산한다.

② 민원우편 발송 시 우정사업본부에서 발행한 민원우편 취급용 봉투(발송용, 회송용)를 사용해야 한다.

④ 착불배달 우편물이 수취인 불명, 수취거절 등으로 반송되는 경우 발송인에게 우편요금 및 반송수수료를 징수한다. 다만, 맞춤형 계약등기는 우편요금(표준요금 + **중량구간별 요금**)만 징수한다.

---

01 계약등기 우편물의 부가취급 서비스에 대한 설명이다. 수수료로 옳은 것은?

> **보기**
>
> 등기취급을 전제로 우체국과 발송인과 별도의 계약에 따라 수취인을 직접 만나서 우편물을 배달하면서 서명이나 도장을 받는 등 응답이 필요한 하는 사항을 받거나 서류를 넘겨받아 발송인이나 발송인이 지정하는 자에게 회신하는 부가취급제도

① 500원 ② 1,000원
③ 1,500원 ④ 2,000원

02 등기우편물의 부가취급에 대한 설명으로 옳은 것은?

① 특별송달 우편물에 첨부된 우편송달통지서 용지의 무게는 우편물의 무게에 포함되지 않는다.

② 민원우편 발송 시 우정사업본부에서 발행한 취급용 봉투를 사용하지 않아도 된다.

③ 민원우편은 발송할 때의 취급요금(우편요금+등기취급 수수료+익일특급 수수료)과 회송할 때의 취급요금(50g 규격요금+등기취급 수수료+익일특급 수수료)을 합하여 미리 받는다.

④ 착불배달 우편물이 반송된 경우, 발송인은 착불요금과 반송수수료를 납부해야 한다.

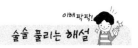

03 소포우편물의 감액에 대한 설명으로 옳은 것의 총 개수는?

보기

ㄱ. 감액대상은 창구접수 소포우편물(일반소포 및 등기소포)과 방문접수 소포우편물이다.

ㄴ. 우체국 창구접수의 경우, 모바일·인터넷우체국 사전접수를 통해 접수정보를 연계한 경우에만 감액대상이 된다.

ㄷ. 요금후납의 방법으로 우체국 창구에 100개 접수한 경우, 5% 금액을 할인받을 수 있다.

ㄹ. 방문접수의 경우, 최소 3개 이상 발송하여야 개당 500원 할인받을 수 있다.

① 1개   ② 2개   ③ 3개   ④ 4개

04 특급취급에 관한 설명으로 옳은 것의 총 개수는?

보기

ㄱ. 익일특급우편물의 제주선편 배달기한은 D+2일이다.

ㄴ. 국제특급(EMS)우편물의 지연배달은 포스트넷에서 검색한 배달소요기간으로부터 48시간 이상 배달이 지연된 경우이다.

ㄷ. 익일특급 취급지역은 우정사업본부장이 고시한다.

ㄹ. 통상우편물(등기포함)의 배달기한은 접수한 날부터 3일 이내이다.

① 1개   ② 2개   ③ 3개   ④ 4개

05 등기취급 우편물 배달에 대한 설명으로 옳지 않은 것은?

① 같은 건축물 및 같은 구내의 관리사무소, 접수처, 관리인도 정당 수령인이 될 수 있다.

② 우편물 수취인의 진위를 주민등록증 등 필요한 증명으로 반드시 확인하고 배달하여야 한다.

③ 통화등기우편물은 수취인으로 하여금 집배원이 보는 앞에서 내용금액을 표기금액과 서로 비교 확인하게 한 후에 배달하여야 한다.

④ 물품등기우편물은 집배원이 우편물 내용을 확인하지 않고 수취인에게 봉투와 포장 상태의 이상유무만 확인하게 한 후에 배달하여야 한다.

술술 풀리는 해설

03

ㄱ. 창구접수시에는 소포우편물 중 등기소포만 감액대상이며 일반소포는 감액대상이 아니다. (×)

ㄴ. 창구접수 감액은 접수정보(주소록 등)를 고객이 사전에 제공(모바일·인터넷 우체국 등)시에만 적용한다(○)

ㄷ. 10%의 금액을 할인받을 수 있다. (×)

ㄹ. 방문접수시 할인의 경우, 최소물량에 대해서 지정된 바가 없다. (×)

구 분		3%	5%	10%	15%
창구접수	요금즉납	1 ~ 2개	3개 이상	10개 이상	50개 이상
	요금후납	–	70개 이상	100개 이상	130개 이상
방문접수	접수정보 사전 연계	개당 500원 감액 (접수정보 입력, 사전결제, 픽업장소 지정 시)			

04 당일특급 폐지로 문제를 수정함

ㄱ. (○)

ㄴ. (○)

ㄷ. 익일특급 취급지역은 관할 지방우정청장이 고시한다. (×)

ㄹ. 통상우편물(등기포함), 일반소포의 배달기한은 접수한 다음날부터 3일 이내이다. (×)

05

② 우편관서는 우편물 수취인의 진위를 확인하기 위하여 수취인에 대하여 필요한 증명을 요구할 수 있다.(우편법 제33조), 반드시 확인하고 배달하여야 하는 것은 아니다.

03 ① 04 ② 05 ②

술술 풀리는 해설

06
③ 우편법 제54조
① 1년 이하의 징역 또는 1천만원 이하의 벌금에 처한다.(우편법 제50조)
② 3년 이하의 징역 또는 3천만원 이하의 벌금에 처한다.(우편법 제48조제1항)
④ 2년이하의 징역 또는 2천만 원 이하의 벌금에 처하고 그 물건을 몰수한다.(우편법 제52조)

07
계약국제특급우편의 취급요건과 감액요건
• 월 50만원을 초과하여 EMS를 발송하는 고객이 계약을 맺을 수 있으며, 월간 이용 금액에 따라 4%에서 최대 18%까지 할인
• 계약특급의 18%이상 감액률은 우정사업본부장의 승인 후 적용함
※ 23년 학습서에서 지방우정청장 승인에서 우정사업본부장 승인으로 개정됨에 유의

08
① 청구권자
• 분실된 경우: 발송인
• 파손된 경우: 발송인이나 수취인
② 제3국에서도 청구가 가능하다.
③ 청구기한은 발송한 날의 다음 날부터 계산하여 6개월이다.
④ 보통통상우편물은 청구대상 우편물이 아니다.

---

06 우편법 위반에 대한 벌칙 설명으로 옳은 것은?

① 우편업무에 종사하는 자가 정당한 사유 없이 우편물의 취급을 거부하거나 이를 고의로 지연시키게 한 경우에는 1년 이하의 징역 또는 5백만 원 이하의 벌금에 처한다.
② 우편관서 및 서신송달업자가 취급 중인 우편물 또는 서신을 정당한 사유 없이 개봉, 훼손, 은닉 또는 방기하거나 고의로 수취인이 아닌 자에게 내준 자는 2년 이하의 징역 또는 2천만 원 이하의 벌금에 처한다.
③ 소인이 되지 아니한 우표를 떼어낸 자는 1년 이하의 징역 또는 1천만 원 이하의 벌금에 처한다.
④ 우편금지물품을 우편물로 발송한 자는 1년 이하의 징역 또는 1천만 원 이하의 벌금에 처하고 그 물건을 몰수한다.

07 국제특급우편(EMS) 요금감액 대상 요건 중 (   )에 들어갈 내용으로 옳은 것은?

> **보 기**
>
> 계약국제특급우편 이용자가 1개월에 (㉠)만원을 초과하여 EMS 우편물을 발송하는 경우에 적용한다. 단, (㉡)% 이상 감액률은 우정사업본부장이 승인한 후 적용한다.

	㉠	㉡			㉠	㉡
①	30	16		②	30	18
③	50	16		④	50	18

08 국제우편 행방조사 청구에 대한 설명으로 옳은 것은?

① 우편물 분실의 경우에는 발송인만 청구가 가능하다.
② 발송국가와 도착국가(배달국가)에서만 청구가 가능하다.
③ 청구기한은 우편물을 발송한 날부터 계산하여 6개월이다.
④ 청구대상 우편물은 보통통상우편물, 등기우편물, 소포우편물, 국제특급우편물이다.

---

06 ③   **07** ④   **08** ①

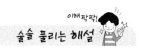

09 국제우편 요금별납 및 요금후납 제도에 대한 설명으로 옳은 것은?

① 국제우편 요금별납 및 요금후납은 우편취급국을 포함한 모든 우체국에서 접수가 가능하다.

② 국제우편 요금후납은 동일인이 동일 우편물을 매월 10통 이상 발송하는 국제통상우편물 및 국제소포우편물을 대상으로 한다.

③ 요금별납 및 요금후납 우편물에는 우편날짜도장 날인을 생략한다.

④ 접수된 요금후납 우편물은 별도 우편자루 체결·발송을 원칙으로 한다. 다만, 물량이 적을 경우에는 단단히 묶어서 다른 우편물과 함께 발송한다.

해설 요금별납 및 요금후납

구분	국내		국제	
	요금 별납	요금 후납	요금 별납	요금 후납
취급 우체국	관할 지방우정청장이 별납우편물을 접수할 수 있도록 정한 우체국이나 우편취급국	1) 우편물을 발송할 우체국 또는 배달할 우체국 2) 우편취급국은 총괄우체국장의 사전 승인을 받은 후 이용 가능	우편취급국을 제외한 모든 우체국	후납계약을 맺은 우체국에서 발송 (우편취급국 포함)
취급 요건	• 10통 이상의 통상우편물이나 소포우편물 • 동일한 10통 이상의 우편물에 중량이 다른 1통의 우편물이 추가되는 경우에도 별납으로 접수가 가능하다	1) 한 사람이 매월 100통 이상 발송하는 통상우편물, 소포우편물 2) 모사전송(팩스)우편물, 전자우편 3) 우편요금표시기 사용 우편물 4) 우편요금 수취인부담 우편물 5) 반환우편물 중에서 요금후납으로 발송한 등기우편물 6) 발송우체국장이 정한 조건에 맞는 국가 또는 지방자치단체 우편물 7) 우체통에서 발견된 습득물 중 우편물에서 이탈된 것으로 인정되지 않는 주민등록증	가)통상우편물: 10통 이상 ※우편물의 종별, 무게, 우편요금 등이 같고 한사람이 한 번에 발송하는 우편물 나)국제특급우편물과 소포우편물의 우편요금은 현금과 신용카드(혹은 체크카드)로 결제하므로 별납취급에 특별한 요건이 없음	한사람(후납승인을 받은 사람)이 매월 100통 이상 발송하는 통상 및 국제 소포우편물
우편날짜도장 생략	원칙적으로 우편날짜도장을 찍지 않는다	우표의 소인 절차를 생략할 수 있다	우편날짜도장의 날인은 생략	

09

① 국제우편 요금별납의 취급우체국 : 우편취급국을 제외한 모든 우체국
국제우편 요금후납의 취급우체국 : 후납계약을 맺은 우체국에서 발송(우편취급국 포함)

② 국제우편 요금후납의 취급대상물 : 동일인이 매월 100통 이상 발송하는 국제통상우편 및 국제소포우편물

④ 국제우편요금 별납에 관한 설명이다.
즉, 접수된 우편물은 국제우편물류센터나 부산국제우체국 앞으로 별도 우편자루 체결·발송을 원칙으로 함.

09 ③

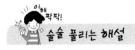
해설

10

① 법인의 우체국 체크카드 월 사용한도는 기본 한도 2천만 원, 최대 한도 3억 원이다.

② Biz플러스 체크카드는 마트, 주유소, 신차구매 등 개인사업자 및 소상공인을 위한 맞춤형 혜택을 제공하는 카드이다. 0.3% 포인트적립 은 다드림카드, 개이득카드이다.

③ 라이프플러스 체크카드의 교통기능은 없다. 일반 카드일 경우에는 선불, 하이브리드 카드 일 경우에는 후불 적용카드는 행복한카드, 뜨림카드, 어디서나 카드이다.

④ 옳은 설명이다.

11

① 「우체국예금 · 보험에 관한 법률」제18조제1 항제6호에 따라 취득할 수 있는 업무용부동 산의 범위
   1. 영업시설(연면적의 100분의 10 이상을 우정 사업에 직접 사용하는 시설만 해당한다)
   2. 연수시설
   3. 복리후생시설
   4. 제1호부터 제3호까지의 용도로 사용할 토 지 · 건물 및 그 부대시설

② 개인 신용대출 등의 방법으로도 운용할 수 없다.(법 제18조)

③ 우체국은 예금보험공사에 의한 예금자보호 대상 금융기관이 아니고, 국가가 전액 보상한 다. (법 제4조)

④ 장내파생상품을 거래하기 위한 위탁증거금 총액은 예금자금 총액의 100분의 1.5 이내로 한다.

10 우체국 체크카드에 대한 설명으로 옳은 것은?

① 법인의 우체국 체크카드 월 사용한도는 기본 한도 1억 원, 최대 한도 3억 원이다.

② Biz플러스 체크카드는 신차 구매, 전 가맹점 0.3% 포인트 적립 등 개 인사업자 및 소상공인을 위한 맞춤형 혜택을 제공하는 카드이다.

③ 라이프플러스 체크카드의 교통기능은 일반 카드일 경우에는 선불, 하 이브리드 카드일 경우에는 후불 적용된다.

④ 우체국 체크카드는 카드 유효기간의 만료 또는 회원 본인이 사망하거 나 피성년후견인 · 피한정후견인으로 우체국에 신고 등록된 경우, 효 력이 상실된다.

11 「우체국예금 · 보험에 관한 법률」과 동법 시행령 · 시행규칙에 관한 내 용으로 옳은 것은?

① 연 면적의 100분의 20을 우정사업에 직접 사용하고 나머지는 영업시 설로 임대하고자 하는 업무용 부동산은 우체국 예금자금으로 취득할 수 있다.

② 우체국 예금자금은 금융기관 또는 재정자금에 예탁하거나 1인당 2천 만 원 이내의 개인 신용대출 등의 방법으로도 운용한다.

③ 우체국은 예금보험공사에 의한 예금자보호 대상 금융기관의 하나이지 만, 특별법인 이 법에 의해 우체국예금(이자 포함)과 우체국보험계약 에 따른 보험금 등 전액에 대하여 국가가 지급 책임을 진다.

④ 우체국 예금자금으로 「자본시장과 금융투자업에 관한 법률」에 따른 파생상품 거래 시 장내파생상품 거래를 위한 위탁증거금 총액은 예금 자금 총액의 100분의 20 이내로 한다.

해설 우체국 예금자금의 운용 및 증권매입비율(2024.2.9시행법 기준)

예금자금의 운용(법 제18조)	증권매입비율(시행규칙 제15조의2)
1. 금융기관에 예탁(預託)	
2. 재정자금에 예탁	
3. 「자본시장과 금융투자업에 관한 법률」에 따른 증권의 매매 및 대여	지분증권의 취득가액 총액을 예금자금 총액의 100분의 20 이내로 한다.
4. 「자본시장과 금융투자업에 관한 법률」에 따른 자금중개회사를 통한 금융기관에 대여	금융기관에의 대여금액 총액은 예금자금 총액의 100분의 5 이내로 한다.
5. 「자본시장과 금융투자업에 관한 법률」에 따른 파생상품의 거래	장내파생상품을 거래하기 위한 위탁증거금 총액은 예금자금 총액의 100분의 1.5 이내로 한다. 장외파생상품을 거래하기 위한 기초자산의 취득가액 총액은 예금자금 총액의 100분의 20 이내로 한다.
6. 대통령령으로 정하는 업무용 부동산의 취득 · 처분 및 임대	업무용 부동산의 보유한도는 자기자본의 100분의 60 이내로 한다.

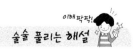

12 우체국 예금상품에 대한 설명으로 옳은 것을 모두 고른 것은?

> **보기**
>
> ㄱ. e-Postbank정기예금은 자동이체 약정, 체크카드 이용실적, 자동재예치 실적에 따라 우대금리를 제공한다.
> ㄴ. 「중소기업협동조합법」에서 정하는 소기업·소상공인 공제금 수급자는 우체국 행복지킴이통장 가입 대상이다.
> ㄷ. 입양자는 이웃사랑정기예금과 우체국 새출발자유적금 패키지 중 새출발 행복 상품에 가입할 수 있다.
> ㄹ. 우체국 하도급지킴이통장은 공사대금 및 입금이 하도급자와 근로자에게 기간 내 집행될 수 있도록 관리, 감독하기 위한 압류방지 전용 통장이다.

① ㄱ, ㄴ   ② ㄱ, ㄹ
③ ㄴ, ㄷ   ④ ㄷ, ㄹ

13 주식투자 및 채권투자의 주요 내용에 대한 설명으로 옳은 것을 모두 고른 것은?

> **보기**
>
> ㄱ. 신종자본증권은 대부분 발행 후 5년이 지나면 투자자가 채권에 대해 상환을 요구할 수 있는 풋옵션이 부여되어 있다.
> ㄴ. 채권의 가격은 시장금리 및 발행기관의 신용 변화에 영향을 받아 변동하게 되며, 다른 요인들이 모두 동일하다면 채권은 잔존기간이 짧아질수록 가격의 변동성이 증가한다.
> ㄷ. 유상증자는 기업의 재무구조를 개선하고 타인자본에 대한 의존도를 낮출 수 있는 반면, 무상증자는 회사와 주주의 실질재산에는 변동이 없다. 유·무상증자 권리락일에는 신주인수권 가치만큼 기준 주가가 하락한 상태에서 시작하게 된다.
> ㄹ. 2021.3.9.(화)에 유가증권시장에서 매입한 주식(전일종가 75,000원)의 당일 중 최소 호가 단위는 100원이며, 주중에 다른 휴장일이 없다면 2021.3.11.(목) 개장 시점에 증권계좌에서 매입대금은 출금되고 주식은 입고된다.

① ㄱ, ㄴ   ② ㄱ, ㄹ
③ ㄴ, ㄷ   ④ ㄷ, ㄹ

술술 풀리는 해설

12
ㄱ. e-Postbank는 온라인 예·적금 가입, 자동이체 약정, 체크카드 이용실적(자동재예치 실적×)에 따라 우대금리를 제공한다. (×)
ㄴ. 행복지킴이통장 가입대상 (○)
· 기초생활 수급자 · 기초(노령)연금 수급자
· 장애인연금수급자 · 장애(아동)수당 수급자
· 한부모가족지원 보호대상자
· 요양비등 보험급여수급자 · 긴급지원 대상자
· 어선원보험의 보험급여 지급대상자
· 특별현금급여비 수급자
· 건설근로자 퇴직공제금 수급자
· 아동수당, 영아수당 수급자
· 소기업·소상공인 공제금 수급자
· 자립수당 수급자 · 의료급여 수급자
· 재난적의료비 지원금액 수급자
· 자동차 사고 피해지원금 수급자
ㄷ. 우체국 새출발자유적금 (○)

이웃사랑 정기예금	새출발희망	새출발행복
기초생활수급자, 장애인, 한부모가족, 소년소녀가정, 조손가정, 다문화가정 등 사회소외계층과 장기기증희망등록자, 골수기증희망등록자, 헌혈자, 입양자 등 사랑나눔 실천자 및 농어촌 지역(읍·면단위)지역 거주자, 주민	기초생활수급자, 근로장려금수급자, 장애인 연금·장애수당·장애아동수당수급자, 한부모가족지원보호대상자, 소년소녀 가장, 북한이탈주민, 결혼이민자	헌혈자, 입양자, 장기·골수 기증자, 다자녀가정, 부모봉양자, 농어촌 읍면 단위 거주자, 신용평점 상위 92% 초과 개인 협동조합종사자, 소상공인

ㄹ. 하도급지킴이통장은 압류방지 대상이 아니다. (×)

13
ㄱ. 신종자본증권은 투자자가 채권에 대해 상환을 요구할 수 있는 콜옵션이 부여되어 있다. (×)
ㄴ. 채권의 잔존기간이 짧아질수록 가격의 변동성은 감소한다. (×)
ㄷ. (○)
ㄹ. 거래일을 포함하여 3영업일 후 주식이 입고되며 50,000원 이상, 100,000원 미만인 경우 최소호가단위는 100원이다. (○)

12 ③ 13 ④

14

①, ② 3이원방식에 대한 내용이다.
④ 계리적 가정에는 위험률, 해지율, 손해율, 사업비용 등이 있다.

15

ㄹ. 의료급여 수급권자 실손의료비보험의 보험료를 할인 : 5%
ㄷ. **B형 간염 항체보유 할인**: 피보험자가 B형 간염 항체보유 시 영업보험료의 3%를 할인
3종(실비형) 건강체 할인 : 고혈압과 당뇨병이 모두 없을 때 영업보험료의 5%를 할인
ㄱ. 101인 이상 단체납입할인 2%

피보험자 수	5인~20인	21인~100인	101인 이상
할인율	1%	1.5%	2.0%

ㄴ. 고액계약(2천~3천만 원 미만) 보험료 할인 1% (2024년 학습교재 할인율 변경)

보험 가입금액	2천~3천미만	3천~4천미만	4천 이상
할인율	1%	2.0%	3.0%

14 보험료를 계산하는 현금흐름방식에 대한 설명으로 옳은 것은?

① 보수적 표준기초율을 일괄적으로 가정하여 적용한다.
② 보험료 산출이 비교적 간단하고 기초율 예측 부담이 경감되는 장점이 있다.
③ 상품개발 시 수익성 분석을 동시에 할 수 있으며 상품개발 후 리스크 관리가 용이한 방식이다.
④ 3이원(利原)을 포함한 다양한 기초율을 가정하며, 계리적 가정에는 위험률, 해지율, 손해율, 적립이율 등이 있다.

해설 3이원방식과 현금흐름방식 비교

구 분	3이원방식	현금흐름방식
기초율 가정	• 3이원 (위험률, 이자율, 사업비율)	• 3이원 포함 다양한 기초율 － 경제적 가정 : 투자수익률, 할인율, 적립이율 등 － 계리적 가정 : 위험률, 해지율, 손해율, 사업비용 등
기초율 가정적용	• 보수적 표준기초율 일괄 가정 • 기대이익 내재	• 각 보험회사별 최적가정 • 기대이익 별도 구분
장점	• 보험료 산출이 비교적 간단 • 기초율 예측 부담 경감	• 상품개발 시 수익성 분석을 동시에 할 수 있으며 상품개발 후 리스크 관리 용이 • 새로운 가격요소 적용으로 정교한 보험료 산출 가능
단점	• 상품개발 시 별도의 수익성 분석 필요 • 상품개발 후 리스크 관리 어려움	• 정교한 기초율 예측 부담 • 산출방법이 복잡하고, 전산시스템 관련 비용이 많음

15 보험료 할인율이 높은 순서부터 바르게 나열한 것은?

보 기

ㄱ. 피보험자 300명이 단체로 무배당 win-win단체플랜보험 2109에 가입
ㄴ. 주계약 보험가입금액 2,500만 원을 무배당 우체국통합건강보험 2109에 가입
ㄷ. B형 간염 항체 보유자인 피보험자가 무배당 우리가족암보험 2109 일반형[1종(갱신형)]에 가입
ㄹ. 의료급여 수급권자인 피보험자가 무배당 우체국급여실손의료비보험 (계약전환·단체개인전환·개인중지재개용)(갱신형)2109에 가입

① ㄱ-ㄹ-ㄴ-ㄷ
② ㄱ-ㄹ-ㄷ-ㄴ
③ ㄹ-ㄱ-ㄴ-ㄷ
④ ㄹ-ㄷ-ㄱ-ㄴ

14 ③ **15** ④

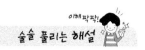

16 우체국 보험상품에 대한 설명으로 옳은 것은?

① 무배당 우체국안전벨트보험 2109의 보험료는 성별에 따른 차이는 없으나 연령별로 차이가 있다.

② 우체국연금저축보험 2109의 경우, 연금 지급구분에는 종신연금형, 상속연금형, 확정기간연금형, 더블연금형이 있다.

③ 무배당 우체국요양보험 2109에 가입한 피보험자가 장기요양 3등급 진단을 받은 경우, 사망보험금 일부를 선지급 받을 수 있다.

④ 무배당 우체국New100세건강보험 2203에 가입한 피보험자가 '국민체력 100' 체력인증을 받은 경우, 보험료 일부를 지원받을 수 있다.

17 40세인 A씨의 우체국연금저축보험 2109 가입 현황이 〈보기〉와 같을 때 연금수령 1차년도 산출세액(지방소득세 포함)으로 옳은 것은?

> **보기**
>
> • 연금 지급구분: 종신연금형
> • 연금수령 개시 나이: 만 55세
> • 연금수령한도 이내 연금수령액: 1,200,000원
> • 연금수령한도 초과 연금수령액: 1,000,000원
>
> (단, 납입보험료 전액을 세액공제 받았으며, 의료목적 또는 부득이한 사유로 인한 연금수령액 및 다른 연금소득은 없는 것으로 한다.)
>
> 〈적용세율〉

연금소득세율(지방소득세 포함)		기타 소득세율
연금수령 나이(만 70세 미만)	종신연금형	(지방소득세 포함)
5.5%	4.4%	16.5%

① 96,800원 ② 121,000원

③ 217,800원 ④ 231,000원

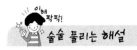

18

① 위험은 발생 상황에 따라서는 정태적 위험, 동태적 위험으로 분류하고, 사건 발생에 연동되는 결과에 따라 순수 위험과 투기적 위험으로 분류한다.

② 손해보험 중 특종보험은 해상, 화재, 자동차, 보증, 장기보험 등을 제외한 모든 형태의 보험으로 상해보험, 건설공사보험, 항공보험, 동물보험, 유리보험 등이 있다.

④ 보험회사 또는 인수집단의 능력으로 보상이 가능한 규모의 손실은 비재난적 손실이다.

19

task라는 명사를 두고 'is suitable'이라는 불완전한 절이 이어진다. 주격 관계대명사가 필요하므로 which 또는 that이 위치해야 한다.

〈해석〉

성공적인 팀은 과제를 완수하고, 좋은 사회적 관계를 유지하며, 그리고 구성원들의 개인적, 전문적 발전을 촉진한다.

팀의 성공을 정의하기 위해서는 이 세 가지 요인 모두 중요하다.

수행을 효과적으로 하기 위해서 팀에게는 적절한 유형의 사람과 팀워크에 적합한 임무, 우수한 내부 그룹 프로세스 및 지원 조직의 상황이 필요하다.

조직원들은 하나의 팀으로 일하기 위해서 적합한 일련의 업무 기술과 대인관계 기술 모두가 필요하다.

팀은 다양한 임무를 수행할 수 있지만 적절한 팀 임무는 구성원의 작업을 최종적인 결과물에 통합하는 것을 요구한다.

단체의 절차는 좋은 사회적 관계를 유지해야 한다.

마지막으로, 조직의 상황은 협력을 촉진하고 자원을 제공하며 성공에 대한 보상을 하는 것으로 팀을 지원해야 한다.

[어휘]

• promote : 촉진[고취]하다
• defining : 본질적인 의미를 규정하는
• context : (어떤 일의) 맥락, 전후 사정
• appropriate : 적합한
• a set of : 일련의
• interpersonal : 대인관계의
• integrated : 통합적인

18 ③ 19 ②

---

18 위험관리와 보험의 종류에 대한 설명으로 옳은 것은?

① 위험의 발생 상황에 따라 순수 위험과 투기적 위험으로 분류하며, 사건 발생에 연동되는 결과에 따라 정태적 위험과 동태적 위험으로 분류한다.

② 손해보험 중 특종보험은 상해 · 화재 · 항공 · 보증 · 장기보험 등을 제외한 모든 형태의 보험으로 해상보험, 건설공사보험, 동물보험, 유리보험 등이 있다.

③ 동태적 위험은 사회적인 특정 징후로 예측이 가능한 면도 있으나, 위험의 영향이 광범위하며 발생 확률을 통계적으로 측정하기 어렵다.

④ 보험의 대상이 되는 불확실성(위험)의 조건 중 한정적 측정가능 손실이란 보험회사 또는 인수집단의 능력으로 보상이 가능한 규모의 손실을 의미한다.

19 다음 글에서 밑줄 친 부분이 문법상 옳지 않은 것은?

A successful team completes its task, maintains good social relations, and promotes its members' personal and professional development. All three of these factors are important for ① defining team success. To perform effectively, a team requires the right types of people, a task ② what is suitable for teamwork, good internal group processes, and a supportive organizational context. Group members need both an appropriate set of task skills and the interpersonal skills to work as a team. Although teams can perform a wide variety of ③ tasks, appropriate team tasks require that members' work be integrated into the final products. The group process should maintain good social relations. Finally, the organizational context needs ④ to support the team by promoting cooperation, providing resources, and rewarding success.

20 다음 글의 빈칸 (A), (B)에 들어갈 말로 가장 적절한 것은?

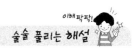

In one experiment, participants were asked to read formal emails and rate them based on warmth and competence. Some of the messages contained a smiley face. The results showed users who sent formal emails with smiley faces only saw a small rating (A) in warmth, but a decline in competence. Although smiley faces may help convey a positive tone in written messages, their (B) effects on first impressions of competence may outweigh these benefits. A separate experiment had participants read an email from a new employee to an unfamiliar administrative assistant. One was about a business meeting, while another was related to a social gathering. The study found participants rated the formal messages with smiley faces lower in competence than the emails with just text. In the case of the informal messages, competence ratings were about the same.

	(A)	(B)
①	decrease	positive
②	decrease	adverse
③	increase	positive
④	increase	adverse

20
한 실험에서 참가자들은 공식적인 이메일을 읽고 얼마나 따뜻하고 능숙하게 썼는지에 대해 평가하도록 요청받았다.
그 중 몇몇 메시지들은 웃는 얼굴(이모티콘)을 포함하고 있었다.
웃는 얼굴을 포함한 공식적 이메일을 보낸 이용자들의 평가에서 따뜻함은 조금 (높아졌지만) 능숙도는 줄어드는 것으로 나타났다.
웃는 얼굴이 서면 메시지에서 긍정적인 어조를 전달하는데 도움이 될수 있지만, 그들의 능력에 대한 첫인상에 미치는 (부정적인) 영향은 이러한 이득보다 더 클 수 있다.
별도의 실험에서는 참가자에게 신입사원이 낯선 행정비서에게 보낸 이메일을 읽게 했다. 하나는 비즈니스 미팅에 관한 것이었고, 다른 하나는 사교 모임과 관련된 것이었다.
조사 결과, 참가자들은 웃는 얼굴이 포함된 공식 메시지를 문자만으로 작성된 메시지보다 능력을 낮게 평가한 것으로 나타났다.
비공식적인 메시지의 경우, 능력에 대한 평가는 거의 동일했다.
[어휘]
• rate : 평가하다
• competence : 능숙도
• small rating : 약간
• decline : 줄어들다.
• convey : 전달하다 실어나르다.
• adverse : 좋지 못한, 부정적인, 불리한
• positive : 긍정적인
• impression : 인상, 느낌
• outweigh 〜 : 〜 보다 더 크다[대단하다]
• separate : 분리된, 별도의
• participant : 참석자
• administrative : 관리[행정]상의
• assistant : 비서, 조수, 보조원

우편 및 금융상식(기초영어 포함)

01
ㄴ. 우편업무를 위해서만 사용하는 물건은 압류가 금지되며 국세·지방세 등의 제세공과금을 매기지 않는다.
ㄹ. 상품의 가격·기능·특성 등을 문자·사진·그림으로 인쇄한 16쪽 이상(표지 포함)인 책자형태의 상품안내서는 서신독점 제외 대상이다.
※ 독점권의 대상인 서신
"서신"이라 함은 의사전달을 위하여 특정인이나 특정 주소로 송부하는 것으로서 문자·기호·부호 또는 그림 등으로 표시한 유형의 문서 또는 전단을 말한다.
다만, 신문, 정기간행물, 서적, 상품안내서 등 대통령령으로 정하는 것은 제외된다.

01 우편사업의 보호규정에 대한 설명으로 옳은 것을 모두 고른 것은?

> **보기**
>
> ㄱ. 지방자치단체에서 발송하는 등기우편물은 서신독점의 대상이다.
> ㄴ. 우편업무를 위해서만 사용하는 물건은 압류가 금지되지만 제세공과금 부과의 대상이다.
> ㄷ. 우편물의 발송, 수취나 그 밖의 우편 이용에 관한 제한능력자의 행위는 능력자가 행한 것으로 간주한다.
> ㄹ. 상품의 가격, 기능, 특성 등을 문자, 사진, 그림으로 인쇄한 16쪽 이상인 책자 형태의 상품 안내서는 서신독점의 대상이다.

① ㄱ, ㄷ   ② ㄱ, ㄹ
③ ㄴ, ㄷ   ④ ㄴ, ㄹ

02 우편법시행령제3조의2(기본통상우편요금)
법제2조제3항에서 "대통령령으로 정하는 통상우편요금"이란 제12조에 따라 고시한 통상우편물요금 중 중량이 5g 초과 25g 이하인 규격우편물의 일반우편요금을 말한다.

02 현행 「우편법 시행령」에서 정한 기본통상우편요금에 대한 설명으로 옳은 것은?

① 중량 25g 이하인 규격외우편물의 일반우편요금
② 중량 3g 초과 25g 이하인 규격우편물의 일반우편요금
③ 중량 5g 초과 25g 이하인 규격우편물의 일반우편요금
④ 중량 25g 초과 50g 이하인 규격외우편물의 일반우편요금

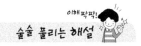

03 통상우편물 접수 시 규격외 요금을 징수해야 하는 우편물의 개수로 옳은 것은?

보기

ㄱ. 봉투의 재질이 비닐인 우편물
ㄴ. 봉투를 봉할 때 접착제를 사용한 우편물
ㄷ. 수취인 우편번호를 6자리로 기재한 우편물
ㄹ. 누르지 않은 자연 상태에서 두께가 10㎜인 우편물
ㅁ. 봉투 색상이 70% 이하 반사율을 가진 밝은 색 우편물
ㅂ. 정해진 위치에 우편요금 납부 표시를 하지 않거나, 우표를 붙이지 않은 우편물

① 1개   ② 2개
③ 3개   ④ 4개

04 우편사서함에 대한 설명으로 옳지 않은 것을 모두 고른 것은?

보기

ㄱ. 사서함에 배달된 우편물을 정당한 사유 없이 30일 이상 수령하지 않을 때에는 사서함 사용계약을 해지해야 한다.
ㄴ. 사서함 번호와 주소가 함께 기록된 우편물 중 국내특급(익일특급 제외), 특별송달, 보험등기, 맞춤형 계약등기, 등기소포 우편물은 주소지에 배달해야 한다.
ㄷ. 사서함 신청을 받은 우체국장은 국가기관, 지방자치단체, 일일 배달 예정 물량이 100통 이상인 다량 이용자, 우편물 배달 주소지가 사서함 설치 우체국의 관할구역인 신청자 순서로 우선 계약해야 한다.

① ㄱ   ② ㄴ, ㄷ
③ ㄱ, ㄷ   ④ ㄱ, ㄴ, ㄷ

보충 ㄴ.

구 분		내 용
사서함 번호와 주소가 함께 기록된 우편물	원칙	사서함에 넣을 수 있다.
	특별송달, 보험취급 맞춤형 계약등기	주소지에 배달해야 한다. (등기소포우편물 x)
우편사서함 번호를 기록하지 않은 우편물	우편사서함 사용자에게 가는 우편물이 확실할 때	우편사서함에 투입 가능
	특별송달, 보험취급, 맞춤형 계약등기, 등기소포우편물	사서함에 넣지 않고 주소지에 배달한다.
등기소포우편물	사서함번호가 기록된 경우	사서함에 넣을 수 있다.
	사서함번호가 기록되지 않은 경우	주소지에 배달한다.

03 통상우편물의 규격외 취급 대상
• 봉투에 넣어 봉함하거나 포장하여 발송하는 우편물의 규격요건 및 외부표시(기재) 사항을 위반한 경우 통상우편물의 규격외 취급
• 우정사업본부에서 발행하는 우편엽서의 규격 요건을 위반한 경우 우편엽서의 규격외 취급

ㄱ. 봉투의 재질은 종이여야 한다.
ㄷ. 수취인 우편번호(국가기초구역 체계로 개편된 5자리 우편번호)를 정확히 기재해야 하며 일체가려짐 및 겹침이 없어야 한다.
ㄹ. 두께는 최소 0.16mm, 최대 5mm(누르지 않은 자연 상태)이어야 한다.

ㄴ. 규격우편물이다.
ㅁ. 봉투 색상은 70% 이상 반사율을 가진 흰색이나 밝은색이어야 한다.
ㅂ. 정해진 위치에 우표를 붙이거나 우편요금납부를 표시해야 한다.
ㅁ과 ㅂ은 권장요건을 위반한 것으로 규격외 요금을 징수해야 하는 것과는 구별된다.

04
ㄱ. 사서함에 배달된 우편물을 정당한 사유 없이 30일 이상 수령하지 않을 때 사서함 사용계약 우체국장은 사서함 사용계약을 해지할 수 있다. (x)
※ 해지 사유가 생긴 때에는 사용자에게 충분히 설명하되, 사용자의 의사와 관계없이 일방적으로 취소하는 일이 없도록 해야 한다.
ㄴ. 국내특급(익일특급 제외)은 당일특급과 익일특급이 있었는데, 당일특급이 없어졌으므로 보기의 지문에서 삭제되어야 함.
※ 보험등기는 2024학습교재에서 보험취급으로 개정됨
ㄷ. 사서함 신청을 받은 우체국장은 국가기관, 지방자치단체, 일일 배달 예정 물량이 100통 이상인 다량 이용자, 우편물 배달 주소지가 사서함 설치 우체국의 관할구역인 신청자 순서로 우선적으로 계약을 할 수 있다.

03 ③   04 ④

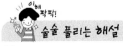
05

③ 부가취급우편물을 운송용기에 담을 때에는 책임자나 책임자가 지정하는 사람이 참관하여 우편물류시스템으로 부가취급우편물 송달증을 생성하고 송달증과 현품 수량을 대조 확인한 후 발송한다.

06 특별운송

우편물의 일시적인 폭주와 교통의 장애 등 그밖의 특별한 사정이 있다고 인정되는 경우에는 우편물의 원활한 송달을 위하여 전세차량 · 선박 · 항공기 등을 이용하여 운송하는 것

① 운편물의 운송의 우선순위는 1순위, 2순위, 3순위로 구분된다.

③ 임시운송은 물량의 증감에 따라 정기운송편 이외 방법으로 운송하는 것을 말한다.

④ 우편물의 안정적인 운송을 위하여 관할 지방우정청장은 운송 구간, 수수국, 수수 시각, 차량톤수 등을 우편물 운송 방법 지정서에 지정하고 정기운송을 시행한다

07

① 서적, 홍보용 팸플릿, 상업 광고물, 도면은 인쇄물로 접수할 수 있지만 포장박스는 접수 불가물품이다.

② 우편엽서는 앞면 윗부분에 우편엽서를 뜻하는 영어나 프랑스어로 표시해야 한다. (Postcard 또는 Carte postale). 다만, 그림엽서의 경우에 꼭 영어나 프랑스어로 표시해야 하는 것은 아니다.

④ 소형포장물의 경우, 제조회사의 마크나 상표 및 발송인과 수취인 사이에 교환되는 통신문에 관한 참고사항도 내부나 외부에 기록이 가능하다.

---

05 우편물의 발송에 대한 설명으로 옳지 않은 것은?

① 부가취급우편물을 운송 용기에 담을 때에는 책임자나 책임자가 지정하는 사람이 참관한다.

② 행선지별로 구분한 우편물을 효율적으로 운송하기 위하여 운송 거점에서 운송 용기를 서로 교환한다.

③ 등기우편물을 발송할 때에는 우편물류 시스템으로 등기우편물 배달증을 생성하고, 생성된 배달증과 현품 수량을 확인한 후 발송한다.

④ 일반우편물은 형태별로 분류하여 해당 우편 상자에 담되, 우편물량이 적을 경우에는 형태별로 묶어 담고 운송 용기 국명표는 혼재 표시된 국명표를 사용한다.

06 우편물의 운송에 대한 설명으로 옳은 것은?

① 우편물 운송의 우선순위는 1순위, 2순위, 3순위, 기타순위로 구분된다.

② 우편물이 일시적으로 폭주하는 경우, 항공기 등을 이용하여 운송하는 것을 특별운송이라고 한다.

③ 임시운송은 물량의 증감에 따라 특급우편물, 등기우편물, 일반 우편물을 별도로 운송하는 것을 말한다.

④ 우편물의 안정적인 운송을 위하여 우정사업본부장은 운송 구간, 수수국, 수수 시각, 차량 톤수 등을 우편물 운송 방법 지정서에 지정한다.

07 국제통상우편물 종별 세부내용에 대한 설명으로 옳은 것은?

① 인쇄물로 접수할 수 있는 것은 서적, 홍보용 팸플릿, 상업 광고물, 도면, 포장박스 등이다.

② 그림엽서의 경우, 앞면 윗부분에 우편엽서를 뜻하는 단어를 영어나 프랑스어로 표시해야 한다.

③ 특정인에게 보내는 통신문을 기록한 우편물, 법규 위반 엽서, 법규 위반 항공서간은 서장으로 취급한다.

④ 소형포장물의 경우, 제조회사의 마크나 상표는 내부나 외부에 기록이 가능하나, 발송인과 수취인 사이에 교환되는 통신문에 관한 참고사항은 내부에만 기록할 수 있다.

---

05 ③ **06** ② **07** ③

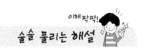

08 국제우편 종류별 접수방법에 대한 설명으로 옳은 것은?

① 보험소포우편물 취급 시 중량이 '8kg 883g'인 경우, '8,900g'으로 기록한다.

② 우편자루배달인쇄물 접수 시 하나의 소포우편물로 취급하며, 우편요금과 별도로 통관회부대행수수료 4,000원을 징수한다.

③ 국제특급우편(EMS)은 내용품에 따라 서류용과 비서류용 2가지로 구분되며, 운송장의 번호는 KE 또는 KS 등 K*로 시작된다.

④ K-Packet의 발송인 란에는 통관, 손해배상, 반송 등의 업무처리를 위해 반드시 한 명의 주소 및 성명을 기재해야 한다.

09 국제특급우편(EMS) 주요 부가서비스 및 제도에 대한 설명으로 옳은 것은?

① 수출우편물 발송확인서비스 대상 우편물의 경우, 발송인은 수리일 다음날로부터 30일 내에 해당 우편물을 선적 또는 기적해야 한다.

② EMS 프리미엄 서비스는 1~5 및 서류용과 비서류용으로 구분되며, 최고 7천만 원까지 내용품의 가액에 한해 보험 취급이 가능하다.

③ EMS 프리미엄의 부가서비스인 고중량서비스는 전국 총괄우체국에서 접수 가능하며, 우체국과 계약 여부에 상관없이 누구나 이용할 수 있다.

④ 2003년부터 EMS 배달보장서비스가 시행되어 운영 중이며, 실무에서 처리할 경우, 도착 국가에서 통관 보류나 수취인 부재 등의 사유로 인한 미배달은 배달완료로 간주한다.

해설 고중량서비스 및 고중량화물서비스

구 분	고중량 서비스	고중량화물서비스
의 의	30kg 초과 70kg 이하의 고중량우편물 배송	70kg 초과 2,000kg 이하의 고중량화물 배송
접수관서	전국 총괄 우체국(5급국 이상)	전국 총괄 우체국(5급국 이상)
대상고객	모든 고객(개인 및 EMS 계약고객)	EMS 계약고객
기 타	고중량 우편물의 개인, 계약고객에 대한 방문접수는 5급 이상 총괄 우체국에서 수행	부가요금 : 우편요금에 합산하여 자동 부가(요금표에 따름)

술술 풀리는 해설

08
① 보험소포우편물의 중량은 10g 단위로 표시, 10g 미만의 단수는 10g 단위로 절상
※ '8kg 883g'인 경우, '8,890g' 으로 기록

② 우편자루배달인쇄물 접수 시 하나의 통상우편물로 취급하며, 우편요금과 별도로 통관절차대행수수료 4,000원을 징수한다.

③ 국제특급우편(EMS)은 내용품에 따라 서류용과 비서류용 2가지로 구분되며, 운송장의 번호가 서류용은 주로 EE로 시작하고, 비서류용은 EM 또는 ES로 시작하는 운송장을 사용한다는 규정은 23년 학습서에서 삭제되었다.

09
① 수출우편물 발송확인서비스 대상 우편물의 경우, 발송인은 수출신고 수리일로부터 30일 내에 해당 우편물을 선적 또는 기적해야 한다.

② EMS 프리미엄 서비스는 1~5, 러시아지역 및 서류용과 비서류용으로 구분되며, 최고 5천만 원까지 내용품의 가액에 한해 보험 취급이 가능하다.

④ 2005년(2005/7/25)부터 EMS 배달보장서비스가 시행되어 운영 중이다.
실무에서 처리할 경우, 도착 국가에서 통관 보류나 수취인 부재 등의 사유로 인한 미배달은 배달완료로 간주한다.

10 예금주의 사망 시 적용되는 상속제도에 대한 설명으로 옳지 않은 것은?

① 친양자 입양제도에 따라 입양된 친양자는 법정혈족이므로 친생부모 및 양부모의 예금을 상속받을 수 있다.

② 예금주의 아들과 손자는 같은 직계비속이지만 아들이 손자보다 선순위로 상속받게 된다.

③ 특정유증의 경우, 수증자는 상속인 또는 유언집행자에 대하여 채권적 청구권만을 가진다.

④ 협의 분할 시 공동상속인 중 친권자와 미성년자가 있는 경우, 미성년자에 대하여 특별대리인을 선임하여 미성년자를 대리하도록 해야 한다.

11 금융 투자상품에 대한 설명으로 옳지 않은 것은?

① 수입업자는 선물환 매입계약을 통해 환율변동에 따른 환리스크를 헤지(hedge)할 수 있다.

② 투자자의 원본 결손액에 대해 불법행위로 인한 손해 여부를 입증해야 하는 책임은 금융투자업자에게 있다.

③ 풋옵션의 경우, 기초자산 가격이 행사가격 이하로 하락함에 따라 매수자의 이익과 매도자의 손실이 무한정으로 커질 수 있다.

④ 상장지수증권(ETN)은 외부수탁기관에 위탁되기 때문에 발행기관의 신용위험이 없고 거래소에 상장되어 실시간으로 매매가 이루어진다.

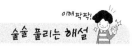

12 A씨의 2018년 귀속 금융소득 현황이 다음과 같을 때 종합소득 산출세액으로 옳은 것은?

보 기

- 정기예금 이자 : 55,100,000원
- 우리사주 배당금 : 20,000,000원
- 환매조건부채권 이자(RP) : 30,000,000원
- 농업회사법인 출자금 배당 : 10,000,000원

단, 종합소득 공제는 5,100,000원, 누진 공제액은 5,220,000원으로 한다.

① 9,580,000원   ② 11,980,000원
③ 14,380,000원   ④ 16,780,000원

보충 2024 학습교재에서 종합소득세 기본세율 개정됨

※ 과표 **5,000만 원** 초과 8,800만 원 이하는 기본세율 24%
③ **누진공제액** :522만원→ 576만원으로 개정하여 계산하면 다음과 같다.
  (65,100,000 ‒ 5,100,000)×24% ‒ 5,760,000 (누진공제액) + (20,000,000×14%)
  = 8,640,000 + 2,800,000 = 11,440,000(원)
  개정된 종합소득산출세액은 ③과 ② 중 큰 금액인11,914,000원이다.

13 우체국 예금상품 및 체크카드에 대한 설명으로 옳은 것을 모두 고른 것은?

보 기

ㄱ. 법인용 체크카드의 현금 입출금 기능은 개인사업자에 한하여 선택 가능하다.

ㄴ. 우체국 소상공인정기예금은 노란우산공제에 가입하거나 신용카드 가맹점 결제계좌 약정 시 우대금리를 제공한다.

ㄷ. e-Postbank예금은 우체국 창구를 통한 가입이 불가하다.

ㄹ. 우체국 포미 체크카드는 싱글족 맞춤혜택 카드로, 교통기능은 후불 적용되며 점자카드는 발급이 불가하고 해외에서 사용이 가능한 카드이다.

① ㄱ, ㄴ   ② ㄴ, ㄷ
③ ㄷ, ㄹ   ④ ㄱ, ㄹ

술술 풀리는 해설

12
주어진 소득 중 우리사주조합원이 받는 배당과 농업회사법인 출자금의 배당은 「조세특례제한법」에 의한 비과세 금융소득이다. 따라서 종합과세되는 금융소득금액은 다음과 같다.
종합과세 대상 금융 소득
 = (이자소득 + 배당소득) − (기준 금액)
  (55,100,000 + 30,000,000) − 20,000,000
 = 65,100,000(원)
※ 종합소득 산출세액의 계산
① 금융소득을 기본세율로 과세 시 산출세액
 = (65,100,000 − 5,100,000)×24%
  − 5,220,000 (누진공제액)
  + (20,000,000×14%)
 = 9,180,000 + 2,800,000
 = 11,980,000(원)
※ 과표 **5,000만 원** 초과 8,800만 원 이하는 기본세율 24%
  누진공제액 :522만원→ 576만원으로 개정
② 금융소득을 원천징수세율로 과세 시 산출세액
 = 85,100,000×14% = 11,914,000(원)
③ 종합소득산출세액은 ①과 ② 중 큰 금액인 11,980,000원이다.

13
ㄴ. 실명의 개인 또는 개인사업자인 소상공인·소기업 대표자를 대상으로 노란우산 가입, 우체국 수시입출식 예금 실적에 따라 우대금리를 제공하는 서민자산 형성 지원을 위한 공익형 정기예금이다.
ㄷ. e-Postbank 예금은 인터넷뱅킹, 스마트뱅킹 또는 우체국 창구를 통해 가입하고 별도의 통장 발행 없이 전자금융 채널(인터넷뱅킹, 스마트뱅킹, 폰뱅킹, 자동화기기)을 통해 거래하는 입출금이 자유로운 예금이다.
ㄹ. 우체국 포미 체크카드 24년학습교재에 없는 내용이다.

12 ② 13 ④

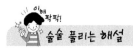
14

② 외화예금은 보호 금융상품이다. 반면에 양도성 예금증서(CD), 환매조건부채권(RP), 주택청약저축은 비보호 금융상품이다.
③ 정부, 지방자치단체(국·공립학교 포함), 한국은행, 금융감독원, 예금보험공사, 부보금융회사의 예금은 보호대상에서 제외한다. 따라서 서울시가 시중은행에 가입한 정기예금 1억 원은 예금자보호를 받지 못한다.
④ 금융회사가 예금을 지급할 수 없게 되면 법에 의해 예금보험공사가 대신하여 예금을 지급하는 공적 보험제도이다.

15

③ 무배당 선천이상특약Ⅱ의 가입대상은 임신 23주이내 태아이다.
① 무배당 우체국연금보험의 연금개시나이는 45~75세(더블연금형은 70세), 우체국연금저축보험의 연금개시 나이는 만 55~80세
③ 무배당 우체국간편가입건강보험(갱신형)의 경우, 주계약은 종신토록 의료비 보장으로 경제적 부담을 완화할 수 있는 종신 갱신형이다. 다만, 무배당 간편사망보장특약의 경우에는 갱신시점의 피보험자 나이가 85세 이상인 경우에는 이 특약을 갱신할 수 없다.
④ 무배당 우체국든든한종신보험 1종(50%저해약 환급형)은 보험료 납입기간 중 계약이 해지될 경우 2종(표준형)의 해약환급금 대비 적은 해약환급금을 지급하는 대신 2종(표준형)보다 저렴한 보험료로 보험을 가입할 수 있도록 한 상품이다.

16

① 피보험자는 ~ → 계약자는 ~
② 보험계약자가 보험수익자를 변경하는 경우, 보험금의 지급사유가 발생하기 전에 피보험자가 서면으로 동의하여야 한다.
④ 보험계약자가 고의로 보험금 지급사유를 발생시킨 경우, 체신관서는 그 사실을 안 날부터 1개월 이내에 계약을 해지할 수 있으며 해약환급금을 보험계약자에게 지급한다.

---

14 예금자보호법에서 정한 예금보험제도에 대한 설명으로 옳은 것은?

① 은행, 보험회사, 종합금융회사, 수협은행, 외국은행 국내지점은 보호대상 금융회사이다.
② 외화예금, 양도성예금증서(CD), 환매조건부채권(RP), 주택청약저축은 비보호 금융상품이다.
③ 서울시가 시중은행에 가입한 정기예금 1억 원은 5천만 원 한도 내에서 예금자보호를 받는다.
④ 금융회사가 예금을 지급할 수 없게 되면 법에 의해 금융감독원이 대신하여 예금을 지급하는 공적 보험제도이다.

15 우체국 보험상품에 대한 설명으로 옳은 것은?

① 무배당 우체국연금보험과 우체국연금저축보험의 연금 개시 나이는 만 55세부터이다.
② 무배당 우체국 더든든한자녀지킴이보험의 경우, 임신 24주 태아는 주계약의 가입대상이고 무배당 선천이상특약Ⅱ의 가입대상이 아니다.
③ 무배당 우체국간편가입건강보험(갱신형)의 경우, 주계약은 종신까지 갱신 가능하고 특약은 100세까지 갱신 가능하다.
④ 무배당 우체국든든한종신보험은 보험기간 중 계약이 해지될 경우, 해약환급금은 1종(50% 지급형)이 2종(표준형)보다 적다.

16 우체국보험의 계약유지에 대한 설명으로 옳은 것은?

① 피보험자는 해지된 날부터 3년 이내에 체신관서가 정한 절차에 따라 계약의 부활을 청약할 수 있다.
② 보험계약자가 보험수익자를 변경하는 경우, 보험금의 지급사유가 발생하기 전에 변경 전 보험수익자의 동의를 받아야 한다.
③ 보험료의 자동대출 납입 기간은 최초 자동대출 납입일부터 1년을 최고 한도로 하며 그 이후의 기간은 보험계약자가 재신청을 하여야 한다.
④ 보험계약자가 고의로 보험금 지급사유를 발생시킨 경우, 체신관서는 그 사실을 안 날부터 1개월 이내에 계약을 해지할 수 있으며 책임준비금을 보험계약자에게 지급한다.

---

14 ① **15** ② **16** ③

17

현행 「우체국예금·보험에 관한 법률 시행규칙」에서 정한 우체국보험에 대한 설명으로 옳은 것은?

① 재보험의 가입한도는 영업보험료의 100분의 80 이내이다.

② 우체국보험의 종류에는 보장성보험, 저축성보험, 연금보험, 단체보험이 있다.

③ 계약보험금 한도액은 보험종류별(연금보험 제외)로 피보험자 1인당 5천만 원이다.

④ 세액공제 혜택이 없는 연금보험의 최초 연금액은 피보험자 1인당 1년에 900만 원 이하이다.

18

우체국 보험상품의 보험세제에 대한 설명으로 옳은 것은?

① 무배당 어깨동무보험의 경우, 연간 납입보험료 100만 원 한도 내에서 연간 납입보험료의 12%가 세액공제 금액이 된다.

② 무배당 그린보너스저축보험플러스는 보험계약자, 피보험자, 보험수익자가 동일하여야 월적립식 저축성보험 비과세를 받을 수 있다.

③ 무배당 파워적립보험은 보험기간이 10년인 경우, 납입기간은 보험종류에 관계없이 월적립식 저축성보험 비과세 요건의 납입기간을 충족한다.

④ 무배당 우체국연금보험에 가입한 만 65세 연금소득자가 종신연금형으로 연금수령 시 연금소득에 대해 적용되는 세율은 종신연금형을 기준으로 한다.

해설 **월적립식 저축성 보험의 비과세요건**

최초 보험료 납입 시점부터 만기일 또는 중도해지일까지 기간이 10년 이상으로 아래 각 요건을 모두 충족하는 계약에 대해 보험차익을 비과세

• 최초 납입일로부터 납입기간이 5년 이상인 월적립식 보험계약
• 최초납입일부터 매월 납입하는 기본보험료가 균등(최초 계약한 기본보험료의 1배 이내로 기본보험료를 증액하는 경우를 포함한다)하고, 기본보험료의 선납기간이 6개월 이내일 것
• 계약자 1명당 매월 납입하는 보험료 합계액[계약자가 가입한 모든 월적립식 보험계약(만기에 환급되는 금액이 납입보험료를 초과하지 아니하는 보험계약으로서 기획재정부령으로 정하는 것은 제외한다)의 기본보험료, 추가로 납입하는 보험료 등 월별로 납입하는 보험료를 기획재정부령으로 정하는 방식에 따라 계산한 합계액을 말한다]이 150만원 이하일 것(2017년 4월 1일부터 체결하는 보험계약으로 한정한다)

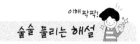
17

① 재보험의 가입한도는 <u>사고 보장을 위한 보험료</u>의 100분의 80 이내로 한다.(제60조의2)

② 우체국보험의 종류에는 보장성보험, 저축성보험, 연금보험(단체보험×)이 있으며 각 보험의 종류에 따른 상품별 명칭, 특약, 보험기간, 보험료납입기간, 가입연령, 보장내용 등은 우정사업본부장이 정하여 고시한다.

③ 계약보험금 한도액은 보험종류별(연금보험 제외)로 피보험자 1인당 **4천만 원**으로 한다.

④ 연금보험(단, 연금저축계좌에 해당하는 보험은 제외)의 최초 연금액은 피보험자 1인당 1년에 900만원 이하로 한다. 다만, 연금보험 중 「소득세법 시행령」에 따른 연금저축계좌에 해당하는 보험의 보험료 납입금액은 피보험자 1인당 연간 900만원 이하로 한다.

18

③ 무배당 파워적립보험은 보험기간이 10년인 경우, 납입기간은 보험종류에 관계없이 월적립식 저축성보험 비과세 요건의 납입기간인 5년을 충족한다.

① 무배당 어깨동무보험의 경우, 연간 납입보험료 100만 원 한도 내에서 연간 납입보험료의 15%가 세액공제 금액이 된다.

② 종신형 연금보험의 경우에는 보험계약자, 피보험자, 보험수익자가 동일하여야 비과세를 받을 수 있다.

무배당 그린보너스저축보험은 저축성보험이므로 월적립식 저축성보험 비과세를 받기 위해선 최초로 보험료를 납입한 날부터 만기일 또는 중도해지일까지의 기간이 10년 이상으로서, 다른 요건(최초납입일로부터 납입기간이 5년 이상인 월적립식 계약일 것 등)을 모두 충족하는 계약이어야 한다.

④ 무배당 <u>우체국연금저축보험</u>에 가입한 만 65세 연금소득자가 종신연금형으로 연금수령 시 연금소득에 대해 적용되는 세율은 연금소득자의 나이에 따른 세율(3.3%~5.5%)과 종신연금형 세율(4.4%) 둘을 모두 충족하는 경우에는 낮은 세율을 적용한다. 따라서 65세에 연금소득자의 경우에는 종신연금형(4.4%)을 기준으로 한다.

구 분	세 율	
	나이 (연금수령일 현재)	세율 (지방소득세포함)
1.연금소득자의 나이에 따른 세율	만 70세 미만	5.5%
	만 70세 이상 만 80세 미만	4.4%
	만 80세 이상	3.3%
2.종신연금형	4.4%(지방소득세포함)	

1.2 를 동시 충족하는 경우에는 낮은 세율 적용

17 ④ **18** ③

19 글의 내용과 일치하는 것은?

Even if schools which are detached from parental control are not tyrannical, it may be argued that they are educationally ineffective. Schools can educate successfully, it is often argued, only when they act in partnership with parents, especially by encouraging parent involvement in the school. The detached-school ideal seems to neglect this important pedagogical point. I contend, however, that while parent involvement is very important in boosting students' achievement, this does not mean that parents must be given greater control over or input into the aims and content of the school. The available research demonstrates that parent involvement programs generally work equally well when there is a gap between the values espoused by the school and by the parents as when both school and parents embrace the same educational values.

① The schools under parental control are educationally ineffective.
② The detached-school ideal appears to neglect the importance of boosting students' achievement.
③ It is argued that the school can educate successfully through the partnership with the parents.
④ Parent involvement programs work well only when both school and parents have the same educational values.

20 다음에 제시된 문장이 〈보기〉에 들어갈 위치로 가장 알맞은 것은?

> This all a mounts to heightened activity and noise levels, which have the potential to be particularly serious for children experiencing auditory function deficit.

보기

Hearing impairment or auditory function deficit in young children can have a major impact on their development of speech and communication, resulting in a detrimental effect on their ability to learn at school. This is likely to have major consequences for the individual and the population as a whole. ⓘ The New Zealand Ministry of Health has found from research carried out over two decades that 6-10% of children in that country are affected by hearing loss. ⓛ A preliminary study in New Zealand has shown that classroom noise presents a major concern for teachers and pupils. ⓒ Modern teaching practices, the organization of desks in the classroom, poor classroom acoustics, and mechanical means of ventilation such as air-conditioning units all contribute to the number of children unable to comprehend the teacher's voice. Education researchers Nelson and Soli have also suggested that recent trends in learning often involve collaborative interaction of multiple minds and tools as much as individual possession of information. ⓔ

① ⓘ   ② ⓛ

③ ⓒ   ④ ⓔ

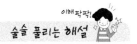
20
ⓔ 다음에 오는 문장에서 어린이들이 청각 능력이 약화되는 원인들을 열거해 놓았으므로 주어진 문장은 ⓔ에 위치해야 한다.
「어린이의 청각 장애나 청각 기능 약화는 언어와 의사소통의 발달에 큰 영향을 미칠 수 있고, 특히 학교에서 배울 때 악영향을 미칠 수 있다.
이것은 개인과 인구 전체에 큰 영향을 미친다.
뉴질랜드 보건부는 20년 동안 실시한 연구에서 어린이들 중 6~10%가 청력 손실에 의해 영향을 받는다는 것을 발견했다.
한 예비 연구에 따르면 교실의 소음이 교사와 학생들에게 큰 관심거리인 것을 보여주었다. 현대의 교육 방법, 교실의 책상 배열, 열악한 교실 소음, 냉방 장치와 같은 기계적인 환기수단은 모두 교사의 목소리를 알아듣지 못하는 원인이 되고 있다.
교육 연구원인 Nelson과 Soli는 최근의 학습 추세는 개인의 정보 보유만큼이나 여러 마음과 도구의 협력적 상호작용을 수반한다고 주장했다.
이는 모두 활동 및 소음 수준을 높이는 원인에 해당하며, 청각 기능이 약한 어린이들에게 특히 심각한 영향을 줄 가능성이 있다.
[어휘]
• auditory : 청각의
• deficit : 적자, 부족액
• detrimental : 해로운
• decade : 10[십]년
• preliminary : 예비의
• pupil : 학생
• acoustics : 음향 시설
• mechanical : 기계로 작동되는
• ventilation : 환기창, 환기수단
• collaborative : 공동의

20 ④

01

우편관서는 우편물을 운송 중이거나 우편물의 발송 준비를 마친 후에만 그 압류를 거부할 수 있다. (우편법 제8조)

그러나 우편물의 발송 준비를 마치기 전에는 압류를 거부할 수 없다.

③ 우편업무를 위해서만 사용하는 물건(우편에 관한 서류를 포함)에 대해서는 국세ㆍ지방세 등의 제세공과금을 매기지 않는다.

02

② 를 제외하고 나머지는 모두 보편적 우편서비스에 해당한다.

2kg 이하의 통상우편물과 20kg 이하의 소포우편물은 보편적 우편서비스의 대상이며, 2kg 초과하는 통상우편물과 20kg 초과하는 소포우편물은 선택적 우편서비스의 대상이다.

03

① 내용문서의 원본과 등본의 작성은 양면을 사용하여 작성할 수 있으며, 양면에 내용을 기록한 경우에는 2매로 계산한다.

② 우편관서는 내용과 발송 사실만을 증명할 뿐, 그 사실만으로 법적 효력이 발생되는 것은 아니다.

③ 수취인에게 우편물을 배달하거나 교부한 경우, 그 사실을 배달우체국에서 증명하여 발송인에게 통지하는 제도는 배달증명이다.

④ 내용문서의 원본 또는 등본의 문자나 기호를 정정ㆍ삽입 또는 삭제한 때에는 "정정"ㆍ"삽입" 또는 "삭제"의 문자 및 자수를 난외 또는 말미여백에 기재하고 그 곳에 발송인의 도장 또는 지장을 찍거나 서명을 해야 한다. (우편법 시행규칙 제50조 제1항)즉, 내국인도 서명이 가능하다.

01 우편사업의 보호 규정에 대한 설명으로 옳지 않은 것은?

① 우편을 위한 용도로만 사용되는 물건은 압류할 수 없다.

② 우편물과 그 취급에 필요한 물건은 해손(海損)을 부담하지 않는다.

③ 우편을 위한 용도로만 사용되는 물건은 제세공과금의 부과 대상이 되지 않는다.

④ 우편물의 발송 준비를 마치기 전이라도 우편관서는 그 압류를 거부할 수 있다.

02 우편사업이 제공하는 선택적 우편 서비스에 해당하는 것은?

① 중량이 800g인 서류를 송달하는 경우

② 중량이 25kg인 쌀자루를 송달하는 경우

③ 중량이 20g인 서신을 내용증명으로 송달하는 경우

④ 중량이 2kg인 의류를 배달증명으로 송달하는 경우

03 내용증명에 대한 설명으로 옳은 것은?

① 내용문서의 원본과 등본은 양면으로 작성할 수 있다.

② 우체국에서 내용증명을 발송한 사실만으로 법적 효력이 발생한다.

③ 수취인에게 우편물을 배달하거나 교부한 경우, 그 사실을 배달우체국에서 증명하여 발송인에게 통지하는 제도이다.

④ 내용문을 정정한 경우 '정정' 글자를 여유 공간이나 끝부분 빈 곳에 쓰고 발송인의 인장이나 지장을 찍어야 한다. 다만, 발송인이 외국인일 경우에 한하여 서명을 할 수 있다.

01 ④　**02** ②　**03** ①

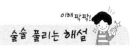

04 우편 서비스에 대한 설명으로 옳은 것을 〈보기〉에서 모두 고른 것은?

> **보 기**
>
> ㄱ. 인터넷우표는 반드시 수취인 주소가 있어야 한다.
> ㄴ. 민원우편은 우정사업본부장이 정하여 고시하는 민원서류에 한정하여 취급한다.
> ㄷ. 우체국축하카드는 배달증명, 내용증명, 상품권 동봉서비스, 예약배달 서비스의 취급이 가능하다.
> ㄹ. 모사전송 우편 서비스의 이용 수수료는 내용문 최초 1매 500원, 추가 1매 당 200원이며, 복사비는 무료이다.

① ㄱ, ㄴ   ② ㄱ, ㄷ
③ ㄴ, ㄹ   ④ ㄷ, ㄹ

05 국내 우편요금 제도에 대한 설명으로 옳은 것은?

① 요금별납은 우편요금이 같고 동일인이 한번에 발송하는 우편물로 최소 접수 통수에는 제한이 없다.
② 우편요금 체납금액은 국세징수법에 따른 체납 처분의 예에 따라 징수하되 연체료는 가산하지 않는다.
③ 요금수취인부담의 취급 대상은 통상우편물, 등기소포우편물, 계약등기이며 각 우편물에 부가서비스를 취급할 수 있다.
④ 요금후납은 1개월간 발송 예정 우편물의 요금에 해당하는 금액을 담보금으로 제공하고, 1개월간의 요금을 다음 달 20일까지 납부하는 제도이다.

06 우편물 배달에 대한 설명으로 옳지 않은 것은?

① 수취인이 2명 이상인 경우에는 그 중 1인에게 배달한다.
② 동일한 건물 내에 다수의 수취인이 있을 경우에는 관리인에게 배달할 수 있다.
③ 특별송달, 보험취급은 수취인의 요청이 있을 경우에는 무인우편물보관함에 배달할 수 있다.
④ 등기우편물을 무인우편물보관함에 배달하는 경우에는 무인우편물보관함에서 제공하는 배달 확인이 가능한 증명자료로 수령사실 확인을 대신할 수 있다.

술술 풀리는 해설

04
ㄱ. 인터넷우표는 고객편의 제고와 위조, 변조를 방지하기 위하여 단독으로 사용할 수 없으며 수취인 주소가 함께 있어야 한다.(○)
ㄴ. 민원우편이란 민원서류를 등기취급하여 민원우편 봉투에 넣어 일반우편물보다 우선하여 송달하는 부가취급 서비스로, 우정사업본부장이 정하여 고시하는 민원서류에 한정하여 취급한다.(○)
ㄷ. 우체국축하카드는 등기통상, 준등기, 당일특급, 익일특급, 배달증명서비스, 상품권 동봉서비스, 예약배달 서비스의 취급이 가능하다. 즉 내용증명을 취급하지는 않는다.(✕) 우체국축하카드내용이 2024학습교재에서는 모두 삭제되었다.
ㄹ. 모사전송 우편 서비스의 이용 수수료는 내용문최초 1매 500원, 추가 1매 당 200원이며, 복사비는 1장당 50원이다.(✕)

05
① 요금별납은 우편요금이 같고 동일인이 한번에 발송하는 우편물로 최소 10통 이상의 통상우편물이나 소포우편물 발송 시 이용이 가능하다
② 우편요금 체납금액은 국세징수법에 따른 체납처분의 예에 따라 징수하며 연체료를 가산한다.(우편법 제24조)
④ 요금후납은 1개월간 발송예정 우편물의 요금액의 2배에 해당하는 금액을 담보금으로 제공하고, 1개월간의 요금을 다음 달 20일까지 납부하는 제도이다.

06
특별송달, 보험취급 등 수취인이 직접 수령했다는 사실의 확인이 필요한 우편물은 무인우편물보관함에 배달할 수 없다.

---

04 ①   **05** ③   **06** ③

07 국제 통상우편물에 대한 설명으로 옳은 것은?

① 항공서간은 세계 모든 지역에 대해 단일요금이 적용된다.
② 소설 원고, 신문 원고, 필사한 악보는 인쇄물로 취급하지 않는다.
③ 소형포장물에는 개인적인 통신문 성격의 서류를 동봉할 수 없다.
④ 시각장애인용 점자우편물은 항공부가요금을 포함한 모든 요금이 면제된다.

08 K-Packet에 대한 설명으로 옳은 것을 〈보기〉에서 모두 고른 것은?

> **보 기**
>
> ㄱ. 월 최소 계약물량은 제한이 있다.
> ㄴ. 요금은 EMS보다 저렴하고, 이용실적에 따른 요금감액 제도가 있다.
> ㄷ. 해외로 발송하는 2kg 이하 소형물품을 e-Shipping으로 접수하는 전자상거래 전용 국제우편 서비스이다.
> ㄹ. 'R'로 시작하는 우편물 번호를 사용하는 경우에는 1회 배달 성공률을 높이기 위하여 수취인의 서명 없이 배달한다.

① ㄱ, ㄷ   ② ㄱ, ㄹ   ③ ㄴ, ㄷ   ④ ㄴ, ㄹ

09 IBRS(International Business Reply Service) EMS에 대한 설명으로 옳지 않은 것은?

① 수취인이 요금을 부담하는 제도이다.
② 모든 우체국에서 취급하며, 통 당 요금은 5,000원이다.
③ 접수 중량은 최대 2kg까지이며, 일본에만 발송이 가능하다.
④ 국내 소비자가 해외 인터넷쇼핑몰에서 구매한 상품을 반품할 때 이용하는 국제우편 상품이다.

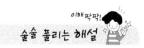

10 예금의 입금과 지급 업무에 대한 설명으로 옳지 않은 것은?

① 기한부 예금을 중도해지하는 경우, 반드시 예금주 본인의 의사를 확인하는 것이 필요하다.

② 금융기관은 진정한 예금주에게 변제한 때에 한하여 예금채무를 면하게 되는 것이 원칙이다.

③ 송금인의 단순착오로 인해 수취인의 계좌번호가 잘못 입력되어 이체가 완료된 경우, 언제든지 수취인의 동의 없이도 송금액을 돌려받을 수 있다.

④ 금융기관이 실제 받은 금액보다 과다한 금액으로 통장을 발행한 우, 실제 입금한 금액에 한하여 예금계약이 성립하고 초과된 부분에 대하여는 예금계약이 성립하지 않는다.

10
금융기관 임직원의 착오가 아닌 송금인의 착오로 인한 입금인 경우에는 수취인의 동의를 받아야 한다. 그러나 금융기관 임직원이 입금조작을 잘못하여 착오계좌에 입금하고 정당계좌에 자금부족이 발생한 경우에는 금융기관의 과실에 의한 채무불이행으로 되어 그 손해를 배상하여야 한다. 한편 잘못된 입금은 착오에 기인한 것이므로 착오계좌예금주의 동의 없이 취소하여 정당계좌에 입금할수 있다.

11 보험계약 고지의무에 대한 설명으로 옳은 것을 〈보기〉에서 모두 고른 것은?

> **보 기**
>
> ㄱ. 고지의무 당사자는 보험계약자, 피보험자, 보험수익자이다.
>
> ㄴ. 고지의무는 청약 시에 이행하고, 부활 청약 시에는 면제된다.
>
> ㄷ. 보험자가 고지의무 위반 사실을 안 날로부터 1개월 이상 지났을 때에는 보험계약을 해지할 수 없다.
>
> ㄹ. 보험자는 고지의무 위반 사실이 보험금 지급 사유 발생에 영향을 미치지 않았음이 증명된 경우 보험금을 지급할 책임이 있다.

① ㄱ, ㄴ   ② ㄱ, ㄷ
③ ㄴ, ㄹ   ④ ㄷ, ㄹ

11
ㄱ. 고지의무 당사자는 보험계약자, 피보험자이다.
ㄴ. 고지의무는 청약 시 뿐만 아니라 부활 청약 시에도 이행하여야 한다.

12 우체국 보험상품에 대한 설명으로 옳은 것은?

① 무배당 우체국실속정기보험은 1종(일반가입)과 2종(간편가입)을 중복 가입할 수 없다.

② 어깨동무연금보험은 장애인 부모의 부양능력 약화 위험 및 장애아동을 고려하여 15세부터 연금수급이 가능하다.

③ 무배당 우체국든든한종신보험에 주계약 보험가입금액 2천만 원 이상 가입할 경우, 주계약뿐만 아니라 특약보험료도 할인받을 수 있다.

④ 무배당 우리가족암보험은 고액암(백혈병, 뇌종양, 골종양, 췌장암, 식도암 등) 진단 시 5,000만원까지 지급한다.

12
① 무배당 우체국실속정기보험은 1종(일반가입)과 2종(간편가입)은 중복 가입할 수 없다. 다만, 순수형과 환급형은 중복가입이 가능하다.
② 어깨동무연금보험은 20세부터 연금수급이 가능하다.
③ 특약보험료는 할인이 적용되지 않는다.
④ 무배당 우리가족암보험은 보험료가 저렴하며 암 진단 시 3,000만원까지 지급하고, 고액암(백혈병, 뇌종양, 골종양, 췌장암, 식도암 등) 진단 시 6,000만원까지 지급한다.

10 ③ 11 ④ 12 ①

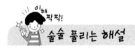

13 우체국 해외송금 비교

구 분	SWIFT 송금	유로지로	특급송금
송금방식	SWIFT network	Eurogiro network	머니그램
소요시간	3-5 영업일	3-5 영업일	송금 후 10분
거래유형	계좌송금	주소지/계좌송금	수취인 방문 지급
중계·수취 은행 수수료	약 15-25 USD	중계은행 수수료 : 없음 수취은행 수수료 : USD 3 / EUR 2	–
취급국가	약 214개국	태국, 필리핀, 스리랑카, 베트남, 몽골	약 200개 구

② SWIFT 해외송금은 유럽 및 북미은행 중심으로 설립된 국제은행간의 금융통신망이다.

14

ㄱ. 사행계약성이란 보험계약에서 보험자의 보험금지급의무는 우연한 사고의 발생을 전제로 하고 있다는 것이다.

ㄴ. 보험계약은 보험회사가 일정기간 안에 보험사고가 발생하면 보험금을 지급하는 것을 내용으로 하여 그 기간 동안에 보험관계가 지속되는 계속계약의 성질을 지닌다.

ㄷ. 보험계약은 다수인을 상대로 체결되고 보험의 기술성과 단체성으로 인하여 그 정형성이 요구되므로 부합계약에 속한다. 부합계약이란 보험회사가 미리 작성한 보통보험약관을 매개로 체결되는 계약을 말한다.

15

① 이 예금의 저축한도는 매월 20만원 범위 내에서 적립 가능하다.

② 우체국민연금안심통장은 압류금지 전용 통장이지만, 우체국생활든든통장은 시니어(50세 이상)를 위한 기초연금, 급여, 용돈 수령 및 체크카드 이용 시 금융 수수료 면제등 다양한 서비스를 제공하는 시니어 특화 입출금이 자유로운 예금으로 압류금지전용통장이 아니다.

③ 우체국 청년미래든든통장(가입대상은 18세 이상 ~ 35세 이하)에 대한 설명이다.

13 우체국 해외송금서비스에 대한 설명으로 옳은 것은?

① 머니그램(MoneyGram) 해외송금의 소요시간은 송금 후 10분이다.

② 유로지로(Eurogiro) 해외송금은 유럽 및 북미은행 중심으로 설립된 국제은행간의 금융통신망이다.

③ SWIFT와 유로지로(Eurogiro)모두 주소지 송금 및 계좌송금이 가능하다.

④ SWIFT 송금 중계·수취은행 수수료는 100USD이다.

14 〈보기〉에서 설명하는 보험계약의 법적 성질을 올바르게 연결한 것은?

> **보 기**
>
> ㄱ. 우연한 사고의 발생에 의해 보험자의 보험금 지급 의무가 확정된다.
>
> ㄴ. 보험계약자는 보험료를 모두 납부한 후에도 보험자에 대한 통지 의무 등을 진다.
>
> ㄷ. 보험계약의 기술성과 단체성으로 인하여 계약 내용의 정형성이 요구된다.

	ㄱ	ㄴ	ㄷ
①	위험계약성	쌍무계약성	부합계약성
②	사행계약성	계속계약성	부합계약성
③	위험계약성	계속계약성	상행위성
④	사행계약성	쌍무계약성	상행위성

15 우체국 예금상품에 대한 설명으로 옳은 것은?

① 우체국 장병내일준비적금의 저축한도는 매월 30만원 범위 내이다.

② 우체국국민연금안심통장과 우체국생활든든통장은 압류금지 전용 통장이다.

③ 우체국 희망지킴이통장은 대학생·취업준비생·사회초년생의 안정적인 사회 진출 지원을 위해 금리우대, 수수료 면제등 다양한 혜택을 제공하는 입출금이 자유로운 예금이다.

④ 우체국 마미든든 적금은 일하는 기혼 여성 및 다자녀 가정 등 워킹맘을 우대하고, 다문화·한부모 가정을 대상으로 하는 적립식 예금이다.

13 ① 14 ② 15 ④

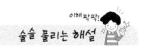
16 금리에 대한 설명으로 옳지 않은 것은?

① 명목금리는 실질금리에서 물가상승률을 뺀 금리이다.

② 채권가격이 내려가면 채권수익률은 올라가고, 채권가격이 올라가면 채권수익률은 내려간다.

③ 표면금리는 겉으로 나타난 금리를 말하며 실효금리는 실제로 지급받거나 부담하게 되는 금리를 뜻한다.

④ 단리는 원금에 대한 이자만 계산하는 방식이고, 복리는 원금에 대한 이자뿐만 아니라 이자에 대한 이자도 함께 계산하는 방식이다.

16
명목금리=실질금리+물가상승률
따라서 명목금리는 실질금리에서 물가상승률을 더한 금리이다. 또는 실질금리는 명목금리에서 물가상승률을 뺀 금리이다.

17 보장성보험에 대한 설명으로 옳지 않은 것은?

① 만기 시 환급되는 금액이 없거나 이미 납입한 보험료보다 적거나 같다.

② 주계약뿐만 아니라 특약으로 가입한 보장성보험도 세액공제를 받을 수 있다.

③ 보장성 보험료를 산출할 때에 예정이율, 예정위험률, 예정사업비율이 필요하다.

④ 근로소득자와 사업소득자는 연간 납입보험료의 일정액을 세액공제 받을 수 있다.

17
보장성보험 세액공제 가능대상자 및 공제한도액

구 분	내 용
대상자	근로소득자 (사업소득자, 일용근로자 등은 제외)
세액공제한도액	연간 납입보험료(100만원 한도)의 12% (장애인전용보험은 15%)
계약요건	• 보장성보험 (생존보험금 ≤ 총 납입보험료)에 한함 • 실질적인 계약자 = 세액공제를 받고자하는 근로자 본인 • 피보험자 = 기본공제 대상자

18 〈보기〉의 내용을 모두 충족하는 보험상품으로 옳은 것은?

> **보 기**
>
> • 최초 계약 가입 나이는 0 ~ 65세
> • 보험기간은 10년 만기(종신갱신형)
> • 보험가입금액(구좌수) 1구좌 기준으로 3대 질병 진단(최대 3,000만 원), 중증 수술(최대 500만 원) 및 중증 장해(최대 5,000만 원) 고액 보장
> • 각종 질병, 사고 및 주요성인질환 종합 보장
> • 10년 만기 생존 시마다 건강관리자금 지급

① 무배당 우체국큰병큰보장보험(갱신형)

② 무배당 우체국실손의료비보험(갱신형)

③ 무배당 우체국건강클리닉보험(갱신형)

④ 무배당 우체국간편가입건강보험(갱신형)

18
최초계약가입나이

보험상품	가입나이	보험기간
무배당우체국큰병큰보장보험(갱신형)	판매중지	
무배당 우체국급여실손의료비보험(갱신형)	최초가입 0~60세	1년
무배당 우체국건강클리닉보험(갱신형)	최초가입 0~65세	10년만기(종신갱신형)
무배당 우체국간편가입건강보험(갱신형)	1종최초가입 30~75세 2종최초가입 15세~65세	15년만기(종신갱신형)

16 ① **17** ④ **18** ③

술술 풀리는 해설

19

주변의 소음으로부터 정신적 고통을 받기 때문에 조용한 상황이 우리의 생활에 필요하다는 글이다. 따라서 빈칸에는 소음을 나타내는 ③이 들어가야 한다.

_____은 아마도 정신 오염 물질로 가장 잘 이해될 것이다. 교통 혼잡시간의 따분한 소리에서부터 냉장고의 웅웅거리는 소리와 컴퓨터에서 나오는 윙윙거리는 소리까지, 그것은 끊임없이 우리의 정신적 환경에 스며들고 있다.

컴퓨터화 된 세계의 소음을 넘어서 세상을 이해하려고 노력하는 것은 고속도로 옆에 사는 것과 같다.

우리는 그것을 이용하지만 의식과 행복의 수준이 낮아졌다. 이제 조용한 분위기는 이질적이지만, 조용한 것이 우리에게 필요한 것일지도 모른다. 건강한 마음에서 조용한 것은 깨끗한 공기와 물과 화학성분이 없는 식단의 건강한 몸이다.

더이상 조용히 할 수 없으며 항상 그렇게 하는 것이 실용적이지도 않다. 하지만 우리의 정신에서 엉망으로 만드는 것을 꺼내는 방법이 있다.

치과 대기실에 있는 TV를 끄세요.

시끄러운 냉장고는 잊어버리세요. 스테레오를 끄세요. 컴퓨터를 탁자 아래 두세요.

[어휘]
• Stimulus : 자극제, 자극[고무/격려](이 되는 것)
• pollutant : 오염 물질, 오염원
• dull : 따분한, 재미없는
• roar : 울리다[웅웅거리다]
• drone : (낮게) 웅웅거리는 소리
• perpetually : 영구히, 영속적으로
• din : (오래 계속되는 크고 불쾌한) 소음
• wire : 철사, 전선
• make sense of : ∼을 이해하다
• diminished : 감소된
• mindfulness : 마음챙김
• chemical-free : 화학성분이 없는
• quietude : 정적, 고요 (=calm)
• mindscape : 정신 세계,

19 ③

19 다음 글의 빈칸에 들어갈 말로 가장 적절한 것은?

_____ is probably the best understood of the mental pollutants. From the dull roar of rush-hour traffic to the drone of the fridge to the buzz coming out of the computer, it is perpetually seeping into our mental environment. Trying to make sense of the world above the din of our wired world is like living next to a freeway —we get used to it, but at a much diminished level of mindfulness and wellbeing. Quiet feels foreign now, but quiet may be just what we need. Quiet may be to a healthy mind what clean air and water and a chemical-free diet are to a healthy body. It is no longer easy to manufacture quietude, nor is it always practical to do so. But there are ways to pick up the trash in our mindscape: Switch off the TV set in the dentist's waiting room. Lose that loud fridge. Turn off the stereo. Put the computer under the table.

① Stimulus   ② Music
③ Noise   ④ Dust

20 다음 글의 내용과 일치하지 않는 것은?

To learn to read, children need to be helped to read. This issue is as simple and difficult as that. Dyslexia is a name, not an explanation. Dyslexia means, quite literally, being unable to read. Children who experience difficulty learning to read are frequently called dyslexic, but their difficulty does not arise because they are dyslexic or because they have dyslexia; they are dyslexic because they cannot read. To say that dyslexia is a cause of not being able to read is analogous to saying that lameness is a cause of not being able to walk. We were all dyslexic at one stage of our lives and become dyslexic again whenever we are confronted by something that we cannot read. The cure for dyslexia is to read.

① 어린이들이 글을 읽기 위해서는 도움이 필요하다.
② 난독증은 글을 읽을 수 없게 만드는 원인으로 작용한다.
③ 우리 모두는 삶의 어떤 시기에 난독 상태를 겪은 바 있다.
④ 독서는 난독증을 치유하는 길이다.

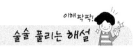

20
글을 읽을 수 없기 때문에 난독증이 된다. 따라서 ②는 글의 내용과 일치하지 않는다.
읽는 법을 배우려면, 어린이들은 읽는 것에 도움이 필요하다. 이 문제는 간단하고 어렵다.
난독증은 이름이지, 설명서가 아니다.
난독증은 말 그대로 읽을 수 없다는 것을 의미한다. 읽는 것을 배우는 데 어려움을 겪는 아이들을 독서 장애라고 부르지만, 아이들의 난독증은 그들의 독서 장애 또는 난독증 때문에 발생하지 않는다.
아이들은 읽을 수없기 때문에 독서 장애가 된다.
난독증을 읽을 수 없는 것의 원인이라고 말하는 것은 절뚝거리는 것은 걸을 수 없는 원인이라고 말하는 것과 유사하다.
우리는 모두 삶의 한 단계에서 난독증이 있었고 읽을 수 없는 것에 직면할 때마다 다시 난독증이 되었다.
난독증을 치유하는 방법은 읽는 것이다.
[어휘]
• dyslexia : 난독증
• not being able to~ : ~할 수 없는
• lameness :절뚝거리는
• analogous : 유사한

20 ②

2016 시행 우편 및 금융상식(기초영어 포함)

01

ㄱ. 통상우편물의 무게는 최소 2g에서 최대 6,000g 이다.

ㄹ. 소포우편물의 가로·세로·높이는 세 변을 합하여 160cm 이내여야 한다. 다만, 어느 변이나 1m를 초과할 수 없다.

02

① 2kg 이하의 통상우편물과 20kg 이하의 소포우편물에 대한 등기취급을 보편적 우편서비스로 하고 있다.

---

01 〈보기〉에서 국내우편물 제한 부피 및 무게에 관한 설명으로 옳은 것을 모두 고른 것은?

> **보기**
>
> ㄱ. 통상우편물의 최대무게 : 8,000g
> ㄴ. 통상우편물의 최소부피
> • 평면의 길이 14cm, 너비 9cm
> • 원통형은 '지름의 2배'와 길이를 합하여 23cm(단, 길이는 14cm 이상)
> ㄷ. 소포우편물의 최소부피
> • 가로·세로·높이 세 변을 합하여 35cm(단, 가로는 17cm 이상, 세로는 12cm 이상)
> • 원통형은 '지름의 2배'와 길이를 합하여 35cm(단, 지름은 3.5cm 이상, 길이는 17cm 이상)
> ㄹ. 소포우편물의 최대부피 : 가로·세로·높이 세 변을 합하여 1m 이내(단, 어느 변이나 90cm를 초과할 수 없음)

① ㄱ, ㄴ ② ㄱ, ㄹ
③ ㄴ, ㄷ ④ ㄷ, ㄹ

02 우편서비스의 종류와 이용조건에 관한 설명으로 옳지 않은 것은?

① 30kg 이하 소포우편물은 보편적 우편서비스에 해당한다.
② 2kg을 초과하는 통상우편물은 선택적 우편서비스 대상이다.
③ 일반소포우편물의 송달기준은 접수한 다음 날부터 3일 이내이다.
④ 소포우편물에는 원칙적으로 서신을 넣을 수 없으나 물건과 관련이 있는 납품서, 영수증, 설명서 등은 함께 넣어 보낼 수 있다.

해설 보편적 우편역무와 선택적 우편역무

보편적 우편역무	선택적 우편역무
1. 2킬로그램 이하의 통상우편물 2. 20킬로그램 이하의 소포우편물 3. 제1호 또는 제2호의 우편물의 기록취급 등 특수취급우편물 4. 그 밖에 대통령령으로 정하는 우편물	1. 2킬로그램을 초과하는 통상우편물 2. 20킬로그램을 초과하는 소포우편물 3. 제1호 또는 제2호의 우편물의 기록취급 등 특수취급우편물 4. 우편과 다른 기술 또는 역무가 결합된 역무 5. 우편시설, 우표, 우편엽서, 우편요금 표시 인영이 인쇄된 봉투 또는 우편차량장비 등을 이용하는 역무 6. 우편 이용과 관련된 용품의 제조 및 판매 7. 그밖에 우편역무에 부가하거나 부수하여 제공하는 역무

---

01. ③ 02. ①

03 국내우편요금 제도에 관한 설명으로 옳지 않은 것은?

① 요금수취인부담우편물의 취급대상은 통상우편물, 등기소포우편물, 계약등기이다.

② 한 사람이 매월 100통 이상 보내는 통상·소포우편물은 우편요금 후납우편물의 취급대상이다.

③ 우편요금 별납우편물은 관할 지방우정청장이 지정하는 우체국(우편취급국 포함)에서만 취급이 가능하다.

④ 요금수취인부담우편물의 발송유효기간은 3년 이내로 제한하며 배달 우체국장과 이용자와의 계약으로 정한다.

04 우편사서함 사용계약에 관한 설명으로 옳은 것은?

① 우편사서함은 2인 이상이 공동으로 사용할 수 있고, 법인, 공공기관 등 단체의 우편물 수령인은 10명까지 등록할 수 있다.

② 우편물을 다량으로 받는 고객은 우편물을 정해진 날짜에 찾아갈 수 있으며, 수취인 주거지나 주소변경이 있을 경우에는 이용할 수 없다.

③ 우편사서함의 사용계약을 하려는 사람은 계약신청서와 등기우편물 수령을 위하여 본인의 서명표를 우체국(우편취급국 포함)에 제출하면 된다.

④ 국가기관, 지방자치단체, 일일배달 예정물량이 100통 이상인 다량이용자, 우편물배달 주소지가 사서함 설치 우체국의 관할구역인 신청자 순으로 우선 계약을 할 수 있다.

05 우편물의 발송에 관한 설명으로 옳은 것은?

① 우편물의 발송순서는 별도로 정하지 않으며, 일반우편물을 담은 운송용기는 운송송달증을 등록한 뒤에 발송한다.

② 일반우편물은 형태별로 분류하여 해당 우편상자에 담되 우편물량이 적을 경우에는 형태별로 묶어 담고 운송용기 국명표는 혼재 표시된 국명표를 사용한다

③ 부가취급우편물은 덮개가 있는 우편상자에 담아 덮개에 운송용기 국명표를 부착하고 필요 시 묶음끈을 사용하여 봉함한 후 발송한다.

④ 운반차에 우편물 적재 시 여러 형태의 우편물을 함께 넣을 때에는 작업을 쉽게 하기 위하여 등기소포 → 일반소포 → 등기통상 → 일반통상 → 중계우편물의 순으로 적재한다.

03
요금수취인부담우편물의 발송 유효기간은 요금수취인부담 계약일로부터 2년이 원칙이다.
다만, 국가기관, 지방자치단체 또는 정부투자기관에 있어서는 발송 유효기간을 제한하지 아니할 수 있어 2년을 초과하여 발송 유효기간을 정할 수 있다.

04
① 사서함을 2인 이상이 공동으로 사용할 수 없고, 법인, 공공기관 등 단체의 우편물 수령인은 5명까지 등록 가능하다.

② 우편물을 다량으로 받는 고객이 우편물을 수시로 찾아갈 수 있으며, 수취인 주거지나 주소변경에 관계없이 이용할 수 있는 장점이 있다.

③ 등기우편물의 수령을 위하여 본인과 대리인의 서명표를 사서함 시설이 갖춰진 우체국에 제출한다.

05
② 당일특급우편물이 삭제되어 지문을 교체하였으며 맞는 설명임

① 우편물의 발송순서 다음 각 호의 규정순위에 의하여 처리해야 한다.

가) 1순위 : EMS

나) 2순위 : 익일특급우편물, 등기소포우편물, 일반등기·선택등기우편물 및 준등기우편물, 국제항공우편물

다) 3순위 : 일반소포우편물, 일반통상우편물, 국제선편우편

③ 부가취급우편물은 덮개가 있는 우편상자에 담아 덮개에 운송용기 국명표를 부착하고 묶음끈을 사용하여 반드시(필요시×) 봉함한 후 발송한다.

④ 일반소포 → 등기소포 → 일반통상 → 등기통상 → 중계우편물의 순으로 적재한다.

---

03. ④ **04.** ④ **05.** ②

술술 풀리는 해설

06
① 보관우편물은 우편물이 도착한 다음 날부터 계산하여 10일로 한다.
③ 우편사서함번호와 주소가 함께 기록된 우편물은 사서함에 넣을 수 있으며, 특별송달, 보험취급, 맞춤형 계약등기 우편물은 주소지에 배달한다. (익일특급 ×)
④ 배달의 우선순위
1순위 : 기록취급우편물,국제항공우편물
2순위 : 준등기우편물, 일반통상우편물
(국제 선편통상우편물 중 서장 및 엽서 포함)
제3순위: 제1순위, 제2순위 이외의 우편물

07
국제초특급우편물을 발송할 수 있는 국가는 홍콩, 베트남(하노이, 호치민)이다.
※ 2016년 시험 당시 국제초특급우편물을 발송할 수 있는 국가는 일본, 싱가포르, 홍콩, 베트남(하노이, 호치민)으로 답이 ①번이었다.

08
② 국제우편요금 수취인부담 (IBRS: International Business Reply Service) 우편물은 모두 항공 취급하며, 그 밖의 부가취급은 불가하다.
① 2016년에는 국제반신우표권이라고 하였으나 현재는 국제회신우표권으로 명칭이 변경되었으며, 만국우편연합 국제사무국에서 발행한다.
③ EMS 배달보장 서비스는 카할라우정연합체 국가로 발송하는 EMS에 대해 배달보장일자를 고객에게 제공하며, 제공한 배달예정일보다 하루라도 지연배달된 경우 우편요금을 배상해 주는 고품질 서비스이다.
④ 2016년 학습서에는 수록된 내용이나 2024 학습서에서는 삭제된 내용이다.

06 국내우편물 배달에 관한 설명으로 옳은 것은?

① 보관우편물의 보관기간은 우편물이 도착한 다음 날부터 계산하여 15일이다.
② 수취인이 2명 이상인 경우에는 그 중 1인에게 배달하는 것이 우편물 배달의 일반원칙이다.
③ 우편사서함 번호와 주소가 함께 기재된 우편물 중 익일특급우편물은 주소지에 배달하여야 한다.
④ 배달의 우선순위에서 일반통상우편물(국제선편통상우편물 중 서장 및 엽서 포함)은 제1순위에 해당된다.

07 우리나라에서 국제초특급우편물을 발송할 수 없는 국가는?

① 프랑스
② 싱가포르
③ 일본
④ 베트남

08 국제우편에 관한 설명으로 옳지 않은 것은?

① 국제반신우표권(International Reply Coupons)은 만국우편연합 국제사무국에서 발행한다.
② 국제우편요금 수취인부담(International Business Reply Service)우편물은 선편, 항공 등의 부가취급을 할 수 있다.
③ EMS 배달보장 서비스는 제공된 배달예정일보다 지연된 사실이 확인된 경우 절차를 거쳐 우편요금을 배상한다.
④ 국제초특급서비스(International EMS Time Certain Service)는 배달결과를 배달 당일 발송인에게 알려주는 서비스를 제공한다.

06. ② 07. ①, ②, ③ 08. ②

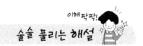

09 국제우편 행방조사청구제도와 손해배상제도에 대한 설명으로 옳지 않은 것은?

① 우편물 발송국가 및 도착국가는 물론 제3국(외국)에서도 행방조사를 청구할 수 있다.

② 행방조사청구가 기한 내에 이루어져야 하는 것은 손해배상 요건 중 하나이다.

③ 국제특급우편물 분실, 파손 등으로 지급된 손해배상금은 사고에 대한 책임이 있는 해당 우정청이 부담하는 것을 원칙으로 한다.

④ 손해배상 청구권자는 원칙적으로 수취인에게 배달되기 전까지 발송인이며, 배달된 후에는 수취인에게 청구 권한이 있다.

10 〈보기〉와 같이 조건이 주어진 각 상품에 대한 설명으로 옳은 것은?

> **보 기**
>
> 액면가와 가입금액은 1억 원, 만기는 1년으로 동일하며, 금리는 세전이율 기준이다.
> (단, 물가상승률은 1.60%이다)
> ㄱ. ○○전자 회사채 : 수익률 1.75%
> ㄴ. ○○유통 회사채 : 할인율 1.75%
> ㄷ. ○○은행 정기예금 : 이자율 1.75%

① ㄱ은 ㄴ보다 표면금리가 높다.

② ㄱ은 ㄷ보다 실질금리가 높다.

③ ㄴ은 ㄱ보다 이자금액이 많다.

④ ㄴ은 ㄷ보다 수익률이 높다.

술술 풀리는 해설

09 ③ 원칙적으로 발송우정당국이 부담한다.
① 옳은 설명이다.
② 손해배상의 요건
가. 우편물에 실질적인 손해가 발생해야 한다.
나. 우편관서의 과실이 있어야 함. ※ 이유 없이 배달하지 않고 반송된 경우 우편요금 배상
다. 행방조사 청구가 기한 내에 이루어져야 한다.(②)
④ 우정국간 손해배상 책임주체
가. 우편물의 분실, 파손 또는 도난 등 사고에 대한 책임이 있는 우정당국
나. 국제특급의 경우 지급된 배상금은 원칙적으로 발송우정당국이 부담하고 있으나 상대국에 따라 귀책사유가 있는 우정당국이 배상하는 경우도 있다.(③)

10
• ㄱ과 ㄷ의 수익률 :

$$\frac{수익}{원금} \times 100$$

$$= \frac{1,750,000}{100,000,000} \times 100 = 1.75$$

• ㄴ의 수익률 :

$$\frac{수익}{할인금액} \times 100$$

$$= \frac{1,750,000}{98,250,000} \times 100 = 1.78$$

①, ③ 표면금리는 겉으로 드러난 금리로서 ㄱ과 ㄴ의 표면금리와 1.75%로 같다.
② 실질금리는 명목금리에서 물가상승률(1.60%)을 뺀 수치로서 ㄱ의 수익률과 ㄷ의 이자율에서 물가상승률 1.60%를 빼면 된다. 그러므로 0.15%로서 같다.
④ 할인율이 이자율보다 분모의 크기가 작으므로 그 수치가 크다. 그래서 이자율보다 할인율의 변동폭이 크다. 그러므로 정기예금 이자율이 회사채 할인율보다 작은 것이다.

09. ③ **10.** ④

11

구 분	내용
금융정보 분석원	금융기관 등으로부터 자금세탁 관련 의심거래를 수집·분석하여 불법거래, 자금세탁행위 또는 공중협박자금조달행위와 관련된다고 판단되는 금융거래자료를 법집행기관(검찰청·경찰청·국세청·관세청·금융위·중앙선관위 등)에 제공하는 업무를 주 업무로 한다.
법집행 기관	거래내용을 조사·수사하여 기소 등의 의법조치를 하게 된다.

② 고액현금거래보고(CTR)는 1천만원이상이지만 의심거래보고제도(STR)는 기준금액이 없다.
④ 보험·공제계약, 대출·보증·팩토링 계약의 체결, 양도성 예금증서, 표지어음의 발행, 펀드 신규 가입, 대여금고 약정, 보관어음 수탁을 위한 계약 등도 "계좌의 신규개설"에 포함된다.

12

② 우체국과 예금주 사이에 개별적으로 합의한 사항이 약관 조항과 다를 때는 그 합의사항을 약관에 우선하여 적용한다.
③ 사고신고를 철회할 때에는 우체국에 예금주 본인이 서면 또는 전산통신기기 등으로 하여야 한다.
④ 예금주가 예금을 양도하거나 질권설정하려면 사전에 우체국에 통지하고 동의를 받아야 하나 입출금이 자유로운 예금은 질권설정 할 수 없다.
듬뿍우대저축예금은 입출금이 자유로운 예금으로 질권설정할 수 없다.

13

ㄱ. 회전주기(1개월, 3개월, 6개월) 적용을 통해 고객의 탄력적인 목돈운용이 가능하다.
ㄴ. 기업든든 MMDA통장은 예치기간에 따라 금리를 차등적용하는 것이 아니라 예치금액별로 금리를 차등적용하는 상품이다.

---

11 자금세탁방지제도에 대한 설명으로 옳지 않은 것은?

① 자금세탁이란 일반적으로 '자금의 위법한 출처를 숨겨 적법한 것처럼 위장하는 과정'을 의미한다.
② 의심거래보고제도(STR)의 보고대상에 대해 정해진 기준금액은 없으며 금융기관이 주관적으로 판단하여 보고한다.
③ 금융정보분석원(KoFIU)은 보고된 혐의거래를 조사·수사하여 법집행기관에 기소 등의 의법조치를 의뢰한다.
④ 고객확인제도(CDD)의 확인대상이 되는 '계좌의 신규 개설'에는 양도성 예금증서, 표지어음의 발행, 금고대여 약정도 포함된다.

12 우체국예금에 대한 설명으로 옳은 것은?

① 입출금이 자유로운 예금은 이자지급을 포함한 최종거래일로부터 10년 이상 경과한 예금은 소멸시효가 완성된 것으로 본다.
② 약관의 조항은 우체국과 예금주 사이에 개별적으로 합의한 사항에 우선한다.
③ 예금주 본인이 사고신고를 철회하는 것은 서면으로만 가능하다.
④ 듬뿍우대저축예금에 대한 질권설정은 사전에 우체국에 통지하고 동의를 받아야 한다.

13 〈보기〉의 우체국 예금상품에 대한 설명으로 옳은 것을 모두 고른 것은?

> **보기**
>
> ㄱ. 우체국 파트너든든 정기예금은 회전주기(1개월, 6개월, 12개월) 적용을 통해 고객의 탄력적인 목돈운용이 가능하다.
> ㄴ. 기업든든 MMDA 통장은 입출금이 자유로우며, 예치기간에 따라 금리를 차등적용하는 상품이다.
> ㄷ. 우체국 다드림(多Dream) 통장은 주니어패키지는 만 19세미만의 실명의 개인이, 실버패키지는 만 50세 이상의 실명의 개인이 가입한다.
> ㄹ. 우체국 새출발 자유적금은 새출발 희망패키지와 새출발 행복패키지로 구분된다.

① ㄱ, ㄴ   ② ㄱ, ㄹ
③ ㄴ, ㄷ   ④ ㄷ, ㄹ

---

11. ③   12. ①   13. ④

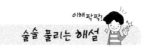

14 우체국 체크카드에 대한 설명으로 옳지 않은 것은?

① 우체국 영리한plus 체크카드는 병·의원, 약국, 학원, 마트, 문화 10% 캐시백, 우편서비스 12% 캐시백 등 의료혜택 특화 카드이다.

② 우체국 우리동네plus 체크카드는 지역별 특성을 고려한 특화가맹점에 대한 캐시백을 제공한다.

③ 우체국 다드림(多Dream) 체크카드는 전 가맹점 이용액 0.3%, 우체국 알뜰폰 통신료 10%, 우체국서비스 5%가 우체국 포인트로 적립되는 카드이다.

④ 우체국 포미 체크카드는 편의점, 간편결제, 쇼핑, 배달앱 등에서 캐시백 할인이 되는 싱글족 맞춤혜택 특화 카드이다.

14

① 우체국 행복한체크카드에 대한 설명이다. 우체국 영리한plus 체크카드는 환경부 인증 폐플라스틱을 재활용한 친환경카드, 디지털 콘텐츠 서비스 최대 20% 캐시백 등 다양한 혜택을 제공하는 체크카드이다.

④ 우체국 포미 체크카드는 24학습교재에 수록되지 않은 내용이다.

15 우체국보험의 역사를 설명한 〈보기〉의 ㉠~㉢에 들어갈 내용으로 바르게 나열한 것은?

> **보기**
>
> • 우체국보험은 (㉠)년 5월에 제정된 '조선간이생명보험령'에 따라 종신보험과 (㉡)으로 시판되었다.
> • 1952년12월 '국민생명보험법' 및 '우편연금법'이 제정되면서 '간이생명보험'이 (㉢)으로 개칭되었다

	㉠	㉡	㉢
①	1925	양로보험	우편생명보험
②	1929	양로보험	국민생명보험
③	1925	연금보험	우편생명보험
④	1929	연금보험	국민생명보험

15

• 근대적 생명보험은 1876년 일본과의 강화도조약 체결 이후 일본인에 의해 도입되었으며, 1921년 한상룡 등이 최초의 생명보험회사인 조선생명보험주식회사를 설립했다.

• 우체국보험은 1929년 5월에 제정된 '조선간이생명보험령'에 따라 조선총독부 체신국이 종신보험과 양로보험을 시판하기 시작하였으며, 이후 1952년 12월 '국민생명보험법' 및 '우편연금법'이 제정되면서 일본식 명칭이었던 '간이생명보험'이 '국민생명보험'으로 개칭되었다.

14. ① **15.** ②

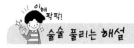

16

④ 보험료는 수지상등의 원칙에 의거하여 예정
사망률, 예정이율, 예정사업비율의 3대 예정
률을 기초로 계산한다.

17

③ 무배당 우체국치매간병보험은1종(일반심사)
과 병이 있어도 간편심사로 가입이 가능한
2종(간편심사)상품이 있으며, 어떤 상품이든
심사과정은 있다.

18

② 무배당 100세 종합보장보험은 판매가 중지된
보장성보험이다.
① 무배당 알찬전환특약은 저축성보험이다.
③,④ 에버리치복지보험은 저축성보험인데 판매
중지 되었다.
우체국암보험(갱신형),우체국치아보험은 판
매중지된 보장성 보험이다.

---

16 보험료 계산의 기초에 대한 설명으로 옳지 않은 것은?

① 예정이율이 낮아지면 보험료는 비싸지고, 예정이율이 높아지면 보험료는 싸진다.

② 예정사업비율이 낮아지면 보험료는 싸지고, 예정사업비율이 높아지면 보험료는 비싸진다.

③ 순보험료는 장래의 보험금 지급의 재원(財源)이 되는 보험료로, 위험보험료와 저축보험료로 분리할 수 있다.

④ 보험료는 대수의 법칙에 의거하여 예정사망률, 예정이율, 예정사업비율의 3대 예정률을 기초로 계산한다.

17 우체국 보험상품에 대한 설명으로 옳지 않은 것은?

① 무배당 우체국건강클리닉보험(갱신형)의 최초계약 가입나이는 0~65세이다.

② 무배당 우체국더간편건강보험(갱신형)은 15년 만기 생존 시마다 건강관리자금이 지급된다.

③ 무배당 우체국치매간병보험은 계약심사 과정 없이 가입이 간편한 무심사형 보험상품이다.

④ 무배당 파워적립보험은 기본보험료 30만원 초과금액에 대해 수수료를 인하함으로써 수익률을 증대시킨 보험상품이다.

18 다음의 우체국 보험상품 중 보장성보험 상품만으로 바르게 짝지어진 것은?

① 우체국안전벨트보험, 무배당 만원의행복보험, 무배당 알찬전환특약

② 우체국안전벨트보험, 무배당 하나로OK건강증진보험, 무배당 100세 종합보장보험

③ 우체국암보험(갱신형), 무배당 에버리치복지보험, 무배당 나눔의행복보험

④ 우체국암보험(갱신형), 무배당 우체국치아보험(갱신형), 무배당 에버리치복지보험

---

16. ④ 17. ③ 18. ②

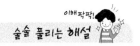

19 다음 두 사람의 대화에서 A가 B의 수표를 바로 현금으로 교환하여 주지 못하는 이유는?

> A : How can I help you?
> B : I received a bank draft from Malaysia. And I want to exchange it in Korean currency.
> A : Which currency is the draft?
> B : It is 20 US dollars.
> A : Sorry, sir. We can't exchange it right now.
> B : Why is that?
> A : We have to mail it to the issuing bank and once they pay, we will credit the amount in your account.
> B : How long does it take for me to get the money?
> A : It will take a week or so.
> B : All right. I'll check my account then. Thanks.

① 수표에 표시된 화폐의 잔고가 부족하기 때문이다.
② 발행은행에 수표를 보내서 결제 받은 돈을 입금해 주기 때문이다.
③ B의 개인 신용등급이 낮아서 거래의 승인이 불가하기 때문이다.
④ 수표 금액이 적어서 우편료와 수수료의 발생으로 거래가 어렵기 때문이다.

20 다음 글에서 밑줄 친 부분이 어법상 틀린 것은?

> The connectedness of words to real people and things, and not just to information about those people and things, ① has a practical application that is very much in the news. The fastest-growing crime in the beginning of this century is identity theft. An identity thief uses information ② connected with your name, such as your social security number or the number and password of your credit card or bank account, to commit fraud or steal your assets. Victims of identity theft may lose out on jobs, loans, and college admissions, can ③ turn away at airport security checkpoints, and can even get arrested for a crime committed by the thief. They can spend many years and much money ④ reclaiming their identity.

2014시행 우편 및 금융상식(기초영어 포함)

01
② 물품 가액은 발송인이 정하며, 취급 담당자는 가액 판단에 관여할 필요가 없다.
③ 특별송달이란 등기 취급을 전제로 민사소송법이 정하는 방법에 따라 송달하는 우편물로서, 배달우체국에서 배달결과를 발송인에게 통지하는 특수취급제도이다.
④ 통화등기란 강제 통용력이 있는 국내통화에 한정하여 수취인에게 직접 배달하는 제도이다.

02
③ 시행규칙 제98조제1항 본문
① 우편요금을 별납할 수 있는 우편물은 10통 이상의 통상우편물 또는 소포우편물로 한다.
② 요금수취인부담 우편물의 발송 유효기간은 요금수취인부담 계약일로부터 2년이 원칙이다. 다만, 국가기관, 지방자치단체 또는 정부투자기관에 있어서는 발송 유효기간을 제한하지 아니할 수 있어 2년을 초과하여 발송 유효기간을 정할 수 있다.
④ 우편관서의 과실로 인하여 과다 징수한 우편요금의 반환 청구기간은 우편요금을 납부한 날부터 60일이다. 다만 사설우체통의 사용을 폐지하거나 사용을 폐지시킨 경우 그 폐지한 다음 날부터의 납부수수료 잔액의 청구기간은 폐지 또는 취소한 날부터 30일이다.(시행령 제35조 제2항)

03
통상우편물의 익일특급 우편물이 지연배달한 경우에는 배상금액은 우편요금 및 국내특급 수수료이다.
※당일특급의 폐지로 문제를 익일특급으로 수정함

01 국내우편의 특수취급제도에 대한 설명으로 옳은 것은?

① 내용문서는 한글이나 한자 또는 그 밖의 외국어로 자획을 명확하게 기록한 문서에 한정하여 취급하며 원본과 등본 모두 양면으로 작성할 수 있다.

② 물품등기 접수 시 물품가액은 접수 담당자가 정한다.

③ 특별송달이란 등기취급을 전제로 우편법이 정하는 방법에 따라 송달하는 우편물로서, 배달결과를 발송인에게 통지하는 제도이다.

④ 통화등기란 국내·외 통화를 수취인에게 직접 배달하는 제도이다.

02 국내 우편요금에 대한 설명으로 옳은 것은?

① 우편요금을 별납할 수 있는 우편물은 10통 이상의 통상우편물에 한한다.

② 요금수취인부담 우편물의 발송 유효기간은 이용일로부터 1년을 초과할 수 없다.

③ 국가 또는 지방자치단체에서 발송하는 우편물은 발송우체국장이 후납조건을 따로 정할 수 있다.

④ 우편관서의 과실로 인하여 과다 징수한 우편요금의 반환 청구기간은 우편요금을 납부한 날로부터 30일이다.

03 국내통상 익일특급우편물이 지연배달 되었을 경우 지연배달에 대한 배상금액의 종류로 옳은 것은?

① 등기취급 수수료

② 국내특급 수수료

③ 우편요금 및 등기취급 수수료

④ 우편요금 및 국내특급 수수료

해설 통상우편물 및 소포우편물 지연배달 기준 및 배상금액

구 분		지연배달 기준	배상금액
통 상	일반, 준등기	없 음	없 음
	등기취급	D+5일 배달분부터	우편요금 및 등기취급 수수료
	국내특급 (익일특급)	D+3일 배달분부터	우편요금 및 국내특급수수료
소 포	일 반	없 음	없 음
	등기취급, 안심소포	D+3일 배달분부터	우편요금 및 등기취급수수료

01. ① 02. ③ 03. ④

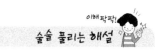
04 우편물 배달에 대한 설명으로 옳지 않은 것은?

① 우편물은 그 표면에 기재된 곳에 배달하고, 2인 이상을 수취인으로 하는 경우는 그 중 1인에게 배달한다.

② 등기우편물 배달 시의 수령사실 확인은 특수우편물 배달증에 수령인이 서명 또는 날인하는 것으로 한다.

③ 무인우편물보관함은 보관에 대한 증명 자료를 제공하기 때문에 보험 등기우편물을 무인우편물보관함에 배달할 수 있다.

④ 우편사서함에 배달된 우편물을 정당한 사유 없이 30일 이상 수령하지 아니한 경우에는 사서함 사용계약을 해지할 수 있다.

04
③ 특별송달, 보험취급 등 수취인이 직접 수령했다는 사실의 확인이 필요한 우편물은 무인우편물 보관함에 배달할 수 없다.
② 우편법 시행규칙 제28조

05 국제 소형포장물(Small packet)의 내용품 가격이 450SDR인 경우, 해당 우편물에 첨부해야 하는 국제우편 서식으로 옳은 것은?

① CN01   ② CN07
③ CN22   ④ CN23

05
소형포장물(Small packet) 내용품이 524,700원(300SDR) 이하일 경우는 세관표지(CN22)를 붙이고, 524,700원이 초과될 경우는 세관신고서(CN23)를 첨부한다.
※ SDR(특별인출권)환율: 1SDR = 1,749원

06 국제 보통소포우편물의 주소기표지 작성에 대한 설명으로 옳지 않은 것은?

① 주소기표지에는 도착국가에서 필요한 서식(송장, 세관신고서)이 포함되어 있지 않기 때문에 발송인은 통관 수속에 필요한 서류를 첨부해야 한다.

② 내용품의 중량을 측정하는 경우 100g 미만의 단수는 100g 단위로 절상한다.

③ 주소기표지의 제2면은 접수우체국에서 보관하고, 제3면은 발송인에게 교부하며, 제4면, 제5면은 세관신고서이다.

④ 우편물 번호가 'CP'로 시작하는 주소기표지를 사용한다.

06
① 국제소포우편물 주소기표지(운송장)에는 도착국가에서 필요한 서식(송장, 세관신고서)이 포함되어 있으므로 이러한 서식을 별도 작성하여 첨부할 필요가 없다.
  다만, 발송인이 필요하다고 인정하는 경우에는 우리나라와 도착국가에서의 통관 수속에 필요한 모든 서류(상업송장, 수출허가서, 수입허가서, 원산지증명서, 건강증명서 등)를 첨부할 수 있다.
② 100g 미만의 단수는 100g 단위로 절상
  ※ 소포우편물 중량이 5740g인 경우 5,800g으로 기록
④는 학습서에 없는 내용이지만 맞는 내용이다.

04. ③ 05. ④ 06. ①

07

상기 사례에서 국제우편물의 종류는 국제특급우편물(EMS)이고 손해배상의 유형 내지 범위는 내용품이 책 4권, 바지 2벌, 티셔츠 1벌이므로 내용품이 서류가 아닌 것으로서 분실, 도난, 또는 훼손된 경우에 해당된다.

이 경우 손해배상액은 '70,000원에 1kg당 7,870원을 합산한 금액 범위 내의 실손해액과 납부한 국제특급우편요금'이다.

이 사례의 손해배상청구액을 구체적으로 계산해보면 다음과 같다.

(가) '70,000원에 1kg당 7,870원을 합산한 금액 범위 내의 실손해액]
1. 내용품 가격 : 실손해액이 되어 160,000원
2. 손해배상 한도액 : 70,000원에 1kg당 7,870원을 합산한 금액
   $\Rightarrow 70,000 + 10kg \times 7,870 = 148,700$원
3. 결론적으로 손해배상 한도액 148,700원(손해배상 한도액 범위 내의 실손해액만 인정되며 사례의 실손해액 160,000원은 한도액을 초과하므로 이 금액은 청구할 수 없다)
(나) 우편요금 ; 56,200원
(다) 배상금액 = (가) + (나)
            = 148,700원+56,200원
            = 204,900원

07 〈보기〉와 같이 접수된 국제우편물이 상대 국가에서 분실되어 손해배상을 해야 할 경우, 〈조건〉에 따른 배상금액으로 옳은 것은?

보기	
우편물 번호	EM 052 683 101 KR
우편물 종류	EMS
중 량	10kg
내용품	책 4권, 바지 2벌, 티셔츠 1벌
내용품 가격	160,000원
우편요금	56,200원

조 건

• 접수 시 보험취급 되지 않았다.
• 행방조사 청구료 등 기타 비용은 발생하지 않았다.
• 손해배상 기준은 「우정사업본부 고시 제2012-28호」에 의거한다.

① 160,000원   ② 204,900원
③ 212,500원   ④ 216,200원

해설 [국제우편물 유형별 손해배상액(우본 고시)]

종류별	손해배상의 범위	배상금액
등기우편물	o 분실, 전부 도난 또는 전부 훼손된 경우	o 52,500원 범위내의 실손해액과 납부한 우편요금(등기료 제외)
	o 일부 도난 또는 일부 훼손된 경우	o 52,500원 범위내의 실손해액
등기우편낭 배달 인쇄물	o 분실, 전부 도난 또는 전부 훼손된 경우	o 262,350원과 납부한 우편요금(등기료 제외)
	o 일부 도난 또는 일부 훼손된 경우	o 262,350원 범위내의 실손해액
보통소포우편물	o 분실, 전부 도난 또는 전부 훼손된 경우	o 70,000원에 1Kg당 7,870원을 합산한 금액범위내의 실손해액과 납부한 우편요금
	o 일부 분실·도난 또는 일부 훼손된 경우	o 70,000원에 1Kg당 7,870원을 합산한 금액범위내의 실손해액
보험서장 및 보험소포우편물	o 분실, 전부 도난 또는 전부 훼손된 경우	o 보험가액 범위내의 실손해액과 납부한 우편요금(보험취급수수료 제외)
	o 일부 분실·도난 또는 일부 훼손된 경우	o 보험가액 범위내의 실손해액
국제특급우편물 (EMS)	o 내용품이 서류인 국제특급우편물의 분실	o 52,500원 범위내의 실손해액과 납부한 국제특급우편요금
	o 내용품이 서류인 국제특급우편물이 일부 도난 또는 훼손된 경우	o 52,500원 범위내의 실손해액과 납부한 국제특급우편요금
	o 내용품이 서류가 아닌 국제특급우편물이 분실·도난 또는 훼손된 경우	**o 70,000원에 1Kg당 7,870원을 합산한 금액 범위내의 실손해액과 납부한 국제특급우편요금**
	o 보험취급한 국제특급우편물이 분실·도난 또는 훼손된 경우	o 보험가액 범위내의 실손해액과 납부한 국제특급우편요금 (보험취급수수료 제외)
	o 배달예정일보다 48시간 이상 지연 배달된 경우 단, EMS 배달보장서비스는 배달예정일 보다 지연배달의 경우	o 납부한 국제특급우편요금 (보험취급수수료 제외)

07. ②

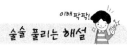

08 국제우편에서 사용되는 국가명과 해당 국가의 약호가 바르게 연결된 것은 모두 몇 개인가?

보 기
㉠ 홍콩 – CN 　　　　　　㉡ 오스트레일리아 – AU
㉢ 캐나다 – CA 　　　　　㉣ 인도네시아 – IN
㉤ 영국 – GB 　　　　　　㉥ 괌 – US

① 2개　　　　　　　　　② 3개
③ 4개　　　　　　　　　④ 5개

해설 [중요 국가약호 정리]

조합원리	국가 약호
국명의 첫 두 글자로 조합	오스트레일리아(Australia)–AU 인도(India)–IN 중국(China)–CN 이탈리아(Italy)–IT 캐나다(Canada)–CA
국명의 첫 글자와 마지막 글자로 조합	덴마크(Denmark)–DK 이스라엘(Israel)–IL 마카오(Macao)–MO
국명의 첫 글자와 중간 글자로 조합	네덜란드(Netherlands)–NL 대만(Taiwan)–TW 홍콩(Hong Kong)–HK (학습교재에 없음)
특이하게 조합	1. 독일(Germany)–DE 2. 영국[The United Kingdom(of Great Britain and Northern Ireland)]–GB 3. 벨라루스(백러시아, Belarus)–BY 4. 스리랑카(Sri Lanka)–LK 5. 미국령인 괌(Guam), 사이판(Saipan), 푸에르토리코(Puerto Rico)는 도시명을 확인하여 괌–GU, 사이판–MP, 푸에르토리코–PR로 기재

09 국제통상우편물을 접수할 때 제한중량이 가장 큰 것은?

① 서장(Letters)
② 인쇄물(Printed papers)
③ 소형포장물(Small packet)
④ 시각장애인용 점자우편물(Literature for the blind)

08
㉠ 홍콩 – CN이 아닌 HK(학습교재에 없음)
㉡ 오스트레일리아 – AU(○)
㉢ 캐나다 – CA(○)
㉣ 인도네시아 – IN이 아닌 ID
㉤ 영국 – GB(○)
㉥ 괌 – US가 아닌 GU (학습교재에 없음)
따라서 국가의 약호가 바른 것은 '㉡, ㉢, ㉤' 3개 이다.

09
①,③ 서장(Letters), 소형포장물(Small packet): 무게한계 2kg
② 인쇄물, 항공서간 : 무게 한계 5kg
④ 시각장애인용 우편물 : 무게한계 7kg
※우편자루배달인쇄물(Mbag):10kg ~30kg
　→ 시각장애인용 점자우편물 > 인쇄물 > 소형포장물 = 서장

08. ② **09.** ④

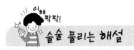
10

③ 하이브리드형 카드이외에는 신용공여기능이 없기 때문에 발급과정에서 별도의 결제능력을 심사하지 않는다
① 신용공여는 30만원한도이다.
② 신용카드 대비 높은 세액공제 제공, 소액 신용한도가 부여된 체크카드의 등장, 신용카드 대비 낮은 가맹점 수수료율, 전반적인 체크카드 가맹점 수수료의 지속적 인하 등 체크카드 활성화 정책과 맞물려 체크카드는 계속 활성화될 전망이다
④ 신용카드만 연회비가 있고, 선불카드 체크카드, 직불카드, 현금IC카드 모두 연회비는 없다.

11

2040+α 정기예금은 20~40대 직장인과 카드 가맹점, 법인 등의 안정적 자금운용을 위해 급여이체 실적, 카드 가맹점 결제계좌 이용, 우체국예금, 보험, 우편 우수고객 등 일정 조건에 해당하는 경우 우대금리를 제공하는 거치식 정기예금이다.
②는 2040+α 자유적금에 대한 설명이다.
① 가입대상은 실명의 개인으로 인터넷뱅킹, 스마트뱅킹 또는 우체국 창구를 통해 가입하고 별도의 통장 발행 없이 전자금융 채널(인터넷뱅킹, 스마트뱅킹, 폰뱅킹, 자동화기기)을 통해 거래하는 입출금이 자유로운 예금이다.

12

공제금은 법에 의해 압류, 담보, 양도가 금지되어 있어 폐업 등의 경우에도 안전하게 생활안정과 사업재기를 위한 자금으로 활용할 수 있다.

---

10 우체국체크카드에 대한 설명으로 옳은 것은?

① 고객의 신용등급에 따라 소액의 신용공여(50만원 한도)가 부여된 하이브리드형 카드를 발급받아 이용할 수 있다
② 신용카드 대비 낮은 세액공제 제공, 신용카드 대비 높은 가맹점 수수료율 등의 문제점이 있다.
③ 자격기준 없어 신용불량자도 가입이 가능하다.
④ 제휴카드사 가맹점에서 일시불만 이용가능하고 할부는 불가하며, 연회비는 5,000원이다.

11 우체국의 예금상품에 대한 설명으로 옳지 않은 것은?

① e-Postbank예금은 별도의 통장 발행 없이 전자금융 채널을 통해 거래하는 입출금이 자유로운 예금이다.
② 2040+α정기예금은 20~40대 직장인과 카드 가맹점, 법인 등의 자유로운 목돈 마련을 위해 우대금리를 제공하는 적립식 예금이다.
③ 우체국 아이LOVE 적금은 만 19세 미만의 어린이·청소년의 목돈 마련을 위해 사회소외계층, 단체가입, 가족 거래 실적 등에 따라 우대금리를 제공하는 적립식 예금이다.
④ 시니어 싱글벙글예금은 여유자금 추가입금과 긴급자금 분할해지가 가능한 정기예금으로 만 50세 이상 중년층 고객을 대상으로 한다.

12 우체국에서 판매대행하고 있는 노란우산공제에 대한 설명으로 옳지 않은 것은?

① 우체국은 청약서 및 제반서류 접수와 부금 수납 등의 업무를 대행한다.
② 수급권 보호를 위해 압류와 담보제공은 금지되지만, 거래 편의를 위해 양도는 허용된다.
③ 노란우산공제에 가입한 소상공인·소기업 대표자를 대상으로 우대금리를 제공하는 서민자산 형성 지원을 위한 공익형 정기예금은 우체국 소상공인정기예금이다.
④ 소기업과 소상공인의 생활안정 및 사업재기를 돕기 위해 중소기업중앙회가 운영하는 공제제도이다.

---

10 ③ 11. ③ 12. ④

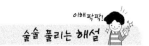

13 「금융실명거래 및 비밀보장에 관한 법률」에 의거하여 금융기관이 금융거래정보를 제공할 때의 업무처리에 대한 설명으로 옳은 것은?

① 금융거래정보 등을 제공한 경우에는 그 내용을 표준양식에 따라 기록·관리하여 10년 동안 보관해야 한다.

② 금융거래정보 등의 제공사실에 대한 통보의무를 위반한 경우에는 3,000만 원 이하의 벌금에 처해진다.

③ 금융거래정보 등을 제공한 경우에는 제공한 날로부터 10일 이내에 그 사실을 명의인에게 서면으로 통보하여야 한다.

④ 통보유예 요청을 받은 경우에는 통보유예 기간이 종료된 날로부터 30일 이내에 정보제공 사실을 명의인에게 서면으로 통보하여야 한다.

14 생명보험 계약에 대한 설명으로 옳지 않은 것은?

① 보험계약에서 본인의 목숨이나 건강 등을 담보시킨 사람을 피보험자라 한다.

② 보험계약자가 보험에 의한 보장을 받기 위하여 보험자에게 지급하여야 할 금액을 보험료라 한다.

③ 보험에 담보된 생명이나 신체에 관하여 불확정한 사고, 즉 위험이 발생하는 것을 보험사고라 한다.

④ 보험기간에 대하여 상법에서는 보험자의 책임을 최초의 보험료 납입 여부와 상관없이 청약일로부터 개시된다고 규정하고 있다.

15 우체국의 장애인전용 무배당 어깨동무보험에 대한 설명으로 옳은 것은?

① 보험수익자가 장애인인 경우 연간 4,000만 원 한도로 증여세 면제 혜택이 있다.

② 1종(생활보장형)은 만 50세 이상의 자가 가입할 경우 80세 만기 10년 납에 한한다.

③ 2종(암보장형)의 피보험자 가입나이는 만 15~70세이다.

④ 3종(상해보장형)은 가입 후 매 5년마다 건강진단자금을 지급한다.

술술 풀리는 해설

13
③ 거래정보등을 제공한 경우에는 제공한 날(통보를 유예한 경우에는 통보유예기간이 끝난 날)부터 10일 이내에 제공한 거래정보등의 주요 내용, 사용 목적, 제공받은 자 및 제공일 등을 명의인에게 서면으로 통보하여야 한다. (법 제4조의2 제1항)

① 거래정보등을 제공한 날(제공을 거부한 경우에는 그 제공을 요구받은 날)부터 5년간 보관하여야 한다.(법 제4조의3 제2항)

② 통보의무를 위반한 경우 금융회사등의 임원 또는 직원에게 3천만원 이하의 과태료를 부과한다.(법 제7조)

④ 통보유예기간이 종료되면 종료일로부터 10일 이내에 명의인에게 정보제공사실과 통보유예 사유 등을 통보해야 한다.(법 제4조의2 제1항)

14
보험기간은 보험에 의한 보장이 제공되는 기간을 말하는데, 상법에서는 보험자의 책임을 최초의 보험료를 지급 받은 때로부터 개시한다고 규정되어 있다.

상법 제656조(보험료의 지급과 보험자의 책임개시) 보험자의 책임은 당사자 간에 다른 약정이 없으면 최초의 보험료의 지급을 받은 때로부터 개시한다.

15
① 근로소득자는 납입한 보험료(연간 100만원 한도)에 대하여 15% 세액공제, 증여세 면제(보험수익자가 장애인인 경우 연간 4,000만원 한도) 등의 세제혜택이 있다.

② 1종(생활보장형), 2종(암보장형)은 만 50세 이상 가입자인 경우 80세 만기 5년납에 한한다.

③ 2종(암보장형)의 피보험자 가입나이는 0~70세이다.

④ 3종(상해보장형)은 가입 후 매 2년마다 건강진단자금을 지급으로 각종 질환 조기진단 및 사전예방 자금으로 활용한다.

---

13. ③ **14.** ④ **15.** ①

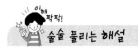

16 다음 글은 생명보험의 역선택에 대한 설명이다. ㉠~㉢에 들어갈 용어로 옳은 것은? (보기 2023 학습서에 맞추어 수정)

> **보기**
>
> (㉠) 스스로 위험도가 매우 높은 상황임을 알고 있으나, 보험금 등의 수령을 목적으로 위험 사실을 의도적으로 (㉡)하여 보험을 가입하는 행위이다. (㉢)을 통해 이러한 보험사기 가능성이 높은 계약을 사전에 차단함으로써 위험률차손익을 관리할 수 있으며 선의의 계약자를 보호할 수 있다.

	㉠	㉡	㉢
①	보험계약자	노출	보험약관
②	체신관서	은폐	보험약관
③	보험계약자	은폐	언더라이팅
④	체신관서	노출	언더라이팅

17 우체국의 보험상품에 대한 설명으로 옳지 않은 것은?

① 무배당 그린보너스저축보험플러스 2203은 만기 유지 시 계약일로부터 최초 1년간 보너스금리를 추가 제공한다.
② 무배당 우체국하나로OK건강종신보험은 보험가입금액 1,000만 원에서 4,000만 원까지 500만 원 단위로 가입이 가능하다.
③ 무배당 우체국건강클리닉보험(갱신형) 2109는 10년 만기 생존 시마다 건강관리자금을 지급한다.
④ 무배당 우체국실속정기보험 2109은 갱신형으로 설계하여 보험료 상승 없이 사망과 50% 이상 중증장해를 보장한다.

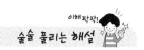

18 생명보험용어에 대한 설명으로 옳지 않은 것은?

① 국가, 지방자치단체 또는 공공법인에 의하여 경영되는 보험을 공영보험이라 한다.

② 가정경제에 있어 장래에 발생할 경제적 필요에 따라 장기적이며, 적절한 준비를 하는 행위를 생활설계라 한다.

③ 자산운용 결과, 실제이율이 보험료 계산에 사용한 예정이율을 초과했을 때에 생기는 이익금을 이차익이라 한다.

④ 생명보험사업을 영위하는데 있어서 제1회 이후의 보험료를 수금하는데 소요되는 일체의 경비를 순보험료라 한다.

19 문맥을 고려할 때, 빈칸 ⓐ에 들어갈 알맞은 단어는?

> Multi-national companies have tried to put processes in place that are scalable; that is, they have to work for large groups across a big organization. But when things have to get done quickly, companies need to break free of the bureaucracy. In fact, many other companies decide to set up innovative projects to do just this: they pull a team out of the normal workflow, giving them permission to manage the rules flexibly, to free them to think and work differently. In short, such scalable processes sometimes are not necessarily (ⓐ).

① commendable

② deniable

③ incredulous

④ unjustifiable

18

순보험료는 장래의 보험금 지급의 재원이 되는 보험료를 말한다. 반면에 부가보험료는 보험회사가 보험계약을 체결, 유지, 관리하기 위한 경비에 사용되는 보험료로서, 그 중에서 수금비는 보험료 수금에 필요한 경비를 말한다.

19

[어휘]
• scalable : 오를 수 있는
• bureaucracy : 관료제

[해설]
기업에서 업무를 빠르게 처리하기 위해서는 큰 틀인 관료제에서 벗어나 개별 부서가 유연하게 활동할 수 있어야 한다. 따라서 확장성 있는 프로세스가 꼭 인정받을 만한 것은 아니다.

[해석]
다국적 기업들은 확장성 있는 프로세스를 실행하기 위해 힘써왔다.
다시 말해, 그들은 거대한 조직 전반에 걸쳐 큰 그룹으로 일해야 한다.
그러나 업무가 빠르게 처리되어야 하는 경우, 기업은 관료주의로부터 벗어날 필요가 있다.
사실, 많은 다른 기업들은 바로 이를 위해서 혁신적인 프로젝트 수립을 결정한다.
그들은 팀에게 규율을 유연하게 관리하도록 권한을 부여하면서 보통의 작업 흐름 밖으로 그들을 이끌어 다른 방식으로 사고하고 일할 수 있도록 한다.
요컨대, 때때로 그러한 확장성 있는 프로세스는 반드시 (ⓐ)는 아니다.
① 인정받을 만한
② 거부할 수 있는
③ 의심스러운
④ 정당성 없는

18. ④ 19. ①

20 다음 글의 내용과 일치하지 않는 것은?

The modern post office uses a self−service kiosk that gives postal patrons a do−it−yourself option for a variety of postal services. The kiosk can be used to purchase stamps and print postage for express, priority, first−class mail and parcel postage. It is also a good fit, especially for soldiers in training who may only have the chance to use the post office after business hours. The post office is hoping the kiosk will help shorten the postal service lines, especially at lunchtime. This new tool supplements post office employees to help patrons get in and out more quickly.

① The kiosk is expected to shorten the postal service lines.
② The kiosk gives a self−service for postal patrons.
③ The kiosk is useful for soldiers especially at lunchtime.
④ The kiosk can be used to print postage for priority.

나만의 정리노트

우편 및 금융상식(기초영어 포함)

01 다음은 이용자 실비지급제도에 관한 설명이다. ( ) 안에 들어갈 내용으로 옳은 것은?

> **보기**
>
> 우편역무의 제공과 관련하여 ( )이 공표하는 기준을 충족하지 못하는 경우에 예산의 범위 안에서 해당 이용자에게 교통비 등 실비의 전부 또는 일부를 지급하는 제도로, 부가취급여부·재산적 손해 유무를 요건으로 하지 않고 실비를 보전하는 점에서 손해배상과 성질상 차이가 있다

① 우체국장
② 지방우정청장
③ 우정사업본부장
④ 과학기술정보통신부장관

02 국내우편서비스 선택적 우편역무의 대상에 해당하지 않는 것은?

① 우편 이용과 관련된 용품의 제조 및 판매
② 우편과 다른 기술 또는 역무가 결합된 역무
③ 우편시설, 우표, 우편엽서, 우편요금 표시 인영이 인쇄된 봉투 또는 우편차량장비 등을 이용하는 역무
④ 20킬로그램 이하의 소포우편물

03 국내소포우편물의 취급조건과 접수에 관한 설명으로 옳지 않은 것은?

① 최대 제한중량은 30kg이다.
② 노트, 사진, 거래통장, 통화는 소포로 취급할 수 있다.
③ 접수 시 내용품을 문의하고 우편물의 포장상태를 검사한다.
④ 보통소포 우편물의 표면 왼쪽 중간에 '소포' 표시를 한다.

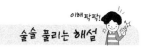

04 우체국소포에 관한 설명으로 옳지 않은 것은?

① 소포우편물 방문접수의 브랜드로 업무표장이다.

② 개별방문소포와 계약소포의 2종류가 있다.

③ 접수지역은 4급 또는 5급 우체국이 설치되어 있는 시·군의 시내 배달구(시내지역)와 그 외 관할 우체국장이 방문접수를 실시하는 지역이다.

④ 요금수취인부담(요금 착불)은 불가능하다

05 봉투에 넣어 봉함하여 발송하는 통상우편물의 규격요건에 관한 내용이다. 위반 시 규격 외 요금을 징수하는 것은?

① 우편물의 무게는 최소 3.27g에서 최대 50g이다.

② 우편물의 봉투봉함 방법은 풀 또는 접착제를 사용하여야 한다.

③ 우편물의 표면 및 내용물은 편편하고 균일하여야 한다.

④ 우편물의 봉투색상은 흰색 또는 밝은 색으로 한다.

06 다음은 우편물의 일반취급 처리과정이다. ( )에 들어갈 용어로 옳은 것은?

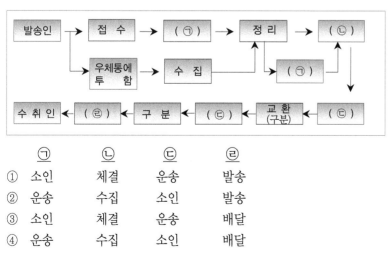

	㉠	㉡	㉢	㉣
①	소인	체결	운송	발송
②	운송	수집	소인	발송
③	소인	체결	운송	배달
④	운송	수집	소인	배달

04 우체국 택배제도가 우체국 소포제도로 명칭이 변경됨에 따라 문제를 수정함.
④ 요금수취인부담(요금 착불)도 가능하다

05
봉투에 넣어 봉함하거나 포장하여 발송하는 우편물의 규격요건 및 외부표시(기재)사항
위반시 규격 외 요금을 징수한다.
• 크기
[세로] 90mm~130mm (허용오차 ±5mm)
[가로] 140mm~235mm(허용오차 ±5mm)
[두께] 0.16mm~5mm
• 무게 : 최소 3g, 최대 50g
• 봉투의 재질 : 종이(창문봉투의 경우 다른 소재로 투명하게 창문제작)
• 수취인 우편번호 위치 및 규격
 – 규격 : 상·하·좌·우에 4mm 이상 여백
 – 위치 : 공백 공간 밖, 주소·성명 등 기재사항보다 아래쪽 및 수취인 기재영역 좌우 너비 안쪽의 범위에 위치
• 표면 및 내용물
 – 문자·도안 표시에 발광·형광·인광물질 사용불가
 – 봉함 시 풀, 접착제 사용(스테이플, 핀, 리벳 등 도드라진 것 사용불가)
 – 특정 부분 튀어나옴·눌러찍기·돋아내기·구멍뚫기 등이 없이 균일해야 함
• 기계처리를 위한 공백 공간 (허용오차 ±5mm)
 – 앞면 : 오른쪽 끝에서 140mm × 밑면에서 17mm, 우편번호 오른쪽 끝에서 20mm
 – 뒷면 : 왼쪽 끝에서 140mm ×밑면에서 17mm

06
차례로 들어갈 말은 ㉠ 소인,
㉡ 체결, ㉢ 운송, ㉣ 배달이다.

07 항공등기로 접수하는 국제통상우편물 중 항공부가요금만 징수하는 우편물은?

① 인쇄물
② 소형포장물
③ 우편자루배달인쇄물
④ 시각장애인용 우편물

08 다음에서 국제특급우편(EMS)으로 보낼 수 있는 물품은?

보 기	
㉠ 송금환	㉡ 마그네틱 테이프
㉢ 마이크로 필름	㉣ 상품 견본
㉤ 상업용 서류	㉥ 가공하지 않은 금

① ㉠, ㉡, ㉢, ㉣
② ㉡, ㉢, ㉣, ㉤
③ ㉡, ㉣, ㉤, ㉥
④ ㉠, ㉢, ㉤, ㉥

09 아시아·태평양우편연합 (APPU ; Asian-Pacific Postal Union)에 관한 설명으로 옳지 않은 것은?

① 한국과 필리핀이 공동 제의하여 1961년 1월 23일에 마닐라에서 창설대회를 개최하였다.
② 상설기관으로 관리이사회, 우편운영이사회, 국제사무국이 있다.
③ 우편업무의 발전과 개선에 관한 연구를 목적으로 우정직원의 상호교환 또는 독자적 파견을 위한 협정을 체결할 수 있다.
④ 지역 내 회원국 간의 우편관계를 확장, 촉진 및 개선하고 우편업무분야에 있어서 국제협력을 증진하는 것을 목적으로 한다.

10 우체국 전자금융 및 제휴서비스에 대한 설명으로 옳은 것은?

① 우체국예금 고객은 창구망 공동이용 서비스를 통해 제휴은행 창구에서 자행거래 방식으로 입·출금이 가능하다.

② 인천공항우체국에서 외화실물을 수령할 수 있는 환전 예약은 모바일뱅킹서비스를 통해 가능하다.

③ 우체국 인터넷뱅킹에서 신한은행의 SWIFT망을 통해 수취인의 해외은행 계좌로 송금이 가능하다.

④ 에버리치 ONE PLUS카드는 IC칩이 내장된 편리하고 보안성이 높은 카드로서 물품의 신용구매가 가능하다.

11 금융상품에 대한 설명으로 옳은 것은?

① 듬뿍우대저축은 수시 입·출금이 가능한 요구불성 예금으로 예금액별 차등금리를 적용한다.

② 이웃사랑정기예금은 국가유공자, 장기기증자, 헌혈자, 입양자가 가입대상인 적립식 예금이다.

③ 챔피언정기예금은 가입기간(연, 월, 일 단위 가입)을 자유롭게 선택할 수 있는 만기일시지급식 고객맞춤형 정기예금이다.

④ 양도성예금증서(CD)는 중도해지가 불가능하며 예금자보호가 되는 상품이다.

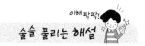
이해쏙쏙!
술술 풀리는 해설

10

③ 우체국은 신한은행과 제휴하여 신한은행 SWIFT망을 통해 전 세계금융기관을 대상으로 해외송금 서비스를 운영하고 있다.

② 우체국 창구 방문 신청 또는 인터넷뱅킹·스마트뱅킹을 이용하여 환전(원화를 외화로 바꾸는 업무) 거래와 대금 지급을 완료하고, 원하는 수령일자(환전예약 신청 당일 수령은 불가) 및 인천공항우체국 등 장소를 선택하여 지정한 날짜에 외화실물을 직접 수령하는 서비스이다. (2023 학습서 기준으로 옳은 설명이다)

① 우체국 고객이 아닌 제휴은행 고객이 각 우체국 창구에서 기존의 타행환 거래 방식이 아닌 자행거래 방식으로 입출금 거래를 할 수 있도록 하고 있다.

④ 에버리치 ONE PLUS카드는 IC칩이 내장된 편리하고 보안성이 높은 카드이나 물품의 신용구매는 불가능하다.

※ 에버리치 ONE PLUS카드는 신규발급이 중단되었다.

11

① 듬뿍우대저축예금은 개인고객을 대상으로 예치 금액별로 차등 금리를 적용하는 개인 MMDA 상품으로 입출금이 자유로운 예금이다.

② 이웃사랑정기예금은 국민기초생활수급자, 장애인, 한부모가족, 소년소녀가정, 조손가정, 다문화가정 등 사회 소외계층과 장기기증희망등록자, 골수기증희망등록자, 헌혈자, 입양자 등 사랑나눔 실천자 및 농어촌 지역(읍·면 단위 지역 거주자) 주민이 가입대상인 거치식 예금이다.

③ 챔피언정기예금은 가입기간(연, 월, 일 단위 가입) 및 이자지급방식(만기일시지급식, 월이자지급식)을 자유롭게 선택할 수 있는 고객맞춤형 정기예금이다.

④ 양도성예금증서(CD)는 중도해지가 불가능하고, 예금자보호도 되지 않는 상품이다.

10. ②, ③ **11.** ①

12

① 환매조건부채권 매매시장은 자금시장에 해당한다.

② 중소기업은행은 특수은행이다.

③ 일반적으로 개인별로 모든 소득은 합산하여 과세하는 종합소득세가 원칙이지만 이자나 배당 등 금융소득은 연간 총액이 2천만원 초과일 때에만 종합과세하고 2천만원이하인 경우에는 분리과세 되어 다른 소득의 규모에 관계없이 일률적으로 14%의 소득세와 1.4%의 지방소득세를 합한 15.4%의 세금이 원천징수 된다.

13

㉠ 고객의 선택에 따라 경조금을 환증서 또는 현금으로 전달할 수 있다.

㉡ 선물투자를 위한 계좌개설 대행은 가능하다.

㉢ 2024년 현재는 소액해외송금업체인 ㈜와이어바알리社와 제휴를 통해 스마트뱅킹을 통한 당발송금만 가능(21. 4월 시행)하며 타발송금의 창구지급 및 배달서비스는 향후 도입 예정이다

㉣ 해외송금서비스의 종류

· 당발송금 : 수취인의 해외은행계좌로 송금

· 타발송금 : 해외은행으로부터 수취인의 한국 우체국계좌로 송금

---

12 금융경제, 과세, 자금세탁방지업무에 대한 설명으로 옳은 것은?

① 채권시장에는 발행주체에 따라 국채시장, 지방채시장, 회사채시장, 환매조건부채권 매매시장이 있다.

② 일반은행으로는 국민은행(KB), 우리은행, 중소기업은행(IBK), 신한은행이 있다.

③ 모든 금융소득은 근로소득, 부동산임대소득, 사업소득, 연금소득 등 다른 소득과 합산하여 종합과세된다.

④ 고객확인제도는 고객별 신원확인, 고객의 실제 당사자 여부 및 금융거래 목적까지 확인할 수 있는 제도이다.

해설 단기금융시장(자금시장)과 장기금융시장(자본시장)

구 분		내 용
자금시장		· 만기 1년 이내의 금융자산이 거래되는 시장 · 콜시장, 기업어음시장, 양도성예금증서시장, 환매조건부채권매매시장, 표지어음시장, 통화안정증권시장 등
자본시장		만기 1년 이상의 채권이나 만기가 없는 주식이 거래되는 시장
	주식시장	유가증권시장, 코스닥시장, 코넥스시장, K-OTC시장 등
	채권시장 (채무증서시장)	기업어음시장, 양도성예금증서시장, 표지어음시장, 통화안정증권시장, 국채·회사채·금융채 등

13 다음 중 우체국예금(제휴서비스 포함)에서 제공하는 서비스를 모두 고른 것은?

> **보 기**
>
> ㉠ 경조사 시 경조금을 현금으로 전달
> ㉡ 선물투자를 위한 계좌개설 대행
> ㉢ 스마트폰뱅킹서비스를 통해 한국에서 해외계좌로 이체
> ㉣ USD 타발송금 서비스를 통해 한국에서 해외계좌로 이체

① ㉠, ㉡

② ㉠, ㉡, ㉢

③ ㉡, ㉢, ㉣

④ ㉠, ㉡, ㉢, ㉣

---

12. ④ **13.** ②

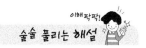

14 생명보험 상품의 종류에 관한 설명으로 옳지 않은 것은?

① 종신보험은 보험기간을 정해놓고, 사망하였을 때 보험금을 지급하는 보험이다.

② 저축성보험은 생존 시에 보험금이 지급되는 저축기능을 강화한 보험이다.

③ 연금보험은 연금을 수령하여 일정 수준의 소득을 계속 유지하기 위한 보험이다.

④ 교육보험은 교육자금을 마련할 수 있도록 설계된 보험이다.

15 보험 관련 세금에 대한 설명으로 옳은 것은?

① 저축성보험의 경우 2017년 4월 1일 이후 가입한 계약은 7년 이상 유지 시 보험차익에 대하여 비과세된다.

② 연금저축보험의 경우 5년 이내 해지된 모든 계약은 해지가산세가 과세된다.

③ 장애인전용보험의 경우 동일한 계약 건으로 보장성보험세액공제와 장애인전용보험세액공제를 받는다.

④ 보장성보험의 경우 연간 납입보험료의 100만 원 한도에서 12%의 세액공제를 받을 수 있다.

16 보험계약에 대한 설명으로 옳은 것은?

① 보험계약을 부활한 경우 계약이 실효된 이후 시점부터 부활될 때까지의 기간에 발생한 모든 보험사고에 대하여 보험자는 책임을 진다.

② 보험계약에서 보험계약자와 피보험자가 서로 다른 경우를 '타인생명의 보험'이라 하며, 보험계약자와 보험수익자가 서로 다른 경우를 '타인을 위한 보험'이라 한다.

③ 보험계약의 무효란 계약이 처음에는 유효하게 성립되었으나 계약 이후에 무효사유의 발생으로 계약의 법률상 효력이 계약시점으로 소급되어 없어지는 것을 말한다.

④ 보험계약자 또는 피보험자는 청약 시 청약서에서 질문한 사항에 대하여 보험자에게 사실대로 알려야 하나 부활청약 시에는 고지의무가 없다.

14
종신보험은 보험기간을 정하지 않고 사망 시 보험금을 지급하는 보험이다.

15
④ 일용근로자를 제외한 근로소득자가 기본공제대상자를 피보험자로 하는 일반 보장성보험에 가입한 경우 과세 기간에 납입한 보험료(100만원 한도)의 12%에 해당되는 금액을 종합소득산출세액에서 공제받을 수 있다.
① 최초로 보험료를 납입한 날부터 만기일 또는 중도해지일까지의 기간이 10년 이상으로서, 계약자 1명당 납입할 보험료 합계액이 아래 각 호의 구분에 따른 금액 이하인 저축성보험
 1. 2017년 3월 31일까지 체결하는 보험계약의 경우 : 2억원
 2. 2017년 4월 1일부터 체결하는 보험계약의 경우 : 1억원
② 2013년 3월 1일 이후의 계약은 해지가산세가 부과되지 않는다. ※ 2024학습서에 없는 내용임
③ 중복하여 세액공제는 안된다.

16
① 실효되기 전의 상태로 원상복구하는 효과를 가지나, 실효된 이후 시점부터 부활될 때까지의 기간에 발생한 모든 보험사고에 대하여 보험자는 책임을 지지 않는다.
③ 취소에 대한 설명이다.
 보험계약의 취소란 계약이 처음에는 유효하게 성립되었으나 계약 이후에 취소사유의 발생으로 계약의 법률상 효력이 계약시점으로 소급되어 없어지는 것을 말한다.
 무효란 무효사유에 의해 계약의 법률상 효력이 처음부터 발생하지 않은 것을 의미한다.
④ 부활 시에도 고지의무가 있다.

14. ① 15. ④ 16. ②

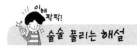

17

[장애인전용] 무배당 어깨동무보험(2종)에서 암보장개시일은 보험 계약일(부활일)로부터 그 날을 포함하여 90일이 <u>지난날의 다음날</u>로 한다.

18

② 우체국예금·보험에 관한 법률 제46조의2
① 예금자보호법이 아니라 <u>우체국은 국가기관이므로 국가에서 전액 보장</u>한다.
③ 과학기술정보통신부장관은 우체국예금·보험사업에 대한 건전성을 유지하고 관리하기 위하여 필요한 경우에는 <u>금융위원회에 검사를 요청</u>할 수 있다. (법 제3조의2 제1항)
④ 과학기술정보통신부장관은 예금의 종류별 이자율을 정하려면 금융위원회와 협의하여야 한다.
다만, 「한국은행법」에 따라 <u>금융통화위원회가 정하는 기준의 범위에서 이자율을 정하려는 경우에는 금융위원회와 협의하지 아니하고 이자율을 정할 수 있다.</u> (법 제10조)

17 현재(2024년 12월 기준) 판매 중인 우체국보험 상품에 관한 설명으로 옳지 <u>않은</u> 것은?

① 무배당 우체국건강클리닉보험에서 피보험자 나이가 15세 미만인 경우 암보장개시일은 계약일(부활일)로 한다.

② 우체국안전벨트보험에서 가입나이는 만 15세~70세이다.

③ [장애인전용] 무배당 어깨동무보험(2종)에서 암보장개시일은 보험계약일(부활일)로부터 그 날을 포함하여 90일이 지난 날로 한다.

④ 에버리치상해보험에서 골절치료자금의 경우, 치아의 파절은 보장에서 제외된다.

18 우체국예금·보험에 관한 설명으로 옳은 것은?(2024.12월 기준)

① 우체국예금은 「예금자보호법」에 의하여 원리금 전액이 지급 보장된다.

② 우체국보험은 보험을 효율적으로 운영하고 위험을 적절하게 분산하기 위하여 재보험에 가입할 수 있다.

③ 우체국예금·보험은 사업에 대한 건전성을 유지할 수 있도록 금융위원회의 정기검사를 받아야 한다.

④ 우체국예금은 「한국은행법」에 따라 금융통화위원회가 정하는 기준의 범위 내 이자율을 금융위원회와 협의하여야 한다.

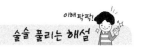

19 글의 내용과 일치하는 것은?

> People disagree about how soon the world will run out of oil, but it does not matter whether oil will run out in the next 20 years or the next 150 years. Since oil is still going to run out, we cannot depend on it to meet our energy needs forever. Besides its limited supply, oil is an imperfect energy source. It pollutes the air, and it is inefficient when it is burned. There are much better fuels available. We just need to find cheaper ways to harmless them.

① Better energy sources exist.
② The supply of oil will never run out.
③ Oil is an efficient source of energy.
④ Oil will run out in the next 20 years.

20 문맥을 고려할 때, 빈칸 ⓐ에 들어갈 알맞은 단어는?

> If you want to be successful in global business, you must understand the cultures of other countries and learn how to adapt to them, or change your practices in different cultures. It is important that you should not make business decisions that are based on misconceptions. One misconception is ethnocentrism, the belief that one's own culture is better than other cultures. Ethnocentrism can exist in an individual or in an organization. To (ⓐ) ethnocentrism, it is necessary to study the different elements of culture, including language, religion, values, customs, and material elements.

① learn   ② adapt to
③ ignore   ④ avoid

[해석]
만일 당신이 국제적인 사업에서 성공하기를 바란다면 다른 나라의 문화를 이해하고 그것에 어떻게 적응해야 하는지를 배워 다른 문화에서 당신의 행동들을 바꿔야 한다. 오해에 근거하여 사업상 결정을 하지 말아야 한다. 주요한 오해는 다른 문화보다 자신의 문화가 낫다는 자문화 중심주의이다. 자문화 중심주의는 개인이나 조직에 존재할 수 있다. 자문화중심주의를 피하기 위하여는 언어, 지역, 가치, 관습과 물질적 요소들을 포함하는 여러 다른 문화의 요소를 공부하는 것이 필요하다.

술술 풀리는 해설

19
[해설]
① 이용가능한 유용한 연료가 많이 있기 때문에 옳은 지문이다.
② 오일은 고갈되어 가고 있으므로 틀린 지문이다.
③ 오일은 비효율적인 연료이므로 틀린 지문이다.
④ 20년 혹은 150년 내에 고갈될 것이므로 틀린 지문이다.

[어휘]
• run out of~ 고갈되다, 바닥나다.
• imperfect 불완전한
• inefficient 효과없는, 비효율적인

[해석]
사람들은 석유가 어떻게 곧 고갈될 것인지에 대하여 의견이 엇갈리지만, 그것이 다음 20년이나 150년 만에 고갈될 것인지는 문제가 되지 않는다. 석유는 계속해서 고갈되어 갈 것이므로 우리는 영원히 에너지수요를 충족하기 위하여 석유에 의존할 수는 없다. 제한된 공급 이외에도 석유는 불완전한 에너지원이다. 석유는 공기를 오염시키고 불태워질 때 비효율적이다. 활용될 더 나은 연료들이 많이 있다. 우리는 무해하고 값싼 연료를 찾을 필요가 있다.

20
[해설]
자문화 중심주의(ethnocentrism)는 다른 나라의 문화를 오인하는 주요한 원인이다. 그러므로 자문화 중심주의를 피하기 위해 필요한 것들이 마지막 문장에 서술된 것이다.

[어휘]
• are based on ~에 근거하다,
              ~을 바탕으로 하다.
• misconception 오인, 오해, 잘못 이해
• ethnocentrism 자민족 중심주의, 자문화 중심주의

---

19. ①   20. ④

01

① **우편법** : 우편 이용에 관한 기본적인 사항을 정하여 공평하고 적정한 우편 역무를 제공함으로써 공공의 복지증진에 이바지함을 목적으로 한다.

② **우체국예금 · 보험에 관한 법률** : 체신관서(遞信官署)로 하여금 간편하고 신용 있는 예금 · 보험사업을 운영하게 함으로써 금융의 대중화를 통하여 국민의 저축의욕을 북돋우고, 보험의 보편화를 통하여 재해의 위험에 공동으로 대처하게 함으로써 국민 경제생활의 안정과 공공복리의 증진에 이바지함을 목적으로 한다.

③ **우체국창구업무의 위탁에 관한 법률** : 우체국창구업무의 일부를 일정한 자에게 위탁하여 이용 창구를 확대하고, 사업을 효율적으로 운영함으로써 국민편의의 증진과 우정사업의 발전에 이바지함을 목적으로 한다.

④ **우정사업운영에 관한 특례법** : 우정사업의 조직, 인사, 예산 및 운영 등에 관한 특례를 규정함으로써 우정사업의 경영합리화를 도모하여 우정서비스의 품질을 향상시키고 국가경제의 발전에 이바지함을 목적으로 한다.

02

[송달기준]

• **개념** : 우편물을 수집하거나 우체국 창구에 접수한 우편물의 송달에 걸리는 기간

① 특별송달은 등기통상우편물을 송달하므로, 접수한 다음 날부터 3일 이내에 배달된다.

③ 민원우편은 익일특급의 배달방법에 따라 신속히 송달한다.

---

01 다음 내용과 관련된 법률은?

> 보기
>
> 우정사업의 조직 · 예산 및 운영에 관한 자율성을 확보하고 우편 · 우편대체 · 우체국 금융 및 보험사업과 이에 부대되는 사업을 보다 효율적으로 추진함으로써 우편역무에 대한 품질을 향상시키고 국민 경제발전에 기여한다.

① 우편법
② 우체국예금 · 보험에 관한 법률
③ 우체국창구업무의 위탁에 관한 법률
④ 우정사업운영에 관한 특례법

02 다음 우편서비스 중 송달기준이 가장 긴 것은?

① 특별송달   ② 등기소포
③ 민원우편   ④ 익일특급

해설 우편물 송달기준

구 분	송달기준	비 고
통상우편물(등기포함) 일반소포	접수한 날의 다음날부터 3일 이내	
익일특급	접수한 다음날	제주선편 : D+2일 (D :우편물 접수한 날)
등기소포		

※ 'D'는 우편물을 접수한 날

---

01. ④   02. ①

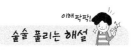

03 다음에서 설명한 국내우편서비스의 종류를 바르게 연결한 것은?

> **[보 기]**
>
> ㉠ 개인의 사진, 기업체 로고, 캐릭터, 광고물 등을 우표와 나란히 인쇄·제작하여 제공하는 서비스
> ㉡ 소포우편물 방문접수의 공식 브랜드 및 업무표장으로서 소포우편물의 방문접수를 나타낸다
> ㉢ 전국 각 지역에서 생산되는 특산품과 중소기업 우수 제품을 우편망을 이용하여 주문자나 제3자에게 직접 공급하여 주는 서비스

㉠	㉡	㉢
① 나만의 우표	우체국꽃배달	우체국쇼핑
② 우체국경조카드	우체국꽃배달	우체국소포
③ 나만의 우표	우체국소포	우체국쇼핑
④ 광고우편	우체국경조카드	우체국소포

[참고] 기타 부가서비스

1. 월요일 배달 일간신문
   토요일 자 발행 조간신문과 금요일 자 발행 석간신문(주3회, 5회 발행)을 토요일이 아닌 다음주 월요일에 배달(월요일이 공휴일인 경우 다음 영업일)하는 일간신문
2. 모사전송(팩스)우편서비스
   팩시밀리 (이하 ' 팩스 ' 라 함)를 수단으로 통신문을 전송하는 서비스
3. 나만의 우표
   개인의 사진, 기업의 로고·광고 등 고객이 원하는 내용을 신청받아 우표를 인쇄할 때 비워놓은 여백에 컬러복사를 하거나 인쇄하여 신청고객에게 판매하는 IT기술을 활용한 신개념의 우표 서비스
4. 고객맞춤형 엽서
   우편엽서에 고객이 원하는 그림·통신문과 함께 발송인과 수취인의 주소·성명, 통신문 등을 인쇄하여 발송까지 대행해 주는 서비스
5. 인터넷우표
   고객이 인터넷우체국을 이용하여 발송 우편물에 해당하는 우편요금을 지불하고 본인의 프린터에서 직접 우표를 출력하여 사용하는 서비스로서 단독으로 사용할 수 없으며 수취인 주소가 함께 있어야 한다.
6. 준등기 우편
   우편물의 접수에서 배달 전(前)단계까지는 등기우편으로 취급하고 수취함에 투함하여 배달을 완료하는 제도로 등기우편으로 취급되는 단계까지만 손해배상을 하는 서비스
7. 인터넷우체국
   우정사업본부장이 우체국 서비스를 컴퓨터, 스마트폰 등 정보통신설비를 이용하여 거래할 수 있도록 설정한 가상의 영업장

술술 풀리는 해설

03
㉠ 나만의 우표
㉡ 우체국 소포 (구 "우체국 택배")
㉢ 우체국쇼핑
※ 시험출제당시 우체국택배로 출제되었는데 2021년부터 우체국소포로 브랜드명칭이 바뀌었다.

1. 우체국 쇼핑
전국 각 지역에서 생산되는 특산품과 중소기업 우수 제품을 우편망을 이용해 주문자나 제3자에게 직접 공급하여 주는 서비스이다.

- 특산물 : 검증된 우수한 품질의 농·수·축산물을 전국 우편망을 이용해 생산자와 소비자를 연결해주는 서비스
- 제철식품 : 출하시기의 농수산 신선식품, 소포장 가공식품, 친환경 식품 등을 적기에 판매하는 서비스
- 생활마트 : 중소기업의 공산품을 개인에게 판매하는 오픈마켓 형태 서비스
- B2B : 우수 중소기업상품의 판로를 확보하고 기업의 구매비용 절감과 투명성을 높이기 위하여 기업과 기업 간의 거래환경을 제공하는 서비스
- 꽃배달 : 우체국이나 인터넷을 이용하여 꽃배달 신청을 할 경우 전국의 업체에서 지정한 시간에 수취인에게 직접 배달하는 서비스
- 전통시장 : 대형 유통업체의 상권 확대로 어려워진 전통시장 소상인들의 판로 확보를 위해 전국의 전통시장 상품을 인터넷몰에서 판매하는 서비스
- 창구판매 : 창구에서 우체국쇼핑상품을 즉시 판매하는 서비스

03. ③

04
국내특급우편의 익일특급 통상우편물의 취급제한중량은 30kg이다.

05
우편물의 보관기간은 우편물이 도착한 다음 날부터 기산하여 10일로 한다. 다만, 교통이 불편하거나 기타의 사유로 인하여 수취인이 10일 이내에 우편물을 교부받을 수 없다고 인정될 때에는 20일의 범위 안에서 이를 연장할 수 있다. (2020년 개정 법 규칙 제121조의2).
① 우편법 시행령 제43조 제1호
③ 사서함번호와 주소가 함께 기록된 우편물은 우편물을 사서함에 넣을 수 있으며 특별송달, 보험취급, 맞춤형 계약등기 우편물은 주소지에 배달한다.
④ 영 제43조 제4항 및 시행규칙 제128조

06
[우편엽서(Postcard)의 요건]
• 우편엽서는 직사각형이어야 하고 우편물 취급에 어려움이 없도록 튼튼한 판지나 견고한 종이로 제조하여야 하며, 튀어나오거나 도드라진 양각 부분이 없어야 함 (㉠은 취급 불가).
• 관제엽서는 우편요금을 표시하는 증표를 인쇄할 수 있으나 사제엽서는 그렇지 않다(㉡ 취급 가능).
• 앞면 윗부분에 우편엽서를 뜻하는 영어나 프랑스어로 표시(Postcard 또는 Carte postale). 다만 그림엽서의 경우에 꼭 영어나 프랑스어로 표시해야 하는 것은 아님(㉢은 취급불가 ㉣은 취급가능).

---

04 선택적 우편역무의 종류에 관한 설명으로 옳지 않은 것은?

① 국내특급우편의 익일특급 통상우편물의 취급제한중량은 20kg이다.
② 보험통상에는 통화등기, 물품등기, 유가증권등기, 외화등기가 있다.
③ 증명취급에는 내용증명, 배달증명이 있다.
④ 특별송달은 등기취급을 전제로 민사소송법(송달기관)의 규정에 의한 방법으로 송달하는 우편물을 말한다.

05 우편물 배달에 관한 설명으로 가장 옳지 않은 것은?

① 동일 건축물 또는 동일 구내의 수취인에게 배달할 우편물은 그 건축물 또는 구내의 관리사무소, 접수처 또는 관리인에게 배달할 수 있다.
② 교통이 불편하거나 그 밖의 사유로 인하여 수취인이 10일 이내에 우편물을 교부받을 수 없다고 인정될 때에는 10일의 범위안에서 이를 연장할 수 있다.
③ 사서함번호와 주소가 함께 기재된 사서함우편물 중 보험취급우편물은 주소지에 배달한다.
④ 교통이 불편한 도서・농어촌 지역, 공동생활 지역 등에 정상적인 우편물의 배달이 어려울 경우 마을공동 수취함을 설치하고 그 수취함에 배달한다.

06 다음의 국제통상우편물 중 Postcard(우편엽서)로 취급할 수 있는 것을 모두 고른 것은?

보 기
㉠ 사진, 접힌 종이 등이 붙어 있는 우편엽서
㉡ 우편요금을 표시하는 증표를 인쇄한 관제엽서
㉢ 'Postcard'임을 표시하지 않은 사제엽서
㉣ 'Postcard'임을 표시하지 않은 그림엽서

① ㉠, ㉡   ② ㉠, ㉢
③ ㉡, ㉣   ④ ㉢, ㉣

---

04. ①   05. ②   06. ③

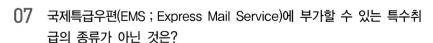

07 국제특급우편(EMS ; Express Mail Service)에 부가할 수 있는 특수취급의 종류가 아닌 것은?

① 배달통지
② 보험취급
③ 배달보장서비스
④ 국제속달

08 다음에서 설명한 EMS배달보장서비스에 관한 내용 중 옳은 것을 모두 고른 것은?

> **보 기**
> ㉠ 접수 가능 국가로 일본, 미국, 중국, 호주 등이 있다.
> ㉡ 배달예정일보다 48시간 이상 지연 시 실제 손해액을 배상한다.
> ㉢ 우편취급국을 포함한 모든 우체국에서 접수가 가능하다.
> ㉣ 별도의 취급수수료를 납부해야 한다.

① ㉠, ㉡
② ㉠, ㉢
③ ㉡, ㉣
④ ㉢, ㉣

09 금융시장에 관한 설명으로 옳지 않은 것은?

① 직접금융거래 수단에는 주식, 채권 등이 있다.
② 만기 1년 이상의 채권이나 만기가 없는 주식이 거래되는 시장은 자본시장이다.
③ 딜러, 브로커 등이 거래를 중개하는 점두시장은 장외시장으로 분류된다.
④ 우리나라 프리보드(Free Board)는 채무증서시장으로 분류된다.

10 우체국보험에 관한 설명으로 옳지 않은 것은?

① 우체국보험은 인보험(人保險) 분야의 상품을 취급한다.
② 우체국보험은 금융감독원의 감독을 받는다.
③ 우체국보험의 계약보험금 한도액은 일정금액 이하로 제한된다.
④ 우체국보험의 보험금 지급은 국가가 책임진다.

07
주요 부가취급의 종류(EMS는 항공 및 등기를 기본으로 취급)
1) 배달통지
2) 보험취급
3) 배달보장서비스(카할라 우정연합 국가에 한함)

08
㉠ (O) 배달보장서비스 실시국 (카할라 우정연합 회원국) : 한국, 일본, 미국, 중국, 호주, 홍콩, 스페인, 프랑스, 태국, 캐나다 등 10개국
㉡ (X) 국제특급우편물(EMS)는 배달예정일보다 48시간 이상 지연 배달된 경우 손해배상을 하지만, EMS 배달보장서비스는 배달예정일보다 하루라도 지연배달의 경우 전액 배상해 주는 서비스이다.
㉢ (O) 우편취급국을 포함한 모든 우체국에서 접수가 가능하다.
㉣ (X) 우리나라와 EMS 서비스 품질 향상을 위하여 특별협정을 체결한 10개 우정청(일본, 미국, 중국, 호주, 홍콩, 영국, 스페인, 프랑스, 태국, 캐나다) 간에 운영되며, 별도 취급 수수료는 없다.

09
우리나라 프리보드(Free Board)는 주식시장으로 분류된다.

10
우체국보험은 국가가 경영하며 과학기술정보통신부장관이 관장한다.

07. ④ 08. ② 09. ④ 10. ②

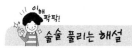

11

① 무매체 거래는 고객이 사전에 금융기관에 신청하여 무매체 거래용 고유승인번호를 부여받은 뒤 CD/ATM에서 주민등록번호, 계좌번호, 계좌비밀번호, 고유승인번호를 입력하여 각종 금융서비스를 이용할 수 있는 거래를 말한다.
③ 선불카드는 물품할부 구매나 현금서비스, 현금인출기능이 없다.
④ 폰 뱅킹, 모바일 뱅킹 등의 전자금융으로 경조금배달서비스를 이용할 수 있다.
* 실지명의 : 개인의 경우 주민등록표에 기재된 성명 및 주민등록번호

12

65세 이상 및 장애인은 3,000만 원이고 20세 이상은 1,000만 원이다.
따라서 ㉠ 할아버지 3,000만 원 ㉡ 아버지 : 장애인 3,000만 원 ㉢ 어머니 1,000만 원 ㉣ 우정이 1,000만 원 ㉤ 온정이는 자격이 없으므로 합계 8,000만 원이다.
※ 생계형저축은 '비과세종합저축'으로 용어가 변경되었다.
※ 2024년도 학습서에 없는 내용임

13

① 예금계약은 소비대차계약이 아니고 소비임치계약이다.
③ 지점장(우체국장)의 경우 금전을 수령하고 확인시점에서 예금계약이 성립한다. 다만, 수금직원일 경우에는 영업점으로 돌아와 수납직원에게 금전을 넘겨주고 그 수납직원이 이를 확인한 때 예금계약이 성립한다.
④ 개별적 위임은 허용되나 포괄적 위임은 허용되지 않는다.

11 전자금융에 관한 설명으로 옳은 것은?

① 우체국 CD/ATM 무매체거래 고객은 별도의 신청 없이 타 은행의 무매체거래를 이용할 수 있다.
② 인터넷뱅킹의 이용시 조회서비스만 이용할 고객은 공동인증서 발급 없이도 조회서비스를 이용할 수 있다.
③ 실지명의가 확인된 기명식 선불카드는 물품할부구매가 가능하다.
④ 전자금융으로 우체국 경조금배달서비스를 이용할 수 없다.

12 다음의 '우정이' 가족이 가입할 수 있는 세금우대종합저축(생계형저축 제외)의 최대 가입금액은?

> **보기**
>
> [우정이 가족 현황]
> ㉠ 할아버지(만 78세)
> ㉡ 아버지(만 58세, 장애인복지법에 의한 장애인)
> ㉢ 어머니(만 55세)
> ㉣ 우정이(만 22세)
> ㉤ 온정이(만 18세)
> ※ 가입기준일 : 2010년 7월 1일 현재

① 8천만 원
② 1억 원
③ 1억 2천만 원
④ 1억 5천만 원

13 금융기관의 예금거래업무에 관한 설명으로 옳은 것은?

① 예금계약은 예금자가 금전의 보관을 위탁하고 금융기관이 운용하다가 추후 금전을 반환하는 소비대차계약이다.
② 양도성예금증서는 그 증권의 점유자에게 지급하면 정당한 권리자 여부에 관계없이 금융기관은 면책된다.
③ 점외수금의 경우, 지점장(우체국장)은 영업점으로 돌아와 수납직원에게 금전을 넘겨주고 그 수납직원이 이를 확인한 때 예금계약이 성립한다.
④ 공동대표이사와 거래 시 공동대표 1인이 다른 어느 1인에게 모든 업무를 포괄적으로 위임하는 것은 유효하다.

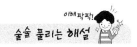

14 다음의 금융상품 중 우체국예금에서 취급하고 있는 것을 모두 고른 것은? (2024.학습서 기준으로 답지수정)

> **보기**
>
> ㉠ MMDA(Money Market Deposit Account)
> ㉡ MMF(Money Market Fund)
> ㉢ CD(Certificate of Deposit)
> ㉣ RP(Re-purchase Paper)
> ㉤ CMA(Cash Management Account)
> ㉥ ELD(Equity Linked Deposit)

① ㉠, ㉣   ② ㉡, ㉢
③ ㉡, ㉣   ④ ㉤, ㉥

15 보험료에 관한 설명으로 옳지 않은 것은?

① 예정사망률이 높아지면 위험보험료는 상승한다.
② 예정이율이 높아지면 연금보험의 보험료는 하락한다.
③ 예정사업비율이 높아지면 순보험료는 상승한다.
④ 예정사망률이 낮아지면 생존보험의 보험료는 상승한다.

16 생명보험 계약에 관한 설명으로 옳지 않은 것은?

① 보험계약자는 보험수익자를 변경할 수 있는 권리가 있다.
② 보험계약 해지 시 보험대상자의 동의가 필요하다.
③ 생존보험 계약은 만 15세 미만자를 보험대상자로 할 수 있다.
④ 타인의 사망보험 계약체결 시 보험대상자의 서면동의가 필요하다.

17 무배당 우체국급여실손의료비보험에 관한 설명으로 옳지 않은 것은?

① 실손의료비 보장상품을 다수 가입한 경우에는 약관에 따라 비례 보상된다.
② 상급병실을 이용한 경우에는 일정부분만 보상된다.
③ 입원 · 통원 합산 5천만원, 통원(외래 및 처방 합산) 회당 10만원까지 보장된다.
④ 보험계약이 갱신되면 보험료는 변경될 수 있다.

술술 풀리는 해설

14
- MMDA(시장금리부 수시입출금식예금) :고객이 우체국이나 은행에 맡긴 자금을 단기금융상품에 투자해 얻은 이익을 이자로 지급하는 구조로 되어 있는 단기상품이다.
- RP(환매조건부채권) :금융회사가 보유하고 있는 국채, 지방채, 특수채, 상장법인 및 등록법인이 발행하는 채권 등을 고객이 매입하면 일정기간이 지난 뒤 이자를 가산하여 고객으로부터 다시 매입하겠다는 조건으로 운용되는 단기 금융상품으로,우체국, 은행, 종합금융회사, 증권회사, 증권금융회사 등이 취급한다.
- MMF(단기금융상품펀드)는 자산운용회사가운용하며 은행, 증권사, 보험사 등에서 판매한다.
- CD(양도성예금증서)는 은행이 무기명 할인식으로 발행하여 거액의 부동자금을 운용하는 수단으로 자주 활용된다.
- CMA(어음관리계좌)는 종금사와 증권회사에서 판매된다.
- ELD(주가지수연동 정기예금)는 시험출제당시에는 우체국에서도 취급하였는데 2012년 이후부터는 은행에서만 취급한다.

15
예정사업비율이 높아지면 부가보험료가 상승한다.

16
보험계약자는 보험사고 발생하기 전에는 언제든지 보험계약을 해지할 수 있으나 해지 시 타인을 위한 보험일 경우에는 해지 시 그 타인의 동의가 필요하다.

17
입원 · 통원 합산 5천만원, 통원(외래 및 처방 합산) 회당 20만원까지 보장된다.
④ 갱신 시 연령 증가 및 의료수가 인상, 적용기초율 변경, 요율 상대도(할인·할증요율) 적용 등으로 보험료는 인상될 수 있음

14. ① 15. ③ 16. ② 17. ③

18

연금개시나이는 45세~75세이고 가입 나이는
0-(연금개시나이-5)세이다.

※2024학습서에서 플러스연금보험이 삭제되어
무배당우체국연금보험 2109로 문제수정
② 일시납 또는 월납을 선택할 수 있다.
③ 일시납, 5,7,10,15,20년납을 선택할 수 있다.

19

[해설]
④ 와인을 한 잔을 마신 후에 치아의 부식을 피하
기 위하여 양치질 하세요.
→ 본문에서는 와인을 마신 후에 양치질을 하는
것은 좋지 않다고 나와있으므로 틀린 지문이
다.
① 그들은 16개의 와인을 가지고 사람들에게 실
험하였다.
② 와인은 치아의 에나멜에 해를 줄 수 있다고
보고되었다.
③ 와인은 뜨거운 음료에 치아를 더욱 취약하게
만든다.

[어휘]
• conclusion 결론, 결말
• stain 오염시키다, 얼룩지다.
• susceptible 감염되기 쉬운, 영향을 받기 쉬운

[해석]
와인을 마시는 것은 당신의 치아에 해를 준다.
그것은 독일 마인주에 있는 요하네스 구텐버그
대학교의 연구보고서의 결과이다.
연구자들은 40세에서 65세 사이 나이의 남성과
여성들의 치아에 8개의 적포도주와 8개의 백포
도주가 미치는 효과를 시험하였다.
그들은 모든 와인이 우리의 치아를 보호하는 에
나멜을 손상시켰다는 것을 발견하였다.
이러한 손상은 우리의 치아를 뜨겁고 찬 음식이
나 음료에 더욱 민감하게 만든다.
그것은 또한 커피를 마시는 경우에 치아를 더
빨리 손상시킨다는 것을 의미한다.
연구팀은 백포도주가 적포도주보다 치아를 더
빨리 손상시킨다고 하였다.
백포도주의 산은 에나멜을 공격하여 그것을 치
아로부터 벗겨낸다.
좋지 않은 소식은 와인을 마신 후에 이빨을 닦
는 것은 상태를 단지 악화시킨다는 것이다.

18. ① 19. ④

---

18 무배당 우체국연금보험 2109의 가입조건으로 옳지 않은 것은?

① 만 15세 미만자는 가입할 수 없다.
② 보험료 납입주기는 일시납을 선택할 수 있다.
③ 납입기간은 10년납을 선택할 수 있다.
④ 45세 이후부터 연금을 받을 수 있어 노후를 위한 준비가 가능하다.

19 다음 글의 내용과 일치하지 않은 것은?

> Drinking wine can damage your teeth. That is the conclusion of a report from the Johannes Gutenberg University in Mainz, Germany. Researchers tested the effects of eight red and eight white wines on teeth from men and women aged between 40 to 65. They discovered all of the wines damaged the enamel that protects our teeth. This makes our teeth more sensitive to hot and cold food and drinks. It also means the teeth will stain quicker if someone drinks coffee. The research team said white wine causes more damage than red. The acid in white wines attacks the enamel and wears it away. The bad news is that brushing your teeth after drinking wine will only make things worse.

① They experimented on people with sixteen wines.
② It is reported that wine can harm the enamel of our teeth.
③ Wine makes our teeth more susceptible to hot drinks.
④ After a glass of wine, brush your teeth to protect them.

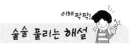

20 다음 대화를 읽고, 여성고객(W)이 결정한 일로 가장 알맞은 것은?

> M : What can I do for you?
> W : I'd like to send a parcel to Australia by EMS.
> M : OK. What's inside of it?
> W : Clothes, cosmetics, seaweed, and hairspray.
> M : I'm sorry, but you can't send hairspray by EMS.
> W : Why not?
> M : Inflammable things aren't allowed into the aircraft for safety reasons.
> W : Is that so? Then, is there any other way available?
> M : You can mail it by sea, but it'll take 45 to 60 days.
> W : It takes too long. I'd rather take out hairspray from my parcel and use EMS.
> M : OK. You're all set. Thank you.

① To send her parcel by sea.

② To make a protest to the airport.

③ To check out other options available.

④ To mail her parcel without hairspray.

20

[해설]
① 선편으로 소포를 보낸다.
② 공항에서 항의한다.
③ 가능한 여러 선택들을 확인한다.
④ 헤어스프레이 없이 소포를 발송한다.

[어휘]
• inflammable 인화성의, 불타기 쉬운
• parcel 꾸러미, 소포

[해석]
M : 무엇을 도와드릴까요?
W : EMS(국제특급우편)로 호주에 소포를 보내려 하는데요.
M : 예, 소포 안에 무엇이 있지요?
W : 옷가지, 화장품, 해초 그리고 헤어스프레이요.
M : 미안합니다만, EMS로는 헤어스프레이를 보낼 수 없습니다.
W : 왜 안되나요?
M : 인화성물질은 안전상 이유로 비행기 내에 반입이 금지됩니다.
W : 그래요? 그러면 다른 가능한 운반편이 있나요?
M : 선편으로 발송이 가능합니다. 그러나 45일에서 60일이 소요됩니다.
W : 너무 오래 걸리네요. 차라리 소포에서 헤어스프레이를 빼고 EMS로 보내겠습니다.
M : 예, 다 되었습니다. 감사합니다.

20. ④

01
우편이용관계의 법적 성질은 우편이용자와 우편관서 상호 간의 우편물 송달계약을 내용으로 하는 사법상의 계약관계이다.

01 우편사업에 관한 내용을 설명한 것 중 옳지 않은 것은?

① 우편사업은 국가에서 직접 경영하는 '정부기업'에 의한 사업으로 경영형태면에서 정부직영형태에 속한다.

② 우편이용 관계의 법적 성질은 우편이용자와 우편관서 상호 간의 송달계약을 내용으로 하는 공법상의 계약관계이다.

③ 우편이용 관계에 있어서는 제한능력자의 행위라도 능력자의 행위와 동일한 효력이 있다.

④ 우편이용 관계는 제3자(수취인)를 위한 우편관서와 발송인과의 계약이므로 우편이용관계자는 우편관서, 발송인 및 수취인이다.

02
법개정으로 2023년 12월말 현재 법에 따라 문제 일부 수정
㉠ 내용증명   ㉡ 특별송달   ㉢ 보험통상

02 등기취급을 전제로 한 선택적(부가) 우편역무에 대한 설명으로 바르게 연결한 것은?

보 기
㉠ 우체국창구 또는 정보통신망을 통하여 발송인이 수취인에게 어떤 내용의 문서를 언제 발송하였다는 사실을 우체국이 증명하는 특수취급제도
㉡ 민사소송법의 규정에 의한 방법으로 송달하는 우편물로서 배달우체국에서 배달결과를 발송인에게 통지하는 특수취급제도
㉢ 보험등기 취급용 봉투를 이용하여 유가증권, 통화 또는 소형포장우편물 등의 통상우편물을 배달하는 특수취급제도

	㉠	㉡	㉢
①	발송증명	배달증명	통화등기
②	특별송달	배달증명	보험통상
③	물품등기	특별송달	통화등기
④	내용증명	특별송달	보험통상

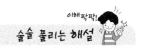

03 국내우편물 손해배상에 관한 설명으로 옳은 것은?

① 손해배상금은 손해배상금결정서가 청구권자에게 도달한 때로부터 기산하여 3년간 청구하지 아니할 때는 소멸된다.

② 손해배상청구는 당해 우편물을 접수한 관서 및 배달관서에서 발송인이 신청하는 경우에만 가능하다.

③ 손해배상액은 한도액 범위 내에서 실제 손해액을 배상하는 것이며, 보험취급(안심소포) 시는 신고가액을 배상하는 것이다.

④ 손해배상청구 기한은 그 우편물을 발송한 다음 날로부터 1년이다.

04 다음 괄호 안에 들어갈 우편물 송달기준으로 알맞은 것은?

> **보기**
> • 보통우편물은 접수한 날의 다음날부터 (㉠) 이내
> • 익일특급 제주선편 : D + (㉡) 이내
> • 등기소포는 (㉢) 이내

	㉠	㉡	㉢
①	3일	2일	접수한 다음날
②	4일	3일	18시
③	4일	2일	20시
④	3일	3일	접수한 다음날

05 우편물 접수에 관한 설명으로 옳지 않은 것은?

① 우체통에 투입한 우편물의 접수시점은 집배원이 우편물을 수집하여 첨부된 우표에 소인하는 때이다.

② 통상우편물은 봉함하지 않고 발송하는 경우도 있다.

③ 발송인이 우편물 내용의 신고 또는 개봉(개피)을 거부할 때는 그 우편물을 접수하지 아니할 수 있다.

④ 우편물은 접수한 때부터 우편이용 관계가 발생하며, 우편관서와 발송인 사이에 우편물 송달계약이 이루어진다.

술술 풀리는 해설

03
③ 우편법 시행규칙 제135조의2
① 손해배상 청구권은 우편물을 발송한 날부터 1년이다. 다만, 손해배상 결정서를 받은 청구인은 우편물을 받은 날부터 5년 안에 배상액을 청구할 수 있다. 그 이후에는 시효로 인해 권리가 소멸된다
② 손해배상청구는 당해 우편물을 접수한 관서 및 배달관서에서 발송인 또는 승인을 얻은 수취인이 신청하는 경우에만 가능하다.
④ 손해배상청구 기한은 그 우편물을 발송한 날로부터 1년이다.

04
내용개정으로 2024년 학습서에 따라 문제 수정
㉠ 3일, ㉡ 2일, ㉢ 20시 이다.

구 분	배달기한	비 고
통상우편물 (등기포함) 일반소포	접수한 다음 날부터 3일 이내	
익일특급 등기소포	접수한 다음 날	제주선편 : D+2일

*D : 우편물을 접수한 날

05 [우편물 접수의 규정]
• 우체국 창구에서 접수하는 것
• 우체통에 우편물을 투입하는 것
• 방문접수(집배원 접수도 포함)의 경우는 우편물수령증(혹은 기표지 영수증)을 교부한 때
① 우체통에 투입한 때가 접수시점이다.
② 우정사업본부장이 발행하는 우편엽서와 사제엽서 제조요건에 적합하게 제조한 사제엽서 및 전자우편물은 그 특성상 봉함하지 아니하고 발송할 수 있다
③ '신고 또는 개피를 거부할 때에는 우편물은 접수하지 아니할 수 있다(우편법 제27조)
④ 우편 이용자와 우편관서 간의 우편물 송달 계약을 내용으로 하는 사법(私法)상의 계약 관계(통설)이다.

03. ③ 04. ① 05. ①

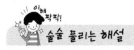
06

① 총회(Congress)는 연합의 최고 의결기관으로서 4년마다 개최되며 전 회원국의 전권대표로 구성된다.
② 총회의 상설기관은 관리이사회(Council of Administration ; CA), 우편운영이사회(Postal Operati- ons Council ; POC), 국제사무국(International Bureau ; IB)이 있다.
③ UPU의 공용어는 불어이며, 국제사무국에서 업무용 언어로 불어 및 영어를 사용한다. 따라서 조약문의 해석상 문제가 있을 때에는 불어가 기준이 된다.

07

④ 소형포장물이 소포우편물보다 편리한 이유로는 다음과 같다.
 • 이용조건 등에 각국의 공통점이 많아 편리하다.
 • 발송절차가 소포에 비해 간단하다.
② 항공서신(aerogramme)은 원형을 변경하여 사용할 수 없으며 등기로 발송 가능하다.
③ 인쇄물의 요건을 갖추지 않은 것 중 소설이나 신문의 원고, 필사한 악보, 학교에서 학생들에게 보낸 통신강의록, 학생들의 과제 원본과 채점 답안등은 인쇄물로 취급한다.

08

① 국제특급우편물은 전국 모든 우체국과 우편 취급국에서 접수 및 발송 가능하며, 업무취급조건, 취급관서 등은 과학기술정보통신부장관이 정하여 고시한다.
③ 이용자와 우편관서 간 이용계약의 종류는 계약국제특급우편(Contracted EMS)과 수시국제특급우편(On demand EMS)이 있다.
④ 국제특급우편(EMS)으로 보낼 수 없는 물품
 • 동전, 화폐(Coins, Bank notes)
 • 송금환(Money remittances)
 • 유가증권류(Negotiable articles)
 • 금융기관 간 교환 수표
 • UPU 일반우편 금지물품(Prohibited articles)
  (1) 취급상 위험하거나 다른 우편물을 더럽히거나 깨뜨릴 우려가 있는 것
  (2) 마약류 및 향정신성 물질
  (3) 폭발성·가연성 또는 위험한 물질
  (4) 외설적이거나 비도덕적인 물품 등
 • 가공 또는 비가공의 금, 은, 백금과 귀금속, 보석 등 귀중품
 • 상대국가에서 수입을 금하는 물품
 • 여권을 포함한 신분증

06 국제우편기구 및 법규에 관한 설명으로 옳은 것은?

① 만국우편연합(UPU) 총회는 최고 의결기관으로 2년마다 개최되며 전 회원국의 전권대표로 구성된다.
② 만국우편연합(UPU)의 상설기관은 관리이사회, 우편운영이사회 및 집행이사회가 있다.
③ 만국우편연합(UPU)의 화폐단위는 SDR(Special Drawing Rights)이고 공식 언어는 영어이다.
④ 국제특급우편(EMS)의 교환은 우리나라와 해당 국가(들) 사이에 맺은 표준다자간협정 또는 양자협정에 의해 이루어진다.

07 국제통상우편물에 관한 내용으로 옳지 않은 것은?

① 우편엽서(postcard)는 직사각형이어야 한다.
② 항공서신(aerogramme)은 등기로 발송할 수 있다.
③ 소설 또는 신문원고는 인쇄물(printed papers)로 취급할 수 있다.
④ 소형포장물(small packet)은 발송절차가 소포에 비해 복잡하다.

08 국제특급우편(EMS)에 관한 설명으로 옳은 것은?

① 국제특급우편물 접수는 전국 모든 우체국에서 가능하며, 업무취급조건, 취급관서 등은 관할 지역의 체신청장이 정하여 고시한다.
② 국제특급우편물은 항공 및 등기를 기본으로 하고, 배달통지, 보험취급, 배달보장서비스(카할라 우정연합 국가에 한함)을 부가하여 특수취급을 할 수 있다.
③ 이용자와 우편관서 간 이용계약의 종류는 정기특급우편, 부정기특급우편 및 임시특급우편이 있다.
④ 송금환(money remittances), 유가증권류(negotiable articles)는 국제특급우편물로 보낼 수 있다.

---

06. ④   07. ④   08. ②

09 우편물 배달의 특례에 관한 설명으로 옳은 것은?

① 동일 건물 내의 수취인에게 배달할 모든 우편물은 관리사무소가 없는 경우에 우편수취함에 배달한다.

② 우편사서함 번호를 기재하지 아니한 특급우편물이 우편사서함 사용자에게 가는 것이 확실할 경우 우편사서함에 투입한다.

③ 보관우편물의 보관기간은 우편물이 도착한 다음 날부터 계산하여 10일로 한다. 다만, 특별한 사유가 있는 경우 20일의 범위 안에서 교부기간을 연장할 수 있다.

④ 수취인의 주소지와 다른 시(市)에 거주하는 자를 대리수령인으로 지정하여 우편관서에 신고하는 경우에는 그 대리수령인에게 등기우편물을 배달한다.

10 예금거래약관에 대한 설명으로 옳지 않은 것은?

① 약관의 의미가 불명확한 때에는 고객에게는 유리하게, 작성자에게는 불리하게 해석하는 것이 원칙이다.

② 약관은 해석자의 주관에 의할 것이 아니라 객관적 합리성에 입각하여 해석되어야 하며, 시간·장소·거래상대방에 따라 달리 해석되어서는 아니 된다.

③ 개별적인 예금상품의 특성에 따라 세부적인 내용을 약관이나 특약의 형식으로 정하고 있다.

④ 예금계약에 대해서는 예금거래 기본약관을 우선 적용하고 예금 종류별 약관, 당해 예금상품의 약관을 차례로 적용하는 것이 원칙이다.

09

③ 2020.2.17 30일에서 20일로 개정 (우편법시행규칙 제121조의 2) 되어 지문 30일에서 20일로 수정함

① 관리사무소, 접수처, 관리인 등이 없는 경우에는 일반우편물은 우편함에 배달하고 우편함에 넣을 수 없는 우편물(소포·대형·다량우편물)과 부가취급우편물, 요금수취인부담우편물을 수취인에게 직접 배달한다

② 우편사서함 번호를 기록하지 않은 우편물이라도 우편사서함 사용자에게 가는 우편물이 확실할 때에는 우편사서함에 투입 가능. 다만 특별송달, 보험취급, 맞춤형 계약등기, 등기소포 우편물은 사서함에 넣지 않고 주소지에 배달한다

④ 등기우편물 대리수령인 신고서를 접수할 때에 수취인이 지정하는 등기우편물 대리수령인은 수취인 주소지와 같은 집배구(인접 집배구 가능) 내에 거주하는 사람이어야 한다(우편법 시행령 제43조 제5호).

10

구체적인 것이 우선한다. 당해 예금상품의 약관을 우선 적용하고 그 다음 예금 종류별 약관, 그리고 예금거래 기본약관을 적용한다.

09. ③ 10. ④

11

① 실질금리에 대한 설명이다.

③ 표면금리란 겉으로 나타난 금리를 말하며, 실효금리는 실제로 지급하거나 부담하게 되는 금리이다. 표면금리가 동일한 예금이자라도 단리·복리 등의 이자계산방법이나 이자에 대한 세금의 부과 여부 등에 따라 실효금리는 달라진다.

④ 채권가격과 수익률은 서로 역의 방향으로 진행된다. 그러므로 채권가격이 떨어지면 채권수익률은 올라간다.

11 금리에 대한 설명으로 옳은 것은?

① 명목금리는 물가상승에 따른 구매력의 변화를 감안한 금리이다.

② 실질이자소득은 같은 금리수준에서 물가상승률이 낮을수록 늘어나게 된다.

③ 단리·복리 등의 이자계산 방법이나 이자에 대한 세금의 부과 여부 등에 관계없이 표면금리와 실효금리는 동일하다.

④ 채권가격이 떨어지면 채권수익률은 떨어지게 되고, 채권가격이 오르면 채권수익률은 올라가게 된다.

12

CMA(어음관리계좌)에 대한 설명이다.

12 다음에서 설명하고 있는 금융상품으로 알맞은 것은?

> 보기
>
> 종합금융회사가 고객의 예탁금을 어음 및 국공채 등에 운용하여 그 수익을 고객에게 돌려주는 실적배당 금융상품으로서, 예탁금에 제한이 없고 수시입출금이 가능한 상품

① CMA(Cash Management Account)

② CD(Certificate of Deposit)

③ RP(Repurchase agreement)

④ MMDA(Money Market Deposit Account)

13

ELD는 은행에서 취급하며, 예금자보호 대상이다
※ 가계우대 정기적금은 2013년 10월 판매종료되었다.

13 금융상품별 가입(발행)대상, 특징 및 예금자보호법에 의한 보호여부에 관한 내용으로 옳지 않은 것은?

	상품명	가입 (발행) 대상	특징	예금자보호법에 의한 보호여부
①	주가지수연동 정기예금(ELD)	제한 없음	이율이 주가지수에 연동	비보호
②	저축예금	개 인	수시입출금식	보 호
③	가계우대 정기적금	개 인	목돈 마련에 적합	보 호
④	양도성 예금증서(CD)	제한 없음	무기명 양도 가능	비보호

11. ② 12. ① 13. ①

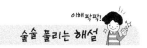

14 보험료 구성에 대한 설명으로 옳지 않은 것은?

① 보험계약자가 보험자에게 내는 보험료를 영업보험료라고 하며 순보험료와 부가보험료로 구분한다.

② 만기보험금의 지급재원이 되는 보험료를 저축보험료라고 하며 예정이율에 기초하여 계산한다.

③ 위험보험료는 보험사고에 따른 지급재원으로 순보험료에 해당하며 예정위험률에 기초하여 계산한다.

④ 부가보험료는 신계약비, 유지비 및 전산비로 구분하며 예정사업비율에 기초하여 계산한다.

15 보험계약에 대한 설명으로 옳은 것은?

① 일반적으로 보험계약의 당사자라 함은 보험자, 보험계약자, 보험모집인, 보험대상자(피보험자) 및 보험금을 받는 자(보험수익자)를 말한다.

② 보험자가 청약과 함께 보험료를 받고 청약을 승낙하기 전에 보험사고가 생긴 때에는 해당 청약을 거절할 사유가 없는 한 보험자는 보험계약상의 책임을 진다.

③ 타인의 사망을 보험사고로 하는 보험계약은 보험계약 체결 시 보험대상자(피보험자)의 서면 또는 구두에 의한 동의를 얻도록 규정하고 있다.

④ 사망을 보험금 지급사유로 하는 생명보험계약에서 15세 미만자, 심신박약자, 신체허약자를 보험대상자(피보험자)로 하는 보험계약은 무효이다.

16 환매조건부채권에 대한 설명이다. 옳은 것은?

① 시장금리연동형 불확정금리상품으로 비교적 수익률이 높은 편이다.

② 우체국은 환매조건부채권을 취급하지 않고 있다.

③ 최소거래금액에 제한은 없다.

④ 예금자보호법에 의하여 보호되고 있다.

14
부가보험료는 신계약비, 유지비 및 수금비로 구분한다.

15
② 상법 제638조의2 제3항
① 보험계약의 관계자와 보험계약의 당사자

보험계약의 관계자	보험자, 보험계약자, 피보험자, 보험수익자
보험계약의 당사자	보험료를 내는 보험계약자와 보험금을 지급하는 보험자

③ 타인의 사망을 보험사고로 하는 보험계약은 보험계약 체결 시 보험대상자(피보험자)의 서면으로만 동의를 얻도록 규정하고 있다.
④ 사망을 보험금 지급사유로 하는 생명보험계약에서 15세 미만자, 심신박약자, 심신상실자를 보험대상자(피보험자)로 하는 보험계약은 무효이다.

16
③ 최소거래금액에 제한은 없으나 1,000만원 이상이 일반적이다.
① 환매조건부채권의 수익률은 실세금리연동형 확정금리이다.
② 환매조건부채권은 우체국, 은행, 특수채, 상장법인 및 등록법인이 발행하는 채권이다.
④ 예금자보호법에 의하여 보호되지는 않는다.
※ 출제 원문은 '장기주택마련저축보험'으로 출제되었으나 이는 폐지되어 기출문제로 수록할 의미가 없어져 문제를 교체하였다.

14. ④ **15.** ② **16.** ③

17

ⓒ 세액공제요건은 연 1,800만원 이내에서 납입 해야 한다.(체신관서는 월 75만원 한도)

ⓒ 연금계좌 가입일부터 5년이 경과된 후에 인출 해야 연금 수령을 할 수 있다.

ⓔ 연금저축보험의 연금수령 요건에 부합하는 경 우에는 그 지급금액은 연금소득으로 인정하여 연금소득세를 부과한다.

㉠ 0세 이상 가입이 가능하다.

ⓜ 55세 이후부터 연금수령이 가능하다.

ⓗ 연간 납입액(600만 원 한도)에서 12% 또는 15% 세액공제한다

종합소득금액 (근로소득만 있는 경우 총급여액)	세액공제 대상 납입한도 (퇴직연금 합산시)	공제율
4천 500만원 이하 (5천 500만원 이하)	600만원 (900만원)	15%
4천 500만원 초과 (5천 500만원 초과)		12%

18

① 선불카드에 충전할 수 있는 금액의 한도는 무기명식 선불카드의 경우 최고 50만원, 기 명식 선불카드의 경우 최고 500만원이다.

② 신용카드는 신용공여에 기반을 둔 후불결제 방식을, 직불카드는 예금계좌를 기반으로 한 즉시결제방식을 이용한다

④ 예금계좌의 잔액에 기반을 두고 있으므로 현 금인출은 가능하다.

---

17 다음의 우체국연금저축보험 2109 내용 중 옳은 것을 모두 고른 것은?

보기

㉠ 만 14세 이상 가입 가능

ⓛ 연간 1,800만 원 이내 납입시 세액공제

ⓒ 납입기간 5년 이상

ⓔ 연금수령 시 연금소득세 부과

ⓜ 만 50세 이후부터 연금수령 가능

ⓗ 연간 납입액의 40% 소득공제(72만 원 한도)

① ㉠, ⓒ, ⓗ   ② ⓛ, ⓒ, ⓔ

③ ⓛ, ⓒ, ⓜ   ④ ⓛ, ⓜ, ⓗ

---

18 카드 종류별 특징에 대한 설명으로 옳은 것은?

① 선불카드는 법에서 정한 발급한도의 제한이 없다.

② 직불카드 사용금액은 후불 결제 방식으로 결제된다.

③ 선불카드는 카드에 저장된 금액 내에서만 이용이 가능하다.

④ 직불카드는 할부구매, 현금서비스 및 현금인출이 불가능하다.

---

17. ②   **18.** ③

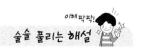

19 다음 글에서 Hope diamond에 관한 내용 중 옳지 않은 것은?

> Certain objects are supposed to bring good luck, but others have a reputation of being jinxed—that is, of bringing bad luck. The Hope diamond, one of the world's greatest gems, is supposed to bring misfortune to its owners. Today, this jinxed stone is on display in the Smithsonian Institution in Washington, D.C. Its reputation for bad luck does not keep thousands of visitors from flocking to see it every year.

① It is a stone that brings bad luck.

② Its bad reputation repels visitors.

③ Its owners are supposed to be jinxed.

④ It is one of the most valuable gems in the world.

20 다음 두 사람의 대화에서 (　)에 들어갈 문맥 및 어법상 알맞은 단어는?

> A : What do you charge for photocopying?
> B : Fifteen cents per page.
> A : Even for bulk?
> B : Approximately how many pages do you have?
> A : About a hundred pages. It is my dissertation.
> B : In that case, I will do it for ten cents per page.
> A : Good enough! But I am not (　　　) typing yet. It will get ready within four or five days.
> B : See you in a week then.

① through
③ finish
② favorite
④ against

19

[해설]
나쁜 징크스에도 불구하고 많은 방문객이 몰리고 있다는 본문의 내용으로 ②가 답이다.

[어휘]
object : 대상
are supposed to : 생각되다, 추정[추측]되다.
reputation : 평판
gems : 보석 (=jewel, precious stone)
flocking : 몰려드는

[해석]
어떤 대상들은 행운을 가져오는 것으로 생각되는 반면에 다른 것은 징크스, 즉 불행을 가져오는 평판을 갖는다. 세계의 가장 위대한 보석의 하나인 호프 다이아몬드는 그것의 소유자에게 불행을 가져올 것으로 생각된다. 오늘날 이러한 징크스를 가진 돌이 워싱턴에 있는 스미소니안 기관에서 전시되고 있다. 불행의 평판도 매년 그것을 보러 몰려드는 수천 관광객을 막지 못한다.

20

복사비는 깎았으나 자료는 아직 끝마치지 못하여(not through) 다음에 복사하겠다는 내용이다.

[어휘]
- photocopying 복사
- bulk 대부분, 큰 규모,
- Approximately 대략적으로
- dissertation 박사논문, 형식이 있는 논술
- not through 아직 끝내지 못하다,

[해석]
A : 복사비가 얼마에요?
B : 페이지 당 15센트입니다.
A : 대량으로도요?
B : 대략적으로 어느 정도의 페이지를 가지고 있나요?
A : 약 100페이지입니다. 그것은 나의 논문입니다.
B : 그 경우에는 페이지 당 10센트로 해드리겠습니다.
A : 좋네요. 그러나 아직 타이핑이 끝나지 않았네요. 4~5일 내에 준비될 겁니다.
B : 그럼 일주일 후에 봐요

19. ②　　20. ①

 나만의 정리노트

컴퓨터 일반

01 무결성 제약조건

– 개체무결성 제약조건 : 기본키는 널(NULL)값이나 중복값을 가질 수 없다는 제약조건
– 참조무결성 제약조건 : <u>외래키는 참조할 수 없는 값을 가질 수 없다</u>는 제약조건

> (참조) 무결성 제약이란 각 릴레이션(relation)에 속한 각 애트리뷰트(attribute)가 해당 (도메인)을 만족하면서 (참조)할 수 없는 (외래키) 값을 가져서는 안 된다는 것을 말한다.

02 =$A$1+$B2의 의미

$A$1 : A열1행의 위치를 모두 고정하여, 어느 위치에서도 A1셀값을 절대 참조한다.
$B2 : B열은 위치를 고정하여 절대참조, 2행은 상대적으로 변하는 상대참조 한다.
D1셀 : =$A$1+$B2 = 1+4 = 5
D2셀 : =$A$1+$B3 = 1+6 = 7
D3셀 : =$A$1+$B4 = 1+8 = 9
D4셀 : =$A$1+$B5 = 1+10 = 11
D5셀 : =$A$1+$B6 = 1+0 = 1

---

01 관계데이터베이스 관련 다음 설명에서 ㉠~㉣에 들어갈 용어를 바르게 짝지은 것은?

> **보기**
>
> (㉠) 무결성 제약이란 각 릴레이션(relation)에 속한 각 애트리뷰트(attribute)가 해당 (㉡)을 만족하면서 (㉢)할 수 없는 (㉣) 값을 가져서는 안 된다는 것을 말한다.

	㉠	㉡	㉢	㉣
①	참조	고립성	변경	외래키
②	개체	고립성	참조	기본키
③	참조	도메인	참조	외래키
④	개체	도메인	변경	기본키

02 다음 워크시트에서 [D1] 셀에 =$A$1+$B2를 입력한 후 [D1]셀을 복사하여 [D5] 셀에 붙여넣기 했을 때 [D5] 셀에 표시될 수 있는 결과로 옳은 것은?

	A	B	C	D
1	1	2	3	
2	2	4	6	
3	3	6	3	
4	4	8	12	
5	5	10	15	
6				

① 1
② 7
③ 9
④ 15

03 관계데이터베이스의 인덱스(index)에 대한 설명으로 옳은 것의 총 개수는?

> 보기
>
> ㄱ. 기본키의 경우, 자동으로 인덱스가 생성되며 인덱스 구축 시 두 개 이상의 칼럼(column)을 결합하여 인덱스를 생성할 수 있다.
>
> ㄴ. SQL 명령문의 검색 결과는 인덱스 사용 여부와 관계없이 동일하며 인덱스는 검색 속도에 영향을 미친다.
>
> ㄷ. 데이터베이스의 전체적인 성능을 향상시키기 위해서는 테이블의 모든 칼럼(column)에 대하여 인덱스를 생성해야 한다.
>
> ㄹ. 인덱스는 칼럼(column)에 대하여 생성되며 테이블 내의 데이터를 순차적으로 접근하여 검색 결과를 제공한다.

① 1개   ② 2개
③ 3개   ④ 4개

04 트랜잭션(transaction)의 복구(recovery) 진행 시 복구대상을 제외, 재실행(Redo), 실행취소(Undo) 할 것으로 구분하였을 때 옳은 것은?

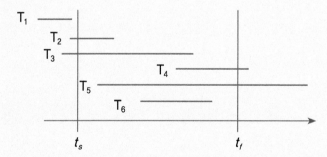

T_1, T_2, T_3, T_4, T_5, T_6 선분은 각각 해당 트랜잭션의 시작과 끝 시점을, t_s는 검사점(checkpoint)이 이루어진 시점을, t_f는 장애(failure)가 발생한 시점을 의미한다.

	제외	재실행	실행취소
①	T_1	T_2, T_3	T_4, T_5, T_6
②	T_1	T_2, T_3, T_6	T_4, T_5
③	T_2, T_3	T_1, T_6	T_4, T_5
④	T_4, T_5	T_6	T_1, T_2, T_3

03 인덱스
- 기본키는 자동으로 인덱스가 생성되고 인덱스는 여러 칼럼을 이용하여 생성 가능하다. (○)
- 인덱스는 검색 속도를 향상 시키는 방법이다. SQL의 검색 결과는 인덱스 사용 유무에 관계없이 동일하다. (○)
- 인덱스 설정은 자주 검색하는 속성에 대하여 지정하는 것이다. 모든 속성에 대하여 인덱스를 지정한다고 성능이 향상되는 건 아니다. (×)
- 인덱스는 칼럼(속성, 열)에 대하여 생성되며 데이터 검색 시 순차접근이 아닌 해당 주소를 직접지정하여 빠른 속도로 데이터를 검색하게 된다.(×)

04 검사점(check point)을 이용한 복구

- T_1 : 검사점(t_s) 이전에 시작하여 검사점 전에 완료 → Redo(재실행), Undo(실행취소) 모두 불필요
- T_2 : 검사점(t_s) 이전에 시작하여 검사점 이후에 완료 → 검사점 이후만 Redo(재실행)
- T_3 : 검사점(t_s) 이전에 시작하여 검사점 이후에 완료 → 검사점 이후만 Redo(재실행)
- T_4 : 검사점(t_s) 이후에 시작하여 장애 시점을 거치며 미완료 → 트랜잭션 Undo(실행취소)
- T_5 : 검사점(t_s) 이후에 시작하여 장애 시점을 거치며 미완료 → 트랜잭션 Undo(실행취소)
- T_6 : 검사점(t_s) 이후에 시작하여 장애 시점 이전에 완료 → 트랜잭션 Redo(재실행)
  - 제외 : T_1
  - 재실행 : T_2, T_3, T_6
  - 실행취소 : T_4, T_5

03 ②   04 ②

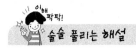
05 엑셀 함수

① VLOOKUP
– 찾을 값을 지정 한 후 참조범위 중 지정한 열에서 일치하는 값을 출력하는 함수
– 형식 : =VLOOKUP(찾을값, 참조범위, 열번호, [일치옵션; 일치값 = 0, 근사값 =1])

② LARGE
– 범위에서 k번째로 큰 값을 반환하는 함수
– 형식 : = LARGE (범위, 순위(k))
– 중복값인 경우도 순위를 카운트 함 5,5,4,3,2,1 일 경우, 3번째로 큰 값은 4

③ 주어진 문제의 함수분석
– =VLOOKUP(LARGE(C4:C11,3),C4:F11,4, 0)
• 찾을값 : C4:C11의 범위값중 세 번째로 큰수 → 13
• 참조범위 : C4 : F11
• 열 번호 : 4
• 일치옵션 : 0 으로 정확히 일치하는 값만 추출
– 찾을값 13을 참조범위 C4 : F11의 4번째 열 (판매금액)에서 일치하는 값은 2,380 이다

06 UML 다이어그램
– 집합 관계 (aggregation)는 전체와 부분이 서로 독립적인 관계로, 전체가 소멸되어도 부분은 소멸되지 않는다

---

05 다음 워크시트에서 수식 =VLOOKUP(LARGE(C4:C11,3), C4:F11, 4, 0)에 의해 표시될 수 있는 결과로 옳은 것은?

	A	B	C	D	E	F
1	2021년 1월 판매현황 분석					
2						
3	상품명	판매단가	초과/부족수량	목표수량	판매수량	판매금액
4	공기청정기	150	10	100	110	16,500
5	김치냉장고	85	13	15	28	2,380
6	드럼세탁기	90	-5	35	30	2,700
7	스마트TV	150	13	45	58	8,700
8	의류건조기	230	5	20	25	5,750
9	인덕션오븐	120	20	30	50	6,000
10	무선청소기	70	8	30	38	2,660
11	식기세척기	150	-10	40	30	4,500

① 58
② 2,380
③ 8,700
④ 16,500

06 UML의 클래스 다이어그램에서 클래스 사이의 관계에 대한 설명으로 옳지 않은 것은?

① 일반화(generalization) 관계는 일반화한 부모 클래스와 실체화한 자식 클래스 간의 상속 관계를 나타낸다.

② 연관(association) 관계에서 다중성(multiplicity)은 관계 사이에 개입하는 클래스의 인스턴스 개수를 의미한다.

③ 의존(dependency) 관계는 한 클래스가 다른 클래스를 참조하는 것으로 지역변수, 매개변수 등을 일시적으로 사용하는 관계이다.

④ 집합(aggregation) 관계는 강한 전체와 부분의 클래스 관계이므로전체 객체가 소멸되면 부분 객체도 소멸된다.

07 다음에서 설명하는 소프트웨어 아키텍처의 유형으로 옳은 것은?

> ○ 사용자 인터페이스를 시스템의 비즈니스 로직 부분과 분리하는 구조
> ○ 결합도(coupling)를 낮추기 위한 소프트웨어 아키텍처 패턴 구조
> ○ 디자인 패턴 중 옵서버(observer) 패턴에 해당하는 구조

① 클라이언트-서버(client-server) 아키텍처
② 브로커(broker) 아키텍처
③ MVC(Model-View-Controller) 아키텍처
④ 계층형(layered) 아키텍처

08 다음 C 프로그램의 실행 결과로 옳은 것은?

```
#include <stdio.h>

void main(void) {
    int a = 1, b = 2, c = 3;
    {
     int b = 4, c = 5;
     a = b;
     {
      int c;
      c = b;
     }
     printf("%d %d %d₩n", a, b, c);
    }
}
```

① 1 2 3   ② 1 4 5
③ 4 2 3   ④ 4 4 5

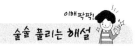
07 MVC 유형

- 모델(Medel)-뷰(View)- 컨트롤러(Controller)
  의 3개 부분으로 구성
- 사용자가 controller를 조작하면 controller는
  model을 통해서 데이터를 가져오고 그 정보를
  바탕으로 시각적인 표현을 담당하는 View를 제
  어해서 사용자에게 전달하게 된다.
- 사용자 인터페이스와 비즈니스 로직을 분리시켜
  개별적 작업을 수행가능하다.

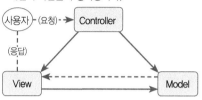

08 지역변수의 유효범위

```
void main(void) {
    int a = 1, b = 2, c = 3;
    → 블록①에서 a=1, b=2, c=3 할당
    {
        int b = 4, c = 5;
        → 블록②에서 새로운 지역변수 선언하고 a=1, b=4, c=5 할당
        a = b;
        → 블록②에서 a=b에서 b값을 a에 할당하므로 a=4
        {
            int c;
            → 블록③에서 새로운 지역변수 c를 선언
            c = b;
            → 블록③에서 c=b에서 b값을 c에 할당하므로 c=4
        }
        printf("%d %d %d₩n", a, b, c);
        → 블록③을 벗어나 블록②에서의 a, b, c를 출력
                                        4 4 5
    }
}
```

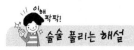
09 용량의 단위

• K(Kilo)	= 1024	$= 2^{10}$
• M(Mega)	$= 1024 \times K$	$= 2^{20}$
• G(Giga)	$= 1024 \times M$	$= 2^{30}$
• T(Tera)	$= 1024 \times G$	$= 2^{40}$
• P(Peta)	$= 1024 \times T$	$= 2^{50}$
• E(exa)	$= 1024 \times P$	$= 2^{60}$
• Z(zetta)	$= 1024 \times E$	$= 2^{70}$
• Y(yotta)	$= 1024 \times Z$	$= 2^{80}$

문제에서 1024PB와 같은 용량 = 1EB = 2^{60}
Byte 값을 구하면 된다.
① 1024^{-1}ZB에서 $1024^{-1} = 2^{-10}$
→ 1024^{-1}ZB $= 2^{-10} \times 2^{70} = 2^{60}$ Byte
② 1024^2TB에서 1024^2
$= 1024 \times 1024 = 2^{20}$
→ 1024^{-1}ZB $2^{20} \times 2^{40} = 2^{60}$ Byte
③ 1024^{-3}YB에서 $1024^{-3} = 2^{-30}$
→ 1024^{-3}YB $= 2^{-30} \times 2^{80} = 2^{50}$ Byte
④ 1024^4MB에서 $1024^4 = 2^{40}$
→ 1024^4MB $= 2^{40} \times 2^{20} = 2^{60}$ Byte

10 유비쿼터스 컴퓨팅

– 노매딕 컴퓨팅(nomadic computing) :
어떠한 장소에서건 이미 다양한 정보기기가
편재되어 있어 사용자가 정보기기를 굳이
휴대할 필요가 없는 환경

11 운영체제 기술
① 다중프로그래밍(multi-programming) : 여러
개의 프로그램을 주기억 장치에 적재한 후 1
개의 CPU를 이용해 번갈아 가면서 수행하는
기법
② 다중프로세싱(multi-processing) : 여러개의
프로그램을 주기억 장치에 적재한 후 여러개
의 CPU를 이용해 번갈아 가면서 수행하는
기법
③ 병렬처리(parallel processing) : 여러개의
CPU를 이용해 파이프라인 기술등을 이용해
병행처리 하는 기술
④ 분산처리(distributed processing) : 네트워
크상에 분산된 컴퓨팅 자원을 논리적으로 통
합하여 처리하는 기술

09 클라우드 서버에 저장된 데이터 용량이 1024PB(Peta Byte)일 때 이 데이터와 동일한 크기의 저장 용량으로 옳지 않은 것은? (단, 1KB는 1024Byte)

① 1024^{-1}ZB(Zetta Byte)
② 1024^2TB(Tera Byte)
③ 1024^{-3}YB(Yotta Byte)
④ 1024^4MB(Mega Byte)

10 유비쿼터스 컴퓨팅 기술에 대한 설명으로 옳지 않은 것은?

① 노매딕 컴퓨팅(nomadic computing)은 사용자가 모든 장소에서 사용자 인증 없이 다양한 정보기기로 동일한 데이터에 접근하는 기술이다.
② 엑조틱 컴퓨팅(exotic computing)은 스스로 생각하여 현실세계와 가상세계를 연계하는 컴퓨팅을 실현해 주는 기술이다.
③ 감지 컴퓨팅(sentient computing)은 센서가 사용자의 상황을 인식하여 사용자가 필요한 정보를 제공해 주는 기술이다.
④ 임베디드 컴퓨팅(embedded computing)은 사물에 마이크로칩을 장착하여 서비스 기능을 내장하는 컴퓨팅 기술이다.

11 하나의 컴퓨터 시스템에서 여러 개의 어플리케이션(application)들이 함께 주기억장치에 적재되어 하나의 CPU 자원을 번갈아 사용하는 형태로 수행되게 하는 기법으로 옳은 것은?

① 다중프로그래밍(multi-programming)
② 다중프로세싱(multi-processing)
③ 병렬처리(parallel processing)
④ 분산처리(distributed processing)

12 주기억장치와 CPU 캐시 기억장치만으로 구성된 시스템에서 다음과 같이 기억장치 접근 시간이 주어질 때 이 시스템의 캐시 적중률(hit ratio)로 옳은 것은?

> • 주기억장치 접근 시간 : Tm=80ns
> • CPU 캐시 기억장치 접근 시간 : Tc=10ns
> • 기억장치 평균 접근 시간(expected memory access time):Ta=17ns

① 80% ② 85%

③ 90% ④ 95%

12
캐시기반의 평균 메모리 접근시간

> 기억장치 평균 접근시간
> = 적중시의 시간 + 실패시의 시간
> = (캐시접근시간*적중률) + (주기억장치접근시간* 실패율)
> = (캐시접근시간*적중률) + (주기억장치접근시간*(1-적중률))

위 공식에서 적중률을 X라 하고 값을 대입해보면 (시간 단위는 ns로 같으므로 생략함)
17 = (10*X) + (80*(1-X))
17 = 10X + 80 - 80X
70X = 63
따라서 X= 63/70 = 0.9
X값을 백분율(%)로 표시하기위해 100을 곱하면
X = 0.9*100 = 90%

13 컴퓨터 시스템의 주기억장치 및 보조기억장치에 대한 설명으로 옳지 않은 것은?

① RAM은 휘발성(volatile) 기억장치이며 HDD 및 SSD는 비휘발성(non-volatile) 기억장치이다.

② RAM의 경우, HDD나 SSD 등의 보조기억장치에 비해 상대적으로 접근 속도가 빠르다.

③ SSD에서는 일반적으로 특정 위치의 데이터를 읽는 데 소요되는 시간이 같은 위치에 데이터를 쓰는 데 소요되는 시간보다 더 오래 걸린다.

④ SSD의 경우, 일반적으로 HDD보다 가볍고 접근 속도가 빠르며 전력 소모가 적다.

13
SSD 포함해서 보조기억장치에서 데이터를 읽는 (read) 시간은 쓰는(write) 시간보다 더 적게 걸린다.

14
RR스케줄링
– 이 문제의 핵심은 P4작업이 대기큐에 진입(6초)하기 전에, P1작업이 시간 할당량에 의해 나온 후 다시 대기큐에 진입(5초)하면서 실행순서가 바뀐다는 것이다.

실행시간	P1	P2	P3	P1	P4	P2	P3	P4	P2
	0 1 2 3 4 5 6 7 8 9 10	15	20	25	30 31	35	40		
대기큐	P1 P2 P3 P1 P4	P3	P1	P4	P2 P3	P4	P2		
남은시간	10 15 6 5 9	10	1 종료	4	5 종료 종료		종료		

문제 표에서 도착시간을 참조하여 각 프로세스 반환시간을 구하면 아래와 같다.
- p1 반환시간 = p1 종료시간– p1 도착시간
 = 20–0 = 20
- p2 반환시간 = p2 종료시간– p2 도착시간
 = 40–1 = 39
- p3 반환시간 = p3 종료시간– p3 도착시간
 = 31–3 = 28
- p4 반환시간 = p4 종료시간– p4 도착시간
 = 35–6 = 29
– 평균 반환시간 = (각 프로세스 반환시간 합) / 프로세스 수 = (20+39+28+29) / 4 = 116 / 4 = 29

15
LRU 교체 알고리즘

참조열	1	2	3	1	2	3	1	2	3	1	2	3	4	5	6	7	4	5	6	7	4	5	6	7
프레임	1	1	1	1	1	1	1	1	1	1	1	1	4	4	7	7	7	6	6	6	5	5	5	
		2	2	2	2	2	2	2	2	2	2	2	2	5	5	4	4	4	7	7	7	6	6	
			3	2	3	3	3	3	3	3	3	3	3	6	6	6	5	5	5	4	4	4	7	
페이지부재	F	F	F										F	F	F	F	F	F	F	F	F	F	F	F

– 페이지 부재 수는 15회

14
다음 표에서 보인 4개의 프로세스들을 시간 할당량(time quantum)이 5인 라운드로빈(round-robin) 스케줄링 기법으로 실행시켰을 때 평균 반환 시간으로 옳은 것은?

프로세스	도착 시간	실행 시간
P1	0	10
P2	1	15
P3	3	6
P4	6	9

(단, 반환 시간이란 프로세스가 도착하는 시점부터 실행을 종료할 때까지 소요된 시간을 의미한다. 또한, 이들 4개의 프로세스들은 I/O 없이 CPU만을 사용한다고 가정하며, 문맥교환(context switching)에 소요되는 시간은 무시한다.

① 24.0 ② 29.0
③ 29.75 ④ 30.25

15
LRU(Least Recently Used) 교체 기법을 사용하는 요구 페이징(demand paging) 시스템에서 3개의 페이지 프레임(page frame)을 할당받은 프로세스가 다음과 같은 순서로 페이지에 접근했을 때 발생하는 페이지 부재(page fault) 횟수로 옳은 것은? (단, 할당된 페이지 프레임들은 초기에 모두 비어 있다고 가정한다.)

페이지 참조 순서(page reference string) :
1, 2, 3, 1, 2, 3, 1, 2, 3, 1, 2, 3, 4, 5, 6, 7, 4, 5, 6, 7, 4, 5, 6, 7

① 7번 ② 10번
③ 14번 ④ 15번

14 ② 15 ④

08

16
인터넷에서 사용하는 IPv6에 대한 설명으로 옳지 않은 것은?

① 패킷 헤더의 체크섬(checksum)을 통해 데이터 무결성 검증 기능을 지원한다.

② QoS(Quality of Service) 보장을 위해 흐름 레이블링(flow labeling) 기능을 지원한다.

③ IPv6의 주소 체계는 16비트씩 8개 부분, 총 128비트로 구성되어 있다.

④ IPv6 주소 표현에서 연속된 0에 대한 생략을 위한 :: 표기는 1번만 가능하다.

17
다음 정수를 왼쪽부터 순서대로 삽입하여 이진 탐색 트리(binary search tree)를 구성했을 때 단말 노드(leaf node)를 모두 나열한 것은?

> 44, 36, 62, 3, 16, 51, 75, 68, 49, 85, 57

① 16, 49, 51, 57, 85　　② 16, 49, 57, 68, 85

③ 49, 51, 57, 68, 85　　④ 49, 57, 68, 75, 85

18
다음 과정을 통해 수행되는 정렬 알고리즘의 특징으로 옳지 않은 것은?

초기값	15	9	8	1	4
1단계	9	15	8	1	4
2단계	8	9	15	1	4
3단계	1	8	9	15	4
4단계	1	4	8	9	15

① 최악의 경우에 시간 복잡도는 $O(n^2)$이다.

② 원소 수가 적거나 거의 정렬된 경우에 효과적이다.

③ 선택정렬(selection sort)에 비해 비교연산 횟수가 같거나 적다.

④ 정렬 대상의 크기만큼 추가 공간이 필요하다.

16
IP주소 헤더
IPv4헤더에는 Checksum 필드가 있어 무결성 검증이 가능하지만, IPv6 헤더에는 Checksum 필드가 없다.

0	4	8		16	24	31
Version	Header Length	Type of Service		Total Length		
Identification				Flags	Fragment offset	
Time to Live(TTL)		Protocol type		Header Checksum		
Source Address						
Destination Address						

IPv4

0	4		12	16	24	31
Version	Traffic Clsaa			Flow Label		
Payload Length				Next Header	Hop limit	
Source Address						
Destination Address						

IPv6

17
이진탐색트리
이진 탐색트리 삽입은 현재 노드기준 작은 값이면 왼쪽, 큰값이면 오른쪽에 위치시킨다.
44, 36, 62, 3, 16, 51, 75, 68, 49, 85, 57에서 왼쪽노드부터 순서대로 이진탐색트리를 구성하면 아래와 같다.

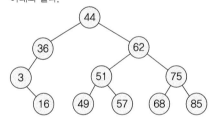

– 단말노드 : 16, 49, 57, 68, 85

18
삽입 정렬
문제의 정렬 알고리즘은 초기값에서 1단계 수행 결과를 보면, 두 번째 값(키값) 이전에서만 정렬되고 이후는 변동되지 않았으므로 삽입 정렬 방식을 사용하고 있다.
– 삽입 정렬의 특징
• 삽입정렬 , 선택 정렬, 버블 정렬의 최악 시간복잡도 = $O(n^2)$
• 앞쪽에서 이미 정렬된 부분과 비교하여 자신의 위치를 삽입하는 방식이다.
• 데이터 수만큼 배열 크기만 확보하면 되므로 추가 공간은 필요없다.

16 ①　17 ②　18 ④

19
SET (Secure Electronic Transaction)
- SET은 신용카드 보안 프로토콜이다.
- SET의 거래 주체는 카드소지자(고객), 상점, 중개기관, 결제기관, 인증기관 등으로 구성된다.
- 고객의 구매 정보, 결제 정보등은 보안을 위해서 이중서명되어 전송된다.
- 카드 소지자는 전자 상거래 결제를 위해서 전자화폐를 발행하는 전자지갑 소프트웨어가 필요하다.
- 거래 주체간 인증을 위해서 인증기관에서 발행하는 인증서가 필요하다.
- 〈단점〉 인증서에 사용되는 전자서명을 RSA 공개키 방식을 사용하므로 SSL 방식보다 처리 속도가 느리다.

20
개인정보 보호 원칙
㉠ 개인정보처리자는 개인정보의 처리 목적에 필요한 범위에서 개인정보의 정확성, 완전성 및 최신성이 보장되도록 하여야 한다.
㉡ 개인정보처리자는 개인정보의 처리 목적에 필요한 범위에서 적합하게 개인정보를 처리하여야 하며, 그 목적 외의 용도로 활용하여서는 아니 된다.
㉢ 개인정보처리자는 개인정보 처리방침 등 개인정보의 처리에 관한 사항을 공개하여야 하며, 열람청구권 등 정보주체의 권리를 보장하여야 한다.
㉣ 개인정보처리자는 개인정보를 익명 또는 가명으로 처리하여도 개인정보 수집목적을 달성할 수 있는 경우 익명처리가 가능한 경우에는 익명에 의하여, 익명처리로 목적을 달성할 수 없는 경우에는 가명에 의하여 처리될 수 있도록 하여야 한다.
따라서 문제보기에서 올바른 내용은 ㉠번 한 개이다.

19
SET(Secure Electronic Transaction)에 대한 설명으로 옳지 않은 것은?

① 프라이버시 보호를 위해 이중서명 프로토콜을 사용한다.
② 카드 소지자는 전자 지갑 소프트웨어가 필요하다.
③ 인증기관(Certification Authority)이 필요하다.
④ SSL(Secure Socket Layer)에 비해 고속으로 동작한다.

20
「개인정보 보호법」의 개인정보 보호 원칙으로 옳은 것의 총 개수는?

> ㄱ. 개인정보처리자는 개인정보의 처리 목적에 필요한 범위에서 개인정보의 정확성, 완전성 및 최신성이 보장되도록 하여야 한다.
> ㄴ. 개인정보처리자는 개인정보의 처리 목적에 필요한 범위에서 적합하게 개인정보를 처리하여야 하며, 그 목적 외의 용도로 활용 하고자 하는 경우 개인정보 보호책임자의 동의를 받아야 한다.
> ㄷ. 개인정보처리자는 개인정보 처리방법 등 개인정보의 처리에 관한 사항은 비공개하여야 하며, 열람청구권 등 정보주체의 권리를 보장하여야 한다.
> ㄹ. 개인정보처리자는 개인정보를 가명 또는 익명으로 처리하여도 개인정보 수집목적을 달성할 수 있는 경우 가명처리가 가능한 경우에는 가명에 의하여, 가명처리로 목적을 달성할 수 없는 경우에는 익명에 의하여 처리될 수 있도록 하여야 한다.

① 1개   ② 2개
③ 3개   ④ 4개

나만의 정리노트

01

비트블록 앞 뒤로 시작 비트와 정지 비트를 삽입하는 방식은 비동기식 전송으로, 전송효율이 낮아 근거리 통신에 사용된다.

01 동기식 전송(Synchronous Transmission)에 대한 설명으로 옳지 않은 것은?

① 정해진 숫자만큼의 문자열을 묶어 일시에 전송한다.
② 작은 비트블록 앞뒤에 Start Bit와 Stop Bit를 삽입하여 비트블록을 동기화한다.
③ 2,400bps 이상 속도의 전송과 원거리 전송에 이용된다.
④ 블록과 블록 사이에 유휴시간(Idle Time)이 없어 전송효율이 높다.

02

AOE는 사건을 정점으로, 작업(소요시간)을 간선으로 나타내어 임계경로를 구하고자 하는 네트워크이다. 문제의 소작업 목록을 AOE 네트워크로 표현하면 다음과 같다.
(각 정점은 해당하는 작업에 필요한 선행 소작업의 완료를 알리는 사건을 나타낸다.)

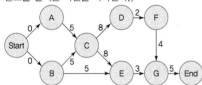

이 프로젝트가 끝날 수 있는 가장 빠른 소요시간을 구하기 위해서는 임계경로를 찾아야 한다. 임계경로법에 따라 Start에서 End까지의 작업경로 중 가장 긴 경로인 Start → A → C → D → F → G → End가 임계경로가 된다.
따라서 문제의 답은 0 + 5 + 8 + 2 + 4 + 5 = 24시간이 나온다.

02 어떤 프로젝트를 완성하기 위해 작업 분할(Work Breakdown)을 통해 파악된, 다음 소작업(activity) 목록을 AOE(Activity On Edge) 네트워크로 표현하였을 때, 이 프로젝트가 끝날 수 있는 가장 빠른 소요시간은?

소작업 이름	소요시간	선행 소작업
a	5	없음
b	5	없음
c	8	a, b
d	2	c
e	3	b, c
f	4	d
g	5	e, f

① 13   ② 21
③ 24   ④ 32

01 ②   02 ③

03 다음에 제시된 입력 데이터를 엑셀 서식의 표시 형식 코드에 따라 출력한 결과로 옳은 것은?

> 입력 데이터 : 1234.5
> 표시 형식 코드 : #,##0

① 1,234

② 1,235

③ 1,234.5

④ 1,234.50

04 객체지향 소프트웨어 개발 및 UML Diagram에 대한 설명이다. ㉠~㉢에 들어갈 내용을 바르게 짝지은 것은

> • (㉠)은/는 외부에서 인식할 수 있는 특성이 담긴 소프트웨어의 골격이 되는 기본 구조로, 시스템 전체에 대한 큰 밑그림이다. 소프트웨어 품질 요구 사항은 (㉠)을/를 결정하는 데 주요한 요소로 작용한다.
> • (㉡)은/는 두 개 이상의 클래스에서 동일한 메시지에 대해 객체가 다르게 반응하는 것이다.
> • (㉢)은/는 객체 간의 메시지 통신을 분석하기 위한 것으로 시스템의 동작을 정형화하고 객체들의 메시지 교환을 시각화한다.

	㉠	㉡	㉢
①	소프트웨어 아키텍처	다형성	시퀀스 모델
②	유스케이스	다형성	시퀀스 모델
③	클래스 다이어그램	캡슐화	상태 모델
④	디자인 패턴	캡슐화	상태 모델

05

① 메시지 인증 코드(MAC)는 대칭키 암호화 방식에서 사용하는 것으로 MAC알고리즘을 계산하는 데에는 개인키를 필요로 하며 공개키 방식에서는 다른 이용자가 MAC을 생성, 확인 등 위조할 우려가 있어 사용할 수 없다.
② 개인키는 추정되거나 공개될 수 없고 비밀이 유지되어야 하므로, 송신자는 수신자의 개인키를 이용할 수 없다.
③ 대칭키 암호방식은 사용자마다의 암호키를 관리해야 하므로 복수의 사용자가 관련되어 있을 때, 관리할 키의 수가 많아진다.
④ 인증기관은 개인키를 알 수 없으며, 공개키를 등록하여 신뢰성을 보증받는다.

06

워터마킹은 비가시성, 강인성, 명확성, 보안성, 권리정보 추출성 등의 특성을 지니나 부인방지성은 특성으로 지니지 않는다.
① 부인방지성 : 송수신 내역을 증명할 수 있도록 하여 송수신 사실을 부인하지 못하도록 하는 특성으로 전자서명 등에 적용된다.
② 비가시성 : 원본과 워터마킹이 삽입된 콘텐츠를 시각적으로 구분할 수 없어야 한다.
③ 강인성 : 콘텐츠에 각종 편집 및 변형을 가해도 워터마킹이 손상되지 않아야 한다.
④ 권리정보 추출성 : 워터마킹이 나타내고 있는 저작권리를 읽을 수 있어야 한다.

07

• 스파이웨어 : 사용자의 동의 없이 설치되어 컴퓨터의 정보를 수집하는 악성 소프트웨어.
• 트로이목마 : 정상적인 파일을 가장하여 사용자의 설치를 유도한 후, 사용자 PC에 있는 정보를 유출하는 악성 프로그램의 통칭.
• 파밍 : 가짜 사이트를 진짜처럼 오인하여 접속하도록 유도한 뒤 개인정보를 훔치는 범죄 수법.
• 피싱 : 전자우편 또는 메신저를 이용해 신뢰할 수 있는 사람 또는 기업이 보낸 것처럼 가장하여, 기밀을 요하는 정보를 얻으려는 공격.

05 정답없음   06 ①   07 ④

---

05 공개키 암호방식에 대한 설명으로 옳은 것은?

① 송신자는 전송메시지에 대한 MAC(Message Authentication Code)을 생성하고 수신자는 그 MAC을 점검함으로써 메시지가 전송과정에서 변조되었는지 여부를 확인한다.
② 송신자는 수신자의 개인키를 이용하여 암호화한 메시지를 송신하고 수신자는 수신한 메시지를 자신의 공개키를 이용하여 복호화한다.
③ 송수신자 규모가 동일할 경우, 공개키 암호방식이 대칭키 암호방식보다 더 많은 키들을 필요로 하기 때문에 인증기관이 키 관리를 담당한다.
④ 키 운영의 신뢰성을 공식적으로 제공하기 위하여 인증기관은 고객별로 개인키와 키 소유자 정보를 만들고 이를 해당 고객에게 인증서로 제공한다.

06 온라인에서 멀티미디어 콘텐츠의 불법 유통을 방지하기 위해 삽입된 워터마킹 기술의 특성으로 옳지 않은 것은?

① 부인 방지성   ② 비가시성
③ 강인성   ④ 권리정보 추출성

07 (가), (나)에서 설명하는 악성 프로그램의 용어를 바르게 짝지은 것은?

> (가) 사용자 컴퓨터의 데이터를 암호화시켜 파일을 사용할 수 없도록 한 후 암호화를 풀어주는 대가로 금전을 요구하는 악성 프로그램
> (나) 'ㅇㅇㅇ초대장' 등의 내용을 담은 문자 메시지 내에 링크된 인터넷 주소를 클릭하면 악성 코드가 설치되어 사용자의 정보를 빼가거나 소액결제를 진행하는 악성 프로그램

	(가)	(나)
①	스파이웨어	트로이목마
②	랜섬웨어	파밍(Pharming)
③	스파이웨어	피싱(Phishing)
④	랜섬웨어	스미싱(Smishing)

08 프로세스 관리 과정에서 발생할 수 있는 교착상태(Deadlock)를 예방하기 위한 조치로 옳은 것은?

① 상호배제(Mutual Exclusion) 조건을 제거하고자 할 경우, 프로세스 A가 점유하고 있던 자원에 대하여 프로세스 B로부터 할당 요청이 있을 때 프로세스 B에게도 해당자원을 할당하여 준다. 운영체제는 프로세스 A와 프로세스 B가 종료되는 시점에서 일관성을 점검하여 프로세스 A와 프로세스 B 중 하나를 철회시킨다.

② 점유대기(Hold and Wait) 조건을 제거하고자 할 경우, 자원을 점유한 프로세스가 다른 자원을 요청하였지만 할당받지 못하면 일단 자신이 점유한 자원을 반납한다. 이후 그 프로세스는 반납하였던 자원과 요청하였던 자원을 함께 요청한다.

③ 비선점(No Preemption) 조건을 제거하고자 할 경우, 프로세스는 시작시점에서 자신이 사용할 모든 자원들에 대하여 일괄할당을 요청한다. 일괄할당이 이루어지지 않을 경우, 일괄할당이 이루어지기까지 지연됨에 따른 성능저하가 발생할 수 있다.

④ 환형대기(Circular Wait) 조건을 제거하고자 할 경우, 자원들의 할당 순서를 정한다. 자원 Ri가 자원 Rk보다 먼저 할당되는 것으로 정하였을 경우, 프로세스 A가 Ri를 할당받은 후 Rk를 요청한 상태에서 프로세스 B가 Rk를 할당받은 후 Ri를 요청하면 교착상태가 발생하므로 운영체제는 프로세스 B의 자원요청을 거부한다.

09

B b1 = new B( );
먼저 B의 부모 클래스인 A의 기본 생성자인 "가"
가 출력된다.
다음으로 B의 기본 생성자 "다"가 출력된다.
b1은 B 클래스에 속해있으므로 이때의 a는 20이다.
A b2 = new B(1);
먼저 B의 부모 클래스인 A의 기본 생성자인 "가"가
출력된다.
다음으로 B(1)이므로 B(int x) 메서드가 실행되어
"라"가 출력된다.
b2는 A 클래스에 속해있으므로 이때의 a는 10이다.
b1.a + b2.a = 20 + 10 = 30이다.
최종적으로 [가다가라30]이 출력된다.

10

h(f,4,2)의 for문의 내용은 다음과 같다.
for(i=3; i)=0; i--){res = res*2 + f[i];}
각 i에 대해서 반복문을 적용하면,
i = 3일 때, res = 0.0*2+f[3] = 4.0
i = 2일 때, res = 4.0*2+f[2] = 8.0+3 = 11.0
i = 1일 때, res = 11.0*2+f[1] = 22.0+2 = 24.0
i = 0일 때, res = 24.0*2+f[0] = 48.0+1 =
49.0
따라서 h는 double값인 49.0을 반환한다.
"%3.1f\n"은 정수 부분 자릿수 3개까지 출력하
고, 소수점 이하 1자리까지 출력, 반올림하는 출력
자료 형식이다.
그러므로 최종적으로 49.0이 출력된다.

09 Java 프로그램의 실행 결과로 옳은 것은?

```java
public class B extends  A {
  int a = 20;
  public B() {
    System.out.print("다");
  }
  public B(int x) {
    System.out.print("라");
  }
}

public class A {
  int a = 10;
  public A() {
    System.out.print("가");
  }
  public A(int x) {
    System.out.print("나");
  }
  public static void main(String[] a){
    B b1 = new B();
    A b2 = new B(1);
    System.out.print(b1.a + b2.a);
  }
}
```

① 다라30
② 다라40
③ 가다가라30
④ 가다가라40

10 C 언어로 작성된 프로그램의 실행 결과로 옳은 것은?

```c
#include <stdio.h>

double h(double *f, int d, double x){
int i;
double res = 0.0;
for(i=d-1; i )= 0; i--){
res = res * x + f[i];
}
return res;
}

int main() {
double f[] = {1, 2, 3, 4};
printf("%3.1f\n", h(f, 4, 2));
return 0;
}
```

① 11.0
② 26.0
③ 49.0
④ 112.0

11

순차 파일과 인덱스 순차 파일에 대한 설명으로 옳은 것의 총 개수는?

> ㄱ. 순차 파일에서의 데이터 레코드 증가는 적용된 순차 기준으로 마지막 위치에서 이루어진다.
> ㄴ. 순차 파일에서는 접근 조건으로 제시된 순차 대상 필드 값 범위에 해당하는 대량의 데이터 레코드들을 접근할 때 효과적이다.
> ㄷ. 순차 파일에서의 데이터 레코드 증가는 오버플로우 블록을 생성시키지 않는다.
> ㄹ. 인덱스 순차 파일의 인덱스에는 인덱스 대상 필드 값과 그 값을 가지는 데이터 레코드를 접근할 수 있게 하는 위치 값이 기록된다.
> ㅁ. 인덱스 순차 파일에서는 인덱스 갱신없이 데이터 레코드를 추가하거나 삭제하는 것이 가능하다.
> ㅂ. 인덱스 순차 파일에서는 접근 조건에 해당하는 인덱스 대상 필드 값을 가지는 소량의 데이터 레코드를 순차 파일보다 효과적으로 접근할 수 있다.
> ㅅ. 인덱스를 다중레벨로 구성할 경우, 최하위 레벨은 순차 파일 형식으로 구성된다.

① 2개 ② 3개
③ 4개 ④ 5개

12

다음에서 설명하는 디자인 패턴으로 옳은 것은?

> 클라이언트와 서브시스템 사이에 ○○○객체를 세워놓음으로써 복잡한 관계를 구조화한 디자인 패턴이다. ○○○패턴을 사용하면 서브시스템의 복잡한 구조를 의식하지 않고, ○○○에서 제공하는 단순화된 하나의 인터페이스만 사용하므로 클래스 간의 의존관계가 줄어들고 복잡성 또한 낮아지는 효과를 가져 온다.

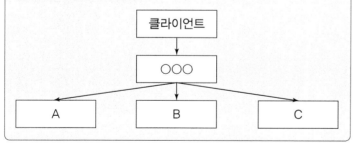

① MVC pattern ② facade pattern
③ mediator pattern ④ bridge pattern

13

DDL에 속하는 SQL 명령
- CREATE : 데이터베이스나 릴레이션을 생성한다.
- ALTER : 데이터베이스나 릴레이션을 변경한다.
- DROP : 데이터베이스나 릴레이션을 삭제한다.
- RENAME : 데이터베이스나 릴레이션의 이름을 변경한다.

DML에 속하는 SQL 명령
- INSERT : 릴레이션에 데이터를 추가 삽입한다.
- UPDATE : 릴레이션의 데이터 내용을 변경한다.
- DELETE : 릴레이션의 데이터를 삭제한다.
- SELECT : 릴레이션에서 데이터를 검색 추출한다.

DCL에 속하는 SQL명령
- GRANT : 사용자가 데이터를 조작할 수 있도록 권한을 부여
- REVOKE : 사용자가 데이터를 조작할 수 있는 권한을 해제
- COMMIT : 트랜잭션을 정상적으로 종료 후 작업 내용을 데이터베이스에 반영
- ROLLBACK : 트랜잭션을 취소

14

- 알파고 : 구글의 딥마인드가 개발한 인공지능 바둑 프로그램으로 딥 러닝 기술이 적용되었다.
- 노드레드 : 하드웨어 장치들을 사물인터넷의 일부로 배선화시키기 위해 개발한 플로 기반 개발 도구이다.
- 논리곱 신경망 : 논리곱은 주어진 복수 명제가 참인지 나타내는 논리 연산으로, 이를 이용한 신경망은 없다.
- 인공 신경망 : 사람 또는 동물 두뇌의 신경망에 착안하여 구현된 컴퓨터 시스템의 총칭이다.
- 합성곱 신경망 : 전처리가 추가된 다층퍼셉트론의 한 종류로 시각적 이미지 및 음성을 분석하는 데 사용된다.

15

① GCD : 두 개 이상의 정수의 최대공약수
　GCD(3,1) = 3과 1의 최대공약수 = 1
② MEDIAN : 주어진 수들의 중앙값
　MEDIAN(3,7,5,3,0,1) = 순차배열 0 1 3 3 5 7 에서 중앙에 있는 값 = 3
③ MODE : 데이터 집합의 최빈값
　MODE(3,7,5,3,0,1) = 3이 두 번 나오므로 최빈수 = 3
④ POWER : 밑수를 지정한 만큼 거듭제곱
　POWER(3,1) = 3^1 = 3

13 SQL의 명령을 DDL, DML, DCL로 구분할 경우, 이를 바르게 짝지은 것은?

	DDL	DML	DCL
①	RENAME	SELECT	COMMIT
②	UPDATE	SELECT	GRANT
③	RENAME	ALTER	COMMIT
④	UPDATE	ALTER	GRANT

14 ㉠과 ㉡에 들어갈 용어로 바르게 짝지은 것은?

> (㉠)은/는 구글에서 개발해서 공개한 인공지능 응용프로그램 개발용 오픈소스 프레임워크이다. 이 프레임워크를 사용할 때 인공지능 소프트웨어가 이미지 및 음성을 인식하기 위해서는 신경망의 (㉡) 모델을 주로 사용한다.

	㉠	㉡
①	텐서플로우	논리곱 신경망
②	알파고	퍼셉트론
③	노드레드	인공 신경망
④	텐서플로우	합성곱 신경망

15 엑셀 시트를 이용해 수식을 실행한 결과, 값이 나머지와 다른 것은?

	A
1	3
2	7
3	5
4	3
5	0
6	1

① =GCD(A1,A6)
② =MEDIAN(A1:A6)
③ =MODE(A1:A6)
④ =POWER(A1,A6)

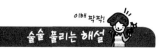

16 RISC(Reduced Instruction Set Computer)에 대한 설명으로 옳은 것의 총 개수는?

> ㄱ. 칩 제작을 위한 R&D 비용이 감소한다.
> ㄴ. 개별 명령어 디코딩 시간이 CISC(Complex Instruction Set Computer)보다 많이 소요된다.
> ㄷ. 동일한 기능을 구현할 경우, CISC보다 적은 수의 레지스터가 필요하다.
> ㄹ. 복잡한 연산을 수행하려면 명령어를 반복수행하여야 하므로 CISC의 경우보다 프로그램이 복잡해진다.
> ㅁ. 각 명령어는 한 클럭에 실행하도록 고정되어 있어 파이프라인 성능을 향상시킬 수 있다.
> ㅂ. 마이크로코드 설계가 어렵다.
> ㅅ. 고정된 명령어이므로 명령어 디코딩 속도가 빠르다.

① 2개   ② 3개
③ 4개   ④ 5개

16
ㄴ. RISC는 각 명령어들의 실행 사이클을 1사이클로 조정하여 CISC에서 각 명령어들의 실행 사이클이 제각각인 것을 보완하였다.
ㄷ. RISC는 메모리를 소스 혹은 타겟으로 쓸 수 없게 되면서 그 역할을 대체해야 하는 더 많은 레지스터가 필요하게 되었다.
ㅂ. RISC에서는 마이크로코드의 역할을 줄이고 이를 하드와이어 방식으로 처리한다. 복잡한 마이크로코드의 설계를 해야 하는 것은 CISC의 특성이다.

17 아래에 제시된 K-map(카르노 맵)을 NAND 게이트들로만 구성한 것으로 옳은 것은?

ab＼cd	00	01	11	10
00	1	0	0	0
01	1	1	1	0
11	0	1	1	0
10	1	1	0	0

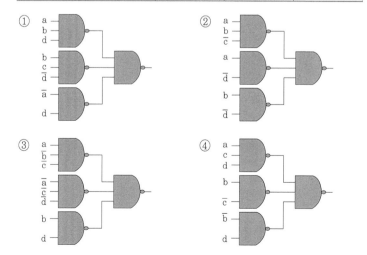

17
카르노 맵의 논리식을 인접한 것끼리 묶어 간략화한다.

ab＼cd	00	01	11	10
00	1	0	0	0
01	1	1	1	0
11	0	1	1	0
10	1	1	0	0

묶인 항들에 포함된 공통 변수를 찾아 OR(+) 연산으로 결합하면,
$F(a, b, c, d) = \overline{a}\overline{b}\overline{c} + a\overline{c}\overline{d} + bd$
드 모르간의 법칙 : $\overline{(A+B)} = \overline{A} \cdot \overline{B}$, $\overline{A} \cdot \overline{B} = \overline{A} + \overline{B}$,
부정법칙 : $\overline{\overline{A}} = A$
이를 이용하여 논리 게이트들을 간략화한다.
(A, B를 NAND게이트에 입력하면 $\overline{A \cdot B} = \overline{A} + \overline{B}$를 얻는다.)
① $\overline{a + b + d} + \overline{b + c + d} + \overline{a + d} = abd + bcd + ad$
② $\overline{a + b + c} + \overline{a + d} + \overline{b + d} = abc + ad + bd$
③ $\overline{a + b + c} + \overline{a + c + d} + \overline{b + d} = \overline{a}\overline{b}\overline{c} + a\overline{c}\overline{d} + bd$
④ $\overline{a + c + d} + \overline{b + c} + \overline{b + d} = acd + bc + bd$
이 중에서 카르노 맵과 같은 논리식은 ③이다.

18

② 참조되는 릴레이션에서 튜플이 삭제되면 참조 무결성 제약조건이 위배될 수 있으나, 참조하는 릴레이션에서 튜플이 삭제되었을 때는 도메인, 키, 엔티티, 참조 무결성 제약조건 등 모든 제약조건을 위배하지 않는다.

19

main의 scanf함수는 %d만을 입력 받으므로 입력한 3 2 1 4 중 3만이 main의 scanf에 입력, n값이 된다. n=3에 의해 num은 크기가 3인 배열이 되고 a의 scanf에서 num의 배열에 나머지 2, 1, 4가 입력된다.
b에서는 if문에 따라 c를 거쳐 오름차순 정렬을 for문을 통해 반복하며 c에서 입력받을 수 있는 값은 int형 포인터 주소로 ㉠=lt+a,㉡=lt+b가 된다. 출력결과는 배열이 오름차순으로 정렬된 1 2 4이다.

18 참조 무결성에 대한 설명으로 옳지 않은 것은?

① 검색 연산의 수행 결과는 어떠한 참조 무결성 제약조건도 위배하지 않는다.

② 참조하는 릴레이션에서 튜플이 삭제되는 경우, 참조 무결성 제약조건이 위배될 수 있다.

③ 외래 키 값은 참조되는 릴레이션의 어떤 튜플의 기본 키 값과 같거나 널(NULL) 값일 수 있다.

④ 참조 무결성 제약조건은 DBMS에 의하여 유지된다.

19 다음은 숫자를 처리하는 C 프로그램이다. 프로그램에서 ㉠과 ㉡에 들어갈 내용과 3 2 1 4를 입력하였을 때의 출력결과를 바르게 짝지은 것은? (단, 다음 프로그램에 문법적 오류는 없다고 가정한다.)

```c
#include <stdio.h>
#include <stdlib.h>

void a (int n, int *num) {
    for (int i = 0; i < n; i++)
        scanf("%d", &(num[i]));
}
void c(int *a, int *b) {
    int t;
    t = *a; *a = *b; *b = t;
}
void b(int n, int *lt) {
    int a, b;
    for (a = 0; a < n−1; a++)
        for (b = a + 1; b < n; b++)
            if (lt[a] > lt[b]) c ( ㉠ , ㉡ );
}
int main() {
    int n;
    int *num;
    printf("How many numbers?");
    scanf("%d", &n);
    num = (int *)malloc(sizeof(int) * n);
    a(n, num);
    b(n, num);
    for (int i = 0; i < n; i++)
        printf("%d ", num[i]);
}
```

	㉠	㉡	출력결과
①	It+a	It+b	1 2 3 4
②	It+a	It+b	1 2 4
③	It[a]	It[b]	4 3 2 1
④	It[a]	It[b]	4 2 1

20 프로세스(Process)와 쓰레드(Thread)에 대한 설명으로 옳지 않은 것은?

① 프로세스 내 쓰레드 간 통신은 커널 개입을 필요로 하지 않기 때문에 프로세스 간 통신보다 더 효율적으로 이루어진다.

② 멀티프로세서는 탑재 프로세서마다 쓰레드를 실행시킬 수 있기 때문에 프로세스의 처리율을 향상시킬 수 있다.

③ 한 프로세스 내의 모든 쓰레드들은 정적 영역(Static Area)을 공유한다.

④ 한 프로세스의 어떤 쓰레드가 스택 영역(Stack Area)에 있는 데이터 내용을 변경하면 해당 프로세스의 다른 쓰레드가 변경된 내용을 확인할 수 있다.

20
④ 스레드는 프로세스 내의 스택 영역을 제외한 모든 메모리를 공유한다. 어떤 스레드가 정적 영역에 있는 데이터 내용을 변경하면 다른 스레드가 변경된 내용을 확인할 수 있지만, 스택 영역에서는 그렇지 않다.

20 ④

2018 시행 컴퓨터일반

01

③ 가상 메모리 : 실행에 필요한 부분만 주기억장치에 저장하고, 나머지는 보조기억장치에 두고 동작하도록 논리적으로 참조하는 메모리. 기억장치의 물리적 한계를 논리적 방법으로 해결한다.

① 레지스터 : CPU 내부에 구성된 기억 영역으로 데이터를 일시적으로 저장한다.

② 정적 메모리 : 전원 공급이 되는 한 내용이 없어지지 않는 RAM 메모리이다. 캐시 메모리로 주로 사용된다.

④ 플래시 메모리 : 전원이 꺼져도 정보가 보존되는 메모리이다. USB 메모리, SSD, 휴대폰용으로 보급·확산되고 있다.

02

• % 연산자 : 나눈 나머지를 반환한다(용례 : a = a % b → a를 b로 나눈 나머지를 a에 대입).

• 논리곱(AND) : a && b → a와 b의 값이 모두 참이면 결과는 참, 아니면 거짓(단, 여기서 0은 거짓, 0이 아닌 모든 수는 참으로 작용)

• Continue문 : 현재 루프의 최후로 이동(반복문을 탈출하지 않고 해당 반복문의 끝으로 제어를 이동)

• 처음에 변수 i는 1부터 시작하여 2씩 증가하며 10 이하의 정수이므로 1, 3, 5, 7, 9가 반환된다.

• i%2 연산에서 i를 2로 나눈 나머지이므로 모두 1을 반환한다. 즉, 1, 3, 5, 7, 9 모두 참값이다.

• i%3 연산에서 i를 3으로 나눈 나머지이므로 0이 아닌 수를 반환하는 값은 1, 5, 7이고 0을 반환하는 값은 3과 9이다.

• 즉, i%2, i%3 두 연산에서 모두 참값을 내는 수는 1, 5, 7인데 이는 Continue문에 의해 루프의 최후로 이동하여 출력하지 않으며 거짓을 반환한 3과 9는 더하여 출력하게 된다. 즉, 결괏값은 12이다.

01 ㉠에 들어갈 용어로 옳은 것은?

> 주기억장치의 물리적 크기의 한계를 해결하기 위한 기법으로 주기억장치의 크기에 상관없이 프로그램이 메모리의 주소를 논리적인 관점에서 참조할 수 있도록 하는 것을 (㉠)라고 한다.

① 레지스터(register)
② 정적 메모리(static memory)
③ 가상 메모리(virtual memory)
④ 플래시 메모리(flash memory)

02 C 프로그램의 실행 결과로 옳은 것은?

```
#include<stdio.h>
int main( )
{
  int i, sum = 0;
  for(i = 1; i<=10; i+ = 2) {
    if(i%2 && i%3 ) continue;
    sum += i;
  }
  printf("%d\n", sum);
  return 0;
}
```

① 6   ② 12
③ 25   ④ 55

03 다음에서 설명하는 소프트웨어 개발 방법론으로 옳은 것은?

> 프로세스와 도구 중심이 아닌 개발 과정의 소통을 중요하게 생각하는 소프트웨어 개발 방법론으로 반복적인 개발을 통한 잦은 출시를 목표로 한다.

① 애자일 개발 방법론
② 구조적 개발 방법론
③ 객체지향 개발 방법론
④ 컴포넌트 기반 개발 방법론

04 불 대수(Boolean Algebra)에 대한 최소화로 옳지 않은 것은?

① $A(A+B)=A$
② $A+\overline{A}B=A+B$
③ $A(\overline{A}+B)=AB$
④ $AB+A\overline{B}+\overline{A}B=A$

05 배열(Array)과 연결리스트(Linked List)에 대한 설명으로 옳지 않은 것은?

① 연결리스트는 배열에 비하여 희소행렬을 표현하는 데 비효율적이다.
② 연결리스트에 비하여 배열은 원소를 임의의 위치에 삽입하는 비용이 크다.
③ 연결리스트에 비하여 배열은 임의의 위치에 있는 원소를 접근할 때 효율적이다.
④ n개의 원소를 관리할 때, 연결리스트가 n 크기의 배열보다 메모리 사용량이 더 크다.

술술 풀리는 해설

03
애자일(Agile) 개발 방법론
개발 주기가 여러 번 반복되며 개발 환경에 맞게 요구사항이 추가되거나 변경된다. 결과적으로 좀 더 빨리 결과물을 내놓을 수 있고, 고객의 피드백에 민첩하게 반응할 수 있는 방법론이다.

04
④ $AB+A\overline{B}+\overline{A}B$
  $= A(B+\overline{B})+\overline{A}B=A+\overline{A}B=(A+\overline{A})(A+B)$
  $= A+B$
① 흡수법칙
② $A+\overline{A}B=(A+\overline{A})(A+B)=A+B$
③ $A(\overline{A}+B)=A\overline{A}+AB=AB$

05
연결리스트의 특성
- 노드의 삽입·삭제 시 원소들의 이동이 필요치 않고 링크 값을 변화시키는 것으로 완료할 수 있으므로 삽입, 삭제 작업이 쉽다.
- 기억공간이 연속적으로 놓여 있지 않아도 저장할 수 있다.
- 트리 자료 구조를 표현할 때 가장 적합하다.
- 희소행렬을 연결리스트로 표현하면 기억장소가 절약된다.
- 링크 필드에 대한 물리적 기억 장소가 필요하므로 기억공간 이용 효율이 상대적으로 좋지 않은 단점이 있다.

03 ① 04 ④ 05 ①

06

선입선출 방식 스케줄링은 먼저 도착한 프로세스를 먼저 처리하게 된다. 그러므로 어떤 프로세스가 도착했더라도 앞선 프로세스가 처리 중이라면 자신의 차례가 될 때까지 대기하는 시간이 소요된다. 따라서 프로세스별 응답시간은 다음과 같고 이를 평균하면 20÷4 = 5가 된다.

프로세스	대기시간	처리시간	응답시간
P1	0	2	2
P2	0	2	2
P3	1	3	4
P4	3	9	12

07

- TCP : OSI 전송 계층, 연결 지향형 프로토콜로 신뢰성 있는 순차적 데이터 전송 서비스이다.
- IP : OSI 네트워크 계층, 비연결형 데이터그램(패킷) 프로토콜로, 신뢰성을 보장할 수 없으며 간단한 오류 검사만을 수행한다.

08

③ 퍼셉트론(Perceptron) : 뇌의 학습 기능을 모델화하여 수용층, 연합층, 반응층을 두고 반복적 학습을 수행하여 특정 목적에 맞추어 가는 학습 기계
② 맵리듀스(Map Reduce) : 대용량 데이터를 분산 처리하기 위한 목적으로 Google에서 개발한 프로그래밍 모델로, 대표적인 대용량 데이터 병렬처리 기법
④ 디지털 포렌식(Digital Forensic) : 디지털 저장매체 또는 인터넷상에 남아 있는 각종 정보를 분석해 범죄 단서를 찾는 수사기법

06

프로세스 P1, P2, P3, P4를 선입선출(First In First Out) 방식으로 스케줄링을 수행할 경우 평균응답시간으로 옳은 것은? (단, 응답시간은 프로세스 도착시간부터 처리가 종료될 때까지의 시간을 말한다)

프로세스	도착시간	처리시간
P1	0	2
P2	2	2
P3	3	3
P4	4	9

① 3   ② 4
③ 5   ④ 6

07

TCP/IP 프로토콜에 대한 설명으로 옳은 것은?

① TCP는 비연결형 프로토콜 방식을 사용한다.
② TCP는 네트워크 계층(network layer)에 속한다.
③ IP는 잘못 전송된 패킷에 대하여 재전송을 요청하는 기능을 제공한다.
④ IP는 각 패킷의 주소 부분을 처리하여 패킷이 목적지에 도달할 수 있도록 한다.

08

다음에서 설명하는 용어로 가장 옳은 것은?

> 프랭크 로젠블라트(Frank Rosenblatt)가 고안한 것으로 인공신경망 및 딥러닝의 기반이 되는 알고리즘이다.

① 빠른 정렬(Quick Sort)
② 맵리듀스(MapReduce)
③ 퍼셉트론(Perceptron)
④ 디지털 포렌식(Digital Forensics)

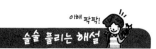

09 관계형 데이터베이스의 뷰(View)에 대한 장점으로 옳지 않은 것은?

① 뷰는 데이터의 논리적 독립성을 일정 부분 제공할 수 있다.

② 뷰를 통해 데이터의 접근을 제어함으로써 보안을 제공할 수 있다.

③ 뷰에 대한 연산의 제약이 없어서 효율적인 응용프로그램의 개발이 가능하다.

④ 뷰는 여러 사용자의 상이한 응용이나 요구를 지원할 수 있어서 데이터 관리를 단순하게 한다.

10 다음에서 설명하는 알고리즘 설계 기법으로 가장 알맞은 것은?

> 해결하고자 하는 문제의 최적해(Optimal Solution)가 부분 문제들의 최적해들로 구성되어 있을 경우, 이를 이용하여 문제의 최적해를 구하는 기법이다.

① 동적 계획법(dynamic programming)

② 탐욕적 알고리즘(greedy algorithm)

③ 재귀 프로그래밍(recursive programming)

④ 근사 알고리즘(approximation algorithm)

11 다음에서 설명하는 입·출력 장치로 옳은 것은?

> • 중앙처리장치로부터 입·출력을 지시받은 후에는 자신의 명령어를 실행시켜 입·출력을 수행하는 독립된 프로세서이다.
> • 하나의 명령어에 의해 여러 개의 블록을 입·출력할 수 있다.

① 버스(bus)

② 채널(channel)

③ 스풀링(spooling)

④ DMA(Direct Memory Access)

09
뷰(view)는 어떤 릴레이션에서 유도된 가상의 릴레이션으로 복잡한 질의를 간단히 표현하기 위한 수단으로 제공된다. 데이터베이스 보안, 데이터 독립성의 유지를 위해 사용한다. 대부분의 일반 릴레이션 사용과 동일하나, 삽입, 갱신, 삭제를 위해서는 제약이 따른다. 즉, ALTER 명령으로 뷰를 변경할 수 없다.

10
① 동적 계획법 : 주어진 문제를 여러 개의 부분 문제로 나누어 푼 다음, 그 결과들로 주어진 문제를 해결하는 방법
② 탐욕적 알고리즘 : 문제를 해결하기 위해 여러 경우 중 하나를 결정해야 할 때마다 그 순간에 최적이라고 생각되는 것을 선택해 나가는 방식
③ 재귀 프로그래밍 : 하나의 함수에서 자신을 다시 호출하여 작업을 수행하는 방식으로 주어진 문제를 푸는 방법
④ 근사 알고리즘 : 어떤 문제에 대한 최적의 해법을 찾기 어려울 때, 근접한 해를 계산하는 방식

11
② 채널(channel) : 입출력 제어만을 목적으로 하는 전용 입출력 프로세서(IOP)이다. 입출력 명령어들을 실행할 수 있는 프로세서와 데이터를 임시 저장할 수 있는 기억 장치가 포함된다.
④ DMA(Direct Memory Access) : CPU의 관여를 받지 않고 DMA에서 직접 메모리와 입출력 장치 사이에 데이터를 입출력 제어한다.

09 ③ 10 ① 11 ②

12
- UPDATE 문 : 릴레이션에 있는 특정 튜플의 내용을 갱신한다.

> [기본 구조와 용례]
> UPDATE 릴레이션명
> SET 애트리뷰트명 = 갱신값
> WHERE 선택 튜플 조건

- BETWEEN ~ AND 연산 : 두 개의 값 사이 범위에 해당하는 데이터를 선택한다.

13
게이트웨이(gateway)는 둘 이상의 다른 프로토콜 통신 네트워크를 상호연결하여 정보를 송수신할 수 있는 장치로, OSI의 응용 계층에 위치한다. 컴퓨터와 공중 통신망, LAN과 공중 통신망 등을 접속하는 장치이다.

14
디자인 패턴
자주 사용하는 설계 형태를 정형화해서 이를 유형별로 설계 템플릿을 만들어둔 것으로, 개발자가 경험으로 체득한 설계 지식을 검증하고 이를 추상화하여 일반화한 템플릿이다.

12 ②	13 ④	14 ①

---

12 고객계좌 테이블에서 잔고가 100,000원에서 3,000,000원 사이인 고객들의 등급을 '우대고객'으로 변경하고자 〈보기〉와 같은 SQL문을 작성하였다. ㉠과 ㉡의 내용으로 옳은 것은?

> **보기**
>
> UPDATE 고객계좌
> (㉠) 등급 = '우대고객'
> WHERE 잔고 (㉡) 100000 AND 3000000

	㉠	㉡
①	SET	IN
②	SET	BETWEEN
③	VALUES	IN
④	VALUES	BETWEEN

13 네트워크 장치에 대한 설명으로 옳지 않은 것은?

① 허브(Hub)는 여러 대의 단말 장치가 하나의 근거리 통신망(LAN)에 접속할 수 있도록 지원하는 중계 장치이다.

② 리피터(Repeater)는 물리 계층(Physical Layer)에서 동작하며 전송 신호를 재생·중계해 주는 증폭 장치이다.

③ 브리지(Bridge)는 데이터 링크 계층(Data Link Layer)에서 동작하며 같은 MAC 프로토콜(Protocol)을 사용하는 근거리 통신망 사이를 연결하는 통신 장치이다.

④ 게이트웨이(Gateway)는 네트워크 계층(Network Layer)에서 동작하며 동일 전송 프로토콜을 사용하는 분리된 2개 이상의 네트워크를 연결해주는 통신 장치이다.

14 ㉠에 들어갈 용어로 옳은 것은?

> (㉠)(은)는 유사한 문제를 해결하기 위해 설계들을 분류하고 각 문제 유형별로 가장 적합한 설계를 일반화하여 체계적으로 정리해 놓은 것으로 소프트웨어 개발에서 효율성과 재사용성을 높일 수 있다.

① 디자인 패턴
② 요구사항 정의서
③ 소프트웨어 개발 생명주기
④ 소프트웨어 프로세스 모델

15 결합도(Coupling)는 모듈 간의 상호 의존 정도 또는 모듈 간의 연관 관계를 의미한다. 아래에 나타낸 결합도를 약한 정도에서 강한 정도 순으로 올바르게 나열한 것은?

> ㄱ. 내용 결합도(Content Coupling)
> ㄴ. 제어 결합도(Control Coupling)
> ㄷ. 자료 결합도(Data Coupling)
> ㄹ. 공통 결합도(Common Coupling)

① ㄷ - ㄴ - ㄹ - ㄱ
② ㄷ - ㄹ - ㄱ - ㄴ
③ ㄹ - ㄴ - ㄷ - ㄱ
④ ㄹ - ㄷ - ㄱ - ㄴ

16 컴퓨터 알고리즘에 대한 설명으로 옳지 않은 것을 〈보기〉에서 모두 고른 것은?

> **보기**
>
> ㄱ. 힙 정렬(Heap Sort) 알고리즘의 시간 복잡도는 $O(n^2)$이다.
> ㄴ. 0/1 배낭(0/1 Knapsack) 문제에 대하여 다항시간(Polynomial time) 내에 해결 가능한 알고리즘이 개발되었다.
> ㄷ. 모든 NP(Non-deterministic Polynomial time) 문제는 컴퓨터를 이용하여 다항시간에 해결할 수 없다.

① ㄱ
② ㄱ, ㄴ
③ ㄴ, ㄷ
④ ㄱ, ㄴ, ㄷ

17 JAVA 프로그램의 실행 결과로 옳은 것은?

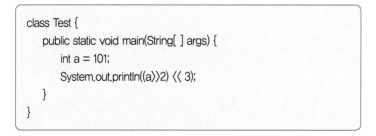

```
class Test {
    public static void main(String[ ] args) {
        int a = 101;
        System.out.println((a)>2) << 3);
    }
}
```

① 0
② 200
③ 404
④ 600

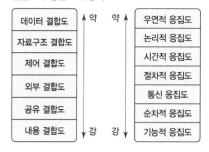

18

- 비밀키(대칭키) 시스템 : 암호와 해독에 동일한 키를 사용하는 기법으로, 해독키의 비밀성 유지가 중요하다. 암호화, 복호화 속도가 빠른 장점이 있으나, 사용자가 많아지면 사용자마다의 관리할 키가 증가하는 단점이 있다.
- 공개키(비대칭키) 시스템 : 암호와 해독에 다른 키를 사용하는 기법으로, 암호 키는 공개되어 있어 누구나 사용 가능하고, 해독키는 당사자만 알고 있다. 비밀키 시스템에 비해 관리할 키가 많지 않은 장점이 있으나, 암호화, 복호화 속도가 느린 단점이 있다.

19

기본키에 값이 없는 상태(null)로 삽입하고자 하므로 개체 무결성 위반에 해당하며 튜플 삽입이 불가능하다.

18 암호 방식에 대한 설명으로 옳은 것을 〈보기〉에서 모두 고른 것은?

> **보기**
>
> ㄱ. 대칭키 암호 방식(Symmetric Key Cryptosystem)은 암호화 키와 복호화 키가 동일하다.
> ㄴ. 공개키 암호 방식(Public Key Cryptosystem)은 사용자 수가 증가하면 관리해야 할 키의 수가 증가하여 키 변화의 빈도가 높다.
> ㄷ. 대칭키 암호 방식은 공개키 암호 방식에 비하여 암호화 속도가 빠르다.
> ㄹ. 공개키 암호 방식은 송신자와 발신자가 서로 같은 키를 사용하여 통신을 수행한다.

① ㄱ, ㄴ ② ㄱ, ㄷ
③ ㄴ, ㄷ ④ ㄴ, ㄹ

19 학생 테이블에 튜플들이 아래와 같이 저장되어 있을 때, 〈NULL, '김영희', '서울'〉 튜플을 삽입하고자 한다. 해당 연산에 대한 [결과]와 [원인]으로 옳은 것은? (단, 학생 테이블의 기본키는 학번이다.)

학번	이름	주소
1	김철희	경기
2	이철수	천안
3	박민수	제주

	[결과]		[원인]
①	삽입 가능	–	무결성 제약조건 만족
②	삽입 불가	–	관계 무결성 위반
③	삽입 불가	–	개체 무결성 위반
④	삽입 불가	–	참조 무결성 위반

20 10진수 −2.75를 아래와 같이 IEEE 754 표준에 따른 32비트 단정도 부동소수점(Single Precision Floating Point) 표현 방식에 따라 2진수로 표기했을 때 옳은 것은?

부호	지수부	가수부

(부호: 1비트, 지수부: 8비트, 가수부: 23비트)

① 1000 0000 0000 0000 0000 0000 0000 1011

② 1000 0000 1011 0000 0000 0000 0000 0000

③ 1010 0000 0110 0000 0000 0000 0000 0000

④ 1100 0000 0011 0000 0000 0000 0000 0000

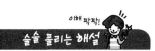
20
- IEEE 표준형식 : 부호(1비트) / 지수부(8비트) / 가수부(23비트)
  −2.75 → 이진법 환산 → −10.11 → −1.011 × 2^1
- 부호 : 1(음수)
- 지수부 : 1+127 = 128 = 2^7 → 100 0000 0(지수부 표현에서는 bias 127을 더해준다.)
- 가수부 : 소수점 앞의 1은 감추고 소수점 이하 자리만 표현 → 011 0000~

20 ④

01

- IPv4 : 점으로 구분된 4개의 십진수 형태로 표현되는 4바이트(32비트) 논리적 주소이다.
- IPv6 : 총 128비트의 주소 길이 형식을 갖는 새로운 주소체계로, 16비트씩 8부분으로 나누어 16진수 및 콜론으로 표기한다.

02

- 후위 순회(postorder traversal) : Left → Right → Root 순으로 순회한다. 그러므로 〈보기〉에서는 D → B → E → F → C → A 순으로 순회한다.
- 레벨 순회(level traversal) : 레벨의 크기에 따라 낮은 레벨에서 높은 레벨의 노드로 방문하는 순회 방법이다(루트 노드가 가장 낮은 레벨). 너비 우선 순회(breadth-first traver- sal)라고도 한다.

01 ① 02 ④

---

01 인터넷 주소 체계인 IPv4와 IPv6의 주소 길이와 주소 표시 방법을 각각 바르게 나열한 것은?

	IPv4	IPv6
①	(32비트, 8비트씩 4부분)	(128비트, 16비트씩 8부분)
②	(32비트, 8비트씩 4부분)	(128비트, 8비트씩 16부분)
③	(64비트, 16비트씩 4부분)	(256비트, 32비트씩 8부분)
④	(64비트, 16비트씩 4부분)	(256비트, 16비트씩 16부분)

02 〈보기〉의 이진 트리에 대해 지정된 방법으로 순회한 결과가 옳지 않은 것은?

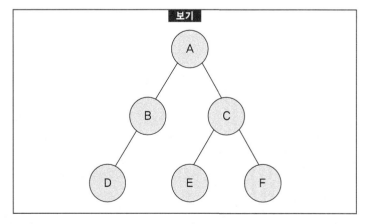

보기

① 중위 순회 : D → B → A → E → C → F
② 레벨 순회 : A → B → C → D → E → F
③ 전위 순회 : A → B → D → C → E → F
④ 후위 순회 : D → B → A → E → F → C

03 컴퓨터 시스템의 인터럽트(interrupt)에 대한 설명으로 옳지 않은 것은?

① 인터럽트는 입출력 연산, 하드웨어 실패, 프로그램 오류 등에 의해서 발생한다.
② 인터럽트 처리 우선순위 결정 방식에는 폴링(polling) 방식과 데이지 체인(daisy-chain) 방식이 있다.
③ 인터럽트가 추가된 명령어 사이클은 인출 사이클, 인터럽트 사이클, 실행 사이클 순서로 수행된다.
④ 인터럽트가 발생할 경우, 진행 중인 프로그램의 재개(resume)에 필요한 레지스터 문맥(register context)을 저장한다.

04 다음은 3년간 연이율 4%로 매월 적립하는 월 복리 정기적금의 만기지급금을 계산한 결과이다. 셀 C2에 들어갈 수식으로 옳은 것은? (단, 만기지급금의 10원 단위 미만은 절사한다)

	A	B	C
1	성명	월적립액	만기지급금
2	김**	₩ 30,000	₩ 1,145,440
3	이**	₩ 50,000	₩ 1,909,070

① =ROUNDDOWN(FV(4%, 3*12, −B2), −1)
② =ROUNDDOWN(FV(4%, 3*12, −B2), −2)
③ =ROUNDDOWN(FV(4%/12, 3*12, −B2), −1)
④ =ROUNDDOWN(FV(4%/12, 3*12, −B2), −2)

05 정점의 개수가 n인 연결그래프로부터 생성 가능한 신장트리(spanning tree)의 간선의 개수는?

① $n-1$
② n
③ $\dfrac{n(n-1)}{2}$
④ n^2

06

정규형	수행 작업
비정규형 ↓	–
제1정규형 ↓	반복 그룹 제거
제2정규형 ↓	부분 함수적 종속성 제거
제3정규형 ↓	이행적 종속성 제거
BCNF	후보키 아닌 결정자 제거

07

try { }에서 a/b의 계산식은 분모가 0이므로 문제가 발생하여 A의 출력없이 catch { }로 이동하여 B, C, D만 출력된다.

06 〈보기〉는 관계형 데이터베이스의 정규화 작업을 설명한 것이다. 제1정규형, 제2정규형, 제3정규형, BCNF를 생성하는 정규화 작업을 순서대로 나열한 것은?

> **보기**
> ㄱ. 결정자가 후보키가 아닌 함수 종속성을 제거한다.
> ㄴ. 부분 함수 종속성을 제거한다.
> ㄷ. 속성을 원자값만 갖도록 분해한다.
> ㄹ. 이행적 함수 종속성을 제거한다.

① ㄱ → ㄴ → ㄷ → ㄹ
② ㄱ → ㄷ → ㄹ → ㄴ
③ ㄷ → ㄱ → ㄴ → ㄹ
④ ㄷ → ㄴ → ㄹ → ㄱ

07 다음 Java 프로그램의 실행 결과로 옳은 것은?

```java
class Division {
    public static void main(String[ ] args){
        int a, b, result;
        a = 3;
        b = 0;
        try {
            result = a/b;
            System.out.print("A");
        }
        catch (ArithmeticException e){
            System.out.print("B");
        }
        finally{
            System.out.print("C");
        }
        System.out.print("D");
    }
}
```

① ACD   ② BCD
③ ABCD   ④ BACD

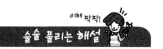
08 〈보기〉는 공개키 암호 방식을 전자서명(digital signature)에 적용하여 A가 B에게 메시지를 전송하는 과정에 대한 설명이다. ㉠, ㉡에 들어갈 내용으로 옳은 것은?

> **보기**
>
> (1) A와 B는 개인키와 공개키 쌍을 각각 생성한다.
> (2) A는 (㉠)를 사용하여 암호화한 메시지를 B에게 전송한다.
> (3) B는 (㉡)를 사용하여 수신된 메시지를 해독한다.

	㉠	㉡
①	A의 개인키	A의 공개키
②	A의 개인키	B의 공개키
③	A의 공개키	B의 개인키
④	B의 공개키	B의 개인키

09 프로그래밍 언어에 대한 설명으로 옳지 않은 것은?

① Objective-C, Java, C#은 객체지향 언어이다.
② Python은 정적 타이핑을 지원하는 컴파일러 방식의 언어이다.
③ ASP, JSP, PHP는 서버 측에서 실행되는 스크립트 언어이다.
④ XML은 전자문서를 표현하는 확장가능한 표준 마크업 언어이다.

10 〈보기〉의 설명에 해당하는 기술로 가장 적절한 것은?

> **보기**
>
> • 서비스 모델은 IaaS, PaaS, SaaS로 구분한다.
> • 필요한 만큼 자원을 임대하여 사용할 수 있다.
> • 가상화 기술, 서비스 프로비저닝(provisioning) 기술, 과금 체계 등을 필요로 한다

① 빅데이터(bigdata)
② 딥 러닝(deep learning)
③ 사물 인터넷(internet of things)
④ 클라우드 컴퓨팅(cloud computing)

08
전자서명에서는 A의 개인키를 사용하여 암호화한 후 메시지를 B에서 전송하며, B는 A의 공개키를 사용하여 메시지를 복호화한다.

09
② Python은 동적 타이핑을 지원하는 인터프리터 방식의 언어이다.

10
클라우드 컴퓨팅(cloud computing)은 애플리케이션부터 데이터까지 모든 컴퓨팅 자원을 인터넷 환경에서 원하는 만큼 사용하는 서비스이다.

08 ① 09 ② 10 ④

술술 풀리는 해설

11

$1111\ 0000_2\ \hat{}\ 1010\ 1010_2$
$= 0101\ 1010_2 = 5A_{16}$

11 2진수 11110000과 10101010에 대해 XOR 논리연산을 수행한 결과값을 16진수로 바르게 표현한 것은?

① 5A   ② 6B

③ A5   ④ B6

12

① 블루투스(Bluetooth)는 다른 유형의 기기 간에도 통신이 가능하다.
② NFC 방식이 블루투스 방식보다 최대 전송 속도가 느리다.
④ 최대 통신 가능 거리를 가까운 것에서 먼 순서로 나열하면 NFC < Bluetooth < Wi-Fi < LTE 순이다.

12 무선 네트워크 방식에 대한 설명으로 옳은 것은?

① 블루투스(Bluetooth)는 동일한 유형의 기기 간에만 통신이 가능하다.
② NFC 방식이 블루투스 방식보다 최대 전송 속도가 빠르다.
③ NFC 방식은 액세스 포인트(access point) 없이 두 장치 간의 통신이 가능하다.
④ 최대 통신 가능 거리를 가까운 것에서 먼 순서로 나열하면 Bluetooth < Wi-Fi < NFC < LTE 순이다.

13

P1의 응답시간은 5, P2는 8, P3는 4이므로
$\frac{1}{3}(5+8+4)=\frac{17}{3} ≒ 5.7\text{(ms)}$이다.

13 〈보기〉의 프로세스 P1, P2, P3을 시간 할당량(time quantum)이 2인 RR(Round-Robin) 알고리즘으로 스케줄링할 때, 평균응답시간으로 옳은 것은? (단, 응답시간이란 프로세스의 도착시간부터 처리가 종료될 때까지의 시간을 말한다. 계산 결과값을 소수점 둘째 자리에서 반올림한다)

보기		
프로세스	도착시간	실행시간
P1	0	3
P2	1	4
P3	3	2

① 5.7   ② 6.0

③ 7.0   ④ 7.3

11 ①   12 ③   13 ①

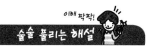

14 다음 C 프로그램의 실행 결과로 옳은 것은?

```
#include <stdio.h>
int main( ) {
    int a=120, b=45;
    while ( a != b ) {
    if ( a > b ) a = a − b;
    else b = b − a;
    }
    printf("%d", a) ;
}
```

① 5
② 15
③ 20
④ 25

15 〈보기〉와 같이 수행되는 정렬 알고리즘으로 옳은 것은?

보기

단계 0 : 6 5 8 9 4 2
단계 1 : 6 5 8 2 4 9
단계 2 : 6 5 4 2 8 9
단계 3 : 2 5 4 6 8 9
단계 4 : 2 4 5 6 8 9
단계 5 : 2 4 5 6 8 9

① 쉘 정렬(shell sort)
② 히프 정렬(heap sort)
③ 버블 정렬(bubble sort)
④ 선택 정렬(selection sort)

16 직원(사번, 이름, 입사년도, 부서) 테이블에 대한 SQL문 중 문법적으로 옳은 것은?

① SELECT COUNT(부서) FROM 직원 GROUP 부서;
② SELECT * FROM 직원 WHERE 입사년도 IS NULL;
③ SELECT 이름, 입사년도 FROM 직원 WHERE 이름 = '최%'
④ SELECT 이름, 부서 FROM 직원 WHERE 입사년도 = (2014, 2015);

14

구분	a	b	a−b
1차	120	45	75
2차	75	45	30
3차	45	30	15
4차	30	15	15
5차	15	15	−

15

① 쉘 정렬(shell sort) 시 단계 1 : 6 4 2 9 5 8
② 히프 정렬(heap sort) 시 단계 1 : 2 6 8 5 4 9
③ 버블 정렬(bubble sort) 시 단계 1 : 5 6 8 4 2 9

16

① SELECT COUNT(부서) FROM 직원 WHERE 부서;
③ SELECT 이름, 입사년도 FROM 직원 WHERE 이름 LIKE '최%'
④ SELECT 이름, 부서 FROM 직원 WHERE 입사년도 in (2014, 2015);

14 ② **15** ④ **16** ②

17

$512 \times 256 \times 4 \times 32768$
$= 2^9 \times 2^8 \times 2^2 \times 2^{15} = 2^{34}$
$(2^{10})^3$bytes가 1GB이므로 $(2^{10})^3 \times 2^4 = 16$GB

18

③ (이름, 나이)는 동일한 데이터가 존재할 수 있으므로 후보키가 될 수 없다.

19

③ 소프트웨어를 테스트하는 방법은 크게 블랙 박스(black box) 테스트와 화이트 박스(white box) 테스트가 있다. 블랙 박스 테스트는 소프트웨어의 내부를 보지 않고 입력과 출력값을 확인하여 기능의 유효성을 판단하는 테스트 기법이며, 화이트 박스 테스트는 소프트웨어 내부 소스코드를 확인하는 기법이다.

17 ②　18 ③　19 ③

---

17 〈보기〉와 같은 특성을 갖는 하드 디스크의 최대 저장 용량은?

> **보기**
> • 실린더(cylinder) 개수 : 32,768개
> • 면(surface) 개수 : 4개
> • 트랙(track)당 섹터(sector) 개수 : 256개
> • 섹터 크기(sector size) : 512 bytes

① 4GB　　　　　　② 16GB
③ 64GB　　　　　 ④ 1TB

18 〈보기〉의 직원 테이블에서 키(key)와 관련된 설명으로 옳지 않은 것은? (단, 사번과 주민등록번호는 각 유일한 값을 갖고, 부서번호는 부서 테이블을 참조하는 속성이며, 나이가 같은 동명이인이 존재할 수 있다)

> **보기**
> 직원(사번, 이름, 주민등록번호, 주소, 나이, 성별, 부서번호)

① 부서번호는 외래키이다.
② 사번은 기본키가 될 수 있다.
③ (이름, 나이)는 후보키가 될 수 있다.
④ 주민등록번호는 대체키가 될 수 있다.

19 소프트웨어 테스트에 대한 설명으로 옳지 않은 것은?

① 베타(beta) 테스트는 고객 사이트에서 사용자에 의해서 수행된다.
② 회귀(regression) 테스트는 한 모듈의 수정이 다른 부분에 미치는 영향을 검사한다.
③ 화이트 박스(white box) 테스트는 모듈의 내부 구현보다는 입력과 출력에 의해 기능을 검사한다.
④ 스트레스(stress) 테스트는 비정상적으로 과도한 분량 또는 빈도로 자원을 요청할 때의 영향을 검사한다.

20 〈보기〉에 선언된 배열 A의 원소 A [8][7]의 주소를 행 우선 (row-major) 순서와 열 우선(column-major) 순서로 각각 바르게 계산한 것은? (단, 첫 번째 원소 A [0][0]의 주소는 1,000이고, 하나의 원소는 1byte를 차지한다.)

보기
char A [20][30];

	행 우선 주소	열 우선 주소
①	1,167	1,148
②	1,167	1,218
③	1,247	1,148
④	1,247	1,218

20
- 행 우선 주소 : $1000+30\times8+7=1{,}247$
- 열 우선 주소 : $1000+20\times7+8=1{,}148$

20 ③

2014 시행 컴퓨터일반

01

• 링(Ring)형 : 환상으로 배치되어 있는 각 컴퓨터들이 자신과 인접한 두 컴퓨터와 연결되는 형태이다. 단방향 또는 양방향으로 정보 전달이 가능하다. 링에 있는 모든 컴퓨터들이 메시지에 접근할 수 있으므로 안전성에 문제가 있을 수 있으며, 단방향 링형의 경우, 네트워크에 연결된 컴퓨터가 하나라도 고장나면 네트워크 전체가 다운될 수 있다. 광케이블로 구성되는 FDDI는 링형 접속 형태를 갖는다.

• 트리(Tree)형 : 각 컴퓨터들이 트리 형태로 구성되는 것이다. 제어가 간단하고 네트워크 확장성이 크며 여러 컴퓨터를 분리하거나 우선순위를 부여할 수 있다. 상위 허브에 문제가 생기면 하위 컴퓨터로의 통신이 불가능해진다. 계층(Hierarchy)형이라고도 하며 상위 계층의 컴퓨터가 하위 컴퓨터들을 직접 제어하는 계층적 네트워크에 적합한 구조이다.

• 버스(Bus)형 : 공유되는 하나의 버스가 시스템 내의 모든 컴퓨터와 연결되는 형태이다. 컴퓨터의 추가, 제거가 용이하고 케이블 비용이 저렴하나, 장비의 수가 많아지면 네트워크 성능이 저하되고 버스 회선에 문제가 생기면 모든 통신이 단절된다. 터미네이터를 필요로 한다.

02

크러스컬(Kruskal) 알고리즘은 그래프에서 간선을 비용의 순에 따라 모두 정렬한 후, 낮은 비용의 간선을 차례대로 선택하여 신장 트리를 완성한다. 단, 트리에 순환이 생겨 트리의 특성을 가질 수 없는 연결이 될 경우, 비용 순서를 건너뛰게 된다. 그러므로 제시된 그래프는 3 → 5 → 6, 9 → 12의 순서로 연결된다.

01

〈보기〉는 네트워크 토폴로지(topology)에 대한 설명이다. ㉠~㉢에 들어갈 내용을 옳게 나열한 것은?

보기

• FDDI는 광케이블로 구성되며 (㉠) 토폴로지를 사용한다.
• 허브 장비가 필요한 (㉡) 토폴로지는 네트워크 관리가 용이하다.
• 터미네이터가 필요한 (㉢) 토폴로지는 전송회선이 단절되면 전체 네트워크가 중단된다.

	㉠	㉡	㉢
①	링형	버스형	트리형
②	링형	트리형	버스형
③	버스형	링형	트리형
④	버스형	트리형	링형

02

다음 그래프를 대상으로 크러스컬(Kruskal) 알고리즘을 이용한 최소 비용 신장트리 구성을 한다고 할 때, 이 트리에 포함된 간선 중에서 다섯 번째로 선택된 간선의 비용으로 옳은 것은?

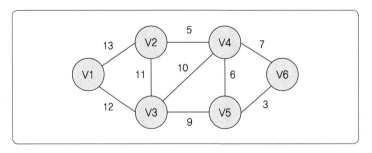

① 9   ② 10
③ 11   ④ 12

03 다음 저장 장치 중 접근 속도가 빠른 것부터 순서대로 나열한 것은?

> ㉠ 레지스터 ㉡ 주기억장치
> ㉢ 캐시메모리 ㉣ 하드디스크

① ㉠, ㉢, ㉡, ㉣
② ㉠, ㉢, ㉣, ㉡
③ ㉢, ㉠, ㉡, ㉣
④ ㉢, ㉠, ㉣, ㉡

04 다음 〈조건〉에 따라 입력 키 값을 해시(hash) 테이블에 저장하였을 때 해시 테이블의 내용으로 옳은 것은?

> **조건**
> • 해시 테이블의 크기는 7이다.
> • 해시함수는 h(k)=k mod 7이다. (단, k는 입력 키 값이고, mod는 나머지를 구하는 연산자이다)
> • 충돌은 이차 조사법(quadratic probing)으로 처리한다.
> • 키 값의 입력 순서 : 9, 16, 2, 6, 20

①
0	6
1	2
2	9
3	16
4	
5	
6	20

해시 테이블

②
0	6
1	20
2	9
3	16
4	
5	
6	2

해시 테이블

③
0	20
1	
2	9
3	16
4	2
5	
6	6

해시 테이블

④
0	20
1	2
2	9
3	
4	16
5	
6	6

해시 테이블

술술 풀리는 해설

03
컴퓨터의 기억 장치는 시스템 전체의 효율성을 높이기 위해 접근 속도가 높은 것부터 접근 우선권을 주는 계층 구조를 이룬다. 이를 도식화하면 아래의 그림과 같다.

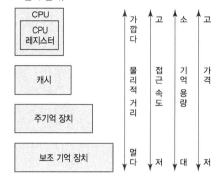

04
제시된 해시함수에 의해 입력 키 값을 7로 나눈 나머지 값을 구하여 이에 해당하는 메모리 주소에 해당 키 값이 저장되는 상태이다. 단, 충돌이 발생될 경우, 주소의 증분이 이차함($h(k)+i^2$)수에 의해 결정된다.

키 값	나머지 값	주소 충돌 횟수	주소값 증분	최종 주소값
9	2	0	0	2+0=2
16	2	1	1^2=1	2+1=3
2	2	2	2^2=4	2+4=6
6	6	1	1^2=1	6+1=7→0
20	6	3	3^2=9	6+9=15→1

03 ① 04 ②

05

LRU(Least Recently Used ; 최소 최근 사용)는 메모리에 저장된 상태에서 사용되지 않은 채 가장 오래 존재한 블록을 교체하는 알고리즘이다. 스택을 이용하여 구현할 경우, 페이지가 참조될 때마다 해당 페이지 번호는 스택 중간에 제거되어 스택 top에 위치된다. 즉, 스택 꼭대기는 항상 최근에 사용된 페이지가 놓이고 bottom에는 사용되지 않은 채 가장 오래 존재한 페이지가 놓인다.
문제 아래 그림 참조

05 다음 〈조건〉에 따라 페이지 기반 메모리 관리시스템에서 LRU (Least Recently Used) 페이지 교체 알고리즘을 구현하였다. 주어진 참조열의 모든 참조가 끝났을 경우 최종 스택(stack)의 내용으로 옳은 것은?

조건
• LRU 구현 시 스택을 사용한다.
• 프로세스에 할당된 페이지 프레임은 4개이다.
• 메모리 참조열 : 1 2 3 4 5 3 4 2 5 4 6 7 2 4

①
스택 top	7
	6
	4
스택 bottom	5

②
스택 top	2
	7
	6
스택 bottom	4

③
스택 top	5
	4
	6
스택 bottom	2

④
스택 top	4
	2
	7
스택 bottom	6

				참조부재									참조부재		참조부재		참조부재			
			4	4		5	3	4	2	5	4	6	6		7	7		2	4
		3	3	3		4	5	3	4	2	5	5	4		6	6		7	7
	2	2	2	2		3	4	5	3	4	2	2	5		5	4		6	6
1	1	1	1	**1** 삭제		2	2	2	5	3	3	**3** 삭제	2	**2** 삭제	5	**5** 삭제		4	6

06

서비스 거부 공격은 서버의 정상적인 서비스를 방해하기 위하여 서비스 거부 공격을 실시하는 유형이다. 감염된 컴퓨터들이 IP 경유지 컴퓨터가 되어 특정 서비스 시스템에 대량의 데이터를 보내 네트워크 성능을 급격히 저하시키는 방법을 사용한다. 대표적인 방법으로는 Ping of Death, SYN Flooding, 분산 서비스 거부(DDoS) 등이 있다.

06 서비스 거부 공격에 해당하는 것을 〈보기〉에서 고른 것은?

보기
㉠ Ping of Death 공격
㉡ SYN Flooding 공격
㉢ Session Hijacking 공격
㉣ ARP Redirect 공격

① ㉠, ㉡   ② ㉡, ㉢

③ ㉢, ㉣   ④ ㉠, ㉣

05 ④ **06** ①

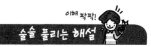

07 데이지-체인(daisy-chain) 우선순위 인터럽트 방식에 대한 설명으로 옳은 것은?

① 인터럽트를 발생시키는 장치들이 병렬로 연결된다.
② 두 개 이상의 장치에서 동시에 인터럽트가 발생되면 중앙처리장치(CPU)는 이들 인터럽트를 모두 무시한다.
③ 인터럽트를 발생시킨 장치가 인터럽트 인식(acknowledge) 신호를 받으면 자신의 장치번호를 중앙처리장치로 보낸다.
④ 중앙처리장치에서 전송되는 인터럽트 인식 신호는 우선순위가 낮은 장치부터 높은 장치로 순차적으로 전달된다.

08 TCP/IP 프로토콜 중 전송계층인 TCP에 대한 설명으로 옳은 것을 〈보기〉에서 고른 것은?

> **보기**
>
> ㉠ 비연결형 서비스를 지원한다.
> ㉡ UDP보다 데이터 전송 신뢰도가 낮다.
> ㉢ 송신할 데이터를 패킷 단위로 전송한다.
> ㉣ 수신측에서 잘못 전송된 패킷에 대해 재전송을 요구한다.

① ㉠, ㉡   ② ㉡, ㉢
③ ㉢, ㉣   ④ ㉠, ㉣

09 다음 C 프로그램의 실행 결과로 옳은 것은?

```c
#include <stdio.h>
int sub(int n)
{
    if(n==0) return 0 ;
    if(n==1) return 1 ;
    return (sub(n-1) + sub(n-2)) ;
}

void main()
{
    int a=0 ;
    a=sub(4) ;
    printf("%d", a) ;
}
```

① 0   ② 1   ③ 2   ④ 3

07

우선순위 판단 방식에는 대표적으로 폴링 방식과 데이지 체인 방식이 있다. 데이지 체인 방식은 모든 장치를 하드웨어적인 방법으로 우선순위에 따라 직렬로 연결하고 CPU는 인터럽트 확인 신호(INTACK ; Interrupt Acknowledgement)를 순차적으로 통과시켜 인터럽트를 요청한 장치로부터 인터럽트 벡터 주소(VAD)를 받는다. 특징으로는 하드웨어적 방법으로 우선순위에 따라 장치를 연결한다는 점, 처리 속도가 빠르다는 점, 유연성이 적고 하드웨어 가격이 비싸다는 점 등이 있다.

08

TCP는 데이터를 교환하기 전에 연결을 확립해야 하는 이른바 '연결 지향형 프로토콜'로, 전송 계층에서 신뢰성 있고 순차적인 데이터 전송 서비스를 지원하는 데 필요한 제어 기능을 수행한다. 신뢰성을 보장하기 위해 통신 전에 상대방과의 연결 상태를 먼저 확인하며 전송이 종료될 때까지 연결 상태를 유지한다. 송신 측 컴퓨터는 데이터의 전송식 효율적 패킷으로 분할하고 오류가 발생하면 수신 측에 알려준다. 수신 측 컴퓨터는 전달받은 패킷을 원래 데이터로 결합한다. 이때 잘못 전송된 패킷에 대해 재전송을 요구한다.

09

sub(int n)함수의 정의에 따르면,
sub(4) = sub(3)+sub(2)에 해당하며,
sub(3) = sub(2)+sub(1), sub(2) = sub(1)+sub(0)이므로, 결과적으로 sub(4) = sub(1)+sub(0)+sub(1)+sub(1)+sub(0)이 된다.
그러므로 결과는 1+0+1+1+0=3이 된다.

07 ③ **08** ③ **09** ④

10

교착 상태(deadlock)는 다수의 프로세스들이 각각 자원을 할당 받게 됨에 따라 다른 프로세스가 점유하고 있는 자원을 동시에 요구하여 할당도 해제도 되지 않은 채 대기 상태에 걸려 있는 것을 말한다. 이와 같은 교착 상태는 상호 배제, 점유와 대기, 비선점, 환상형 대기와 같은 조건에 의해 발생하며 이를 해결하기 위해 세마포어(semaphore) 알고리즘을 도입하게 된다.

11

exploit 공격(취약점 공격)은 소프트웨어나 하드웨어의 설계상 결함을 통해 공격하는 방법을 말한다. 주로 의도된 동작을 수행하도록 만든 프로그램 명령, 스크립트, 데이터를 사용하여 공격한다.

12

블랙박스 검사 기법은 소프트웨어의 내부를 보지 않고 입출력 값만을 확인하여 기능의 유효성을 판단하는 테스트 기법이다. 화이트박스 검사는 소프트웨어 내부 소스코드를 직접 확인하는 기법을 말한다.
- 블랙박스 검사의 종류 : 동치 분할 검사, 경계값 분석, 비교 검사, 원인-효과 그래프 검사, 오류 예측 검사
- 화이트박스 검사의 종류 : 기초 경로 검사, 구조 검사, 루프 검사, 데이터 흐름 검사

10 ① 11 ② 12 ②

---

10 프로세스 동기화 문제를 해결하기 위한 방법인 세마포어(Semaphore) 알고리즘에 대한 설명으로 옳지 않은 것은?

① 세마포어 알고리즘은 상호 배제 문제를 해결할 수 없다.
② 세마포어 변수는 일반적으로 실수형 변수를 사용하지 않는다.
③ 세마포어 알고리즘은 P 연산(wait 연산)과 V 연산(signal 연산)을 사용한다.
④ P 연산과 V 연산의 구현 방법에 따라 바쁜 대기(busy waiting)를 해결할 수 있다.

11 시스템의 보안 취약점을 활용한 공격 방법에 대한 설명으로 옳지 않은 것은?

① Sniffing 공격은 네트워크 상에서 자신이 아닌 다른 상대방의 패킷을 엿보는 공격이다.
② Exploit 공격은 공격자가 패킷을 전송할 때 출발지와 목적지의 IP 주소를 같게 하여 공격 대상 시스템에 전송하는 공격이다.
③ SQL Injection 공격은 웹 서비스가 예외적인 문자열을 적절히 필터링하지 못하도록 SQL문을 변경하거나 조작하는 공격이다.
④ XSS(Cross Site Scripting) 공격은 공격자에 의해 작성된 악의적인 스크립트가 게시물을 열람하는 다른 사용자에게 전달되어 실행되는 취약점을 이용한 공격이다.

12 소프트웨어 오류를 찾는 블랙박스 시험의 종류로 옳지 않은 것은?

① 비교 시험(comparison testing)
② 기초 경로 시험(basic path testing)
③ 동치 분할 시험(equivalence partitioning testing)
④ 원인-효과 그래프 시험(cause-effect graph testing)

13 어떤 릴레이션 R(A, B, C, D)이 복합 애트리뷰트 (A, B)를 기본 키로 가지고 함수 종속이 다음과 같을 때 이 릴레이션 R은 어떤 정규형에 속하는가?

> {A, B} → C, D
> B → C
> C → D

① 제1정규형
② 제2정규형
③ 제3정규형
④ 보이스-코드 정규형(BCNF)

14 〈보기〉는 소프트웨어 개발방법론에 사용되는 분석, 설계 도구에 대한 설명이다. ㉠~㉢에 들어갈 내용을 옳게 나열한 것은?

보기

- 시스템 분석을 위하여 구조적 방법론에서는 (㉠) 다이어그램(diagram)이, 객체지향 방법론에서는 (㉡) 다이어그램이 널리 사용된다.
- 시스템 설계를 위하여 구조적 방법론에서는 구조도(structured chart), 객체지향 방법론에서는 (㉢) 다이어그램 등이 널리 사용된다.

	㉠	㉡	㉢
①	시퀀스 (sequence)	데이터 흐름 (data flow)	유스케이스 (use case)
②	시퀀스	유스케이스	데이터 흐름
③	데이터 흐름	시퀀스	유스케이스
④	데이터 흐름	유스케이스	시퀀스

15 IPv4에서 서브넷 마스크가 255.255.255.0인 경우 하나의 네트워크에 최대 254대의 호스트를 연결할 수 있는 클래스로 옳은 것은?

① A클래스
② B클래스
③ C클래스
④ D클래스

13
제시된 내용에서 기본키가 모든 애트리뷰트의 결정자가 되는 완전함수적 종속성을 갖추지 못한 상태이므로 제2정규형을 만족시키지는 못한다.
- 함수적 종속성 : 애트리뷰트 A가 애트리뷰트 B의 결정자이면 B는 A에 함수적으로 종속한다고 말한다(표시법 : A→B).
- 결정자 : 주어진 릴레이션에서 다른 애트리뷰트를 고유하게 결정하는 애트리뷰트를 의미한다.
- 제1정규형 : 릴레이션 내의 모든 애트리뷰트에 반복 그룹, 즉 한 개의 기본 키 값에 대해 두 개 이상의 값을 가질 수 있는 애트리뷰트가 나타나지 않으면 제1정규형을 만족한다. 즉, 모든 애트리뷰트가 원자값을 가지면 제1정규형을 만족한다.

14
- 데이터 흐름 다이어그램(DFD ; Data Flow Diagram) : 구조적 방법론에서 자료의 흐름 및 변환 과정과 기능을 프로세스, 자료 저장소 등의 도형 중심으로 흐름을 나타낸다.
- 유스케이스 다이어그램(Use case diagram) : 유스케이스는 사용사례를 의미하며, 유스케이스 다이어그램은 사용자가 요구하는 개발 사항을 직관적으로 파악할 수 있도록 객체지향 방법론에서 사용자와 시스템 간의 상호작용을 도식화한 그림이다.
- 시퀀스 다이어그램(sequence diagram) : 객체지향 방법론에서 객체들 간의 상호작용을 순차적으로 표현한 그림으로, 주고받는 메시지를 명시한다.

15
C 클래스는 마지막 1바이트만 호스트 ID로 사용되며 서브넷 마스크는 255.255.255.0을 사용한다.
주요 특징

클래스	할당 범위	기본 subnet mask	용도
A	1.1.1.1~ 126.254.254.254	255.0.0.0	국가 망/대형 기관 및 기업
B	128.1.1.1~ 191.254.254.254	255.255.0.0	중형 기관 및 기업
C	192.1.1.1~ 223.254.254.254	255.255.255.0	소규모 기관
D	224.1.1.1~ 239.254.254.254		멀티 캐스트
E	240.1.1.1~ 254.254.254.254		예비용도로, 사용하지 않음

13 ① 14 ④ 15 ③

16

DELETE 문장은 릴레이션에 있는 특정 튜플을 삭제할 때 사용하는 문장이다. 기본 구조와 용례는 다음과 같다.

```
DELETE
FROM 릴레이션명
WHERE 선택 튜플 조건
;
```

17

HLOOKUP 함수는 '(기준값, 배열, 행번호)'의 인수 형식을 가지며, 연산 결과는 배열에서 기준값에 해당하는 열의 행번호에 해당하는 셀의 값을 반환한다.
INDEX 함수는 '(배열, 행번호, 열번호)'의 인수 형식을 가지며, 연산 결과는 배열에서 행번호 및 열번호에 해당하는 셀의 값을 반환한다.
제시된 수식에서 HLOOKUP 함수의 기준값은 INDEX 함수에서 지정하는 셀 값인 'C123'이며, 주어진 배열 'B7 : E9' 내의 기준값에 해당하는 열의 행번호 '2'에 있는 '알고리즘' 값을 반환한다.

18

공개키 암호화 방식은 암호키와 복호키(개인키)가 서로 동일하지 않아 비대칭키라고도 하며, 암호키는 아무나 사용할 수 있도록 공개되어 있다. 그러므로 암호화에 사용된 공개키로 해독한다는 설명은 옳지 않다.

16

사원(사번, 이름) 테이블에서 사번이 100인 튜플을 삭제하는 SQL문으로 옳은 것은? (단, 사번의 자료형은 INT이고, 이름의 자료형은 CHAR(20)으로 가정한다)

① DELETE FROM 사원
　　WHERE 사번=100 ;

② DELETE IN 사원
　　WHERE 사번=100 ;

③ DROP TABLE 사원
　　WHERE 사번=100 ;

④ DROP 사원 COLUMN
　　WHERE 사번=100 ;

17

다음과 같은 데이터가 입력되어 있는 엑셀 시트에서 수식=HLOOKUP(INDEX(A2:C5,2,2),B7:E9,2)를 계산한 결과는?

	A	B	C	D	E
1	학번	과목번호	성적		
2	100	C413	D		
3	200	C123	F		
4	300	C324	C		
5	400	C312	C		
6					
7	과목번호	C123	C312	C324	C413
8	과목이름	알고리즘	자료구조	운영체제	반도체
9	수강인원	90명	80명	75명	70명
10					

① 80명　　　　　　② 75명
③ 반도체　　　　　④ 알고리즘

18

공개키 기반 구조(Public Key Infrastructure)에 대한 설명으로 옳지 않은 것은?

① 인증기관은 공개키 인증서의 발급을 담당한다.
② 공개키 기반 구조는 부인방지 서비스 제공이 가능하다.
③ 공개키로 암호화 한 데이터는 암호화에 사용된 공개키로 해독한다.
④ 공개키 기반 구조는 공개키 알고리즘을 통한 암호화와 전자서명을 제공하는 복합적인 보안 시스템 환경이다.

19

다음 관계 대수 연산의 수행 결과로 옳은 것은? (단, Ⅱ는 프로젝트, σ는 실렉트, ⋈ₙ은 자연 조인을 나타내는 연산자이다.)

보기

관계 대수 : $\Pi_{\text{고객번호, 상품코드}} (\sigma_{\text{가격}<=40} (\text{구매} \bowtie_N \text{상품}))$

구매

고객번호	상품코드
100	P1
200	P2
100	P3
100	P2
200	P1
300	P2

상품

상품코드	비용	가격
P1	20	35
P2	50	65
P3	10	27
P4	20	45
P5	30	50
P6	40	55

①
고객번호	상품코드
100	P1
100	P3

②
고객번호	상품코드
100	P1
200	P1

③
고객번호	상품코드
100	P1
100	P3
200	P1

④
고객번호	상품코드
200	P2
100	P2
300	P2

20

소프트웨어 생명주기 모형 중 프로토타입(prototype) 모형에 대한 설명으로 옳은 것을 〈보기〉에서 고른 것은?

보기

㉠ 프로토타입 모형의 마지막 단계는 설계이다.
㉡ 발주자가 목표 시스템의 모습을 미리 볼 수 있다.
㉢ 폭포수 모형보다 발주자의 요구사항을 반영하기가 용이하다.
㉣ 프로토타입별로 구현시스템에 대하여 베타테스트를 실시한다.

① ㉠, ㉡
② ㉡, ㉢
③ ㉢, ㉣
④ ㉠, ㉣

19

조인연산(결합연산)은 여러 릴레이션에서 공통되는 애트리뷰트를 매개로 하여 새로운 릴레이션을 만드는 연산이다. 제시된 릴레이션에서 공통되는 애트리뷰트는 '상품코드'가 해당되며 실렉트 조건에서 가격이 40 이하인 상품코드는 P1, P3이다. 그러므로 연산 결과에는 해당 상품 코드를 갖는 고객번호 100, 200이 모두 포함된다.

20

프로토타입 모형은 목표로 하는 소프트웨어에 대한 모의 견본을 미리 만들어 조정을 거쳐 마지막 단계에서 최종 개발 결과물을 구현하는 모형이다. 개발 완료 이전에 오류를 발견하고자 하는 목적에서 적용되었다. 프로토타입 모형은 요구사항 변경이 용이하므로 발주자의 요구사항을 충실히 반영할 수 있으며, 발주자도 개발될 시스템을 미리 경험할 수 있으므로 명확한 요구사항 도출이 가능하다. 다만, 완전히 완성된 견본이 아니므로 중간에 최종 개발 완료될 부분까지 테스트하는 것은 어렵다.

19 ③ **20** ②

2012 시행 컴퓨터일반

01

① MIPS(Million Instructions Per Second)는 1초당 100만 개 단위의 명령어 연산을 하는 프로세서의 처리 속도를 말한다. 컴퓨터의 성능을 나타낼 때 사용된다.

② SRAM은 전원이 공급되는 동안에만 자료를 보존할 수 있는 기억 장치이다.

01 컴퓨터 용어에 대한 설명으로 옳지 않은 것은?

① MIPS는 1초당 백만개 명령어를 처리한다는 뜻으로 컴퓨터의 연산속도를 나타내는 단위이다.

② SRAM은 전원이 꺼져도 저장된 자료를 계속 보존할 수 있는 기억 장치이다.

③ KB, MB, GB, TB 등은 기억 용량을 나타내는 단위로서 이 중 TB가 가장 큰 단위이다.

④ SSI, MSI, LSI, VLSI 등은 칩에 포함되는 게이트의 집적도에 따라 구분된 용어이다.

02

PUSH 명령어가 모두 수행되면 스택에는 C → A → B의 순서로 쌓이게 되므로 탑과 그 바로 아래에는 A와 B가 위치한다. 스택 형식에서는 후위 연산이므로 ADD 연산을 위한 피연산자는 A와 B가 된다. 즉, 스택의 탑으로부터 두 값 A와 B를 꺼내어 ADD 연산 결과인 (A+B)가 탑에 쌓이게 된다. 다음 연산 명령인 MUL에 의해 탑으로부터 두 값 (A+B)와 C를 꺼내 곱하게 되고, 그 결과를 POP 명령어로 Z로 산출된다.

02 〈보기〉는 스택을 이용한 0-주소 명령어 프로그램이다. 이 프로그램이 수행하는 계산으로 옳은 것은?

> **보기**
>
> PUSH C
> PUSH A
> PUSH B
> ADD
> MUL
> POP Z

① $Z = C + A * B$

② $Z = (A + B) * C$

③ $Z = B + C * A$

④ $Z = (C + B) * A$

03

이진수로 변환한 다음, 뺄셈 기호 이후의 숫자에 대한 2의 보수를 취하여 더하면 된다.

03 〈보기〉의 연산을 2의 보수를 이용한 연산으로 변환한 것은?

> **보기**
>
> $6_{10} - 13_{10}$

① $00000110_2 + 11110011_2$

② $00000110_2 - 11110011_2$

③ $11111010_2 + 11110011_2$

④ $11111010_2 - 11110011_2$

01 ② 02 ② 03 ①

04 인터럽트 처리를 위한 〈보기〉의 작업이 올바로 나열된 것은?

> **보기**
>
> ㄱ. 인터럽트 서비스 루틴을 수행한다.
> ㄴ. 보관한 프로그램 상태를 복구한다.
> ㄷ. 현재 수행 중인 명령을 완료하고 상태를 저장한다.
> ㄹ. 인터럽트 발생 원인을 찾는다.

① ㄷ → ㄹ → ㄱ → ㄴ   ② ㄷ → ㄹ → ㄴ → ㄱ
③ ㄹ → ㄷ → ㄱ → ㄴ   ④ ㄹ → ㄷ → ㄴ → ㄱ

05 주기억 장치와 캐시 기억 장치만으로 구성된 시스템에서 〈보기〉와 같이 기억 장치 접근시간이 주어질 때 캐시 적중률(hit ratio)은?

> **보기**
>
> • 평균 기억 장치 접근시간 : T_a = 1.9ms
> • 주기억 장치 접근시간 : T_m = 10ms
> • 캐시 기억 장치 접근시간 : T_c = 1ms

① 80%   ② 85%
③ 90%   ④ 95%

06 〈보기〉의 논리 연산식을 간략화한 논리회로는?

> **보기**
>
> $$(A+B)(A+\overline{B})(\overline{A}+B)$$

① A, B — OR 게이트

② A, $\overline{B}$ — OR 게이트

③ A, B — AND 게이트

④ A, $\overline{B}$ — AND 게이트

07

LRU(Least Recently Used ; 최소 최근 사용) 교체 알고리즘은 저장된 상태에서 사용되지 않은 채 가장 오래 존재한 블록을 교체하는 방법이다. 적중률은 다음과 같이 표현된다.

$$적중률 = \frac{적중횟수}{기억장치접근횟수} = \frac{적중횟수}{적중횟수+실패횟수}$$

최초의 페이지프레임이 모두 비어있는 상태에서 순차적으로 참조되는 페이지번호를 할당해보자.

1번째 참조 : 1 : 실패 → 페이지프레임(1)에 '1'을 가져옴

페이지프레임(1)	페이지프레임(2)	페이지프레임(3)	페이지프레임(4)
1			

2번째 참조 : 0 : 실패 → 페이지프레임(2)에 '0'을 가져옴

페이지프레임(1)	페이지프레임(2)	페이지프레임(3)	페이지프레임(4)
1	0		

3번째 참조 : 2 : 실패 → 페이지프레임(3)에 '2'를 가져옴

페이지프레임(1)	페이지프레임(2)	페이지프레임(3)	페이지프레임(4)
1	0	2	

4번째 참조 : 2 : 성공
5번째 참조 : 2 : 성공
6번째 참조 : 1 : 성공
7번째 참조 : 7 : 실패 → 페이지프레임(4)에 '7'을 가져옴

페이지프레임(1)	페이지프레임(2)	페이지프레임(3)	페이지프레임(4)
1	0	2	7

8번째 참조 : 6 : 실패 → 사용되지 않은 채 가장 오래된 페이지프레임(2)을 '6'으로 교체

페이지프레임(1)	페이지프레임(2)	페이지프레임(3)	페이지프레임(4)
1	6	2	7

9번째 참조 : 7 : 성공
10번째 참조 : 0 : 실패 → 사용되지 않은 채 가장 오래된 페이지프레임(3)을 '0'으로 교체

페이지프레임(1)	페이지프레임(2)	페이지프레임(3)	페이지프레임(4)
1	6	0	7

11번째 참조 : 1 : 성공
12번째 참조 : 2 : 실패 → 사용되지 않은 채 가장 오래된 페이지프레임(2)을 '2'로 교체
그러므로 성공한 횟수는 5회이다.

08

요청 큐 순서에 상관없이 한쪽 방향으로 스캔 후 끝에서 다시 처음으로 되돌아가서 같은 방향으로 스캔하는 것을 알 수 있다. 그러므로 C- SCAN에 해당한다.

07 ① 08 ②

07

여덟 개의 페이지(0~7페이지)로 구성된 프로세스에 네 개의 페이지 프레임이 할당되어 있고, 이 프로세스의 페이지 참조 순서는 〈보기〉와 같다. 이 경우 LRU 페이지 교체 알고리즘을 적용할 때 페이지 적중률(hit ratio)은 얼마인가? (단, 〈보기〉의 숫자는 참조하는 페이지번호를 나타내고, 최초의 페이지 프레임은 모두 비어 있다고 가정한다.)

보기

1, 0, 2, 2, 2, 1, 7, 6, 7, 0, 1, 2

① $\frac{5}{12}$

② $\frac{6}{12}$

③ $\frac{7}{12}$

④ $\frac{8}{12}$

08

〈보기〉는 0~199번의 200개 트랙으로 이루어진 디스크 시스템에서, 큐에 저장된 일련의 입출력 요청들과 어떤 디스크 스케줄링(disk scheduling) 방식에 의해 처리된 서비스 순서이다. 이 디스크 스케줄링 방식은 무엇인가? (단, 〈보기〉의 숫자는 입출력할 디스크 블록들이 위치한 트랙 번호를 의미하며, 현재 디스크 헤드의 위치는 트랙 50번이라고 가정한다.)

보기

• 요청 큐 : 99, 182, 35, 121, 12, 125, 64, 66
• 서비스 순서 : 64, 66, 99, 121, 125, 182, 12, 35

① FCFS

② C-SCAN

③ SSTF

④ SCAN

09 〈보기〉의 다양한 진법으로 표현한 숫자들을 큰 숫자부터 나열한 것은?

보기
ㄱ. $F9_{16}$ ㄴ. 256_{10}
ㄷ. 11111111_{2} ㄹ. 370_{8}

① ㄱ, ㄴ, ㄷ, ㄹ   ② ㄴ, ㄷ, ㄱ, ㄹ

③ ㄷ, ㄹ, ㄱ, ㄴ   ④ ㄹ, ㄱ, ㄴ, ㄷ

10 트랜잭션의 특성과 이에 대한 설명으로 옳지 않은 것은?

① 원자성(atomicity) – 트랜잭션은 완전히 수행되거나 전혀 수행되지 않아야 한다.

② 일관성(consistency) – 트랜잭션을 완전히 실행하면 데이터베이스를 하나의 일관된 상태에서 다른 일관된 상태로 바꿔야 한다.

③ 고립성(isolation) – 하나의 트랜잭션의 실행은 동시에 실행 중인 다른 트랜잭션의 간섭을 받아서는 안 된다.

④ 종속성(dependency) – 완료한 트랜잭션에 의해 데이터베이스에 가해진 변경은 어떠한 고장에도 손실되지 않아야 한다.

11 이진트리의 순회(traversal) 경로를 나타낸 그림이다. 이와 같은 이진트리 순회방식은 무엇인가? (단, 노드의 숫자는 순회순서를 의미한다.)

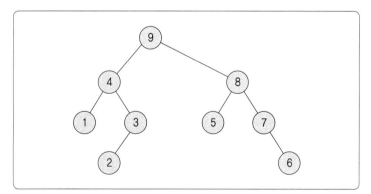

① 병렬 순회(parallel traversal)

② 전위 순회(pre – order traversal)

③ 중위 순회(in – order traversal)

④ 후위 순회(post – order traversal)

09
ㄴ : 256, ㄷ : 255, ㄱ : 249, ㄹ : 248

10
종속성은 트랜잭션의 특성과 관계가 없으며, 트랜잭션의 지속성(Dura– bility)은 트랜잭션이 일단 성공적으로 완료되면 시스템 고장이 발생하더라도 그 결과가 지속되어야 하는 특성이다.

11
후위 순위는 Left → Right → Root 순으로 순회한다.

09 ②   10 ④   11 ④

12

데이터 값의 대소를 비교하여 정렬하는 방식 중 가장 빠른 것은 퀵 정렬 방식이다. 퀵 정렬의 시간 복잡도는 $O(n\log_2 n)$이다.

13

개인키는 메시지를 수신하여 복호화할 때 사용한다.

14

라우터(Router)는 서로 다른 네트워크 간 통신을 위해 사용하는 장비로, OSI의 네트워크 계층에 위치한다. 다른 구조의 네트워크를 연결해주는 장비이므로 WAN과 LAN 간의 연결에 이용되며, IP 주소를 바탕으로 효율적인 경로를 선택해준다.

---

12 다음 중 데이터 값의 대소를 비교하여 정렬하는 문제에 대한 가장 빠른 알고리즘의 시간 복잡도는? (단, n은 정렬 대상의 입력 데이터 수이다.)

① $O(n)$
② $O(\log_2 n)$
③ $O(n\log_2 n)$
④ $O(n^2)$

13 공개키(public key) 암호화 방식에 대한 설명으로 옳지 않은 것은?

① 공개키와 개인키로 이루어진다.
② 대표적 활용 예로는 전자서명이 있다.
③ 송수신자는 서로 다른 키를 사용한다.
④ 개인키는 메시지를 전송할 때 사용한다.

14 〈보기〉의 설명에 해당하는 네트워크 장비는?

> **보기**
>
> • OSI 계층 모델의 네트워크 계층에서 동작하는 장비이다.
> • 송신 측과 수신 측 간의 가장 빠르고 신뢰성 있는 경로를 설정·관리하며, 데이터를 전달하는 역할을 한다.
> • 주로 같은 프로토콜을 사용하는 네트워크간의 최적경로 설정을 위해 패킷이 지나가야 할 정보를 테이블에 저장하여 지정된 경로를 통해 전송한다.

① 게이트웨이(gateway)
② 브리지(bridge)
③ 리피터(repeater)
④ 라우터(router)

---

12 ③ 13 ④ 14 ④

50

15 다음 C 프로그램의 실행 결과로 옳은 것은?

```
void main()
{
    int a[4]={10, 20, 30} ;
    int *p = a ;

    p++ ;
    *p++ = 100 ;
    *++p = 200 ;
    printf("a[0]=%d a[1]=%d a[2]=%d\n",
        a[0], a[1], a[2]) ;

}
```

① a[0]=10 a[1]=20 a[2]=30
② a[0]=10 a[1]=20 a[2]=200
③ a[0]10 a[1]=100 a[2]=30
④ a[0]10 a[1]=100 a[2]=200

16 〈보기〉에서 설명하는 객체지향 개념은?

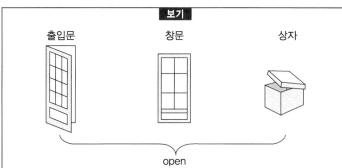

보기

출입문   창문   상자

open

• 그림에서 'open'이라는 오퍼레이션(operation)은 객체마다 다르게 기능
한다.
• Java 언어에서 오버로딩(overloading), 오버라이딩(overriding)으로 구
현되는 개념이다.

① 캡슐화(encapsulation)   ② 인스턴스(instance)
③ 다형성(polymorphism)   ④ 상속(inheritance)

술술 풀리는 해설

15
*p++는 연산 순위를 고려할 때 *(p++)와 동일
하므로 증가되기 전의 p, 즉 a[1]에 100을 대입한
뒤, 1증가한다(a[2]). *++p는 연산 순위를 고려할
때 *(++p)와 동일하므로 증가시킨(a[3]) 다음에
200을 대입한다. 그러므로 a[0]=10, a[1]= 100,
a[2]=30, a[3]=200이 된다.

16
다형성은 목적이 다르나 연관성이 있는 다수의 용
도로 하나의 이름을 사용하는 것을 의미한다.

15 ③ **16** ③

17

바람직한 소프트웨어 설계 방향은 모듈의 독립성을 크게 하는 것이다.

18

CPM(Critical Path Method) 기법에서는 전체 공정을 준수하기 위해 꼭 지켜야 할 작업 기간을 명시한다. 표에서 소작업 A와 B는 선행작업 없이 각각 15일과 10일의 기간이 할당되었다. C작업은 선행작업인 A와 B가 끝나는 시점에 바로 착수할 수 있고 여유 기간이 없으므로 가장 빠른 착수일과 가장 늦은 착수일은 15일로 동일하다.

17 〈보기〉는 모듈화를 중심으로 한 소프트웨어 설계 방법에 대한 설명이다. 빈칸의 내용을 올바르게 나열한 것은?

> **보기**
> · 결합도(coupling)와 응집도(cohesion)는 모듈의 (㉠)을 판단하는 기준이다.
> · 결합도란 모듈 (㉡)의 관련성을 의미하며, 응집도란 모듈 (㉢)의 관련성을 의미한다.
> · 좋은 설계를 위해서는 결합도는 (㉣), 응집도는 (㉤) 방향으로 설계해야 한다.

	㉠	㉡	㉢	㉣	㉤
①	독립성	사이	내부	작게	큰
②	독립성	내부	사이	크게	작은
③	추상성	사이	내부	작게	큰
④	추상성	내부	사이	크게	작은

18 〈표〉의 CPM(Critical Path Method) 소작업 리스트에서 작업 C의 가장 빠른 착수일(earliest start time), 가장 늦은 착수일(latest start time), 여유 기간(slack time)을 순서대로 나열한 것은?

[CPM 소작업 리스트]

소작업	선행작업	소요 기간(일)
A	없음	15
B	없음	10
C	A, B	10
D	B	25
E	C	15

① 15일, 15일, 0일
② 10일, 15일, 5일
③ 10일, 25일, 5일
④ 15일, 25일, 0일

19 〈보기〉는 Windows XP의 실행창(시작 → 실행)에 입력할 수 있는 명령어들을 나열한 것이다. 명령어별로 수행할 수 있는 기능을 순서대로 나열한 것은?

> **보기**
>
> dxdiag – msconfig – regedit – mstsc

① 컴퓨터사양 확인 – 시작프로그램 편집 – 레지스트리 편집 – 원격데스크탑 실행

② 원격데스크탑 실행 – 작업관리자 편집 – 서비스 편집 – 시스템 셧다운 설정

③ 컴퓨터사양 확인 – 작업관리자 편집 – 레지스트리 편집 – 원격데스크탑 실행

④ 원격데스크탑 실행 – 시작프로그램 편집 – 서비스 편집 – 시스템 셧다운 설정

20 엑셀에서는 서로 다른 시트 사이에 셀 참조가 가능하다. 아래 그림에서 Sheet2의 시금치 가격을 VLOOKUP 함수를 사용하여 Sheet1에서 가져오고자 한다. 이를 위해 Sheet2의 B3 셀에 입력할 수식으로 알맞은 것은?

Sheet1

	A	B	C	D
1	상품명	산지	생산자	가격
2	오이	청주	김철수	500
3	배추	울산	황인용	2000
4	무우	김제	김영운	1500
5	시금치	평창	나윤로	1000
6	상추	대전	김윤철	700

Sheet1 / Sheet2 / Sheet3

Sheet2

	A	B
1	상품명	가격
2	무우	
3	시금치	
4		
5		
6		

Sheet1 / Sheet2 / Sheet3

① =VLOOKUP(시금치,Sheet1!A2:D6,4,0)

② =VLOOKUP(시금치,A2:A6,5,0)

③ =VLOOKUP(A3,Sheet1!A2:D6,4,0)

④ =VLOOKUP(A3,Sheet1!A2:A6,5,0)

01
하나의 명령어는 다수의 마이크로 오퍼레이션의 집합이다.

01 마이크로 연산(operation)에 대한 설명으로 옳지 않은 것은?

① 한 개의 클록 펄스 동안 실행되는 기본 동작이다.

② 한 개의 마이크로 연산 수행시간을 마이크로 사이클 타임이라 부르며 CPU 속도를 나타내는 척도로 사용된다.

③ 하나의 명령어는 항상 하나의 마이크로 연산이 동작되어 실행된다.

④ 시프트(shift), 로드(load) 등이 있다.

02
대부분 상식적인 의미만으로도 이해할 수 있는 개념들이다. 응답 시간은 주어진 작업의 수행을 위해 입력 데이터가 시스템에서 출발하여 그 작업의 출력이 사용자에게 제출되는 시점까지의 시간이다.

02 컴퓨터 시스템의 성능을 측정하는 척도에 대한 설명으로 옳지 않은 것은?

① 처리량(throughput)은 보통 안정된 상태에서 측정되며 하루에 처리되는 작업의 개수 또는 시간당 처리되는 온라인 처리의 개수 등으로 측정된다.

② 병목(bottleneck) 현상은 시스템 자원이 용량(capacity) 또는 처리량에 있어서 최대 한계에 도달할 때 발생될 수 있다.

③ 응답 시간(response time)은 주어진 작업의 수행을 위해 시스템에 도착한 시점부터 완료되어 그 작업의 출력이 사용자에게 제출되는 시점까지의 시간으로 정의된다.

④ 자원 이용도(utilization)는 일반적으로 전체 시간에 대해 주어진 자원이 실제로 사용되는 시간의 백분율로 나타낸다.

01 ③ 02 ③

03 다음에서 ㉠과 ㉡에 들어갈 내용이 올바르게 짝지어진 것은?

> 명령어를 주기억 장치에서 중앙 처리 장치의 명령레지스터로 가져와 해독하는 것을 (㉠)단계라 하고, 이 단계는 마이크로 연산(operation) (㉡)로 시작한다.

	㉠	㉡
①	인출	MAR ← PC
②	인출	MAR ← MBR(AD)
③	실행	MAR ← PC
④	실행	MAR ← MBR(AD)

04 〈보기〉는 자료의 표현과 관련된 설명이다. 옳은 것을 모두 고른 것은?

> **보기**
> ㄱ. 2진수 0001101의 2의 보수(complement)는 1110011이다.
> ㄴ. 부호화 2의 보수 표현방법은 영(0)이 하나만 존재한다.
> ㄷ. 패리티(parity) 비트로 오류를 수정할 수 있다.
> ㄹ. 해밍(Hamming) 코드로 오류를 검출할 수 있다.

① ㄱ, ㄹ ② ㄴ, ㄷ
③ ㄱ, ㄴ, ㄷ ④ ㄱ, ㄴ, ㄹ

05 주기억 장치에서 사용가능한 부분은 다음과 같다. M1은 16KB(kilobyte), M2는 14KB, M3는 5KB, M4는 30KB이며 주기억 장치의 시작 부분부터 M1, M2, M3, M4 순서가 유지되고 있다. 이때 13KB를 요구하는 작업이 최초 적합(First Fit) 방법, 최적 적합(Best Fit) 방법, 최악 적합(Worst Fit) 방법으로 주기억 장치에 각각 배치될 때 결과로 옳은 것은? (단, 배열순서는 왼쪽에서 첫 번째가 최초 적합 결과이며 두 번째가 최적 적합 결과 그리고 세 번째가 최악 적합 결과를 의미한다.)

① M1, M2, M3 ② M1, M2, M4
③ M2, M1, M4 ④ M4, M2, M3

<img 해설 영역>

03
프로그램의 명령이 순차적으로 수행될 때 프로그램 카운터(PC)는 다음에 인출해야 할 명령어를 메모리 주소 레지스터(MAR)에 전송하며 MAR은 이를 받아 기억 장소의 주소를 알려줌으로써 인출 과정을 시작한다. 메모리 버퍼 레지스터(MBR)은 MAR에 의해 지정된 기억 장소에 저장시킬 자료나 기억 장소에서 읽어낸 자료를 기억하는 기능을 한다.

04
패리티 검사 코드는 전송된 코드의 오류를 검사하기 위해서 데이터 비트 외에 1bit의 패리티 체크 비트를 추가하는 것으로 오류 검출만 할 수 있다.

05
기억 장치 공간의 가변 분할 할당기법의 공백 영역 탐색 알고리즘
1. 최초 적합 방법(First Fit) : 여러 유휴 공간들을 순차적으로 검색해 나가다가 저장할 수 있을 만큼의 크기를 가진 부분을 최초로 찾으면 그 곳에 할당한다.
2. 최적 적합 방법(Best Fit) : 유휴 공간 중 요구하는 크기보다 크면서 가장 크기가 비슷한 공간을 찾아 할당한다. 검색에 시간이 걸리지만 유휴 공간이 적게 남는다는 장점이 있다.
3. 최악 적합 방법(Worst Fit) : 유휴 공간 중 가장 큰 부분을 찾아 할당한다. 유휴 공간이 크다면 유리하나 효율성이 떨어진다.

03 ① 04 ④ 05 ②

06

집계 함수에는 COUNT, SUM, AVG, MAX, MIN
이 있다.

06 SQL에서는 데이터베이스 검색의 성능 및 편의 향상을 위하여 내장함수를 제공한다. 다음 중 SQL의 내장 집계함수(aggregate function)가 아닌 것은?

① COUNT   ② SUM

③ TOTAL   ④ MAX

07

데이터를 즉시 처리하는지, 한꺼번에 모아서 처리
하는지, 이에 따라 응답이 즉시 이루어지는지, 지
연 후 이루어지는 지 등에 따라 방식이 분류된다.

07 운영체제는 일괄처리(batch), 대화식(interactive), 실시간(real-time) 시스템 그리고 일괄처리와 대화식이 결합된 혼합(hybrid) 시스템 등으로 분류될 수 있다. 이와 같은 분류 근거로 가장 알맞은 것은?

① 고급 프로그래밍 언어의 사용 여부
② 응답 시간과 데이터 입력 방식
③ 버퍼링(buffering) 기능 수행 여부
④ 데이터 보호의 필요성 여부

08

Join 연산은 제한적인 것부터 규모가 큰 순으로 실
행한다.

08 데이터베이스 관리시스템(DBMS)에서 질의 처리를 빠르게 수행하기 위해 질의를 최적화한다. 질의 최적화 시에 사용하는 경험적 규칙으로서 옳지 않은 것은?

① 추출(project) 연산은 일찍 수행한다.
② 조인(join) 연산은 가능한 한 일찍 수행한다.
③ 선택(select) 연산은 가능한 한 일찍 수행한다.
④ 중간 결과를 적게 산출하면서 빠른 시간에 결과를 줄 수 있어야 한다.

09

튜플들 간의 관계는 중복이나 종속의 관계가 얼마
든지 나타날 수 있으며 이를 수학적으로 정규화할
필요는 없다.

09 데이터베이스 설계 시에 양질의 데이터베이스를 구축하기 위하여 데이터베이스 릴레이션을 정규화한다. 이때 고려해야 할 사항과 가장 관련이 없는 것은?

① 원하지 않는 데이터의 중복을 제거한다.
② 원하지 않는 데이터의 종속을 제거한다.
③ 한 릴레이션 내의 속성 간의 관계를 고려한다.
④ 한 릴레이션 내의 튜플 간의 관계를 고려한다.

06 ③   07 ②   08 ②   09 ④

10 후위(postfix) 형식으로 표기된 다음 〈보기〉의 수식을 스택 (stack)으로 처리하는 경우에, 스택의 탑(TOP) 원소의 값을 올바르게 나열한 것은? 단, 연산자(operator)는 한 자리의 숫자로 구성되는 두 개의 피연산자(operand)를 필요로 하는 이진 (binary) 연산자이다.

> **보기**
>
> 4 5 + 2 3 * −

① 4, 5, 2, 3, 6, −1, 3
② 4, 5, 9, 2, 3, 6, −3
③ 4, 5, 9, 2, 18, 3, 16
④ 4, 5, 9, 2, 3, 6, 3

11 다음 그래프를 너비 우선 탐색(Breadth First Search; BFS), 깊이 우선 탐색(Depth First Search; DFS) 방법으로 방문할 때 각 정점을 방문하는 순서로 옳은 것은? (단, 둘 이상의 정점을 선택할 수 있을 때는 알파벳 순서로 방문한다.)

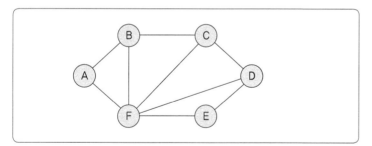

	BFS	DFS
①	A−B−F−C−E−D	A−B−C−D−E−F
②	A−B−C−D−E−F	A−B−F−C−E−D
③	A−B−F−C−D−E	A−B−C−D−E−F
④	A−B−C−D−E−F	A−B−C−D−F−E

12

제산법은 키 값을 배열의 크기로 나누어 그 나머지 값을 해시 값으로 사용하는 방법이므로 각 키 값을 배열의 크기인 '11'로 나누었을 때, 동일한 나머지 값 '1'을 갖는 112와 222가 충돌하게 된다. 참고로, 112와 222의 경우에도 동일한 나머지 값 '2'를 갖기 때문에 충돌하나, 열거해 놓은 선택지에는 없다.

13

• 공인 IP : 211.168.83.0
• 서브넷 마스크 : 255.255.255.224
• 서브넷의 수는 2^3=8개로 하고, 서브넷 별 호스트의 수는 2^5=32개로 지정할 수 있다.
• 새로 설정되는 네트워크 ID는 끝자리가 아래와 같이 나타나는 총 8개가 된다.

```
00000 000 ⇒ 0 ⇒ 211.168.83.0
00100 000 ⇒ 32 ⇒ 211.168.83.32
01000 000 ⇒ 64 ⇒ 211.168.83.64
01100 000 ⇒ 96 ⇒ 211.168.83.96
...
11100 000 ⇒ 248 ⇒ 211.168.83.224
```

문제의 211.168.83.34가 속한 범위 ◀—

각 네트워크 ID 사이에 들어가는 주소들 중, 네트워크 ID 직전의 것들은 브로드캐스트 주소로 예약되고, 나머지 30개씩이 실제 할당될 수 있는 호스트 주소가 되므로, 문제의 211.168.83.34가 속한 범위에서의 네크워크 ID는 211.168.83.32이고 브로드캐스트 주소는 다음 네트워크 ID인 211.168.83.64의 직전 번호이므로 211.168.83.63이 된다.

12 ② 13 ③

12

해시(hash) 탐색에서 제산법(division)은 키(key) 값을 배열(array)의 크기로 나누어 그 나머지 값을 해시 값으로 사용하는 방법이다. 다음 데이터의 해시 값을 제산법으로 구하여 11개의 원소를 갖는 배열에 저장하려고 한다. 해시 값의 충돌(collision)이 발생하는 데이터를 열거해 놓은 것은?

> 111, 112, 113, 220, 221, 222

① 111, 112　　　　② 112, 222
③ 113, 221　　　　④ 220, 222

13

회사에서 211.168.83.0(클래스 C)의 네트워크를 사용하고 있다. 내부적으로 5개의 서브넷을 사용하기 위해 서브넷 마스크를 255.255.255.224로 설정하였다. 이때 211.168.83.34가 속한 서브넷의 브로드캐스트 주소는 어느 것인가?

① 211.168.83.15　　　　② 211.168.83.47
③ 211.168.83.63　　　　④ 211.168.83.255

14 C 프로그램의 실행 결과로 옳은 것은?

```
#define VALUE1   1
#define VALUE2   2
main( )
{
    float i ;
    int j,k,m ;

    i = 100/300 ;
    j = VALUE1 & VALUE2 ;
    k = VALUE1 | VALUE2 ;
    if (j && k || i) m = i + j ;
    else m = j + k ;
    printf("i=%.1f j=%d k=%d m=%03d\n", i,j,k,m) ;
}
```

① i=0.0 j=0 k=3 m=003

② i=0.3 j=0 k=3 m=000

③ i=0.0 j=1 k=1 m=001

④ i=0.3 j=1 k=1 m=001

15 웹 애플리케이션을 개발하기 위한 스크립트 언어 중 성격이 다른 것은?

① Javascript   ② JSP

③ ASP   ④ PHP

14

i : 실수형 변수
j, k, m : 정수형 변수
100/300 계산 후 i=0.0
j=VALUE1&VALUE2 계산 → 0001&0010=0000
→ j=0
k=VALUE1|VALUE2 계산 → 0001|0010=0011
→ k=3
(j&&k||i) 연산 결과가 거짓이므로 (0)m=j+k 실
행 → m=3
출력 명령에서, i는 소수 이하 첫째 자리까지, j와
k는 10진수로, m은 3자리 값으로 하되, 오른쪽으
로 정렬하고 빈칸은 0으로 채워야 하므로, m=003
이 출력된다.

15

Javascript는 클라이언트 프로그래밍 언어이고 나
머지는 서버 프로그래밍 언어이다.

14 ①   **15** ①

16

슈퍼 클래스에서 정의된 메소드를 서브 클래스에서 재정의하여 사용하는 내용이 없다. 그러므로 오버라이딩 기법은 적용되지 않았다.

- 캡슐화 : 변수와 함수를 하나로 묶어 클래스들을 정의하였고 정의된 클래스들이 다른 곳에서 내용이 은닉된 채 호출되어 사용되었다.
- 상속 : class Computer extends Adder
- 오버로딩 : add(int a, int b)와 add(double a, double b)가 변수 타입이 다른 동일한 함수명을 사용하고 있다.

17

Ajax는 특정 기술을 의미하는 것이 아니라 기술의 묶음이다.

---

16 다음의 Java 프로그램에서 사용되지 않은 기법은?

```
class Adder {
    public int add(int a, int b) { return a+b ; }
    public double add(double a, double b) { return a+b ; }
}
class Computer extends Adder {
    private int x ;
    public int calc(int a, int b, int c) { if (a == 1) return add(b, c) ; else
return x ; }
    Computer( ) { x = 0 ; }
}
public class Adder_Main {
    public static void main(String args[ ]) {
        Computer c = new Computer( ) ;
        System.out.println("100 + 200 = " + c.calc(1, 100, 200)) ;
        System.out.println("5.7 + 9.8 = " + c.add(5.7, 9.8)) ;

    }
}
```

① 캡슐화(Encapsulation) ② 상속(Inheritance)
③ 오버라이딩(Overriding) ④ 오버로딩(Overloading)

17 웹 개발 기법의 하나인 Ajax(Asynchronous Javascript and XML)에 대한 설명으로 옳지 않은 것은?

① 대화식 웹 애플리케이션을 개발하기 위해 사용된다.
② 기술의 묶음이라기보다는 웹 개발을 위한 특정한 기술을 의미한다.
③ 서버 처리를 기다리지 않고 비동기 요청이 가능하다.
④ Prototype, JQuery, Google Web Toolkit은 대표적인 Ajax 프레임워크이다.

16 ③ 17 ②

18 화소(pixel)당 24비트 컬러를 사용하고 해상도가 352×240 화소인 TV영상프레임(frame)을 초당 30개 전송할 때 필요한 통신 대역폭으로 가장 가까운 것은?

① 약 10Mbps
② 약 20Mbps
③ 약 30Mbps
④ 약 60Mbps

19 Windows XP에서 프린터 설정에 관한 설명으로 옳지 않은 것은?

① 기본 프린터는 오직 1대만 설정할 수 있다.
② 네트워크 프린터는 기본 프린터로 설정할 수 없다.
③ 한 대의 프린터를 여러 대의 컴퓨터에서 네트워크로 공유 가능하다.
④ [네트워크 설정 마법사]를 통해 파일 및 프린터도 공유할 수 있다.

20 MS Excel의 워크시트에서 사원별 수주량과 판매금액, 그리고 수주량과 판매금액의 합계가 입력되어 있다. 이때 C열에는 전체 수주량 대비 각 사원 수주량의 비율을, E열에는 전체 판매금액 대비 각 사원 판매금액의 비율을 보이고자 한다. 이를 위해 C2 셀에 수식을 입력한 다음에 이를 C열과 E열의 나머지 셀에 복사하여 사용하고자 한다. C2셀에 입력할 내용으로 옳은 것은?

	A	B	C	D	E
1	사원	수주량	비율	판매금액	비율
2	김철수	78		8,000,000	
3	홍길동	56		7,500,000	
4	김민호	93		13,000,000	
5	나영철	34		10,000,000	
6	최건	80		8,000,000	
7	합계	341		46,500,000	

① =B2/B7*100
② =$B$2/B7*100
③ =B2/$B$7*100
④ =B2/B$7*100

01
워드프로세서는 응용프로그램인 사무용 프로그램의 일종이다. 나머지는 시스템 운영체제 또는 시스템 소프트웨어에 해당한다.

02
직접 사상(직접 매핑) 방식은 주기억 장치의 각 저장 블록이 캐시 기억 장치의 특정한 하나의 인덱스에만 저장될 수 있는 방식이다.

03
선점(preemption) 조건 : 프로세스가 소유하고 있는 자원은 다른 프로세스에 의해 선점될 수 없다.

01 다음 중 시스템 소프트웨어로 옳지 않은 것은?

① 윈도우 XP
② 리눅스
③ 워드프로세서
④ 컴파일러

02 캐시 기억 장치(cache memory)에 대한 설명으로 옳지 않은 것은?

① 직접 사상(direct mapping) 방식은 주기억 장치의 임의의 블록들이 어떠한 슬롯으로든 사상될 수 있는 방식이다.
② 세트-연관 사상(set-associative mapping) 방식은 직접 사상 방식과 연관 사상(associative mapping) 방식을 혼합한 방식이다.
③ 슬롯의 수가 128개인 4-way 연관 사상 방식인 경우 슬롯을 공유하는 주기억 장치 블록들이 4개의 슬롯으로 적재될 수 있는 방식이다.
④ 캐시 쓰기 정책(cache write policy)은 write through 방식과 write back 방식 등이 있다.

03 운영체제에서 교착상태(deadlock)가 발생할 필요조건으로 옳지 않은 것은?

① 환형 대기(circular wait) 조건으로 각 프로세스는 순환적으로 다음 프로세스가 요구하는 자원을 가지고 있다.
② 선점(preemption) 조건으로 프로세스가 소유하고 있는 자원은 다른 프로세스에 의해 선점될 수 있다.
③ 점유하며 대기(hold and wait) 조건으로 프로세스는 할당된 자원을 가진 상태에서 다른 자원을 기다린다.
④ 상호 배제(mutual exclusion) 조건으로 프로세스들은 필요로 하는 자원에 대해 배타적인 통제권을 갖는다.

01 ③ 02 ① 03 ②

04 UNIX 명령어 ls -l을 수행했을 때의 결과에 대한 설명으로 옳지 않은 것은?

> -rwxr-xr-- 2 peter staff 3542 8월 31일 10:00 aaash

① peter라는 사용자는 aaash 파일을 수정할 수 있다.
② staff 그룹 사용자는 aaash 파일을 실행할 수 있다.
③ aaash 파일은 심볼릭 링크(symbolic link)가 2개 있다.
④ 다른 사용자도 이 파일의 내용을 볼 수 있다.

05 리눅스 운영체제에 대한 설명으로 옳지 않은 것은?

① 리눅스는 마이크로커널(microkernel) 방식으로 구현되었으며 커널 코드의 임의의 기능들을 동적으로 적재(load)하여 사용할 수 있다.
② 리눅스 커널 2.6 버전의 스케줄러는 임의의 프로세스를 선점할 수 있으며 우선순위 기반 알고리즘이다.
③ 리눅스 운영체제는 윈도우 파일 시스템인 NTFS와 저널링 파일 시스템인 JFFS를 지원한다.
④ 리눅스는 다중 사용자와 다중 프로세서를 지원하는 다중 작업형 운영체제이다.

06 10진수 461₍₁₀₎을 16진수로 나타낸 값으로 맞는 것은?

① 19A₍₁₆₎
② 1CD₍₁₆₎
③ 1DB₍₁₆₎
④ 2DF₍₁₆₎

07 임의의 자료에서 최솟값 또는 최댓값을 구할 경우 가장 적합한 자료구조는?

① 이진탐색트리
② 스택(stack)
③ 힙(heap)
④ 해쉬(hash)

04
2는 하드 링크의 수를 나타낸다.

05
리눅스 커널은 모놀리딕(monolithic) 커널 방식으로 구현된다.

06
16) 461
16) 28 ⋯ 13
    1 ⋯ 12

07
최소 히프의 루트는 그 트리에서 가장 작은 키 값을 가지고 있으며, 최대 히프의 루트는 그 트리에서 가장 큰 키 값을 가지고 있다. 그러므로 히프는 최솟값 또는 최댓값을 구하는 데 가장 적합한 자료구조이다.

04 ③ **05** ① **06** ② **07** ③

08

GROUP BY 다음에 위치하여 GROUP에 대한 조건을 규정하는 것은 HAVING 절이다. 또한, 학생수를 구하기 위해서는 COUNT 함수를 사용해야 한다.

09

RAID는 하나의 물리적인 드라이브를 하나의 논리적인 드라이브로 묶어 데이터의 접근 효율성을 높였다는 장점이 있다.

• RAID Level 0(레이드 0) : 가장 기본적인 구현 방식으로 Striping(스트라이핑)이라고 한다. 필요 드라이브 최소 2개 이상이고 중요 데이터는 유실의 위험이 있어 반드시 백업하여야 한다.

• RAID Level 1(레이드 1) : 필요 드라이브 최소 2개 이상이 있어야 한다. 두 개의 디스크에 같은 데이터가 저장되므로 이를 Mirroring(미러링)이라고 한다. 한쪽이 유실이 되어도 다른 한 쪽이 있으므로 안정성이 높은 구성이나 속도와 효율성이 떨어진다.

• RAID Level 3, 4(레이드 3, 4) : 필요 드라이브 최소 3개 이상 RAID 0, 1의 문제점을 보완하기 위한 방식으로 3, 4로 나뉘긴 하지만 RAID 구성 방식은 거의 같다. RAID 3, 4는 기본적으로 RAID 0과 같은 스트라이핑(Striping) 구성을 하나 RAID 0, 1의 문제점을 보완하기 위하여 에러체크 및 수정을 위해서 패리티(Parity) 정보를 별도의 디스크에 따로 저장하게 된다. Raid 3은 Byte단위로 데이터를 저장하나 Raid 4는 Block 단위로 데이터를 저장하는 것이 다르다.

---

08 MS Access의 데이터베이스를 이용한 성적 릴레이션에서 적어도 2명 이상이 수강하는 과목에 대해 등록한 학생수와 평균점수를 구하기 위한 SQL 질의문을 작성할 경우 빈칸에 적절한 표현은?

〈릴레이션명 : 성적〉

학 번	과 목	성 적	점 수
100	자료구조	A	90
100	운영체제	A	95
200	운영체제	B	85
300	프로그래밍	A	90
300	데이터베이스	C	75
300	자료구조	A	95

SELECT 과목, COUNT(*) AS 학생수, AVG(점수) AS 평균점수
FROM 성적
GROUP BY 과목 _____

① WHERE SUM(학번) >= 2 ;
② WHERE COUNT(학번) >= 2 ;
③ HAVING SUM(학번) >= 2 ;
④ HAVING COUNT(학번) >= 2 ;

09 RAID(Redundant Array of Inexpensive Disks)에 대한 설명으로 알맞지 않은 것은?

① RAID-0는 디스크 스트라이핑(disk striping) 방식으로 중복 저장과 오류 검출 및 교정이 없는 방식이다.
② RAID-1은 디스크 미러링(disk mirroring) 방식이며 높은 신뢰도를 갖는 방식이다.
③ RAID-4는 데이터를 비트 단위로 여러 디스크에 분할하여 저장하며 별도의 패리티 디스크를 사용한다.
④ RAID-5는 패리티 블록들을 여러 디스크에 분산 저장하는 방식이며 단일 오류 검출 및 교정이 가능한 방식이다.

08 ④　**09** ③

10 데이터통신 흐름 제어 방식인 Go−Back−N ARQ에서 6번 프레임까지 전송을 하였는데 수신측에서 3번 프레임에 오류가 있다고 재전송을 요청해 왔을 경우 재전송되는 프레임의 수는?

① 1개   ② 2개
③ 3개   ④ 4개

11 컴퓨터 네트워크상에서 음성 데이터를 IP 데이터 패킷으로 변환하여 전화 통화와 같이 음성 통화를 가능케 해 주는 기술로 알맞은 것은?

① VPN   ② IPSec
③ IPv6   ④ VoIP

12 OSI 참조 모델에서 송·수신지의 IP 주소를 헤더에 포함하여 전송하는 논리주소 지정 기능과 송신지에서 수신지까지 데이터가 전송될 수 있도록 최단 전송 경로를 선택하는 라우팅 기능 등을 수행하는 계층으로 옳은 것은?

① 데이터링크 계층   ② 네트워크 계층
③ 전송 계층   ④ 세션 계층

13 인터넷에서는 도메인 주소를 IP 주소로 변환시켜주는 컴퓨터가 있어야 하는데 이러한 컴퓨터의 이름으로 알맞은 것은?

① PROXY 서버   ② DHCP 서버
③ WEB 서버   ④ DNS 서버

10
오류 신호를 받게 되면 오류가 발생한 프레임을 포함하여 그 다음에 전송된 데이터 프레임을 모두 자동 재전송한다. 그러므로 3, 4, 5, 6번 프레임을 재전송하게 된다.

11
VoIP(Voice on IP)는 인터넷 전화를 의미한다.

12
네트워크 계층은 전송 개체 사이에 안정적인 전송이 이루어지도록 상위 계층에 연결하는 데 필요한 데이터 전송과 경로 선택 기능을 제공한다. 라우터가 수신지 IP 주소를 보고 경로를 결정하며, 네트워크와 인터넷을 통해 데이터를 전송 시, 참조되는 계층이다. 논리주소 지정, 라우팅, 주소 변환, 다중화, 패킷 순서 제어 등의 기능을 수행한다.

13
DNS(Domain Name Server) : IP 주소를 도메인 네임으로, 도메인 네임을 IP 주소로 변환해주는 서버 시스템

10 ④   **11** ④   **12** ②   **13** ④

14

스푸핑(Spoofing) : IP나 이메일, 도메인 네임 등을 속이는 방법을 통해 공격 대상 컴퓨터가 자신의 컴퓨터인 것으로 가장한다. TCP/IP의 구조적인 결함을 이용한다. 액세스 제어나 필터링 등을 통해 차단할 수 있으나 스푸핑을 차단하는 가장 좋은 방법은 데이터 패킷을 암호화하는 것이다.

15

첫 번째 순서도에서 증감연산에 의해 반복되는 수행이므로 for문임을 알 수 있고, 조건식의 검증으로 명령이 반복되는 while문, 다수의 조건식에 따라 명령이 분기되는 case문, 마지막으로 명령어가 먼저 수행된 다음 조건 판별이 이어지는 do~while문으로 이어진다.

16

먼저, 400으로 나누어 떨어져야 하므로,
연도%400==0 … ①
4로 나누어 떨어져야 하므로, 연도%4==0 … ②
100으로 나누어 떨어지지 않아야 하므로,
연도%100!=0 … ③
4로 나누어 떨어지면서 100으로 나누어 떨어지지 않아야 한다는 것은 두 가지 연산이 &&이어야 하므로 ②&&③, ①은 이들과 논리합이므로, ②&&③||①이 된다.

14 자신을 타인이나 다른 시스템에게 속이는 행위를 의미하며 침입하고자 하는 호스트의 IP 주소를 바꾸어서 해킹하는 기법을 가리키는 것은?

① Spoofing
② Sniffing
③ Phishing
④ DoS 공격

15 〈보기〉의 순서도를 표현하는 문장 형식으로 알맞은 것은?

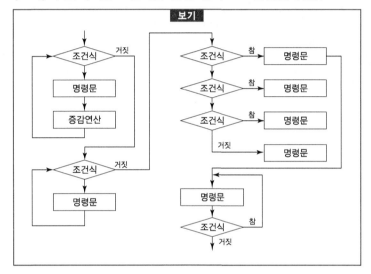

① for문 − while문 − case문 − do~while문
② do~while문 − for문 − 중첩조건문 − 조건문
③ for문 − do~while문 − 중첩조건문 − 조건문
④ do~while문 − 조건문 − case문 − while문

16 주어진 연도가 윤년인지를 판단하고자 한다. 연도가 400으로 나누어 떨어지거나, 4로 나누어 떨어지면서 100으로 나누어 떨어지지 않으면 윤년이다. C언어에서 윤년을 계산하는 조건식으로 알맞은 것은?

① 연도%4!=0 && 연도%100==0 || 연도%400!=0
② 연도%4==0 && 연도%100!=0 || 연도%400==0
③ 연도%4!=0 && 연도%100==0 && 연도%400!=0
④ 연도%4==0 && 연도%100!=0 && 연도%400==0

17 다음 중 객체지향 언어의 특징으로 옳지 않은 것은?

① 상속성 ② 다형성
③ 구조화 ④ 추상화

18 〈보기〉의 그림은 전자계산기(Calculator)를 객체지향적으로 분석한 다이어그램이다. 어떤 다이어그램인가?

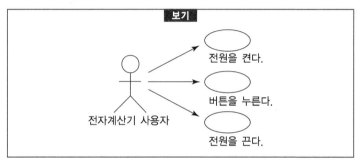

① Usecase Diagram ② Sequence Diagram
③ State Diagram ④ Class Diagram

19 오디오 CD에 있는 100초 분량의 노래를 MP3 음질의 압축되지 않은 WAV 데이터로 변환하여 저장하고자 한다. 변환 시 WAV 파일의 크기는 대략 얼마인가? (단, MP3 음질은 샘플링율이 44.1KHz, 샘플당 비트수는 16bit이고 스테레오이다. 1K=1,000 으로 계산함)

① 141.1KB ② 8.8MB
③ 17.6MB ④ 70.5MB

17
객체지향 언어의 특징 : 캡슐화, 상속성, 추상화, 다형성

18
사용자가 요구하는 개발 사항을 직관적으로 파악할 수 있도록 사용자와 시스템 간의 상호작용을 도식화한 그림이다.

19
용량=샘플링 주파수×샘플링 비트×채널 수×$\frac{초}{8}$ 에서, 구하는 용량은
44.1×16×2(스테레오)×100÷8=17,640KB이다.

17 ③ **18** ① **19** ③

20

LEN(C4) = 13이므로 구문을 정리하면,
=RIGHT(C4, 9)& "****"가 된다.
여기서, RIGHT(C4, 9)는 C4의 값에서 오른쪽부터
9자리까지의 문자이므로, 2119-9019가 되며, ****
과 & 논리 연산되었으므로 2119- 9019****로 표
현된다.

20 MS Excel의 워크시트에서 D4셀에 =RIGHT(C4,LEN(C4)-4)& "****"을 입력했을 때 결과 값으로 알맞은 것은?

	A	B	C
1	이름	학번	연락처
2	김철수	208-4101	010-2109-8765
3	이영희	208-4102	011-3456-7890
4	홍길동	208-4103	019-2119-9019

① ****2119-9019   ② 019-2119-****

③ 019-****-9019   ④ 2119-9019****

20 ④

제3편

부록
우체국예금·보험에 관한 법령

우편법 [시행 2024. 7. 24.]

제1장 총칙

제1조[목적] 이 법은 우편 이용에 관한 기본적인 사항을 정하여 공평하고 적정한 우편 역무를 제공함으로써 공공의 복지증진에 이바지함을 목적으로 한다.

제1조의2[정의] 이 법에서 사용하는 용어의 뜻은 다음과 같다.
1. "우편물"이란 통상우편물과 소포우편물을 말한다.
2. "통상우편물"이란 서신(書信) 등 의사전달물, 통화(송금통지서를 포함한다) 및 소형포장우편물을 말한다.
3. "소포우편물"이란 통상우편물 외의 물건을 포장한 우편물을 말한다.
4. "우편요금"이란 우편물의 발송인이나 수취인이 그 송달의 대가로 우편관서에 내야 하는 금액을 말한다.
5. "우표"란 우편요금의 선납과 우표수집 취미의 문화를 확산시키기 위하여 발행하는 증표를 말한다.
6. "우편요금을 표시하는 증표"란 우편엽서, 항공서신, 우편요금 표시 인영(印影)이 인쇄된 봉투(연하장이나 인사장이 딸린 것을 포함한다)를 말한다.
7. "서신"이란 의사전달을 위하여 특정인이나 특정 주소로 송부하는 것으로서 문자·기호·부호 또는 그림 등으로 표시한 유형의 문서 또는 전단을 말한다. 다만, 신문, 정기간행물, 서적, 상품안내서 등 대통령령으로 정하는 것은 제외한다.

제2조[경영주체와 사업의 독점 등] ① 우편사업은 국가가 경영하며, 과학기술정보통신부장관이 관장한다. 다만, 과학기술정보통신부장관은 우편사업의 일부를 개인, 법인 또는 단체 등으로 하여금 경영하게 할 수 있으며, 그에 관한 사항은 따로 법률로 정한다.
② 누구든지 제1항과 제5항의 경우 외에는 타인을 위한 서신의 송달 행위를 업(業)으로 하지 못하며, 자기의 조직이나 계통을 이용하여 타인의 서신을 전달하는 행위를 하여서는 아니 된다.
③ 제2항에도 불구하고 서신(국가기관이나 지방자치단체에서 발송하는 등기취급 서신은 제외한다)의 중량이 350그램을 넘거나 제45조의2에 따라 서신송달업을 하는 자가 서신송달의 대가로 받는 요금이 대통령령으로 정하는 통상우편요금의 10배를 넘는 경우에는 타인을 위하여 서신을 송달하는 행위를 업으로 할 수 있다.
④ 누구든지 제2항 및 제3항을 위반하는 자에게 서신의 송달을 위탁하여서는 아니 된다.
⑤ 우편사업이나 우편창구업무의 위탁에 관한 사항은 따로 법률로 정한다. 다만, 과학기술정보통신부장관은 우편창구업무 외의 우편업무의 일부를 대통령령으로 정하는 바에 따라 다른 자에게 위탁할 수 있다.
⑥ 다음 각 호의 어느 하나에 해당하는 사람은 제5항 단서에 따라 과학기술정보통신부장관이 위탁하는 업무 중 우편물을 집배하는 업무에는 종사할 수 없다.

1. 다음 각 목의 어느 하나에 해당하는 죄를 범하여 금고 이상의 실형을 선고받고 그 집행이 끝나거나(집행이 끝난 것으로 보는 경우를 포함한다) 면제된 날부터 최대 20년의 범위에서 범죄의 종류, 죄질, 형기의 장단 및 재범위험성 등을 고려하여 대통령령으로 정하는 기간이 지나지 아니한 사람
   가. 「특정강력범죄의 처벌에 관한 특례법」 제2조제1항 각 호에 따른 죄
   나. 「특정범죄 가중처벌 등에 관한 법률」 제5조의2, 제5조의4, 제5조의5, 제5조의9 및 제11조에 따른 죄
   다. 「마약류 관리에 관한 법률」에 따른 죄
   라. 「성폭력범죄의 처벌 등에 관한 특례법」 제2조제1항제2호부터 제4호까지, 제3조부터 제9조까지 및 제15조(제14조의 미수범은 제외한다)에 따른 죄
   마. 「아동·청소년의 성보호에 관한 법률」 제2조제2호에 따른 죄
2. 제1호에 따른 죄를 범하여 금고 이상의 형의 집행유예를 선고받고 그 유예기간 중에 있는 사람
⑦ 과학기술정보통신부장관은 제6항에 따른 범죄경력을 확인하기 위하여 필요한 정보에 한정하여 경찰청장에게 범죄경력자료의 조회를 요청할 수 있다.

제2조의2 삭제 〈2014. 6. 3.〉

제3조[우편물 등의 비밀 보장] 우편업무 또는 제45조의2에 따른 서신송달업에 종사하는 자나 종사하였던 자는 재직 중에 우편 또는 서신에 관하여 알게 된 타인의 비밀을 누설하여서는 아니 된다.

제3조의2[우편물의 운송 명령] ① 과학기술정보통신부장관은 다음 각 호의 어느 하나에 해당하는 자에게 대통령령으로 정하는 바에 따라 우편물의 운송을 명할 수 있다.
1. 철도·궤도 사업을 경영하는 자
2. 일반 교통에 이용하기 위하여 노선을 정하여 정기적으로 또는 임시로 자동차·선박·항공기의 운송사업을 경영하는 자
② 과학기술정보통신부장관은 제1항에 따라 우편물을 운송한 자에게 정당한 보상을 하여야 한다.

제3조의3[우편물의 우선 취급] ① 우편물을 운송하는 자는 해당 차량·선박·항공기에 실은 우편물을 그 목적지에서 내릴 때 또는 사고나 재해로 운송 도중에 바꿔 실을 때에는 다른 화물에 우선하여 내리거나 바꿔 실어야 한다.
② 우편물을 운송하는 자는 위험한 재난으로 인하여 부득이하게 화물을 처분하여야 하는 경우에는 우편물을 가장 나중에 처분하여야 한다.

제4조[운송원 등의 조력 청구권] ① 우편업무를 집행 중인 우편운송원, 우편집배원과 우편물을 운송 중인 항공기·차량·선박 등이 사고를 당하였을 때에 우편운송원, 우편집배원 또는 우편관서의 공무원으로부터 도와줄 것을 요구 받은 자는 정당한 사유 없이 그 요구를 거부할 수 없다. 이 경우 우편관서는 도움을 준 자의 청구에 따라 적절한 보수

를 지급하여야 한다.

② 전시·사변이나 이에 준하는 국가 비상사태 시에 국가기관과 지방자치단체 상호간에 주고 받는 행정우편을 취급하는 운송원 등은 우편관서 외의 다른 기관과 소속 직원에게 행정우편을 운송하기 위하여 필요한 교통수단의 제공이나 그 밖의 도움을 요구할 수 있다.

제5조[우편운송원 등의 통행권] ① 우편업무를 집행 중인 우편운송원, 우편집배원과 우편 전용 항공기·차량·선박 등은 도로의 장애로 통행이 곤란할 경우에는 담장이나 울타리가 없는 택지, 전답, 그 밖의 장소를 통행할 수 있다. 이 경우 우편관서는 피해자의 청구에 따라 손실을 보상하여야 한다.

② 우편업무를 집행 중인 우편운송원, 우편집배원과 우편 전용 항공기·차량·선박 등은 도선장(渡船場), 운하, 도로, 교량이나 그 밖의 장소를 통행할 때에 통행요금을 지급하지 아니하고 통행할 수 있다. 다만, 청구권자의 청구가 있을 때에는 우편관서는 정당한 보상을 하여야 한다.

③ 우편물을 운송 중인 우편운송원, 우편집배원은 언제든지 도선장에서 도선(渡船)을 요구할 수 있다.

④ 제3항의 요구를 받은 자는 정당한 사유 없이 이를 거부할 수 없다.

제6조[이용 제한 및 업무 정지 등] ① 과학기술정보통신부장관은 전시·사변이나 이에 준하는 국가 비상사태와 천재지변이나 그 밖의 부득이한 사유가 있을 경우에 우편운송원 및 우편집배원의 생명·신체를 보호하거나 중요한 우편물의 취급을 확보하기 위하여 필요하다고 인정될 때에는 우편물의 이용을 제한하거나 우편업무의 일부를 정지할 수 있다.

② 과학기술정보통신부장관은 제1항에 따라 우편업무의 일부가 정지된 우편운송원 및 우편집배원에 대하여 승진·전보·교육·포상 및 후생복지 등에서 불리한 처우를 하여서는 아니 된다.

③ 제1항에 따른 우편물의 이용 제한 및 우편업무의 일부 정지에 관한 기준은 대통령령으로 정한다.

제7조[우편 전용 물건 등의 압류 금지와 부과 면제] ① 우편을 위한 용도로만 사용되는 물건과 우편을 위한 용도로 사용 중인 물건은 압류할 수 없다.

② 우편을 위한 용도로만 사용되는 물건(우편에 관한 서류를 포함한다)은 각종 세금 및 공과금의 부과 대상이 되지 아니한다.

③ 우편물과 그 취급에 필요한 물건은 해손(海損)을 부담하지 아니한다.

제8조[우편물의 압류거부권] 우편관서는 우편물을 운송 중이거나 우편물의 발송 준비를 마친 후에만 그 압류를 거부할 수 있다.

제9조[우편물의 검역] 우편물의 검역을 받아야 하는 경우에는 다른 물건에 우선하여 검역을 받는다.

제10조[제한능력자의 행위에 관한 의제] 우편물의 발송·수취나 그 밖에 우편 이용에 관하여 제한능력자가 우편관서에 대하여 행한 행위는 능력자가 행한 것으로 본다.

제11조 삭제 〈2011. 12. 2.〉

제12조[「우편환법」의 적용] 우편에 의한 추심금(推尋金)의 지급이나 그 밖의 처분에 관하여는 이를 우편환금(郵便換金)으로 보고 「우편환법」을 적용한다.

제12조의2[우편작업의 효율화를 위한 지원 등] ① 과학기술정보통신부장관은 우편물의 수집·구분·운송·배달 등 우편작업의 효율을 높이고 우편 이용자의 편의를 도모하기 위하여 해당 작업이나 이용에 관련되는 자 등에 대하여 대통령령으로 정하는 바에 따라 필요한 지원을 할 수 있다.

② 과학기술정보통신부장관은 우편 이용자의 편의를 도모하고 우편사업의 건전한 발전을 위하여 우편 관련 용품·장비의 개선 등에 관한 기술개발을 지원할 수 있다.

제12조의3[권한의 위임] 이 법에 따른 과학기술정보통신부장관의 권한은 그 일부를 대통령령으로 정하는 바에 따라 그 소속 기관의 장에게 위임할 수 있다.

제2장 우편역무

제13조 삭제 〈1997·8·28〉

제14조[보편적 우편역무의 제공] ① 과학기술정보통신부장관은 전국에 걸쳐 효율적인 우편송달에 관한 체계적인 조직을 갖추어 모든 국민이 공평하게 적정한 요금으로 우편물을 보내고 받을 수 있는 기본적인 우편역무(이하 "보편적 우편역무"라 한다)를 제공하여야 한다.

② 제1항에 따른 보편적 우편역무의 대상은 다음 각 호와 같다.

1. 2킬로그램 이하의 통상우편물
2. 20킬로그램 이하의 소포우편물
3. 제1호 또는 제2호의 우편물의 기록취급 등 특수취급우편물
4. 그 밖에 대통령령으로 정하는 우편물

③ 과학기술정보통신부장관은 과학기술정보통신부령으로 정하는 바에 따라 보편적 우편역무 제공에 필요한 우편물의 수집·배달 횟수, 우편물 송달에 걸리는 기간, 이용조건 등에 필요한 사항을 정하여 고시하여야 한다.

제15조[선택적 우편역무의 제공] ① 과학기술정보통신부장관은 고객의 필요에 따라 제14조에 따른 보편적 우편역무 외의 우편역무(이하 "선택적 우편역무"라 한다)를 제공할 수 있다.

② 제1항에 따른 선택적 우편역무의 대상은 다음 각 호와 같다.

1. 2킬로그램을 초과하는 통상우편물
2. 20킬로그램을 초과하는 소포우편물
3. 제1호 또는 제2호의 우편물의 기록취급 등 특수취급우편물
4. 우편과 다른 기술 또는 역무가 결합된 역무

5. 우편시설, 우표, 우편엽서, 우편요금 표시 인영이 인쇄된 봉투 또는 우편차량장비 등을 이용하는 역무
6. 우편 이용과 관련된 용품의 제조 및 판매
7. 그 밖에 우편역무에 부가하거나 부수하여 제공하는 역무
③ 선택적 우편역무의 종류와 그 이용조건은 과학기술정보통신부령으로 정한다.

제15조의2(우편업무의 전자화) ① 과학기술정보통신부장관은 우편업무를 효율적으로 처리하기 위하여 필요한 경우에는 종이문서나 그 밖에 전자적 형태로 작성되지 아니한 문서(이하 "전자화대상문서"라 한다)를 정보처리시스템이 처리할 수 있는 형태로 변환하여 처리할 수 있다.
② 제1항에 따라 정보처리시스템이 처리할 수 있는 형태로 변환한 문서(이하 "전자화문서"라 한다)가 다음 각 호의 요건을 모두 갖춘 경우에는 그 전자화문서를 보관함으로써 전자화대상문서의 보관을 갈음할 수 있다.
1. 전자화문서가 전자화대상문서와 그 내용 및 형태가 동일할 것
2. 전자화문서의 내용을 열람할 수 있을 것
3. 전자화문서가 작성 및 송신·수신된 때의 형태 또는 그와 같이 재현될 수 있는 형태로 보존되어 있을 것
4. 전자화문서의 작성자, 수신자 및 송신·수신 일시에 관한 사항이 포함되어 있는 경우에는 그 부분이 보존되어 있을 것
③ 과학기술정보통신부장관은 전자화문서를 출력한 문서가 제4항에 따른 전자우편서류관리시스템에 보관하고 있는 전자화문서와 일치하는지 여부를 확인할 수 있다.
④ 과학기술정보통신부장관은 전자화문서의 작성 및 보관, 제3항에 따른 동일성 확인, 그 밖에 우편업무의 전자적 처리를 효율적으로 수행하기 위하여 전자우편서류관리시스템(이하 "전자우편서류관리시스템"이라 한다)을 구축하여 운영할 수 있다.
⑤ 전자화문서의 작성 방법 및 절차와 보관, 제3항에 따른 동일성 확인, 전자우편서류관리시스템의 구축·운영, 그 밖에 필요한 사항은 대통령령으로 정한다.

제16조(군사우편) ① 과학기술정보통신부장관은 국방부장관의 요청에 따라 국군이 주둔하는 지역으로서 우체국의 기능이 미치지 아니하는 지역에 있는 부대(기관을 포함한다. 이하 같다)와 그 부대에 속하는 군인·군무원에 대한 우편역무(이하 "군사우편"이라 한다)를 제공할 수 있다.
② 군사우편물의 요금은 일반우편요금의 2분의 1로 한다.
③ 국방부장관은 군사우편을 취급하는 우체국(이하 "군사우체국"이라 한다)에 필요한 시설·장비를 제공하는 것 외에 용역의 일부를 지원할 수 있다. 부대의 이동에 따라 군사우체국을 이동하는 경우에도 또한 같다.
④ 국방부장관은 특별한 사유가 있는 경우 외에는 군사우체국 직원에게 영내(營內) 출입, 군(軍)주둔지역의 통행, 그 밖의 업무 수행에 필요한 편의를 제공하여야 한다.
⑤ 제2항부터 제4항까지에 규정된 것 외에 군사우편에 필요한 사항은 대통령령으로 정한다.

제17조(우편금지물품, 우편물의 용적·중량 및 포장 등) ① 과학기술정보통신부장관은 건전한 사회질서를 해치거나 우편물의 안전한 송달을 해치는 물건(음란물, 폭발물, 총기·도검, 마약류 및 독극물 등으로서 우편으로 취급하는 것이 부적절하다고 인정되는 물건을 말하며, 이하 "우편금지물품"이라 한다)을 정하여 고시하여야 한다.
② 과학기술정보통신부장관은 우편물의 취급 용적·중량 및 포장에 관한 사항을 정하여 고시하여야 한다.
③ 과학기술정보통신부장관은 우편금지물품과 제2항에 따라 고시한 기준에 맞지 아니한 물건에 대하여는 우편역무의 제공을 거절하거나 제한할 수 있다.

제18조 삭제 〈1997·8·28〉

제3장 우편에 관한 요금

제19조(우편요금 등의 결정) 우편에 관한 요금과 우편 이용에 관한 수수료(이하 "요금등"이라 한다)는 과학기술정보통신부장관이 정한다.

제20조(요금등의 납부방법) 요금등은 다음 각 호의 방법으로 내게 할 수 있다.
1. 현금
2. 우표
3. 우편요금을 표시하는 증표
4. 「여신전문금융업법」에 따른 신용카드 또는 직불카드
4의2. 「전자금융거래법」에 따른 직불전자지급수단
5. 정보통신망을 이용한 전자화폐 또는 전자결제
6. 우편요금이 인쇄된 라벨 등 과학기술정보통신부령으로 정하는 납부방법

제21조(우표의 발행권) ① 우표와 우편요금을 표시하는 증표는 과학기술정보통신부장관이 발행한다.
② 우표와 우편요금을 표시하는 증표의 판매, 관리와 그 밖의 필요한 처분 등에 관한 사항은 과학기술정보통신부령으로 정한다.
③ 우편엽서는 과학기술정보통신부령으로 정하는 바에 따라 제조하여 사용할 수 있다.

제21조의2 삭제 〈1997·8·28〉

제22조(우표의 효력) 오염이나 훼손된 우표와 우편요금을 표시하는 증표는 무효로 한다.

제23조(요금등의 제척기간) 요금등의 납부의무는 요금등을 내야 하는 날부터 6개월 내에 납부의 고지를 받지 아니한 경우에는 소멸한다. 다만, 불법으로 면탈한 요금에 대하여는 그러하지 아니하다.

제24조(체납 요금등의 징수방법) ① 요금등의 체납 금액은 「국세징수법」에 따른 체납처분의 예에 따라 징수한다.
② 제1항의 경우 체납 요금등에 대하여는 대통령령으로 정하는 바에 따라 연체료를 가산하여 징수한다.
③ 제1항과 제2항의 체납 요금등과 연체료는 조세를 제외한 다른 채권에 우선한다.

제25조[기납·과납 요금의 반환 등] 우편에 관하여 이미 냈거나 초과하여 낸 요금은 대통령령으로 정하는 경우 외에는 되돌려 주지 아니한다.

제26조[무료 우편물] 다음 각 호의 우편물은 우편요금을 무료로 할 수 있다.

1. 과학기술정보통신부와 그 소속 기관이 발송하는 우편물 중 우편업무와 관련된 것
2. 과학기술정보통신부와 그 소속 기관으로 발송하는 우편물 중 우편물에 관한 손해배상, 우편요금 등의 반환 청구, 우편물에 관한 사고조회 및 과학기술정보통신부와 그 소속 기관의 우편업무상 의뢰에 의한 것
3. 재해복구를 위하여 설치된 구호기관이 이재민의 구호를 위하여 발송하는 것
4. 시각장애인용 점자 또는 시각장애인을 위한 법인·단체 또는 시설(법률에 따라 설치되거나 허가·등록·신고 등을 한 법인·단체 또는 시설만 해당한다)에서 시각장애인용 녹음물을 발송하는 것
5. 전쟁포로가 발송하는 것

제26조의2[요금등의 감액] ① 과학기술정보통신부장관은 우편이용의 편의와 우편물의 원활한 송달을 확보할 수 있는 방법으로 발송하는 다량의 우편물에 대하여는 그 요금등의 일부를 감액할 수 있다.

② 제1항에 따라 요금등을 감액할 수 있는 우편물의 종류, 수량, 취급 요건 및 감액 범위 등에 관한 사항은 과학기술정보통신부령으로 정한다.

제4장 우편물의 취급

제27조[우편물 내용의 신고와 개봉 요구] ① 우편관서는 우편물을 접수할 때에 우편물 내용물의 종류와 성질에 대하여 발송인에게 신고를 받을 수 있다.

② 제1항의 경우 우편물의 내용이 발송인의 신고와 달라서 이 법 또는 대통령령으로 정한 규정을 위반한다고 인정되면 우편관서는 발송인에게 그 개봉을 요구할 수 있다.

③ 발송인이 제1항의 신고나 제2항의 개봉을 거부할 때에는 우편물은 접수하지 아니할 수 있다.

제28조[법규 위반 우편물의 개봉] ① 우편관서는 취급 중인 우편물의 내용이 이 법 또는 대통령령으로 정한 규정을 위반한 혐의가 있으면 발송인이나 수취인에게 그 우편물의 개봉을 요구할 수 있다.

② 발송인이나 수취인이 제1항의 개봉을 거부하였을 때 또는 발송인이나 수취인에게 그 개봉을 요구할 수 없을 때에는 과학기술정보통신부장관이 지정하는 우편관서의 장이 그 우편물을 개봉할 수 있다. 다만, 대통령령으로 정하는 봉함한 우편물은 개봉하지 아니한 채로 발송인에게 되돌려 보내야 한다.

제29조[법규 위반 우편물의 반환] 우편관서는 취급 중인 우편물이 이 법 또는 대통령령으로 정한 규정을 위반하였을 때에는 발송인에게 되돌려 보내야 한다. 다만, 다른 법률에 따라 되돌려 보내지 아니할 수 있는 경우에는 그러하지 아니하다.

제30조 삭제 〈1997·8·28〉

제31조[우편물의 배달] 우편물은 그 표면에 기재된 곳에 배달한다. 다만, 대통령령으로 정하는 경우는 그러하지 아니하다.

제31조의2[우편물의 전송] ① 과학기술정보통신부장관은 우편물의 수취인이 주거를 이전하고 그 이전한 곳을 과학기술정보통신부령으로 정하는 바에 따라 신고한 경우에는 수취인이 이전한 곳으로 우편물을 무료로 전송하여야 한다. 다만, 주거이전을 신고한 날부터 3개월이 지난 후에 도착하는 우편물은 발송인에게 되돌려 보낼 수 있다.

② 제1항에도 불구하고 다음 각 호의 어느 하나에 해당하는 경우에 는 대통령령으로 정하는 바에 따라 수취인에게 수수료를 내게 하고 우편물을 전송할 수 있다.

1. 주거이전을 신고한 날부터 3개월이 지난 후에 도착하는 우편물을 수취인이 받기를 신고한 경우
2. 수취인이 주거를 이전한 곳에 우편물을 전송하는 데 상당한 비용이 소요되는 경우

제32조[반환우편물의 처리] ① 수취인에게 배달할 수 없거나 수취인이 수취를 거부한 우편물은 발송인에게 되돌려 보낸다. 다만, 발송인이 발송할 때에 과학기술정보통신부령으로 정하는 바에 따라 반환 거절의 의사를 우편물에 기재한 경우에는 그러하지 아니하다.

② 제1항 본문의 경우에 발송인은 되돌아온 우편물의 수취를 정당한 사유 없이 거부할 수 없다.

③ 과학기술정보통신부장관은 제1항 본문에 따라 우편물을 발송인에게 되돌려 보낼 때에는 과학기술정보통신부령으로 정하는 바에 따라 되돌려 보내는 사유를 발송인에게 알려 주어야 한다.

제32조[반환우편물의 처리] ① 수취인에게 배달할 수 없거나 수취인이 수취를 거부한 우편물은 발송인에게 되돌려 보낸다. 다만, 다음 각 호의 어느 하나에 해당하는 경우에는 그러하지 아니하다. 〈개정 2024. 1. 23 단서 신설.〉

1. 발송인이 발송할 때에 과학기술정보통신부령으로 정하는 바에 따라 반환 거절의 의사를 우편물에 기재한 경우
2. 동시에 또는 일정 기간에 대량으로 발송되는 우편물로서 과학기술정보통신부령으로 정하는 우편물에 해당하는 경우. 다만, 발송인이 발송할 때에 과학기술정보통신부령으로 정하는 바에 따라 반환의사를 우편물에 기재한 경우는 제외한다.

② 제1항 본문의 경우에 발송인은 되돌아온 우편물의 수취를 정당한 사유 없이 거부할 수 없다.

③ 과학기술정보통신부장관은 제1항 본문에 따라 우편물을 발송인에게 되돌려 보낼 때에는 과학기술정보통신부령으로 정하는 바에 따라 되돌려 보내는 사유를 발송인에게 알려 주어야 한다.

제33조[우편관서의 증명 요구] 우편관서는 우편물 수취인의 진위를 확인하기 위하여 수취인에 대하여 필요한 증명을 요구할 수 있다.

제34조[정당 교부의 인정] 이 법 또는 이 법에 따른 명령으로 정한 절차를 밟아 우편물을 내주었을 때에는 정당하게 내준 것으로 본다.

제35조[반환 불능 우편물의 개봉] 발송인의 주소나 성명이 불분명하여 되돌려 보낼 수 없는 우편물은 그 주소·성명을 알기 위하여 필요한 경우에는 우편관서에서 이를 개봉할 수 있다.

제36조[우편물의 처분] ① 제35조에 따라 개봉하여도 배달하거나 되돌려 보낼 수 없는 우편물과 제32조제1항 단서에 따라 되돌려 보내지 아니하는 우편물은 해당 우편관서에서 보관한다. 이 경우 그 우편물이 유가물(有價物)이면 보관한 날부터 1개월간 해당 우편관서의 게시판 등에 그 사실을 게시하여야 한다.
② 제1항에 따라 보관한 우편물은 다음 각 호의 구분에 따라 처리하여야 한다.
  1. 유가물이 아닌 경우: 보관하기 시작한 날부터 3개월 내에 내줄 것을 청구하는 자가 없을 때에는 폐기. 다만, 제32조제1항 단서에 따라 발송인에게 되돌려 보내지 아니하는 우편물은 1개월 내에 내줄 것을 청구하는 자가 없을 때에는 폐기한다.
  2. 유가물로서 멸실 또는 훼손의 우려가 있는 것이나 보관 비용이 지나치게 많이 드는 경우: 매각하여 그 대금을 보관하되 매각하는 데에 드는 비용은 매각한 대금으로 충당
③ 유가물과 매각대금은 그 우편물을 보관한 날부터 1년 내에 내줄 것을 청구하는 자가 없을 때에는 국고에 귀속한다.

제37조[우편사서함] 우편관서에 대통령령으로 정하는 바에 따라 우편사서함을 설치할 수 있다.

제37조의2[고층건물의 우편수취함 설치] 3층 이상의 고층건물로서 그 전부 또는 일부를 주택·사무소 또는 사업소로 사용하는 건축물에는 대통령령으로 정하는 바에 따라 우편수취함을 설치하여야 한다.

제5장 손해배상

제38조[손해배상의 범위] ① 과학기술정보통신부장관은 다음 각 호의 어느 하나에 해당하는 사유가 발생한 경우에는 그 손해를 배상하여야 한다.
  1. 우편역무 중 취급과정을 기록취급하는 우편물을 잃어버리거나 못 쓰게 하거나 지연 배달한 경우
  2. 우편역무 중 보험취급 우편물을 잃어버리거나 못 쓰게 하거나 지연 배달한 경우
  3. 우편역무 중 현금추심 취급 우편물을 배달하면서 추심 금액을 받지 아니하고 수취인에게 내준 경우
  4. 제1호부터 제3호까지 외의 우편역무로서 대통령령으로

정하는 경우
② 제1항의 배상금액과 지연배달의 기준은 과학기술정보통신부령으로 정한다.
③ 국제우편물에 관한 손해배상액은 조약에서 정하는 손해배상액을 넘지 아니하는 범위에서 과학기술정보통신부장관이 정하여 고시한다.
④ 제2항과 제3항의 손해배상액은 대통령령으로 정하는 바에 따라 우편관서에서 즉시 지급할 수 있다.

제39조[책임 원인의 제한] 정부는 우편물의 손해가 발송인 또는 수취인의 잘못으로 인한 것이거나 해당 우편물의 성질, 결함 또는 불가항력으로 인하여 발생한 경우에는 제38조에도 불구하고 그 손해를 배상하지 아니한다.

제40조[손해배상의 한계] 우편물을 내줄 때에 외부에 파손 흔적이 없고 중량에 차이가 없는 경우에는 손해가 없는 것으로 본다.

제41조[우편물 수취거부권] 우편물의 발송인 또는 수취인은 그 우편물에 대하여 우편관서에서 배상하여야 할 손해가 있다고 인정될 때에는 우편물을 받는 것을 거부할 수 있다. 다만, 우편물을 받은 후에는 이의를 제기할 수 없다.

제42조[손해배상 청구권자] 제38조에 따른 손해배상을 청구할 수 있는 자는 그 우편물의 발송인이나 그 승인을 받은 수취인으로 한다.

제43조[배상 및 보수 등의 단기소멸시효] 이 법에 따른 보수 또는 손실보상, 손해배상의 청구권은 과학기술정보통신부장관이 지정한 우편관서에 대하여 다음 각 호의 구분에 따른 기간 내에 행사하지 아니하면 소멸시효가 완성된다.
  1. 제4조제1항 후단에 따른 보수와 제5조제1항·제2항에 따른 보상은 그 사실이 있었던 날부터 1년
  2. 제38조에 따른 배상은 우편물을 발송한 날부터 1년

제44조[보수 등의 결정에 대한 불복의 구제] 제4조제1항 후단에 따른 보수, 제5조제1항·제2항에 따른 보상 및 제38조에 따른 손해배상에 관한 과학기술정보통신부장관의 결정에 불복하는 자는 그 통지를 받은 날부터 3개월 내에 소송을 제기할 수 있다.

제45조[손해배상에 따른 대위] 우편관서는 손해배상을 한 후 그 우편물의 전부 또는 일부를 발견하였을 때에는 그 손해배상을 받은 자에게 통지하여야 한다. 이 경우 손해배상을 받은 자는 그 통지를 받은 날부터 3개월 내에 대통령령으로 정하는 바에 따라 배상금의 전부 또는 일부를 반환하고 그 우편물의 교부를 청구할 수 있다.

제6장 서신송달업자 등의 관리

제45조의2[서신송달업의 신고 등] ① 제2조제3항에 따라 서신을 송달하는 업(이하 "서신송달업"이라 한다)을 하려는 자는 과학기술정보통신부장관에게 신고하여야 한다. 다만, 대통령령으로 정하는 기준에 해당하는 소규모 서신송달업을 하려는 자는 신고하지 아니하고 서신송달업을 할

수 있다.

② 제1항에 따른 신고를 하려는 자는 해당 신고서에 과학기술정보통신부령으로 정하는 사업계획서를 첨부하여 과학기술정보통신부장관에게 제출하여야 한다.

③ 제1항 본문에 따라 서신송달업의 신고를 한 자는 신고한 사항 중 과학기술정보통신부령으로 정하는 사항을 변경하려는 경우에는 변경신고를 하여야 한다.

④ 제1항 및 제3항에 따른 신고 및 변경신고에 필요한 사항은 과학기술정보통신부령으로 정한다.

제45조의3[유사명칭의 사용금지 등] ① 제45조의2제1항 본문에 따라 서신송달업의 신고를 한 자와 같은 항 단서에 따라 신고하지 아니하고 서신송달업을 하는 자(이하 "서신송달업자"라 한다)는 서신송달업무의 운영과정에서 우편관서가 우편사업 운영과 관련하여 사용하는 우편, 우편물, 우체국 및 그와 유사한 명칭을 사용해서는 아니 된다.

② 서신송달업자는 타인에게 자기의 성명 또는 상호를 사용하여 서신송달업을 경영하게 해서는 아니 된다.

제45조의4[휴업·폐업 등의 신고] 서신송달업자(제45조의2제1항 본문에 따라 신고한 서신송달업자만 해당한다. 이하 제45조의5, 제45조의6 및 제45조의8에서 같다)가 그 영업을 30일 이상 휴업 또는 폐업하거나 휴업 후 재개하려는 경우에는 과학기술정보통신부령으로 정하는 바에 따라 과학기술정보통신부장관에게 신고하여야 한다.

제45조의5[사업개선명령] 과학기술정보통신부장관은 서신송달서비스의 개선과 서신송달업자에 대한 지도·감독을 위하여 과학기술정보통신부령으로 정하는 바에 따라 필요하다고 인정되는 경우 서신송달업자에게 다음 각 호의 사항을 명할 수 있다.

1. 사업계획의 변경
2. 영업소, 대리점 및 작업장 등 시설의 개선
3. 그 밖에 서신송달업자의 지도·감독을 위하여 필요한 사항

제45조의6[영업소의 폐쇄 등] ① 과학기술정보통신부장관은 서신송달업자가 다음 각 호의 어느 하나에 해당하면 영업소의 폐쇄를 명하거나 6개월 이내의 기간을 정하여 그 사업의 전부 또는 일부의 정지를 명할 수 있다. 다만, 제1호 또는 제5호에 해당하면 영업소의 폐쇄를 명하여야 한다.

1. 거짓으로 작성된 사업신고서를 제출한 경우
2. 제2조제3항의 중량 및 요금 기준을 위반하여 서신을 취급한 경우
3. 제45조의3제2항을 위반하여 타인에게 자기의 성명 또는 상호를 사용하여 서신송달업을 경영하게 한 경우
4. 제45조의5의 사업개선명령에 따르지 아니한 경우
5. 사업정지명령을 위반하여 사업정지기간에 사업을 경영한 경우

② 제1항에 따른 처분의 기준 및 절차와 그 밖에 필요한 사항은 과학기술정보통신부령으로 정한다.

제45조의7[보고 및 조사 등] ① 과학기술정보통신부장관은 서신송달업의 감독을 위하여 필요하다고 인정할 때에는 다음 각 호의 어느 하나에 해당하는 자에게 서신송달이나 서신송달 위탁 관련 업무 및 경영상황, 장부·서류, 전산자료, 그 밖에 과학기술정보통신부령으로 정하는 자료를 제출하게 하거나 보고하게 할 수 있다.

1. 서신송달업자
2. 서신송달을 위탁한 자

② 과학기술정보통신부장관은 제1항에 따른 제출 자료 또는 보고 내용을 검토한 결과 현장조사를 할 필요가 있다고 인정하는 경우에는 관계 공무원으로 하여금 영업소, 대리점 및 작업장 등 시설이나 그 밖에 필요한 장소에 출입하여 해당 시설이나 서류·장부, 그 밖의 물건을 조사하게 하거나 관계인에게 질문하게 할 수 있다.

③ 과학기술정보통신부장관은 제2항에 따른 출입·조사 또는 질문을 하려는 경우에는 출입·조사 또는 질문을 하기 7일 전까지 출입·조사 또는 질문의 일시·이유 및 내용 등을 포함한 계획을 조사대상자에게 통지하여야 한다. 다만, 긴급하거나 사전에 통지하면 증거인멸 등으로 출입·조사 또는 질문의 목적을 달성할 수 없다고 인정되는 경우에는 그러하지 아니하다.

④ 제2항에 따라 출입·조사 또는 질문을 하는 공무원은 그 권한을 표시하는 증표를 지니고 이를 관계인에게 보여주어야 하며, 출입 시 해당 공무원의 성명, 출입 시간 및 출입 목적 등이 적힌 문서를 관계인에게 교부하여야 한다.

제45조의8[청문] 과학기술정보통신부장관은 제45조의6제1항에 따라 서신송달업자의 영업소 폐쇄를 명하려면 청문을 하여야 한다.

제7장 벌칙

제46조[사업독점권 침해의 죄] ① 제2조제2항 및 제3항을 위반하여 타인을 위한 서신의 송달 행위를 업으로 하거나 자기의 조직이나 계통을 이용하여 타인의 서신을 전달하는 행위를 한 자는 3년 이하의 징역 또는 3천만원 이하의 벌금에 처한다.

③ 제1항의 경우에 금품을 취득하였으면 그 금품을 몰수한다. 이를 몰수할 수 없을 때에는 그 가액을 추징한다.

④ 법인의 대표자, 대리인, 사용인, 그 밖의 종업원이 법인의 업무에 관하여 제1항의 위반행위를 하면 그 행위자를 벌하는 외에 그 법인에도 해당 조문의 벌금형을 과(科)한다. 다만, 법인이 그 위반행위를 방지하기 위하여 해당 업무에 관하여 상당한 주의와 감독을 게을리하지 아니한 때에는 그러하지 아니하다.

⑤ 개인의 대리인, 사용인, 그 밖의 종업원이 그 개인의 업무에 관하여 제1항의 위반 행위를 하면 그 행위자를 벌할 뿐만 아니라 그 개인에게도 해당 조문의 벌금형을 과한다. 다만, 개인이 그 위반행위를 방지하기 위하여 해당 업무에 관하여 상당한 주의와 감독을 게을리 하지 아니한 때에는 그러하지 아니하다.

제47조(우편특권 침해의 죄) 다음 각 호의 어느 하나에 해당하는 자는 100만원 이하의 벌금에 처한다.

1. 제3조의2제1항에 따른 우편물의 운송명령을 따르지 아니한 자
2. 제4조제1항 전단을 위반하여 정당한 사유 없이 우편운송원, 우편집배원 또는 우편관서 공무원의 조력요구를 거부한 자
3. 제5조제1항·제2항에 따른 통행을 방해한 자
4. 제5조제4항을 위반하여 정당한 사유 없이 도선 요구를 거부한 자
5. 제9조를 위반하여 우선 검역을 하지 아니한 자

제47조의2(전시 우편특권 침해의 죄) 제4조제2항을 위반하여 우편운송원 등의 조력 요구를 거부한 자는 100만원 이하의 벌금에 처한다.

제48조(우편물 등 개봉 훼손의 죄) ① 우편관서 및 서신송달업자가 취급 중인 우편물 또는 서신을 정당한 사유 없이 개봉, 훼손, 은닉 또는 방기(放棄)하거나 고의로 수취인이 아닌 자에게 내준 자는 3년 이하의 징역 또는 3천만원 이하의 벌금에 처한다.
② 우편업무 또는 서신송달업무에 종사하는 자가 제1항의 행위를 하였을 때에는 5년 이하의 징역 또는 5천만원 이하의 벌금에 처한다.

제49조(우편전용 물건 손상의 죄) ① 우편을 위한 용도로만 사용되는 물건이나 우편을 위한 용도로 사용 중인 물건에 손상을 주거나 그 밖에 우편에 장해가 될 행위를 한 자는 3년 이하의 징역 또는 3천만원 이하의 벌금에 처한다.
② 우편업무에 종사하는 자가 제1항의 행위를 하였을 경우에는 5년 이하의 징역 또는 5천만원 이하의 벌금에 처한다.

제50조(우편취급 거부의 죄) 우편업무에 종사하는 자가 정당한 사유 없이 우편물의 취급을 거부하거나 이를 고의로 지연시키게 한 경우에는 1년 이하의 징역 또는 1천만원 이하의 벌금에 처한다.

제51조(서신의 비밀침해의 죄) ① 우편관서 및 서신송달업자가 취급 중인 서신의 비밀을 침해한 자는 3년 이하의 징역 또는 3천만원 이하의 벌금에 처한다.
② 우편업무 및 서신송달업무에 종사하는 자가 제1항의 행위를 하였을 경우에는 5년 이하의 징역 또는 5천만원 이하의 벌금에 처한다.

제51조의2(비밀 누설의 죄) 제3조를 위반하여 비밀을 누설한 자는 5년 이하의 징역 또는 5천만원 이하의 벌금에 처한다.

제52조(우편금지물품 발송의 죄) 우편금지물품을 우편물로서 발송한 자는 2년 이하의 징역 또는 2천만원 이하의 벌금에 처하고 그 물건을 몰수한다.

제53조 삭제 〈1997·8·28〉

제54조(우표를 떼어낸 죄) ① 우편관서에서 취급 중인 우편물에 붙어 있는 우표를 떼어낸 자는 50만원 이하의 벌금에 처한다.
② 제1항의 경우에 소인(消印)이 되지 아니한 우표를 떼어낸 자는 1년 이하의 징역 또는 1천만원 이하의 벌금에 처한다.

제54조의2(과태료) ① 제2조제4항을 위반하여 서신의 송달을 위탁한 자에게는 5천만원 이하의 과태료를 부과한다. ② 다음 각 호의 어느 하나에 해당하는 자에게는 1천만원 이하의 과태료를 부과한다.

1. 제45조의2제1항을 위반하여 신고를 하지 아니한 자
2. 제45조의3제1항을 위반하여 유사명칭을 사용한 자
3. 제45조의3제2항을 위반하여 타인에게 자기의 성명 또는 상호를 사용하여 서신송달업을 경영하게 한 자
4. 제45조의4를 위반하여 신고하지 아니하고 휴업·폐업 또는 휴업 후 재개업을 한 자
5. 제45조의7에 따른 자료제출·보고 또는 조사를 정당한 사유 없이 거부·방해 또는 기피한 자

③ 다음 각 호의 어느 하나에 해당하는 자에게는 50만원 이하의 과태료를 부과한다.

1. 제32조제2항을 위반하여 우편물의 수취를 거부한 자
2. 우편업무에 종사하는 자로서 중대한 과실로 인하여 우편물을 잃어버린 자

④ 제1항부터 제3항까지에 따른 과태료는 대통령령으로 정하는 바에 따라 과학기술정보통신부장관이 부과·징수한다.

제55조(미수죄의 처벌) 제46조, 제48조, 제49조, 제51조, 제52조 및 제54조의 미수범은 처벌한다.

　　부칙 〈제18868호, 2022. 6. 10.〉
이 법은 공포 후 6개월이 경과한 날부터 시행

우편법 시행령 [시행 2022. 12. 11.]

제1조[목적] 이 영은 「우편법」에서 위임된 사항과 그 시행에 관하여 필요한 사항을 정함을 목적으로 한다.

제2조 삭제

제3조[서신 제외 대상] 「우편법」(이하 "법"이라 한다) 제1조의2제7호 단서에서 "신문, 정기간행물, 서적, 상품안내서 등 대통령령으로 정하는 것"이란 다음 각 호의 어느 하나를 말한다.
1. 「신문 등의 진흥에 관한 법률」 제2조제1호에 따른 신문
2. 「잡지 등 정기간행물의 진흥에 관한 법률」 제2조제1호가목에 따른 정기간행물
3. 다음 각 목의 요건을 모두 충족하는 서적
   가. 표지를 제외한 48쪽 이상인 책자의 형태로 인쇄·제본되었을 것
   나. 발행인·출판사나 인쇄소의 명칭 중 어느 하나가 표시되어 발행되었을 것
   다. 쪽수가 표시되어 발행되었을 것
4. 상품의 가격·기능·특성 등을 문자·사진·그림으로 인쇄한 16쪽 이상(표지를 포함한다)인 책자 형태의 상품안내서
5. 화물에 첨부하는 봉하지 아니한 첨부서류 또는 송장
6. 외국과 주고받는 국제서류
7. 국내에서 회사(「공공기관의 운영에 관한 법률」에 따른 공공기관을 포함한다)의 본점과 지점 간 또는 지점 상호 간에 주고받는 우편물로서 발송 후 12시간 이내에 배달이 요구되는 상업용 서류
8. 「여신전문금융업법」 제2조제3호에 해당하는 신용카드

제3조의2[기본통상우편요금] 법 제2조제3항에서 "대통령령으로 정하는 통상우편요금"이란 제12조에 따라 고시한 통상우편물요금 중 중량이 5그램 초과 25그램 이하인 규격우편물의 일반우편요금을 말한다.

제4조[우편업무의 위탁] ①과학기술정보통신부장관은 법 제2조제5항 단서에 따라 다음 각 호의 어느 하나에 해당하는 업무를 과학기술정보통신부령이 정하는 자에게 위탁한다.
1. 우편이용자를 방문하여 우편물을 접수하는 업무
2. 교통이 불편한 지역 기타 우편물의 집배업무·운송업무 또는 발착업무(우편물을 구분 및 정리하는 업무를 말한다. 이하 같다)상 특히 필요하다고 인정하는 지역에서 우편물을 집배·운송 또는 발착하는 업무
3. 우표류(우표, 우편요금을 표시하는 증표와 우표책, 우편물의 특수취급에 필요한 봉투 및 국제반신우표권을 말한다. 이하 같다)를 조제하는 업무
4. 그 밖에 우편이용의 편의, 우편물의 원활한 송달 및 우편사업 운영의 효율을 제고하기 위하여 과학기술정보통신부령이 정하는 업무
②제1항제1호 및 제2호의 규정에 의한 우편물 방문접수업무와 집배업무를 위탁하는 때에는 과학기술정보통신부령

이 정하는 바에 따라 당해 위탁업무를 행하는 지역을 구분하여 위탁방법을 달리 정할 수 있다.
③과학기술정보통신부장관은 제1항의 규정에 의하여 업무를 위탁받은 자(이하 "수탁자"라 한다)에 대하여 수수료 및 당해 업무의 수행에 직접 소요되는 경비를 지급할 수 있다.
④수탁자가 위탁받은 업무의 처리와 수탁자에게 지급하는 수수료 및 경비의 지급 등에 관하여 필요한 사항은 과학기술정보통신부령으로 정한다.
⑤ 법 제2조제6항제1호 각 목 외의 부분에서 "대통령령으로 정하는 기간"이란 다음 각 호의 기간을 말한다.
1. 「특정강력범죄의 처벌에 관한 특례법」 제2조제1항 각 호에 따른 죄: 20년
2. 「특정범죄 가중처벌 등에 관한 법률」 제5조의2, 제5조의4, 제5조의5, 제5조의9(제4항은 제외한다) 및 제11조에 따른 죄: 20년
3. 「특정범죄 가중처벌 등에 관한 법률」 제5조의9제4항에 따른 죄: 6년
4. 「마약류 관리에 관한 법률」 제58조부터 제60조까지의 규정에 따른 죄: 20년
5. 「마약류 관리에 관한 법률」 제61조제1항 각 호에 따른 죄 및 같은 조 제3항에 따른 그 각 미수죄(같은 조 제1항제2호, 제3호 및 제9호의 미수범은 제외한다): 10년
6. 「마약류 관리에 관한 법률」 제61조제2항에 따른 죄 및 같은 조 제3항에 따른 그 각 미수죄(같은 조 제1항제2호, 제3호 및 제9호의 미수범은 제외한다): 15년
7. 「마약류 관리에 관한 법률」 제62조제1항 각 호에 따른 죄 및 같은 조 제3항에 따른 그 각 미수죄: 6년
8. 「마약류 관리에 관한 법률」 제62조제2항에 따른 죄 및 같은 조 제3항에 따른 그 각 미수죄: 9년
9. 「마약류 관리에 관한 법률」 제63조제1항 각 호에 따른 죄 및 같은 조 제3항에 따른 그 각 미수죄(같은 조 제1항제2호부터 제5호까지, 제11호 및 제12호에 따른 죄의 미수범에 한정한다): 4년
10. 「마약류 관리에 관한 법률」 제63조제2항에 따른 죄 및 같은 조 제3항에 따른 그 각 미수죄(같은 조 제2항에 따른 죄의 미수범에 한정한다): 6년
11. 「마약류 관리에 관한 법률」 제64조 각 호에 따른 죄: 2년
12. 「성폭력범죄의 처벌 등에 관한 특례법」 제2조제1항 제2호부터 제4호까지, 제3조부터 제9조까지 및 제15조(제14조의 미수범은 제외한다)에 따른 죄: 20년
13. 「아동·청소년의 성보호에 관한 법률」 제2조제2호에 따른 죄: 20년

제4조의2[우편물의 운송요구등] ①과학기술정보통신부장관이 법 제3조의2제1항의 규정에 의하여 우편물의 운송을 요구할 때에는 다음 각호의 사항을 기재한 우편물 운송요구서를 운송개시 5일전까지 운송을 하는 자에게 교부하여야 한다. 다만, 천재·지변 기타 특히 긴급을 요하는 경우에는

즉시 이를 요구할 수 있다.

1. 운송구간 및 운송횟수
2. 출발 및 도착일시
3. 우편물의 수량 또는 중량
4. 우편물의 인수인계 장소 및 방법
5. 운송료 및 그 지급방법
6. 우편물 운송도중 우편물의 망실 또는 훼손시 국가에 대하여 지불하여야 하는 손해배상 금액
7. 기타 우편물의 신속하고 안전한 운송을 위하여 필요한 사항

②법 제3조의2제2항의 규정에 의하여 보상하여야 할 금액은 당해 운송구간에 적용되고 있는 운송요금 등이 고려되어야 한다.

제5조(우편구 및 우편번호의 지정) ①과학기술정보통신부장관은 우편물의 배달지역을 구분하는 우편구 및 우편번호를 정할 수 있다.

②과학기술정보통신부장관은 제1항의 규정에 의한 우편구와 우편구별 우편번호를 정한 때에는 미리 고시하여야 한다. 이를 변경한 때에도 또한 같다.

제6조(우편물의 외부기재사항) ①우편물의 외부에는 발송인 및 수취인의 성명·주소와 우편번호를 기재하여야 한다. 다만, 취급과정을 기록하는 우편물(이하 "등기우편물"이라 한다)을 제외한 우편물은 수취인의 성명을 생략할 수 있다.

②제1항의 규정에 의한 기재사항외에 필요한 기재사항은 과학기술정보통신부령으로 정한다.

제7조(우편업무의 시험적 실시) 과학기술정보통신부장관은 우편업무에 관한 새로운 제도(제도의 변경을 포함한다)를 시험적으로 실시할 수 있다.

제7조의2(수탁취급) 과학기술정보통신부장관은 국민의 편의를 위하여 필요한 경우에는 다른 국가기관·지방자치단체 또는 「공공기관의 운영에 관한 법률」에 따른 공공기관 등의 업무중 우편역무의 방법으로 취급할 수 있는 업무를 수탁할 수 있다.

제8조(보수 및 손실보상) 법 제4조제1항의 규정에 의한 운송원등의 조력자에 대한 보수와 법 제5조의 규정에 의한 운송원등의 통행에 따른 손실보상에 관한 사항은 과학기술정보통신부령으로 정한다.

제8조의2(이용 제한 및 업무 정지 등) ① 과학기술정보통신부장관은 법 제6조제1항에 따른 전시·사변이나 이에 준하는 국가 비상사태와 천재지변이나 그 밖의 부득이한 사유(이하 "비상사태등"이라 한다)가 있을 경우 안전사고 등이 발생할 우려가 높은 정도에 따라 집배구를 1급지부터 3급지까지 구분하여 위험등급을 지정할 수 있다.

② 과학기술정보통신부장관은 비상사태등이 발생할 경우 다음 각 호의 구분에 따라 우편업무를 정지하거나 이에 수반되는 우편물의 이용을 제한할 수 있으며, 해당 집배

구의 상황을 고려하여 순차적으로 이를 해제할 수 있다.

1. 1급지 및 발생한 비상사태등의 정도가 심각하다고 인정되는 2급지: 모든 집배업무 및 과학기술정보통신부장관이 정하여 고시하는 업무
2. 2급지(제1호에 따른 2급지는 제외한다) 및 3급지: 과학기술정보통신부장관이 정하여 고시하는 범위의 집배업무 및 과학기술정보통신부장관이 정하여 고시하는 업무

③ 제1항에 따른 위험등급의 구분기준, 제2항제1호에 따른 비상사태등의 심각성 인정기준, 제1항 및 제2항에서 규정한 사항 외에 우편물의 이용 제한과 우편업무의 일부정지에 필요한 사항은 과학기술정보통신부장관이 정하여 고시한다.

제9조(우편작업 효율화를 위한 지원대상 등) ①법 제12조의2 제1항의 규정에 의한 우편작업이나 이용에 관련되는 자 등은 다음 각 호의 어느 하나에 해당하는 자를 말한다.

1. 제4조제1항의 규정에 의하여 업무를 위탁받은 자
2. 제4조의2제1항의 규정에 의하여 우편물을 운송하는 자
3. 우편물의 발송 또는 제작 등을 대행하는 자
4. 우편물의 처리를 위한 관련 기기·장비 및 용기 등을 제조·판매하는 자
5. 우편관련 장비 및 기술개발을 담당하는 자
6. 우편에 사용되는 용품 등을 제조·판매하는 자
7. 기타 우편작업의 효율을 높이고 우편이용자의 편의를 도모하기 위하여 과학기술정보통신부장관이 필요하다고 인정하는 자

②제1항의 규정에 해당하는 자에 대하여는 다음 각호의 지원을 할 수 있다.

1. 우편작업 관련기기·장비의 성능향상 및 기능개선을 위한 기술지원
2. 우편기술 개발을 위한 연구비 지원 및 기술정보의 제공
3. 우편물 처리 관련장비 및 용기 등의 대여
4. 기타 우편작업 효율화를 위하여 과학기술정보통신부장관이 필요하다고 인정하는 사항

제9조의2(권한의 위임) ①과학기술정보통신부장관은 법 제12조의3에 따라 다음 각 호의 권한을 우정사업본부장에게 위임한다.

1. 법 제2조제5항 단서에 따른 우편업무의 위탁
1의2. 법 제2조제7항에 따른 범죄경력자료의 조회 요청
2. 법 제3조의2에 따른 우편물의 운송 명령(제2항제1호의 업무는 제외한다)
3. 법 제6조에 따른 우편물이용의 제한 및 우편업무의 일부정지
4. 법 제12조의2에 따른 우편작업 효율화를 위한 지원 등
5. 법 제14조에 따른 보편적 우편역무의 제공
6. 법 제15조에 따른 선택적 우편역무의 제공
6의2. 법 제15조의2에 따른 우편업무의 전자화에 관한 업무
7. 법 제16조제1항에 따른 군사우편역무의 제공
8. 법 제17조에 따른 우편금지물품의 결정(변경결정을 포

함한다. 이하 같다)·고시, 우편물의 취급용적·중량·포장의 결정·고시 및 우편역무의 제공거절·제한

9. 법 제21조제1항에 따른 우표와 우편요금을 표시하는 증표의 발행

10. 법 제26조의2제1항에 따른 우편물 요금등의 감액

11. 법 제28조제2항 본문에 따른 우편관서의 지정

11의2. 법 제31조의2에 따른 우편물의 전송

12. 법 제38조제3항에 따른 국제우편물에 관한 손해배상액의 결정 및 고시

13. 법 제43조에 따른 우편관서의 지정

14. 삭제

15. 제5조에 따른 우편번호의 결정·고시

16. 제7조에 따른 우편업무에 관한 새로운 제도(제도의 변경을 포함한다)의 시험적 실시

17. 제7조의2에 따른 업무수탁

18. 제9조제1항제7호 및 같은 조 제2항제4호에 따라 우편작업의 효율화를 위한 지원대상자 및 지원사항 인정

19. 제10조의3제1항에 따른 군사우편 요금수납

20. 제10조의5에 따른 해외특수지역 군사우편에 관한 업무

21. 제13조제1항 전단에 따른 우표류의 발행·판매에 관한 공고

22. 제25조제2항에 따른 우편요금등을 따로 납부할 수 있는 우편물의 종류·수량 및 취급우편관서 그 밖에 필요한 사항의 결정·고시

23. 제33조제2항에 따른 수취인으로부터의 우편요금등을 징수하고 우편물을 배달할 수 있는 경우의 인정

24. 다음 각 목의 사항의 결정·고시

가. 제42조제3항제1호에 따라 무인우편물보관함 또는 전자 잠금장치가 설치된 우편수취함에서 제공하는 배달확인이 가능한 증명자료로 수령사실의 확인을 갈음할 수 있는 등기우편물에서 제외되는 우편물

나. 제42조제3항제2호 후단에 따른 등기우편물의 배달방법, 증명자료 및 적용기간 등

24의2. 제42조제4항에 따른 등기우편물로서 소포우편물의 수령사실 확인방법의 결정·고시

25. 제43조제3호의2에 따른 무인우편물보관함에서 우편물을 교부하는 경우의 본인확인방법, 수취인에 대한 통지방법 및 보관기간 등의 결정·고시

26. 제43조제10호에 따른 수취인이 우편물의 표면에 기재된 곳 외의 곳으로 배달을 청구할 수 있는 우편물의 결정·고시

27. 제43조제4호에 따른 우편물배달 특례지역의 인정

②과학기술정보통신부장관은 법 제12조의3에 따라 다음 각호의 권한을 지방우정청장에게 위임한다.

1. 법 제3조의2에 따른 우편물의 운송 명령 중 국내우편물의 관내운송 명령

1의2. 삭제 〈2014. 11. 11.〉

2. 법 제45조의2에 따른 서신송달업의 신고 및 변경신고 수리

3. 법 제45조의4에 따른 서신송달업의 휴업·폐업 및 재개업 신고 수리

4. 법 제45조의5에 따른 서신송달업자에 대한 사업개선 명령

5. 법 제45조의6에 따른 서신송달업자에 대한 영업소 폐쇄 및 사업정지 명령

6. 법 제45조의7에 따른 서신송달업자 또는 서신송달을 위탁한 자의 보고 및 조사 등

7. 법 제45조의8에 따른 서신송달업자의 청문

8. 법 제54조의2에 따른 과태료의 부과·징수

9. 제5조에 따른 우편구의 지정·고시(변경하는 경우를 포함한다)

제9조의3[우편업무의 전자화] ① 과학기술정보통신부장관은 법 제15조의2제1항에 따른 전자화대상문서(이하 "전자화대상문서"라 한다)를 정보처리시스템이 처리할 수 있는 형태로 변환하여 처리하려는 경우에는 다음 각 호의 장치 또는 시설을 모두 갖추어야 한다.

1. 법 제15조의2제2항에 따른 전자화문서(이하 "전자화문서"라 한다)를 작성하는 데 사용되는 스캐너 등의 장치

2. 법 제15조의2제4항에 따른 전자우편서류관리시스템(이하 "전자우편서류관리시스템"이라 한다)

3. 보안시설

② 과학기술정보통신부장관은 제1항제1호에 따른 스캐너 등의 장치를 이용하여 전자화문서를 작성하여야 하며, 작성된 전자화문서가 전자화대상문서와 동일성이 확보되도록 기술적 조치를 하여 전자우편서류관리시스템에 보관하여야 한다.

③ 과학기술정보통신부장관은 전자화문서를 출력한 문서가 전자우편서류관리시스템에 보관하고 있는 전자화문서와 동일한지 여부에 대하여 발송인, 수취인 등이 확인을 요청한 경우에는 그 동일성을 확인하여 주어야 한다.

④ 과학기술정보통신부장관은 전자우편서류관리시스템에 보관하는 전자화문서의 유출·훼손·위조·변조 등을 방지하기 위하여 접근 권한자 지정, 방화벽 설치 및 암호화 소프트웨어의 활용 등 관리적·기술적 조치를 하여야 한다.

⑤ 제1항부터 제4항까지에서 규정한 사항 외에 우편업무의 전자화에 필요한 사항은 과학기술정보통신부장관이 정한다.

제10조[고유식별정보의 처리] 과학기술정보통신부장관(제9조의2에 따라 과학기술정보통신부장관의 권한을 위임받은 자를 포함한다)은 법 제2조제5항 단서에 따른 우편업무의 위탁에 관한 사무를 수행하기 위하여 불가피한 경우 「개인정보 보호법 시행령」 제19조제1호에 따른 주민등록번호가 포함된 자료를 처리할 수 있다.

제10조의2[군사우편물] ①법 제16조제2항의 규정에 의한 군사우편물이라 함은 다음 각호의 우편물을 말한다.

1. 국방부장관이 지정하는 지역에 있는 부대(기관을 포함한다. 이하 같다) 및 그 부대에 속하는 군인·군무원이 발송하는 통상우편물

2. 제1호의 부대에 입영한 자의 소지품 및 의류 등을 발송

하는 소포우편물

②군사우편물을 발송하는 자는 군사우편물 표면에 "군사우편"이라 표시하여야 한다.

제10조의3(군사우편 요금납부) ①군사우편물의 요금은 발송인이 납부하지 아니하고 국방부장관이 과학기술정보통신부장관에게 분기별로 납부한다.

②제1항의 납부액은 국방부소관 세출예산과 우편사업특별회계 세입예산간에 대체납입할 수 있다.

제10조의4(군사우편업무 수행에 필요한 편의제공 등) 국방부장관은 법 제16조제4항에 따라 다음 각 호의 편의를 제공한다.

1. 전시작전지역에 있는 군사우체국에 근무하는 직원에 대한 의복대여 및 급식제공. 이 경우 급식비는 제10조의3 제1항에 따라 납부하는 요금에서 이를 공제한다.

2. 전시작전지역 안에서 공무수행 중 부상을 입은 군사우체국 근무 직원에 대한 우선 응급치료 및 후방 요양기관에의 후송입원

3. 군사우체국에 근무하는 직원에 대한 종군확인증 발급

제10조의5(해외특수지 군사우편) 해외특수지역에 주둔하는 부대 및 그 부대에 속하는 군인·군무원에 대한 군사우편에 대하여는 과학기술정보통신부장관이 국방부장관과 협의하여 정한다.

제11조(우편역무 등의 이용에 따른 수수료) 우편이용자는 다음 각 호의 경우에는 수수료를 납부하여야 한다.

1. 법 제14조제2항제3호에 따른 보편적 우편역무와 법 제15조제2항에 따른 선택적 우편역무의 이용

2. 법 제32조제1항에 따른 반환우편물 중 등기우편물의 반환

3. 제29조제1항의 규정에 의한 수취인 부담 우편물의 취급

4. 제36조의2에 따른 수취인과 수취인 주소변경 또는 우편물 반환의 청구

5. 제38조제1항의 규정에 의한 사설우체통의 설치·이용

6. 제43조제10호에 따른 우편물 배달의 청구

제12조(우편요금등의 고시) 과학기술정보통신부장관은 법 제19조의 규정에 의한 우편에 관한 요금 및 우편이용에 관한 수수료(이하 "우편요금등"이라 한다)를 고시하여야 한다.

제13조(우표류의 발행) ①과학기술정보통신부장관은 법 제21조제1항 및 제2항의 규정에 의하여 우표와 우편요금을 표시하는 증표를 발행하여 판매할 때에는 그 종류·액면·형식·판매기일 및 판매장소등을 그때마다 공고하여야 한다. 이 경우 우편요금표시인영이 인쇄된 봉투는 그 발행에 소요되는 비용을 우편요금과 합산한 금액으로 판매한다.

② 삭제

제14조 - 제24조 삭제 〈1997. 12. 15.〉

제25조(우편요금등의 별납) ①동일인이 동시에 우편물의 종류와 우편요금등이 동일한 우편물을 다량으로 발송할 때에는 그 우편요금등을 따로 납부할 수 있다.

② 제1항에 따라 우편요금등을 따로 납부할 수 있는 우편물의 종류·수량 및 취급우편관서, 그 밖에 필요한 사항은 과학기술정보통신부장관이 정하여 고시한다.

제26조(우편요금표시기를 사용한 우편물 발송) ①우편물 발송인은 우표를 부착하지 아니하고 우편요금 납부표시 인영을 인쇄하는 표시기(이하 "우편요금표시기"라 한다)를 사용하여 우편물을 발송할 수 있다.

②제1항의 규정에 의한 우편요금표시기의 사용 및 취급에 관하여 필요한 사항은 과학기술정보통신부령으로 정한다.

제27조 삭제

제28조(우편관서에 설치된 우편요금표시기의 이용) 우편물의 발송 우편관서의 장은 해당 우편관서에 설치된 우편요금표시기에 의하여 그 우편요금을 납부하게 할 수 있다.

제29조(우편요금등의 수취인 부담) ①다음 각 호의 어느 하나에 해당하는 우편물은 우편요금등을 수취인의 부담으로 발송할 수 있다.

1. 우편물을 다량으로 수취하는 자가 자기부담으로 수취하기 위하여 발송하는 통상우편물

2. 우편요금등을 수취인이 지불하는 것에 대하여 발송인이 수취인의 승낙을 얻은 등기우편물. 다만, 통상우편물은 우편관서의 장과 발송인 간에 별도의 계약을 체결한 경우로 한정한다.

②제1항의 규정에 의한 우편요금등은 수취인이 우편물을 받을 때에 납부한다. 다만, 제30조의 규정에 의하여 우편요금등을 후납하는 때에는 그러하지 아니하다.

③제1항제2호 본문에 따른 우편물의 우편요금등을 수취인이 납부하지 아니하는 때에는 발송인에게 그 우편물을 반환한다. 이 경우 발송인은 우편요금등 및 반환 수수료를 납부하여야 한다.

④제1항의 규정에 의한 우편요금등의 수취인 부담 우편물의 취급에 관하여 필요한 사항은 과학기술정보통신부령으로 정한다.

제30조(우편요금등의 후납) 우편물 발송인은 과학기술정보통신부령이 정하는 우편물의 우편요금등을 발송시에 납부하지 아니하고 일정기간이내에 후납할 수 있다.

제31조 - 제32조 삭제

제33조(우편요금등의 미납 또는 부족한 우편물) ①우편요금등을 미납하거나 부족하게 납부한 우편물은 이를 발송인에게 되돌려 준다.

②제1항의 경우에 발송인의 성명 또는 주소의 불명 기타 사유로 인하여 우편물을 되돌려 줄 수 없거나 해외체류자 또는 해외여행자가 귀국하는 인편을 통하여 국내에서 발송한 경우 기타 과학기술정보통신부장관이 필요하다고 인정하는 경우에는 미납하거나 부족하게 납부한 우편요금등과 동액의 부가금을 합하여 수취인으로부터 징수하고 이를 배달할 수 있다.

③우편요금등의 미납 또는 부족이 우편관서의 과실로 인한

때에는 그 미납 또는 부족한 우편요금등을 징수하지 아니한다.

제34조[연체료] ① 우편요금등의 납부의무자가 우편요금등을 납부기한까지 완납하지 아니하였을 때에는 법 제24조제2항에 따라 체납된 우편요금등의 100분의 3에 상당하는 연체료를 가산하여 징수하며, 납부기한이 지난 날부터 매 1개월이 지날 때마다 체납된 우편요금등의 1천분의 12에 상당하는 연체료를 추가로 가산하여 징수한다.
② 제1항에도 불구하고 체납된 우편요금등이 100만원 미만인 경우에는 체납기간에 관계없이 체납된 우편요금등의 100분의 3에 상당하는 연체료를 징수하며, 납부의무자가 주한외국공관이나 주한국제연합기관인 경우에는 연체료를 징수하지 아니한다.
③ 제1항에 따라 연체료를 추가로 가산하여 징수하는 기간은 60개월을 초과하지 못한다.

제35조[우편요금등의 반환] ①법 제25조의 규정에 의하여 납부인의 청구에 따라 되돌려 주는 우편요금등은 다음 각 호와 같다.
1. 우편관서의 과실로 인하여 과다징수한 우편요금등
2. 우편관서에서 우편물의 특수취급의 수수료를 받은 후 우편관서의 과실로 인하여 특수취급을 하지 아니한 경우 그 특수취급수수료
3. 사설우체통의 사용을 폐지하거나 사용을 폐지시킨 경우 그 폐지한 다음날부터의 납부수수료 잔액
4. 납부인이 우편물을 접수한 후 우편관서에서 발송이 완료되지 아니한 우편물의 접수를 취소한 경우
②제1항의 규정에 의한 우편요금등의 반환청구는 다음 각 호의 기간내에 납부한 우편관서에 청구하여야 한다.
　1. 제1항제1호 및 제2호의 경우에는 납부일로부터 60일
　2. 제1항제3호의 경우에 폐지 또는 취소한 날로부터 30일

제36조 삭제

제36조의2[우편물 주소 등의 변경 및 반환청구] 우편물 발송인은 우편관서에서 우편물을 배달하기 전 또는 제43조제6호 및 제7호의 규정에 의하여 배달우편관서의 창구에서 수취인에게 우편물을 교부하기 전에 한하여 수취인과 수취인 주소의 변경 또는 우편물의 반환을 우편관서에 청구할 수 있다. 이 경우 당해 우편관서의 장은 업무상 지장이 큰 것으로 판단하는 때에는 이에 응하지 아니할 수 있다.

제36조의3[열어보지 아니하고 되돌려 보내는 우편물의 범위] 법 제28조제2항 단서에서 "대통령령이 정하는 봉함한 우편물"이라 함은 서신, 통화가 들어 있는 봉함한 통상우편물을 말한다.

제37조 삭제

제38조[사설우체통의 설치·이용] ①우편물 발송인은 자기부담으로 설치한 사설우체통을 이용하여 우편물을 발송할 수 있다.
②제1항의 규정에 의한 사설우체통의 설치 및 이용에 관하여 필요한 사항은 사설우체통을 설치한 자와 당해 우체통의 우편물을 수집하는 우체국장간의 계약으로 정한다.

제39조 － 제40조 삭제

제42조[우편물의 배달] ①법 제31조 본문의 규정에 의하여 우편물은 관할 배달우편관서에서 그 우편물의 표면에 기재된 곳에 배달한다. 이 경우 2인이상을 수취인으로 정한 우편물은 그중 1인에게 배달한다.
②우편사서함(이하 "사서함"이라 한다) 번호를 기재한 우편물은 당해 사서함에 배달한다.
③등기우편물은 수취인·동거인(동일 직장에서 근무하는 자를 포함한다) 또는 제43조제1호 및 제5호에 따른 수령인으로부터 그 수령사실의 확인을 받고 배달해야 한다. 다만, 다음 각 호의 어느 하나에 해당하는 경우에는 해당 증명자료로 그 수령사실의 확인을 갈음할 수 있다.
1. 등기우편물(법원의 송달서류, 현금, 유가증권 등을 발송하는 우편물로서 과학기술정보통신부장관이 정하여 고시하는 우편물은 제외한다. 이하 제2호 및 제43조제8호에서 같다)을 제43조제8호에 따라 무인우편물보관함(대면 접촉 없이 우편물을 수령하는 장치를 말한다. 이하 같다)에 배달하거나 전자 잠금장치가 설치된 우편수취함에 배달하고 해당 무인우편물보관함 또는 우편수취함에서 배달확인이 가능한 증명자료를 제공하는 경우
2. 「감염병의 예방 및 관리에 관한 법률」에 따른 감염병 확산으로 인해 「재난 및 안전관리 기본법」 제60조에 따른 특별재난지역으로 선포된 지역에서 감염병 확산 방지 및 예방을 위해 등기우편물을 대면 접촉 없이 우편수취함(무인우편물보관함 및 전자 잠금장치가 설치된 우편수취함은 제외한다)에 배달하고 배달안내문, 배달사진, 전화, 이메일 등에 의하여 배달확인이 가능한 증명자료를 제공하는 경우. 이 경우 구체적인 배달방법, 증명자료 및 적용기간 등은 과학기술정보통신부장관이 정하여 고시한다.
④ 등기우편물로서 소포우편물을 배달하는 경우에는 제3항에도 불구하고 과학기술정보통신부장관이 수령사실의 확인방법을 달리 정하여 고시할 수 있다.

제43조[우편물 배달의 특례] 법 제31조 단서에 따라 우편물을 해당 우편물의 표면에 기재된 곳 외의 곳에 배달할 수 있는 경우는 다음 각 호와 같다.
1. 동일건축물 또는 동일구내의 수취인에게 배달할 우편물로서 그 건축물 또는 구내의 관리사무소, 접수처 또는 관리인에게 배달하는 경우
2. 사서함을 사용하고 있는 수취인에게 배달할 우편물로서 사서함 번호를 기재하지 아니한 것을 그 사서함에 배달하는 경우
3. 우편물을 배달하지 아니하는 날에 수취인의 청구에 의하여 배달우편관서 창구에서 우편물을 교부하는 경우
3의2. 수취인의 일시부재나 그 밖의 사유로 우편물을 배달하지 못하여 배달우편관서 창구 또는 무인우편물보관함(과학기술정보통신부장관이 본인확인방법, 수취인에 대

한 통지방법, 보관기간 등을 정하여 고시하는 기준에 적합한 무인우편물보관함을 말한다)에서 우편물을 교부하는 경우

4. 교통이 불편한 도서지역이나 농어촌지역 또는 과학기술정보통신부장관이 필요하다고 인정하는 지역으로 배달할 우편물을 과학기술정보통신부령이 정하는 바에 의하여 개별 또는 공동수취함을 설치하고 그 수취함에 배달하는 경우

5. 수취인이 동일 집배구(우편집배원이 우편물을 수집하고 배달하는 구역을 말한다. 이하 같다)에 거주하는 자를 대리수령인으로 지정하여 배달우편관서에 신고한 경우에는 그 대리수령인에게 등기우편물을 배달하는 경우

6. 우편물에 "우체국보관" 표시가 있는 것으로서 과학기술정보통신부령이 정하는 바에 의하여 당해 배달우편관서 창구에서 수취인에게 교부하는 경우

7. 교통이 불편하여 통상의 방법으로 우편물 배달이 어려운 지역에 배달할 우편물로서 과학기술정보통신부령이 정하는 바에 의하여 당해 배달우편관서 창구에서 수취인에게 교부하는 경우

8. 무인우편물보관함을 이용하는 수취인의 신청 또는 동의를 받아 그 수취인과 동일 집배구에 있는 무인우편물보관함에 등기우편물을 배달하는 경우

9. 법 제31조의2에 따라 수취인이 주거이전을 신고한 경우로서 우편물을 수취인이 신고한 곳으로 전송하는 경우

10. 수취인이 과학기술정보통신부장관이 정하여 고시하는 우편물에 대하여 우편물의 표면에 기재된 곳 외의 곳으로 배달을 청구하는 경우

제44조[우편물의 전송 수수료] 법 제31조의2제2항에 따른 우편물의 전송 수수료는 우편물을 수취인이 주거를 이전한 곳으로 전송하는 거리에 따라 소요되는 비용 등을 고려하여 과학기술정보통신부장관이 정하여 고시한

제45조 삭제

제46조[사서함의 설치·이용등] ①우편관서는 법 제37조의 규정에 의하여 배달우편관서에 사서함을 설치할 수 있다. 다만, 관할 지방우정청장이 필요하다고 인정하는 경우에는 배달업무를 취급하지 아니하는 우편관서에도 사서함을 설치할 수 있다.
②사서함의 이용 및 관리 등에 관하여 필요한 사항은 과학기술정보통신부령으로 정한다.

제47조 – 제48조 삭제

제50조[고층건물의 우편수취함 설치] ①법 제37조의2의 규정에 의한 건축물의 소유자 또는 관리인은 당해 건축물의 출입구에서 가까운 내부의 보기쉬운 곳에 그 건축물의 주거시설·사무소 또는 사업소별로 우편수취함을 설치하여야 한다.
②제1항의 규정에 의한 우편수취함의 설치 및 관리등에 관하여 필요한 사항은 과학기술정보통신부령으로 정한다.

제51조[고층건물내의 우편물의 배달] ①제50조제1항의 규정에 의한 건축물에 배달되는 우편물은 해당 건축물에 설치된 우편수취함에 배달한다. 다만, 제43조제1호의 규정에 의한 경우에는 그러하지 아니하다.
②법 제37조의2의 규정에 의한 건축물에 우편수취함을 설치하지 아니한 경우에는 배달우편관서에서 우편물을 보관교부할 수 있다.
③제2항의 규정에 의한 보관교부는 그 실시일전 5일까지 그 건축물의 관리인 및 입주자에게 우편수취함설치의 촉구, 우편물의 보관사유·장소, 우편물의 수취요령등을 통지하여야 한다.

제52조[손해배상] ① 삭제
②법 제38조제4항의 규정에 의하여 손해배상액은 예산의 범위안에서 당해 우편관서에서 보유하고 있는 자금중에서 우선지급하고 이를 사후 보전할 수 있다.

제53조[손해배상금의 반환] 법 제45조의 규정에 의하여 우편물의 교부를 청구하고자 하는 자가 반환하여야 할 손해배상금은 다음 각호와 같다.
1. 우편물에 손해가 없는 경우에는 손해배상금의 전액
2. 우편물에 손해가 있는 경우에는 손해배상금중 실제 손해액을 뺀 금액

제53조의2[소규모 서신송달업자의 신고 면제] 법 제45조의2제1항 단서에서 "대통령령으로 정하는 기준에 해당하는 소규모 서신송달업을 하려는 자"란 「부가가치세법」 제61조에 따라 간이과세자에 관한 규정이 적용되는 사업자로서 서신송달업을 하려는 자를 말한다.

제53조의3[규제의 재검토] 과학기술정보통신부장관은 제54조 및 별표에 따른 과태료의 부과기준에 대하여 2015년 1월 1일을 기준으로 3년마다(매 3년이 되는 해의 1월 1일 전까지를 말한다) 그 타당성을 검토하여 개선 등의 조치를 하여야 한다.

제54조[과태료의 부과기준] 법 제54조의2에 따른 과태료의 부과기준은 별표와 같다.

　부칙 〈제33013호, 2022. 12. 6.〉
이 영은 2022년 12월 11일부터 시행한다.

우편법 시행규칙 [시행 2024. 7. 24..]

제1장 총칙

제1조(목적) 이 규칙은 「우편법」 및 같은 법 시행령에서 위임된 사항과 그 시행에 관하여 필요한 사항을 규정함을 목적으로 한다.

제2조(창구업무의 취급 등) ①우체국의 창구에서 취급하는 우편업무의 범위와 취급시간은 우정사업본부장이 정하는 바에 의한다. 다만, 특별한 사정이 있는 때에는 우체국장은 필요하다고 인정하는 업무에 대하여 취급시간을 연장할 수 있다.

②우편물의 수집·배달 및 운송의 횟수와 시간은 관할지방우정청장이 정한다.

③우체국장은 취급업무의 종류·취급시간, 우편물의 규격·중량·포장, 우편요금 및 우편이용수수료 등 우편이용자가 알아야 할 사항을 적은 안내판을 우체국안의 보기 쉬운 곳에 언제나 걸어 놓아야 한다.

제2조의2(우편주문판매 등의 위탁) 「우편법시행령」(이하 "영"이라 한다) 제4조제1항제4호에서 "과학기술정보통신부령이 정하는 업무"라 함은 다음 각 호의 업무를 말한다.

1. 제25조제1항제10호의 우편주문판매 공급업체의 선정 및 관리 업무

1의2. 영 제4조제1항제3호에 따른 우표류(이하 "우표류"라 한다)를 이용한 제25조제1항제11호의 광고우편의 모집 및 대리점 선정·관리업무

2. 제25조제1항제12호의 전자우편물 내용의 출력·인쇄업무 및 이를 봉투에 넣거나 봉합하는 업무

3. 제25조제1항제21호에 따른 우편물의 반환 정보 제공 업무

제2조의3 삭제

제3조(방문접수업무와 집배업무 위탁방법) 영 제4조제2항에 따른 우편물 방문접수업무와 집배업무의 위탁방법은 해당 위탁업무를 하는 지역의 인구와 우편물의 증감 등을 고려하여 우정사업본부장이 정한다.

제4조(우편업무의 일부를 수탁할 수 있는 자의 자격) ①영 제4조제1항제1호에 따른 우편물방문접수 업무를 위탁받을 수 있는 자는 다음 각 호와 같다.

1. 개인:18세 이상으로서 「국가공무원법」 제33조각호의 어느 하나에 해당하지 아니한 자

2. 법인 : 위탁업무의 수행에 필요한 시설·장비 및 인력 등 우정사업본부장이 정하는 요건을 갖춘 자

②영 제4조제1항제2호에 따른 우편물의 집배업무·운송업무 및 발착업무를 위탁받을 수 있는 자는 다음 각 호의 구분에 따른다.

1. 우편물 집배업무 위탁의 경우

   가. 개인 : 18세이상으로서 「국가공무원법」 제33조 각호의 어느 하나에 해당하지 아니한 자

   나. 법인 : 위탁업무 수행에 필요한 시설·장비 및 인력 등 우정사업본부장이 정하는 요건을 갖춘 자

   다. 「우체국창구업무의 위탁에 관한 법률」 제4조에 따른 수탁자

   라. 그 밖에 집배업무의 공익성·정시성(正時性) 등을 고려하여 우정사업본부장이 정하는 요건을 충족하는 자

2. 삭제

3. 우편물 운송업무 위탁의 경우 : 우정사업본부장이 지정하는 비영리법인 또는 「화물자동차 운수사업법 시행령」 제3조제1호에 따른 일반화물자동차운송사업자

4. 우편물 발착업무 위탁의 경우: 우정사업본부장이 지정하는 비영리법인 또는 발착업무의 공익성·정시성 등을 고려하여 우정사업본부장이 정하는 요건에 적합한 자

③영 제4조제1항제3호에 따른 우표류 조제업무를 위탁받을 수 있는 자는 우정사업본부장이 지정하는 비영리법인 또는 특별법에 의하여 설립된 법인으로 한다.

④제2조의2에 따른 업무를 위탁받을 수 있는 자는 위탁업무의 수행에 필요한 시설·장비 및 인력 등 우정사업본부장이 정하는 요건을 갖춘 법인으로 한다.

제4조의2(위탁지역의 우편물방문접수업무의 처리절차) 우편물 방문접수업무의 처리절차는 우정사업본부장이 정하는 바에 따라 위탁지역을 관할하는 우체국장과 당해업무를 위탁받는 자와의 계약에 의하여 이를 정한다.

제5조(위탁지역의 우편물 집배·운송절차) ①제3조에 따라 위탁한 우편물의 집배절차는 우정사업본부장이 정하는 바에 따라 관할지방우정청장 또는 관할우체국장과 집배업무를 위탁받는 자와의 계약으로 정한다.

② 삭제

③우편물위탁운송지역의 우편물의 운송절차는 우정사업본부장이 정하는 바에 따라 위탁지역 관할지방우정청장과 해당 업무를 위탁받는 자와의 계약으로 정한다.

④ 우편물 발착위탁업무의 처리절차는 우정사업본부장이 정하는 바에 따라 발착업무를 위탁하는 우체국장과 그 업무를 위탁받는 자와의 계약에 따라 정한다.

제5조의2(우표류조제위탁업무의 처리절차) 우표류조제위탁업무의 처리절차는 우정사업본부장과 당해업무를 위탁받는 자와의 계약에 의하여 이를 정한다.

제5조의3(우편주문판매등의 위탁업무의 처리절차) 제2조의2의 규정에 의한 위탁업무의 처리절차는 우정사업본부장과 당해업무를 위탁받는 자와의 계약에 의하여 이를 정한다.

제6조(위탁업무의 취급수수료등) ①영 제4조제4항에 따라 같은 조 제1항제1호·제3호 및 제4호의 위탁업무의 위탁수수료 및 경비는 우편의 공공성·신뢰성을 유지하기 위하여 소요되는 원가 등을 고려하여 산정·지급한다. ② 삭제

③우편물 집배업무, 운송업무와 발착(發着)업무의 위탁수수료는 우편물의 공공성·안전성 및 정시성을 유지하기 위하여 소요되는 원가를 고려하여 산정·지급한다.

제7조(손실보상등의 청구) ①법 제4조제1항에 따른 우편운송 등의 조력자에 대한 보수와 법 제5조에 따른 우편운송등의 통행으로 인한 피해에 대한 손실보상을 청구하고자 하는 자는 다음 각 호의 사항을 기재한 청구서를 그 우편운송원등이 소속된 우체국장을 거쳐 관할지방우정청장에게 제출하여야 한다.

1. 청구인의 성명·주소
2. 청구사유
3. 청구금액

②제1항의 경우 소속우체국장은 보수 또는 손실보상의 청구내용에 대한 의견서를 첨부하여야 한다.

③제1항 및 제2항에 따른 청구서 및 의견서를 받은 지방우정청장은 그 내용을 심사하여 청구내용이 정당하지 아니하다고 인정하여 청구금액을 지급할 수 없는 때에는 그 사유서를 청구인에게 송부하고, 청구내용이 정당하다고 인정하는 때에는 청구한 보수 또는 손실보상금을 청구인에게 지급하여야 한다.

④제1항에 따른 청구를 받은 지방우정청장은 필요하다고 인정하는 때에는 청구인의 출석을 요구하여 질문하거나 관계자료를 제출하게 할 수 있다.

제8조[이용의 제한 및 업무의 정지] 우정사업본부장은 법 제6조의 규정에 의하여 우편이용을 제한하거나 우편업무의 일부를 정지한 때에는 이를 공고하여야 한다.

제9조[우편구의 구별] ①영 제5조제1항에 따른 우편구는 시내우편구와 시외우편구로 구분하되 시내우편구는 우체국의 소재지와 그 가까운 지역으로서 관할지방우정청장이 지정하는 지역으로 하고, 시외우편구는 시내우편구를 제외한 지역으로 한다.

②지방우정청장은 제1항에 따라 시내우편구를 지정한 때에는 이를 고시하여야 한다. 이를 변경한 때에도 또한 같다.

제10조[우편업무의 시험적 실시] 우정사업본부장은 영 제7조의 규정에 의하여 우편업무에 관한 새로운 제도를 시험적으로 실시하고자 할 때에는 그 명칭 또는 종류·내용 기타 필요한 사항을 미리 공고하여야 한다.

제11조[수탁취급] 우정사업본부장은 영 제7조의2의 규정에 의하여 다른 국가기관·지방자치단체 또는 「공공기관의 운영에 관한 법률」에 따른 공공기관(이하 "공공기관"이라 한다) 등의 업무를 수탁취급하는 경우에는 그 업무의 종류·내용 기타 필요한 사항을 미리 공고하여야 한다.

제2장 우편역무
제1절 보편적 우편역무
제1관 통칙

제12조[보편적 우편역무의 제공기준 및 이용조건 등] ① 과학기술정보통신부장관은 법 제14조제3항에 따라 보편적 우편역무의 제공을 위하여 1근무일에 1회 이상 우편물을 수집하고 배달하여야 한다. 다만, 지리, 교통, 사업 환경 등이 열악하여 부득이한 경우에는 이를 조정할 수 있다.

② 제1항에 따라 수집하거나 우체국 창구에 접수한 우편물의 송달에 걸리는 기간(이하 "우편물 송달기준"이라 한다)은 수집이나 접수한 날의 다음 날부터 3일 이내로 한다. 이 경우 수집이나 접수한 날이란 우편물의 수집을 관할하는 우체국장이 관할지역의 지리·교통상황·우편물처리능력 및 다른 지역의 우편물송달능력 등을 참작하여 공고한 시간 내에 우체통에 투입되거나 우체국 창구에 접수한 경우를 말한다.

③ 「관공서의 공휴일에 관한 규정」에 의한 공휴일 기타

다른 법령에 의한 유급휴일·토요일 및 우정사업본부장이 배달하지 아니하기로 정한 날은 이를 우편물송달기준에 산입하지 아니한다.

④ 우정사업본부장은 우체국 및 우체통의 설치현황을 고시하여야 한다.

제12조의2[보편적 우편역무의 특수취급] ① 법 제14조제2항제3호에 따른 특수취급은 제25조제1항, 제26조부터 제29조까지, 제46조부터 제55조까지, 제57조부터 제59조까지, 제61조, 제62조부터 제65조까지, 제70조의8, 제70조의11부터 제70조의17까지를 준용한다.

② 보편적 우편역무의 특수취급 종류와 이에 따른 우편물은 별표 1과 같다.

③ 보편적 우편역무에 부가할 수 있는 우편역무는 별표 2와 같다.

제13조[도서·산간오지등의 우편물송달기준] ①우정사업본부장은 도서·산간오지등 교통이 불편하여 우편물의 운송이 특히 곤란한 지역에 대하여는 제12조에도 불구하고 지역별 또는 지역상호간에 적용할 우편물송달기준을 달리 정할 수 있다.

②제1항에 따라 우편물송달기준을 달리 정한 때에는 관할 지방우정청장은 그 지역과 세부적인 우편물송달기준을 정하여 공고하여야 한다.

제14조[우편물송달기준 적용의 예외] 「신문 등의 진흥에 관한 법률」 제9조에 따라 등록된 일간신문(주 5회 이상 발행되는 신문으로 한정한다) 및 관보를 제86조제1항에 따른 우편물정기발송계약에 따라 발송할 때에는 제12조제2항 전단에도 불구하고 접수한 날의 다음날까지 이를 송달할 수 있다.

제15조[우편물송달기준의 이행] ①우정사업본부장은 우편물의 종류별·지역별로 우편물송달기준의 이행목표율을 정하여 고시하여야 한다.

②우정사업본부장은 제1항의 규정에 의한 이행목표율의 달성도를 매년 1회이상 조사하여 그 결과를 공표하여야 한다.

③우정사업본부장은 법 제6조의 규정에 의하여 우편물의 이용을 제한하거나 우편업무의 일부를 정지하는 경우 또는 일시에 다량의 우편물이 접수되어 특별한 송달대책이 요구되는 경우 그 기간동안에는 제1항의 규정에 의한 이행목표율을 보다 낮은 수준으로 정하여 고시할 수 있다.

제15조의2[이용자에 대한 실비의 지급] ①우편관서의 장은 보편적 우편역무 및 선택적 우편역무의 제공과 관련하여 우정사업본부장이 공표하는 기준을 충족하지 못한 경우에는 예산의 범위안에서 해당 이용자에게 교통비 등 실비의 전부 또는 일부를 지급할 수 있다.

②제1항의 규정에 의한 실비 지급의 절차는 우정사업본부장이 정하여 고시한다.

제16조[우편물의 외부 기재사항] ① 영 제6조제2항에 따라 우편물의 외부에는 우편요금의 납부표시, 그 밖에 우편물

의 취급을 위하여 이 규칙에서 정한 사항을 적어야 한다.

②우편물의 발송인은 제1항의 기재사항외에 우편물의 취급에 지장이 없는 범위안에서 우정사업본부장이 정하여 고시하는 사항을 우편물의 외부에 표시하거나 부착할 수 있다.

③제1항 및 제2항의 규정에 의한 사항을 우편물의 외부에 기재하거나 표시 또는 부착하는 경우 그 방법·위치등은 우정사업본부장이 정하여 고시하는 요건에 적합하여야 한다.

제17조[우편날짜도장의 사용] ①우체국은 우편물의 접수확인 및 우표의 소인을 위하여 우편날짜도장을 찍는다. 다만, 영 제13조제1항에 따라 우정사업본부장이 발행하는 우편요금표시인영이 인쇄된 연하우편엽서와 연하우편봉투 및 이 규칙에서 따로 정한 경우에는 그러하지 아니하다.

②우편날짜도장의 종류·형식 및 사용범위에 관하여는 우정사업본부장이 정한다.

제18조 삭제〈2014. 12. 4.〉

제2관 통상우편물

제19조[통상우편물의 봉함·규격등] ①통상우편물은 봉투에 넣어 봉함하여 발송해야 하며, 봉함하기가 적합하지 않은 우편물은 법 제17조제2항에 따라 우정사업본부장이 정하여 고시한 기준에 적합하도록 포장하여 발송할 수 있다. 다만, 다음 각 호의 어느 하나에 해당하는 우편물의 경우에는 그렇지 않다. 〈개정 2022. 1. 4.〉

1. 우정사업본부장이 발행하는 우편엽서
1의2. 영 제3조제4호에 해당하는 우편물
2. 제20조의 규정에 의한 요건을 갖춘 사제엽서
3. 제25조제1항제9호에 따른 팩스우편물
4. 제25조제1항제12호의 규정에 의한 전자우편물

② 삭제〈2011. 12. 2.〉

③우편엽서는 그 종류·규격·형식·발행방법등에 관하여 우정사업본부장이 정하여 고시하는 것으로 한다.

④우정사업본부장은 우편물의 안전한 송달과 취급을 위하여 필요한 경우에는 우편물의 규격을 정하여 고시할 수 있다.

제20조[사제엽서의 제조요건] 법 제21조제3항에 따라 우편엽서를 개인, 기관 또는 단체가 조제하는 경우에는 제19조제3항에 따라 우정사업본부장이 정하여 고시하는 우편엽서의 종류·규격·형식 등에 적합하여야 한다.

제21조[투명봉투의 사용] 통상우편물로서 무색 투명한 부분이 있는 봉투를 사용하는 경우에는 해당 봉투의 투명한 부분으로 발송인 또는 수취인의 성명·주소와 우편번호를 볼 수 있도록 하여야 한다. 이 경우 투명부분의 크기는 우편날짜도장의 날인, 우편요금의 납부표시, 우편물의 종류표시 그 밖의 우편물 취급에 지장이 없도록 하여야 한다.

제3관 소포우편물

제22조 – 제24조 삭제〈2014. 12. 4.〉

제2절 선택적 우편역무

제1관 통칙

제25조[선택적 우편역무의 종류 및 이용조건 등] ①법 제15조제3항에 따른 선택적 우편역무의 종류는 다음 각 호와 같이 구분한다.

1. 등기취급
   우편물의 접수에서 배달까지 모든 단계의 취급과정을 기록하는 우편물의 특수취급제도
1의2. 준등기취급
   우편물의 접수에서 배달 전(前) 단계까지의 취급과정을 기록하는 우편물의 취급제도
1의3. 선택등기취급: 등기취급 및 제112조의2제1항에 따른 우편물의 반환거절을 전제로 우편물을 배달하되, 그 우편물을 수취인에게 배달할 수 없는 경우에는 준등기취급에 따라 우편물을 배달하는 특수취급제도
2. 보험취급
   가. 보험통상: 등기취급을 전제로 보험등기 취급용 봉투를 이용하여 유가증권, 통화 또는 소형포장우편물 등의 통상우편물을 배달하는 특수취급제도
   나. 보험소포: 등기취급을 전제로 사회통념상 용적에 비하여 가격이 높다고 발송인이 신고한 것으로서 그 취급에 특히 유의할 필요가 있는 고가품·귀중품 등의 소포우편물을 배달하는 특수취급제도
3. 삭제〈2020. 2. 17.〉
4. 증명취급
   가. 내용증명 : 등기취급을 전제로 우체국창구 또는 정보통신망을 통하여 발송인이 수취인에게 어떤 내용의 문서를 언제 발송하였다는 사실을 우체국이 증명하는 특수취급제도
   나. 삭제
   다. 배달증명 : 등기취급을 전제로 우편물의 배달일자 및 수취인을 배달우체국에서 증명하여 발송인에게 통지하는 특수취급제도
5. 국내특급우편
   등기취급을 전제로 국내특급우편 취급지역 상호간에 수발하는 긴급한 우편물로서 통상적인 송달방법보다 빠르게 송달하기 위하여 접수된 우편물을 약속한 시간 내에 신속히 배달하는 특수취급제도
6. 특별송달
   등기취급을 전제로「민사소송법」제176조의 규정에 의한 방법으로 송달하는 우편물로서 배달우체국에서 배달결과를 발송인에게 통지하는 특수취급제도
7. 민원우편
   우정사업본부장이 정하여 고시하는 민원서류 발급을 위하여 등기취급을 전제로 우편 또는 정보통신망을 통하여 발급신청에 필요한 서류와 발급수수료를 송부하고

그에 따라 발급된 민원서류와 발급수수료 잔액등을 우정사업본부장이 발행하는 민원우편봉투에 함께 넣어 송달하는 특수취급제도

8. 삭제

9. 팩스우편
우체국에서 서신·서류·도화 등의 통신문을 접수받아 수취인의 팩스에 전송하는 제도

10. 우편주문판매
등기취급을 전제로 우체국 창구나 정보통신망, 방송채널 등을 통하여 전국 각 지역에서 생산되는 특산품이나 소상공인 및 중소·중견기업 제품 등을 생산자나 판매자에게 주문하고 생산자나 판매자는 우편을 통하여 주문자에게 직접 공급하는 제도

11. 광고우편
우정사업본부장이 조제한 우표류 및 우편차량 또는 우편시설등에 개인 또는 단체로부터 의뢰받아 광고를 게재하거나 광고물을 부착하는 제도

12. 전자우편
우체국 창구나 정보통신망을 통하여 전자적 형태로 접수된 통신문 등을 발송인이 의뢰한 형태로 출력·봉함하여 수취인에게 배달하는 제도

13. 우편물방문접수
발송인의 요청 또는 발송인과 발송인 소재지역을 관할하는 우체국장과 사전계약에 따라 발송인을 방문하여 우편물을 접수하는 제도

14. 삭제

15. 삭제

16. 착불배달
영 제29조제1항제2호에 따른 등기우편물에 대하여 그 요금을 배달 시 수취인으로부터 수납하는 특수취급제도

17. 계약등기
등기취급을 전제로 우체국장과 발송인과의 별도의 계약에 따라 접수한 통상우편물을 배달하고 그 배달결과를 발송인에게 전자적 방법 등으로 통지하는 특수취급제도

18. 회신우편
등기취급을 전제로 **우체국장**과 발송인과의 별도의 계약에 따라 수취인을 직접 대면하여 우편물을 배달하면서 서명이나 도장을 받는 등 응답을 필요로 하는 사항을 받거나 서류를 인수받아 발송인이나 발송인이 지정하는 자에게 회신하는 특수취급제도

19. 본인지정배달
등기취급을 전제로 우편물을 수취인 본인에게만 배달하여 주는 특수취급제도

20. 우편주소 정보제공
등기취급을 전제로 이사 등 거주지 이전으로 우편주소가 변경된 경우에 우편물을 변경된 우편주소로 배달하고 수취인의 동의를 받아 발송인에게 변경된 우편주소정보를 제공하는 특수취급제도

21. 우편물의 반환 정보 제공
수취인에게 배달할 수 없거나 수취인이 수취를 거부하여 발송인에게 되돌려 보내는 우편물의 목록, 봉투를 스캔한 이미지 및 반환 사유 등 우편물의 반환 정보를 발송인에게 제공하는 제도

22. 선거우편
「공직선거법」, 「국민투표법」, 그 밖에 선거 또는 투표 관련 법령에서 정하는 우편물로서 통상적인 우편물보다 정확하고 신속하게 송달하기 위하여 우선적으로 우편물을 취급 및 배달하는 특수취급제도

23. 복지우편 (신설 2024.7.24.)
등기취급을 전제로 우체국장과 발송인과의 별도의 계약에 따라 우편물을 배달하면서 수취인을 직접 대면하여 얻은 수취인의 건강상태 및 주거환경 등에 관한 정보를 발송인이나 발송인이 지정하는 자에게 회신하는 특수취급제도

24. 국제우편 연계 서비스 (신설 2024.7.24.)
국내외 물류 관련 사업자 등과 연계하여 우편물을 「관세법」에 따른 통관절차를 거쳐 수취인에게 배달하는 제도
② 선택적 우편역무의 종류에 따른 우편물은 별표 3과 같다.
③ 선택적 우편역무에 부가할 수 있는 우편역무는 별표 4와 같다.

제2관 등기취급

제26조[등기취급] 제25조제1항제1호의 등기취급(이하 "등기"라 한다)을 하는 우편물(이하 "등기우편물"이라 한다)에는 발송인이 그 표면의 왼쪽 중간에 "등기"의 표시를 하여야 한다.

제27조[등기우편물의 접수] ① 삭제 〈2014. 12. 4.〉
②등기우편물을 접수한 때에는 발송인에게 접수번호를 기록한 특수우편물수령증을 교부하여야 한다.

제28조[등기우편물 배달시의 수령사실확인등] 영 제42조제3항 본문에 따른 등기우편물 배달시의 수령사실확인은 특수우편물배달증에 수령인이 서명(전자서명을 포함한다) 또는 날인하는 것으로 한다. 다만, 수령인이 본인이 아닌 경우에는 수령인의 성명 및 본인과의 관계를 기재하고 서명(전자서명을 포함한다) 또는 날인하게 하여야 한다.

제2관의2 준등기취급

제28조의2[준등기취급] 제25조제1항제1호의2의 준등기취급(이하 "준등기"라 한다)을 하는 우편물(이하 "준등기우편물"이라 한다)에는 발송인이 그 표면의 왼쪽 중간에 "준등기"의 표시를 하여야 한다.

제28조의3[준등기우편물의 접수] 준등기우편물을 접수한 때에는 발송인에게 접수번호를 기록한 우편물수령증을 교부하여야 한다.

제28조의4[준등기우편물의 배달] 준등기우편물의 배달은 우편수취함 등에 투함함으로써 완료되며, 수령인의 수령사실을 확인하지 아니한다.

제2관의3 선택등기취급 ◇

제28조의5[선택등기취급] 제25조제1항제1호의3의 선택등기취

급(이하 "선택등기"라 한다)을 하는 우편물(이하 "선택등기우편물"이라 한다)에는 발송인이 그 표면의 왼쪽 중간에 "반환 불필요" 및 "선택등기"의 표시를 해야 한다.

제28조의6(선택등기우편물의 접수) 선택등기우편물을 접수한 때에는 발송인에게 접수번호를 기록한 우편물수령증을 교부해야 한다.

제28조의7(선택등기우편물의 배달) 선택등기우편물은 영 제42조제3항 및 이 규칙 제28조에 따라 배달한다. 다만, 선택등기우편물을 수취인에게 배달할 수 없는 경우에는 제28조의4에 따라 배달한다.

제3관 보험취급

제29조(보험통상 및 보험소포의 취급조건 등) ① 통화를 우편물로 발송하려는 경우에는 제25조제1항제2호가목에 따른 보험통상으로 한다. 다만, 제25조제1항제7호에 따른 민원우편의 경우에는 그러하지 아니하다.
② 제1항에서 규정한 사항 외에 제25조제1항제2호에 따른 보험통상 또는 보험소포 취급우편물의 세부종류, 취급한도, 취급방법 및 절차 등 보험취급에 필요한 사항은 우정사업본부장이 정하여 고시한다.

제30조 ~ 제31조의2 삭제 〈2018. 2. 19.〉

제4관 삭제 〈2020. 2. 17.〉

제32조 ~ 제45조 삭제 〈1997. 12. 31.〉

제5관 증명취급

제46조(내용증명) ①제25조제1항제4호가목에 따른 내용증명우편물은 한글, 한자 또는 그 밖의 외국어로 자획을 명료하게 기재한 문서(첨부물을 포함한다. 이하 같다)인 경우에 한하여 취급하며, 공공의 질서 또는 선량한 풍속에 반하는 내용의 문서 또는 문서의 원본(사본을 포함한다. 이하 같다)과 등본이 같은 내용임을 일반인이 쉽게 식별할 수 없는 문서는 이를 취급하지 아니한다.
②제1항에 따른 문서(이하 "내용문서"라 한다)에는 숫자·괄호·구두점이나 그 밖에 일반적으로 사용하는 단위등의 기호를 함께 기재할 수 있다.

제47조(동문내용증명) 2인이상의 수취인에게 발송하는 내용증명우편물로서 그 내용문서가 동일한 것은 이를 동문내용증명으로 할 수 있다.

제48조(내용문서 원본 및 등본의 제출등) ①내용증명우편물을 발송하고자 하는 자는 내용문서 원본 및 그 등본 2통을 제출하여야 한다.
②동문내용증명 우편물인 경우에는 각 수취인별·내용문서 원본과 수취인 전부의 성명 및 주소를 기재한 등본 2통을 제출하여야 한다.
③제1항 및 제2항에 따라 제출받은 등본 중 한통은 우체국에서 발송한 다음날부터 3년간 보관하고 나머지 한통은 발송인에게 이를 되돌려 준다. 다만, 발송인이 등본을 필요로 하지 아니하는 때에는 제1항 및 제2항에 따른 등본은 한통을 제출할 수 있다.

제49조(내용문서 원본 및 등본의 규격등) ①내용문서의 원본 및 등본은 「행정업무의 운영 및 혁신에 관한 규정」 제7조제6항에 따라 가로 210밀리미터, 세로 297밀리미터의 용지(이하 "기준용지"라 한다)를 사용하여 작성하되, 등본은 내용문서의 원본을 복사한 것이어야 한다.
② 삭제 〈2001. 4. 20.〉

제50조(문자의 정정등) ①내용문서의 원본 또는 등본의 문자나 기호를 정정·삽입 또는 삭제한 때에는 "정정", "삽입" 또는 "삭제"의 문자 및 자수를 난외 또는 말미여백에 기재하고 그 곳에 발송인의 도장 또는 지장을 찍거나 서명을 해야 한다.
②제1항의 경우 정정 또는 삭제된 문자나 기호는 명료하게 판독할 수 있도록 남겨두어야 한다.
③내용증명우편물을 접수한 후에는 발송인 및 수취인의 성명·주소의 변경, 내용문서원본 또는 등본의 문자나 기호의 정정등을 청구할 수 없다.

제51조(발송인 및 수취인등의 성명·주소) ①내용증명우편물의 내용문서 원본, 그 등본 및 우편물의 봉투에 기재하는 발송인 및 수취인의 성명·주소는 동일하여야 한다.
②제1항의 규정에 불구하고 다수인이 연명하여 동일인에게 내용증명우편물을 발송하는 때에는 연명자중 1인의 성명·주소만을 우편물의 봉투에 기재하여야 한다.

제52조(내용문서의 증명) ①내용증명우편물을 접수할 때에는 접수우체국에서 내용문서 원본과 등본을 대조하여 서로 부합함을 확인한 후 내용문서 원본과 등본의 각통에 발송연월일 및 그 우편물을 내용증명우편물로 발송한다는 뜻과 우체국명을 기재하고 우편날짜도장을 찍는다.
②수취인에게 발송할 내용문서의 원본, 우체국에서 보관할 등본 및 발송인에게 교부할 등본 상호간에는 우편날짜도장을 걸쳐 찍어야 한다.
③내용문서의 원본 또는 등본이 2매이상 합철되는 곳에는 우편날짜도장을 찍거나 구멍을 뚫는 방식 등으로 간인(間印)해야 하며, 제50조제1항에 따라 내용문서의 원본 또는 등본의 정정·삽입 또는 삭제를 기재한 곳에는 우편날짜도장을 찍어야 한다.
④제1항부터 제3항까지의 규정에 따라 증명한 내용문서의 원본은 우체국의 취급직원이 보는 곳에서 발송인이 수취인 및 발송인의 성명·주소를 기재한 봉투에 넣고 봉함하여야 한다.

제53조(내용증명 취급수수료의 계산방법) ①내용증명 취급수수료는 기준용지의 규격을 기준으로 내용문서의 매수에 따라 계산하되, 양면에 기재한 경우에는 이를 2매로 본다.
②내용증명 취급수수료의 계산에 있어서 내용문서의 규격이 기준용지보다 큰 것은 기준용지의 규격으로 접어서 매수를 계산하고, 기준용지보다 작은 것은 기준용지로 매수를 계산한다.

제54조[발송후의 내용증명 청구] ①내용증명우편물의 발송인 또는 수취인은 내용증명우편물을 발송한 다음 날부터 3년까지는 우체국에 특수우편물수령증·주민등록증등의 관계자료를 내보여 동 우편물의 발송인 또는 수취인임을 입증하고 내용증명의 재증명을 청구할 수 있다.
② 제1항에 따른 재증명 청구인은 우체국에서 보관 중인 최초의 내용문서 등본과 같은 등본을 우체국에 제출하여야 하며, 재증명 청구를 받은 우체국은 청구인이 제출한 내용문서를 재증명하여 내주어야 한다. 다만, 청구인이 분실 등의 사유로 내용문서를 제출하기 어려운 경우에는 우체국에서 보관 중인 내용문서를 복사한 후 재증명하여 내줄 수 있다.
③제49조·제50조·제52조제1항 내지 제3항 및 제53조의 규정은 제1항의 규정에 의한 재증명의 청구에 관하여 이를 준용한다.

제55조[등본의 열람청구] 내용증명우편물의 발송인 또는 수취인은 우편물을 발송한 다음 날부터 3년까지는 발송우체국에 특수우편물수령증·주민등록증등의 관계자료를 내보여 동 우편물의 발송인 또는 수취인임을 입증하고 내용문서 등본의 열람을 청구할 수 있다.

제56조 삭제

제57조[배달증명의 표시] 제25조제1항제4호 다목의 규정에 의한 배달증명우편물에는 발송인이 그 표면의 보기 쉬운 곳에 "배달증명"의 표시를 하여야 한다.

제58조[배달증명서의 송부] 배달증명우편물을 배달한 때에는 발송인에게 배달증명서를 우편으로 송부한다. 다만, 발송인이 원하는 경우에는 정보통신망을 통한 전자적 방법으로 송부할 수 있다.

제59조[발송후 배달증명 청구] 등기우편물의 발송인 또는 수취인은 우편물을 발송한 다음날부터 1년까지는 우체국에 당해 특수우편물수령증·주민등록증등의 관계자료를 내보여 동 우편물의 발송인 또는 수취인임을 입증하고 그 배달증명을 청구할 수 있다. 다만, 내용증명우편물에 대한 배달증명의 청구기간은 우편물을 발송한 다음 날부터 3년까지로 한다.

제6관 특급취급

제60조 삭제 〈2010. 9. 1.〉

제61조[국내특급우편] ①제25조제1항제5호에 따른 국내특급우편물에는 발송인이 그 표면의 보기 쉬운 곳에 "국내특급"의 표시를 하여야 한다.
② 삭제
③국내특급우편물의 배달은 다음 각 호의 기준에 따른다.
1. 도착된 특급우편물은 가장 빠른 배달편에 배달한다.
2. 수취인의 부재등의 사유로 1회에 배달하지 못한 특급우편물을 다시 배달하는 경우 2회째에는 제1호에 따른 배달의 예에 따르고, 3회째에는 통상적인 배달의 예에 따른다.

3. 수취인의 거주이전등으로 배달하지 못한 특급우편물을 전송하거나, 성명·주소등의 불명으로 반환하는 경우에는 전송 또는 반환하는 날의 다음날까지 송달한다.
④ 삭제 〈1997. 12. 31.〉
⑤ 삭제 〈1997. 12. 31.〉
⑥ 국내특급우편물의 취급지역·취급우체국·취급시간 그 밖에 필요한 사항은 관할지방우정청장이 정하여 고시한다.

제61조의2 삭제 〈2010. 9. 1.〉

제7관 특별송달

제62조[특별송달] ①다른 법령에 의하여 「민사소송법」이 정하는 방법으로 송달하여야 할 서류를 내용으로 하는 등기통상우편물은 이를 제25조제1항제6호의 규정에 의한 특별송달로 할 수 있다.
②특별송달우편물을 발송할 때에는 그 표면의 왼쪽 중간에 "특별송달"의 표시를 하고, 그 뒷면에 송달상 필요한 사항을 기재한 우편송달통지서용지를 첨부하여야 한다.

제63조[특별송달우편물의 배달] ①특별송달우편물을 배달하는 때에는 우편송달통지서의 해당란에 수령인의 서명(전자서명을 포함한다) 또는 날인을 받아야 한다.
②특별송달우편물의 수령을 거부하는 때에는 다음 각호의 1에 해당하는 경우를 제외하고는 그 장소에 우편물을 두어 유치송달할 수 있다.
1. 수취인의 장기간 부재등으로 대리수령인이 그 우편물을 수취인에게 전달할 수 없는 사유가 입증된 경우
2. 우편물에 기재된 주소지에 수취인이 사실상 거주하지 아니하는 경우
③특별송달우편물을 배달한 때에는 배달우체국에서 당해우편물에 첨부된 우편송달통지서에 송달에 관한 사실(제2항의 경우에는 유치송달의 사유 또는 제2항 각호의 사유를 포함한다)을 기재하여 발송인에게 등기우편으로 송부하여야 한다. 다만, 발송인이 원하는 경우에는 정보통신망을 통한 전자적 방법으로 송부할 수 있다.

제8관 민원우편

제64조[민원우편물] ①제25조제1항제7호의 규정에 의한 민원우편에 의하여 민원서류를 발급받고자 하는 자는 민원서류의 발급에 필요한 서류와 발급수수료를 우정사업본부장이 발행하는 민원우편발송용 봉투에 함께 넣어 발송하여야 한다. 다만, 정보통신망을 통하여 민원서류를 발급받고자 하는 경우에는 우정사업본부장이 따로 정하는 방법에 의한다
②민원서류를 발급한 기관은 발급된 민원서류와 민원인으로부터 우편으로 송부된 통화중에서 발급수수료를 뺀 잔액의 통화를 우정사업본부장이 발행하는 민원우편회송용 봉투에 함께 넣어 회송해야 한다.
③민원우편물을 발송·회송 및 배달하는 경우에는 국내특급우편물로 취급하여야 한다. 민원우편물을 수취인부재등의 사유로 배달하지 못하여 다시 배달하는 경우 및 배달하지 못한 민원우편물을 전송 또는 반환하는 경우에도 또한 같다.

제65조[민원우편물의 금액표기] 제64조제1항 및 제2항의 규정에 의하여 통화를 발송하거나 회송하는 경우에는 그 민원우편의 발송용봉투 또는 회송용봉투의 해당란에 그 금액을 기재하여야 한다.

제9관 삭제

제66조 – 제68조 삭제 〈1997. 12. 31.〉

제10관 팩스우편 〈개정 2022. 1. 4.〉

제69조[팩스우편] ① 제25조제1항제9호에 따른 팩스우편물을 우체국에서 발송하려는 자는 통신문 및 수취인 성명 등 팩스에 필요한 사항을 우체국에 제출해야 한다.
② 우체국은 발송인으로부터 제출 받은 통신문을 전송한 후에는 발송인에게 돌려주어야 한다.
③팩스우편의 취급지역·취급우체국 기타 필요한 사항은 우정사업본부장이 정하여 고시한다.

제70조 삭제 〈2014. 12. 4.〉

제11관 우편주문판매

제70조의2[우편주문판매의 신청] 제25조제1항제10호에 따른 우편주문판매로 물품을 구매하려는 자는 우체국 창구, 정보통신망 또는 방송채널 등을 통하여 주문신청을 하고 그 대금을 지급하여야 한다.

제70조의3[우편주문판매 취급조건 등] 우정사업본부장은 우편주문판매로 취급하는 물품의 종류 및 주문방법 등에 관하여 필요한 사항을 인터넷 홈페이지 등에 게시하여야 한다.

제12관 광고우편

제70조의4[광고우편의 광고금지] 다음 각호의 1에 해당하는 광고는 이를 광고우편으로 게재할 수 없다.
1. 공공의 질서와 선량한 풍속을 저해하는 광고
2. 국민의 건전한 소비생활을 저해하는 광고
3. 우편사업에 지장을 주는 광고
4. 특정단체의 정치적 목적을 위한 광고
5. 과대 또는 허위의 광고

제70조의5[광고우편의 이용조건] 광고우편의 이용조건등 역무 제공에 관하여 필요한 사항은 우정사업본부장이 정한다.

제13관 전자우편

제70조의6[전자우편의 접수] 제25조제1항제12호의 규정에 의한 전자우편은 우정사업본부장이 정하는 방식에 따라 우체국 창구 또는 정보통신망 등을 이용하여 접수하여야 한다.

제70조의7[전자우편물의 취급조건] 전자우편물의 인쇄·봉함 및 배달등 취급조건에 관하여는 우정사업본부장이 이를 정하여 고시한다.

제14관 그 밖의 선택적 우편역무

제70조의8[우편물 방문접수의 이용조건] 제25조제1항제13호의 규정에 의한 우편물 방문접수의 대상우편물·통수 및 취급우체국등 우편물 방문접수에 관하여 필요한 사항은 우정사업본부장이 정하여 고시한다.

제70조의9[우편용품의 조제·판매] 우정사업본부장은 우편이용자의 편의를 도모하기 위하여 특수취급에 필요한 봉투 또는 우편물 포장상자등 우편관련 용품을 조제·판매할 수 있다.

제70조의10 삭제

제70조의11[착불배달의 취급범위 및 배달방법] 제25조제1항제16호에 따른 착불배달의 취급범위 및 배달방법 등에 관하여 필요한 사항은 우정사업본부장이 정하여 고시한다.

제70조의12[계약등기의 종류 및 취급관서] 제25조제1항제17호에 따른 계약등기의 종류, 취급관서 및 이용조건 등에 관하여 필요한 사항은 우정사업본부장이 정하여 고시한다.

제70조의13[회신우편의 회신방법] 제25조제1항제18호에 따른 회신우편의 회신방법 등에 관하여 필요한 사항은 우정사업본부장이 정하여 고시한다.

제70조의14[본인지정배달의 배달방법] 제25조제1항제19호에 따른 본인지정배달의 배달방법 등에 관하여 필요한 사항은 우정사업본부장이 정하여 고시한다.

제70조의15[우편주소 정보제공의 방법] 제25조제1항제20호에 따른 우편주소 정보제공의 방법 등에 관하여 필요한 사항은 우정사업본부장이 정하여 고시한다.

제70조의16[우편물 반환 정보 제공의 방법] 제25조제1항제21호에 따른 우편물의 반환 정보 제공의 방법 등에 관하여 필요한 사항은 우정사업본부장이 정하여 고시한다.

제70조의17[선거우편의 취급 및 배달] ① 제25조제1항제22호에 따른 선거우편(이하 이 조에서 "선거우편"이라 한다)은 우정사업본부장이 정하여 고시하는 우체국에서 접수한다.
② 선거우편의 취급절차 및 발송방법 등에 관하여 선거 또는 투표 관련 법령에서 특별히 정하는 경우를 제외하고는 우정사업본부장이 정한다.

제70조의1 8[복지우편의 이용조건] 제25조제1항제23호에 따른 복지우편의 이용조건 등에 관하여 필요한 사항은 우정사업본부장이 정하여 고시한다. (2024.7.24. 신설)

제70조의19 [국제우편 연계 서비스의 이용조건] 제25조제1항제24호에 따른 국제우편 연계 서비스의 이용조건 등에 관하여 필요한 사항은 우정사업본부장이 정하여 고시한다.(2024.7.24. 신설)

제3장 우편에 관한 요금
제1절 우표류의 관리 및 판매

제71조[우표류의 판매기관등] ①우표류는 우체국과 다음 각호의 자가 판매한다.

1. 우표류를 판매하고자 하는 장소의 소재지를 관할하는 우체국장(열차 또는 선박에서 우표류를 판매하고자 하는 자는 그 시발지, 종착지 또는 선적항을 관할하는 우체국장)과 국내에서의 우표류판매업무에 관한 계약을 체결한 자(이하 "국내판매인"이라 한다)

2. 우정사업본부장과 국내에서의 우표류 수집 및 취미우표 등을 보급하는 업무(이하 "우취보급업무"라 한다)에 관한 계약을 체결한 자(이하 "국내보급인"이라 한다)

3. 우정사업본부장과 해외에서의 우취보급업무에 관한 계약을 체결한 자(이하 "국외보급인"이라 한다)

② 삭제

제71조의2[국내판매인등의 자격요건] ①국내판매인이 되고자 하는 자는 다음 각호의 요건을 갖추어야 한다.

1. 우표류를 일반공중에게 판매하는 것을 목적으로 할 것

2. 계약신청일전 1년이내에 제81조제1항의 규정에 의한 계약해지를 받은 사실이 없을 것

3. 삭제

②제1항의 요건을 갖춘 자로서 「장애인복지법」 제2조의 규정에 의한 장애인 또는 65세이상인 자가 국내 우표류판매업무계약을 신청하는 경우에는 우선적으로 계약할 수 있다.

③국내보급인은 우표문화의 향상과 우취보급업무를 목적으로 설립된 법인으로 한다.

④국외보급인은 다음 각호의 1에 해당하는 자로 한다.

1. 국외에 우표류 거래처를 100개소이상 가진 자로서 국외에서 우표류 및 우표류를 소재로 한 작품을 연간 미합중국통화 5만달러이상 판매한 실적이 있는 자

2. 국외에 지사를 5개소이상 가진 수출업자로서 연간 미합중국통화 1천만달러이상 수출실적이 있는 자

3. 우표문화의 향상과 우취보급업무를 위하여 우정사업본부장이 필요하다고 인정하는 법인 또는 단체

제72조 - 제76조 삭제 〈2014. 12. 4.〉

제76조의2[우표류의 정가판매등] ①우표류는 제76조의3의 규정에 의한 할인판매의 경우외에는 정가로 판매하여야 한다. (2024.7.24. 단서삭제)

②우표류의 판매기관에서 판매한 우표류에 대하여는 환매 또는 교환의 청구를 할 수 없다. 다만, 다음 각호의 1에 해당하는 경우에는 동일한 금액에 해당하는 우표류로 교환의 청구를 할 수 있다.

1. 사용하지 아니한 우표류로서 더럽혀지거나 헐어 못쓰게 되지 아니한 경우

2. 우편요금이 표시된 인영외의 부분이 더럽혀지거나 헐어 못쓰게 되어 사용하지 아니한 우편엽서 및 항공서간으로서 우정사업본부장이 고시하는 교환금액을 납부한 경우. 이 경우 헐어 못쓰게 된 경우에는 그 남은 부분이 3분의 2이상이어야 한다.

③제2항 단서의 규정에 의하여 교환을 청구하고자 하는 자는 교환청구서에 교환하고자 하는 우표·우편엽서 또는 항공서간을 첨부하여 우체국에 제출하여야 한다.

제76조의3[우표류의 할인판매등] ①우체국은 별정우체국·우편취급국 및 판매인에게, 별정우체국은 우편취급국 및 국내판매인에게 우표류를 할인하여 판매할 수 있다.

②제1항에 따른 우표류의 할인율은 다음 각 호의 범위에서 우정사업본부장이 정하여 고시한다.

1. 별정우체국·우편취급국·국내판매인 및 국내보급인 : 월간 매수액의 100분의 15이내

2. 국외보급인 : 매수액의 100분의 50이내

③제1항에 따라 할인하여 판매한 우표류는 다음 각호의 어느 하나에 해당하는 우표류에 한하여 환매 또는 교환할 수 있다.

1. 판매를 폐지한 우표류

2. 판매에 부적합한 우표류

3. 고의 또는 과실에 의하지 아니하고 더럽혀 못쓰게 된 우표류

④우정사업본부장은 제3항에도 불구하고 우표류의 원활한 보급을 위하여 특히 필요하다고 인정하는 경우에는 국내보급인 또는 국외보급인이 할인매수한 우표류를 교환할 수 있다.

⑤판매인이 계약을 해지하거나 사망한 때에는 본인 또는 상속인은 그 잔여 우표류에 대하여 매수당시의 실제매수가액으로 계약우체국(국내보급인 및 국외보급인의 경우에는 우표류를 매수한 우체국)에 그 환매를 청구할 수 있다.

제77조 삭제 〈2014. 12. 4.〉

제78조 삭제 〈2014. 12. 4.〉

제79조[별정우체국등의 우표류판매장소] 별정우체국 및 우편취급국은 매수한 우표류를 각각 해당 별정우체국 및 우편취급국의 창구에서만 판매하여야 한다.

제80조[통신판매] ①우정사업본부장은 우표류를 수집하는 자의 구입편의를 위하여 새로 발행하는 우표류를 통신판매할 수 있다.

②수취인의 주소불명등으로 배달할 수 없는 통신판매우표류는 법 제36조의 규정을 준용하여 처리한다.

제81조[우표류 판매업무계약의 해지] ① 계약우체국장은 국내판매인이 다음 각 호의 어느 하나에 해당하는 때에는 그 계약을 해지할 수 있다.

1. 제71조제1항제1호에 따른 계약을 위반한 경우

2. 제71조의2제1항에 따른 자격요건에 미달하게 된 경우

3. 제76조의2제1항에 따른 정가를 위반하여 우표류를 판매한 경우(2024.7.24.개정)

② 우정사업본부장은 국내보급인 또는 국외보급인이 다음 각 호의 어느 하나에 해당하는 경우에는 그 계약을 해지할 수 있다.

1. 제71조제1항제2호 및 제3호에 따른 계약을 위반한 경우

2. 제71조의2제3항 및 제4항에 따른 자격요건에 미달하게 된 경우

3. 제1항제3호에 해당하는 경우

제82조[우표류의 관리등] ①우표류는 우정사업본부장이 지정하는 물품출납공무원 또는 물품운용관이 이를 관리한다.

②제1항의 규정에 의한 물품출납공무원 또는 물품운용관이 관리하는 우표류를 망실한 때에는 그 정가에 해당하는 금액을, 더럽혀지거나 헐어 못쓰게 된 때에는 그 조제에 소요된 실비액을 변상하여야 한다.

③우표류의 출납·보관 기타 처분등에 관하여 필요한 사항은 우정사업본부장이 정한다.

제82조의2[우표류의 기증 및 사용] ①우정사업본부장은 국제협력의 증진과 정보통신사업의 발전 및 우표문화의 보급등을 위하여 특히 필요하다고 인정하는 때에는 우표류 및 시험인쇄한 우표를 기증할 수 있다.

②우표류는 그 조제를 위한 자료로 사용하거나 판매를 위한 견본으로 사용할 수 있다.

③제1항의 규정에 의한 우표류의 기증에 관하여 필요한 사항은 우정사업본부장이 정한다.

제2절 수수료

제83조[우편역무수수료의 부가] 제25조제3항의 규정에 의하여 우편역무에 다른 우편역무를 부가한 경우에는 그 부가한 우편역무의 수수료를 가산하여 납부하여야 한다.

제84조[반환취급수수료] ①영 제11조제2호에 따라 등기우편물을 반환하는 경우에는 발송인으로부터 반환취급수수료를 징수한다. 다만, 배달증명우편물·특별송달우편물·민원우편물 및 회신우편물의 경우에는 그러하지 아니하다.

②등기우편물의 반환 도중 반환취급수수료의 변동이 있는 경우에는 해당 등기우편물이 발송인의 주소지 배달우체국에 도착한 날을 기준으로 하여 이를 징수한다.

③제1항의 규정에 불구하고 우체국과 발송인과의 사전계약에 따라 발송하는 소포우편물 및 계약등기우편물을 반환하는 경우에는 그 계약에서 정한 반환취급수수료를 징수한다.

제3절 우편요금등의 감액

제85조[우편요금등의 감액대상우편물] 법 제26조의2제2항에 따라 법 제19조에 따른 요금등(이하 "우편요금등"이라 한다)을 감액할 수 있는 우편물의 종류 및 수량은 다음과 같다.

1. 통상우편물

　가.「신문 등의 진흥에 관한 법률」 제2조제1호에 따른 신문(그와 관련된 호외·부록 또는 증간을 포함한다)과 「잡지 등 정기간행물의 진흥에 관한 법률」 제2조제1호가목·나목 및 라목의 정기간행물(그와 관련된 호외·부록 또는 증간을 포함한다) 중 발행주기를 일간·주간 또는 월간으로 하여 월 1회 이상 정기적으로 발송하는 것으로서 중량과 규격이 같은 요금별납 또는 요금후납 일반우편물. 다만, 우정사업본부장이 공공성·최소발송부수 및 광고게재한도 등을 고려하여 고시하는 기준에 미달하는 것은 제외한다.

　나. 표지를 제외한 쪽수가 48쪽이상인 책자의 형태로 인쇄·제본되어 발행인·출판사 또는 인쇄소의 명칭중 어느 하나와 쪽수가 각각 표시되어 발행된 서적으로서 요금별납 또는 요금후납 일반우편물(상품의 선전 및 그에 관한 광고가 전지면의 10분의 1을 초과하는 것을 제외한다)

　다. 우편물의 종류와 중량 및 규격이 같은 우편물로서 우정사업본부장이 정하여 고시하는 수량(이하 "감액기준 수량"이라 한다) 이상 발송하는 요금별납 또는 요금후납 일반우편물

　라. 「비영리민간단체지원법」 제4조에 따라 등록된 비영리민간단체가 공익활동을 위하여 발송하는 요금별납 또는 요금후납 일반우편물

　마. (2024.7.24.삭제)

　바. 감액기준 수량 이상 발송하는 요금별납 또는 요금후납 등기우편물

　사. 상품의 광고에 관한 우편물로서 종류와 규격이 같고 감액기준 수량 이상 발송하는 요금별납 또는 요금후납 일반우편물

　아. 영 제3조제4호에 해당하는 상품안내서로서 중량과 규격이 같고, 감액기준 수량 이상 발송하는 요금후납 일반우편물

2. 소포우편물

　가. 우체국 창구에서 접수하는 우편물로서 감액기준 수량 이상 발송하는 일반 또는 등　　　기 우편물

　나. 발송인을 방문하여 접수하는 우편물로서 감액기준 수량 이상 발송하는 등기우편물

　다. 삭제

제86조[우편요금등의 감액요건] ①제85조제1호 가목에 해당하는 우편물에 대하여 우편요금의 감액을 받고자 하는 자는 우정사업본부장이 정하여 고시하는 바에 따라 우체국과 우편물정기발송계약을 체결하고 그 계약내용에 적합하도록 우편물을 제출하여야 한다.

②제85조제1호 나목 및 다목에 해당하는 우편물에 대하여 우편요금의 감액을 받고자 하는 자는 우정사업본부장이 정하여 고시하는 요건에 적합하도록 하여 지정된 우체국에 우편물을 제출하여야 한다.

③제85조제1호 라목에 해당하는 우편물에 대하여 우편요금의 감액을 받고자 하는 자는 우정사업본부장이 정하여 고시하는 요건에 적합하도록 하여 비영리 민간단체 등록증 사본을 우체국에 제출하여야 한다.

④제85조제1호 사목 또는 아목에 해당하는 우편물에 대하여 우편요금의 감액을 받고자 하는 자는 우정사업본부장이 정하여 고시하는 요건에 적합하도록 하여 지정된 우체국에 우편물을 제출하여야 한다. (2024.7.24.개정)

⑤제85조제1호 바목에 해당하는 우편물에 대하여 우편요금등의 감액을 받고자 하는 자는 우편물접수목록을 작성하여 우편물과 함께 우체국에 제출하는 등 우정사업본부장이 정하여 고시하는 요건에 적합한 방법에 의하여야 한다.

⑥제85조제2호 가목에 해당하는 우편물에 대한 우편요금등의 감액요건은 우정사업본부장이 정하여 고시하며, 우편요금등의 감액을 받고자 하는 자는 우정사업본부장이 정하여 고시하는 우체국에 우편물을 제출하여야 한다
⑦제85조제2호나목에 해당하는 우편물에 대한 우편요금등의 감액요건은 우정사업본부장이 정하여 고시한다. ⑧발송인이 제출한 우편물이 제1항부터 제7항까지의 규정에 따른 요건에 적합하지 아니하는 때에는 발송우체국장은 그 요건에 적합하도록 시정을 요구할 수 있으며 발송인이 이를 거절하는 때에는 우편물의 전부 또는 일부에 대하여 그 우편요금등을 감액하지 아니할 수 있다.

제87조[우편요금등의 감액의 범위] ①제85조제1호 가목 또는 나목에 해당하는 우편물로서 제86조제1항 또는 제2항에 따른 요건을 갖춘 우편물에 대한 우편요금감액은 우정사업본부장이 정하여 고시한다.
②제85조제1호 다목·라목 또는 사목에 해당하는 우편물로서 각각 제86조제2항부터 제4항까지의 규정에 따른 요건을 갖춘 우편물에 대한 우편요금감액률은 납부하여야 할 요금의 100분의 75의 범위안에서 우정사업본부장이 정하여 고시한다.
③제85조제1호바목 또는 아목에 해당하는 우편물로서 제86조제4항 또는 제5항에 따른 요건을 갖춘 우편물에 대한 우편요금감액은 우정사업본부장이 정하여 고시한다. (2024.7.24.개정)
④제85조제2호 가목에 해당하는 우편물로서 제86조제6항에 따른 요건을 갖춘 우편물에 대한 우편요금등의 감액률은 납부하여야 할 우편요금등의 100분의 75의 범위안에서 우정사업본부장이 정하여 고시한다.
⑤제85조제2호나목에 해당하는 우편물로서 제86조제7항에 따른 요건을 갖춘 우편물에 대한 우편요금등의 감액률은 우정사업본부장이 정하여 고시한다.
⑥제1항부터 제5항까지의 규정에 따른 우편요금등의 감액의 계산에 있어서 10원미만의 단수는 이를 계산하지 아니한다.
⑦감액할 우편요금이 이미 납부된 때에는 우체국장은 다음에 납부하여야 할 우편요금에서 이를 차감할 수 있다.

제3절의2 우편요금의 납부방법

제87조의2[우편요금의 납부방법] ① 법 제20조제6호에서 "우편요금이 인쇄된 라벨 등 과학기술정보통신부령으로 정하는 납부방법"이란 우편요금의 납부 용도로 우편요금이 인쇄되어 있는 라벨로서 우편물에 부착하는 라벨(이하 "선납라벨"이라 한다)을 말한다.
② 선납라벨의 종류 및 취급방법은 우정사업본부장이 정한다.

제4절 우편요금등 납부의 특례
제1관 삭제 〈2014. 12. 4.〉

제88조 삭제 〈2014. 12. 4.〉

제89조 삭제 〈2014. 12. 4.〉

제2관 우편요금표시기의 사용

제90조[우편요금표시기의 사용신청 등] ①영 제26조제1항의 규정에 의하여 우편요금표시기(이하 "표시기"라 한다)를 사용해 우편물을 발송하려는 자는 사전에 발송우체국장으로부터 인영번호를 부여받아 그 인영번호가 표시된 표시기와 다음 각 호의 사항을 기재 또는 첨부한 신청서를 발송우체국장에게 제출하여야 한다.
1. 표시기의 명칭·구조 및 조작방법
2. 표시기인영번호
3. 발송우체국명
4. 발송인의 성명·주소와 우편번호
5. 표시기인영의 견본 10매
②제1항제5호의 표시기인영 견본은 다음 각호의 사항이 선명히 표시되어야 한다.
1. 우편요금등
2. 발송우체국명
3. 발송연월일
4. 표시기인영번호

제91조[표시기의 사용] 표시기를 사용하는 자는 사용 시 발송우체국장의 지시사항을 지켜야 한다.

제92조[표시기사용우편물의 발송] ①표시기사용우편물에는 그 발송인이 우편물 표면의 오른쪽 윗부분에 표시기로 인영을 선명히 표시하여야 한다.
②표시기사용우편물을 발송하는 때에는 표시기별납우편물발송표(이하 "발송표"라 한다)에 다음 각호의 사항을 기재하여 발송우체국에 제출하여야 한다.
1. 표시기의 번호와 명칭
2. 발송통수 및 요금(수수료를 포함한다. 이하 이 조에서 같다)
3. 표시기의 전회요금표시액
4. 표시기의 금회요금표시액
5. 사용하지 아니한 인영증지·인영봉투등의 매수와 합계금액
6. 발송일자
7. 발송인의 성명·주소
③표시기사용우편물의 발송인은 표시기사용우편물의 요금으로서 제2항제3호 및 제4호의 표시액의 차액을 현금으로 납부하여야 한다. 다만, 잘못 표시되거나 기타 부득이한 사정으로 요금납부에 사용하지 아니한 인영증지·인영봉투등이 있는 경우에는 그 표시된 금액을 납부할 요금에서 공제하여야 한다. 이 경우 사용하지 아니한 인영증지·인영봉투등을 발송표에 첨부하여야 한다.
④표시기에 의하여 표시된 금액이 납부할 요금보다 부족한 때에는 그 부족액에 해당하는 우표를 붙여야 한다.
⑤표시기사용우편물에는 제4항의 우표를 소인하는 경우를 제외하고는 우편날짜도장을 찍지 않는다.
⑥제2항 및 제3항의 규정에 불구하고 발송우체국에 정보통신망을 통하여 발송내역을 통보하고 요금을 별도로 납부하

는 표시기를 이용하여 우편물을 발송하는 경우 그 발송조건 및 요금납부등에 관한 사항은 우정사업본부장이 정하여 고시한다.

제93조[다량의 표시기사용우편물] ①다량의 표시기사용우편물을 특수취급으로 하고자 할 때에는 발송우체국에서 교부하는 특수우편물수령증 및 그 원부에 발송인 및 수취인의 성명·주소와 기타 필요한 사항을 기재하여 제출하여야 한다.

② 발송우체국장은 다량의 표시기사용우편물의 발송인에게 그 취급장소를 따로 지정하거나 우편물의 종류별·지역별 또는 수취인 주소지의 우편번호별로 구분하여 발송하게 할 수 있다.

제93조의2[표시기 사용계약의 해지] 발송우체국장은 표시기의 사용자가 다음 각 호의 어느 하나에 해당하는 때에는 그 이용계약을 해지할 수 있다.

1. 표시기를 부정하게 사용한 때
2. 표시기의 인영을 위조 또는 변조하여 사용한 때
3. 표시기의 인영을 분실하고 이를 즉시 통보하지 않은 때
4. 우편요금등의 납부를 게을리 한 때

제3관 우편요금 수취인 부담

제94조[우편요금등의 수취인 부담의 이용신청] ① 영 제29조제1항제1호에 따른 우편요금등의 수취인 부담(이하 "요금수취인부담"이라 한다)의 이용신청, 우편물 표시·발송 등에 관한 사항은 우정사업본부장이 정하여 고시한다.

② 배달우체국장은 요금수취인부담과 관련된 우편요금등의 변동이 생긴 경우에는 제98조의2제2항에 따라 담보금액을 증감해야 한다.

③요금수취인부담우편물의 발송유효기간은 이용일부터 2년을 초과할 수 없다. 다만, 국가기관·지방자치단체 또는 공공기관의 경우에는 그러하지 아니하다.

제95조 삭제 〈2020. 2. 17.〉

제96조 삭제 〈2020. 2. 17.〉

제97조[요금수취인부담 이용계약의 해지] ①배달우체국장은 요금수취인부담의 이용계약자가 다음 각호의 1에 해당하는 때에는 그 이용계약을 해지할 수 있다.

1. 제94조제2항의 규정에 의한 통보를 게을리 한 때
2. 정당한 사유없이 요금수취인부담우편물의 수취를 거부한 때
3. 수취인의 부재 기타 사유로 수취장소에 1월이상 배달할 수 없을 때
4. 2월이상 요금수취인부담우편물을 이용하지 아니한 때
5. 제102조제1항제2호의 규정에 해당되어 요금후납 이용계약을 해지한 때

②요금수취인부담을 이용하는 자가 요금수취인부담 이용계약을 해지하고자 할 때에는 해지하기 15일전까지 배달우체국에 해지통보를 하여야 한다.

③제1항 또는 제2항의 규정에 의한 요금수취인부담 이용계

약의 해지이후 발송유효기간내에 발송된 우편물은 수취인에게 배달하여야 한다. 이 경우 수취인은 우편물의 수취를 거부할 수 없다.

④제3항의 규정에 의하여 요금수취인부담의 이용계약이 해지된 우편물을 수취인에게 배달한 경우에는 제98조의2제1항의 규정에 의한 보증금에서 당해우편물의 우편요금등을 뺀 금액을 당해우편물의 발송유효기간이 만료된 후 신청인에게 환급한다.

제4관 우편요금 후납

제98조[우편요금등의 후납] ①영 제30조에 따라 우편요금등의 후납(이하 "요금후납"이라 한다)을 할 수 있는 우편물은 다음 각 호와 같다. 다만, 국가 또는 지방자치단체에서 발송하는 우편물은 발송우체국장이 그 후납조건을 따로 정할 수 있다. 〈개정 2022. 1. 4.〉

1. 동일인이 매월 100통이상 발송하는 우편물
2. 법 제32조에 따른 반환우편물 중 요금후납으로 발송한 등기우편물
3. 삭제 〈2010. 9. 1.〉
4. 제25조제1항제9호에 따른 팩스우편물
5. 제25조제1항제12호의 규정에 의한 전자우편물
6. 제90조의 규정에 의한 표시기사용우편물
7. 제94조의 규정에 의한 우편요금수취인부담의 우편물
8. 우체통에서 발견된 습득물 중 우편물에서 이탈된 것으로 인정되지 아니하는 주민등록증

② 제1항에 따라 요금후납을 하려는 자는 발송우체국장에게 요금후납신청서를 제출해야 한다.

③ 요금후납을 하는 자는 매월 이용한 우편물의 우편요금등을 다음 달 20일까지 발송우체국에 납부해야 한다. 다만, 발송우체국장과 발송인과의 계약에 따라 접수하는 등기취급 소포우편물의 경우에는 다음 달 중에 그 계약서에 정한 날까지 납부할 수 있다.

④ 제1항부터 제3항까지에서 규정한 사항 외에 요금후납의 이용신청, 변경사항 통보, 우편물 표시 등 필요한 사항은 우정사업본부장이 정하여 고시한다.

⑤ 삭제 〈2014. 12. 4.〉

제98조의2[담보금의 제공] ①요금후납을 하고자 하는 자는 그가 납부할 1월분 우편요금등의 예상금액의 2배이상에 해당하는 금액의 보증금을 납부하거나 우정사업본부장이 지정하는 이행보증보험증권 또는 지급보증서를 제공하여야 한다. 다만, 국가·지방자치단체·공공기관, 「은행법」에 따른 은행 및 특별법에 의하여 설립된 공공기관과 우정사업본부장이 정하여 고시하는 기준에 적합한 자에 대하여는 담보의 제공을 면제할 수 있다.

②발송우체국장은 납부할 우편요금등의 변동에 따라 제1항의 규정에 의한 담보금액을 증감할 수 있다.

제99조 - 제101조 삭제 〈2014. 12. 4.〉

제102조[요금후납 계약의 해지 등] ①발송우체국장은 요금후납을 하는 자가 다음 각 호의 어느 하나에 해당한 때에는

그 계약을 해지할 수 있다.

1. 매월 100통이상의 우편물을 발송할 것을 조건으로 우편 요금등을 후납하는 자가 발송하는 우편물이 계속하여 2월 이상 또는 최근 1년간 4월이상 월 100통에 미달한 때

2. 제98조제3항의 규정에 의한 우편요금등의 납부를 최근 1년간 3회이상 태만히 한 때

3. 제98조의2의 규정에 의한 담보금을 제공하지 않은 때

② 요금후납으로 우편물을 발송하는 자가 요금후납 계약을 해지하고자 할 때에는 이를 발송우체국에 통보하여야 한다.

③ 제1항 및 제2항의 규정에 의하여 요금후납 계약을 해지하고자 할 때에는 그 납부하여야 할 우편요금등을 즉시 납부하여야 한다.

제103조[담보금의 반환] 요금후납계약을 해지한 경우 제98조의2에 따른 담보금은 납부하여야 할 우편요금등을 빼고 그 잔액을 되돌려 주어야 한다.

제5절 삭제 〈2014. 12. 4.〉

제104조 삭제 〈2014. 12. 4.〉

제6절 무료우편물

제105조[무료우편물의 발송] ① 법 제26조에 따른 무료우편물에는 발송인이 그 우편물 표면의 윗부분 오른쪽에 다음 각 호의 구분에 따라 표시하여야 한다.

1. 법 제26조제1호 및 제2호에 해당하는 우편물: "우편사무"

2. 법제26조제3호에 해당하는 우편물: "구호우편"

3. 법제26조제4호에 해당하는 우편물: "시각장애인용우편"

4. 법 제26조제5호에 해당하는 우편물: "전쟁포로우편"

② 무료우편물의 발송인 또는 수취인이 국가·지방자치단체 또는 공무원인 경우에는 그 기관명 또는 직위 및 성명을, 개인, 기관 또는 단체인 경우에는 그 성명, 기관명 또는 단체명 및 주소를 우편물의 외부에 기재하여야 한다.

③ 제1항 및 제2항을 위반한 우편물은 무료우편물로 취급하지 아니한다.

④ 법 제26조제3호 및 제5호에 따른 무료우편물에 대해서는 우정사업본부장이 정하는 바에 따라 해당 발송기관의 장이 인정하는 것만 해당한다.

⑤ 제4항에 따른 무료우편물을 발송할 때에는 우편물의 종별 및 수량 등을 기재한 발송표를 발송우체국에 제출하여야 한다.

⑥ 무료우편물은 우정사업본부장이 특별히 정하는 것을 제외하고는 특수취급을 하지 아니한다.

⑦ 무료우편물의 발송에 관하여는 제100조제3항 및 제4항을 준용한다. 이 경우 "요금후납우편물"을 "무료우편물"로 본다.

제106조 삭제 〈2016. 3. 16.〉

제4장 우편물의 송달
제1절 통칙

제107조[우편물의 발송] ① 특수취급이 아닌 통상우편물은 우체통(우정사업본부장이 설치한 무인우편물 접수기기를 포함한다)에 투입하여 발송하여야 한다. 다만, 우편물의 용적이 크거나 일시 다량발송으로 인하여 우체통(우정사업본부장이 설치한 무인우편물 접수기기를 포함한다)에 투입하기 곤란한 경우와 이 규칙에서 달리 정하는 경우에는 그러하지 아니하다.

② 소포우편물과 특수취급으로 할 통상우편물은 우체국 창구(우정사업본부장이 설치한 무인우편물 접수기기를 포함한다)에 이를 제출하여야 한다.

③ 제1항 및 제2항의 규정에 의하여 우편물을 발송하기 곤란한 특별한 사정이 있는 경우에는 우정사업본부장이 정하는 바에 따라 우편물 집배원에게 우편물의 발송을 의뢰할 수 있다.

제108조 삭제 〈2014. 12. 4.〉

제109조 삭제 〈2014. 12. 4.〉

제110조[우편물의 전송을 위한 주거이전 신고 등] ① 법 제31조의2제1항에 따라 주거이전을 신고하려는 자는 별지 제1호서식을 작성하여 우체국장에게 제출하여야 한다. 이 경우 우체국장은 다음 각 호의 서류를 확인하여야 한다.

1. 신고인이 본인임을 증명할 수 있는 서류

2. 주거이전을 증명할 수 있는 서류

3. 대리인이 신고하는 경우에는 위임받은 사실을 증명할 수 있는 서류

② 법 제31조의2제1항에 따라 주거이전을 신고한 자가 그 신고를 철회하려는 경우 또는 주거이전을 신고한 날부터 3개월이 지난 후에도 주거이전을 신고한 곳으로 도착하는 우편물을 받으려는 경우에는 별지 제1호서식을 작성하여 우체국장에게 신고하여야 한다. 이 경우 우체국장은 다음 각 호의 서류를 확인하여야 한다.

1. 신고인이 본인임을 증명할 수 있는 서류

2. 대리인이 신고하는 경우에는 위임받은 사실을 증명할 수 있는 서류

③ 우체국장은 제1항에 따라 주거이전을 신고한 자가 동의하는 경우에는 「전자정부법」 제36조제1항에 따라 행정정보의 공동이용을 통하여 주거이전을 증명할 수 있는 서류를 확인할 수 있다.

제111조[잘못 배달된 우편물의 반환등] ① 잘못 배달된 우편물 또는 수취인이 주거를 이전한 우편물을 받은 자는 즉시 해당 우편물에 그 뜻을 기재한 쪽지를 붙여 우체통에 투입하거나 우체국에 돌려주어야 한다.

② 제1항의 경우 잘못하여 그 우편물을 개봉한 자는 다시 봉함한 후 그 사유를 쪽지에 적어 붙여야 한다.

제112조[우편물의 조사] ① 우체국장은 업무상 필요에 의한

관계자료로서 우편물의 봉투·포장지 또는 수취한 엽서등의 확인을 위하여 우편물 수취인에게 협조를 요청할 수 있다.

②제1항의 규정에 의한 확인을 마친 경우에는 수취인에게 이를 반환하여야 한다.

제112조의2(반환 거절의 의사 및 반환의사의 표시방법) ①
법 제32조제1항제1호에 따라 반환 거절의 의사를 우편물에 기재하려는 자는 우편물 표면 좌측 중간에 "반환 불필요"라고 표시해야 한다.

② 법 제32조제1항제2호 본문에서 "과학기술정보통신부령으로 정하는 우편물"이란 통상우편물(취급과정을 기록취급하는 우편물은 제외한다)로서 다음 각 호에 해당하는 우편물을 말한다.

1. 영 제25조제1항에 따라 우편요금등을 따로 납부하는 우편물
2. 제98조제1항제1호에 따른 우편물 〈2024.7.24.개정〉

③ 법 제32조제1항제2호 단서에 따라 제2항에 따른 우편물에 반환의사를 기재하려는 자는 우편물 표면 좌측 중간에 "반환" 또는 "우편물 송달 불능 시 반환 필요"라고 표시해야 한다.

제112조의3(반환우편물의 처리) 법 제32조제3항에 따라 우편물을 발송인에게 되돌려 보낼 때에는 수취인불명, 수취거부 등의 반환사유를 우편물의 표면에 기재하여야 한다.

제2절 사설우체통

제113조 - 제121조 삭제 〈1999. 1. 21.〉

제2절의2 보관교부

제121조의2(우체국보관 우편물의 보관기간) 영 제43조제6호의 규정에 의한 우편물의 보관기간은 우편물이 도착한 다음 날부터 기산하여 10일로 한다. 다만, 교통이 불편하거나 그 밖의 사유로 인하여 수취인이 10일 이내에 우편물을 교부받을 수 없다고 인정될 때에는 20일의 범위안에서 이를 연장할 수 있다.

제121조의3(보관교부지 우편물의 교부) ①영 제43조제7호에 따른 교통이 불편하여 통상의 방법으로 우편물 배달이 어려운 지역(이하 "보관교부지"라 한다)에 송달하는 우편물은 배달우체국에서 보관하고 수취인의 청구에 따라 내준다. 다만, 보관교부지에 거주하는 자가 미리 당해배달우체국 관할구역안의 일정한 곳을 지정하여 배달할 것을 신청한 때에는 그 곳에 배달하여야 한다.

②제1항에 따른 우편물의 보관기간은 우편물이 도착한 다음 날부터 기산하여 30일로 하고, 보관교부지는 관할지방우정청장이 정하여 공고하여야 한다.

제121조의4(보관교부우편물의 기재사항변경등) ①제121조의2 및 제121조의3의 규정에 의하여 우체국에서 보관·교부할 우편물에 대하여는 수취인이 아직 교부받지 아니한 경우에 한하여 보관우체국을 변경하거나 배달장소를 지정하여 그

곳에 배달하여 줄 것을 보관우체국장에게 청구할 수 있다.

②제1항의 규정에 의한 보관우체국의 변경청구는 1회에 한한다.

③제121조의2 및 제121조의3제2항에 따른 보관기간이 경과된 우편물은 발송인에게 되돌려 주어야 한다.

제3절 우편사서함

제122조(우편사서함 사용신청 등) ① 영 제46조제2항에 따라 우편사서함(이하 "사서함"이라 한다)을 사용하려는 자는 별지 제2호서식을 작성하여 사서함이 설치된 우체국의 우체국장에게 제출하여야 한다.

②제1항의 신청을 받은 우체국장은 다음 각호의 순위에 따라 우선적으로 사서함 사용계약을 할 수 있다.

1. 국가기관 및 지방자치단체
2. 일일배달 예정물량이 100통이상인 다량 이용자
3. 우편물배달 주소지가 사서함 설치 우체국의 관할구역인 경우

제122조의2(사서함의 사용) ①사서함은 2인이상이 공동으로 사용할 수 없다.

② 사서함 사용자는 계약우체국장이 정하는 기간 내에 사서함의 자물쇠 및 열쇠의 제작실비에 해당하는 금액을 납부하여야 한다.

③계약우체국장은 사서함을 관리함에 있어서 필요하다고 인정할 때에는 사서함 사용자(사용계약 신청중에 있는 자를 포함한다)의 주소·사무소 또는 사업소의 소재지를 확인할 수 있다.

제122조의3(사서함 사용자의 통보) ① 사서함 사용자는 다음 각 호의 어느 하나의 내용이 변경된 경우에는 지체 없이 별지 제2호서식을 작성하여 계약우체국장에게 통보하여야 한다.

1. 사서함 사용자의 성명 또는 주소 등
2. 우편물의 대리수령인

② 사서함 사용자는 다음 각 호의 어느 하나에 해당하는 경우에는 지체 없이 별지 제2호서식을 작성하여 계약우체국장에게 통보하여야 한다.

1. 사서함이 훼손된 것을 발견한 경우
2. 사서함의 열쇠를 잃어버린 경우

제123조(열쇠의 교부등) ①계약우체국장은 사서함의 사용자에게 그 번호를 통지하고 사서함의 개폐에 사용하는 열쇠 한 개를 교부한다. 다만, 사용자의 요구가 있는 때에는 2개이상을 교부할 수 있다.

②사서함의 사용자는 제1항에도 불구하고 계약우체국장과 협의하여 사서함의 열쇠를 직접 제작하여 사용할 수 있다.

③제1항 단서의 규정에 의하여 2개이상의 열쇠를 교부받고자 하는 자는 추가 개수의 열쇠제작실비를 납부하여야 한다. 열쇠의 분실로 인한 추가교부의 경우에도 또한 같다.

제124조 삭제 〈2014. 12. 4.〉

제125조(사서함앞 우편물의 배달) ①사서함의 사용자가 공공기관·법인 기타 단체인 경우에 그 소속직원에게 배달할

우편물은 당해 사서함에 배부할 수 있다.

②사서함앞 우편물로서 등기우편물, 요금수취인부담우편물, 요금등이 미납되거나 부족한 우편물 또는 용적이 크거나 수량이 많아 사서함에 넣을 수 없는 우편물은 이를 따로 보관하고, 우편물배달증후지 또는 우편물을 따로 보관하고 있다는 뜻을 기재한 표찰을 사서함에 넣어야 한다.

제126조 삭제 〈2010. 9. 1.〉

제126조의2[사서함 사용계약 해지 등] ①계약우체국장은 사서함사용자가 다음 각 호의 어느 하나에 해당하는 때에는 사서함의 사용계약을 해지할 수 있다.

1. 사서함에 배달된 우편물을 정당한 사유없이 30일이상 수령하지 아니한 때

2. 최근 3월간 계속하여 사서함에 배달한 우편물의 통수가 월 30통에 미달한 때

3. 우편관계법령의 규정에 위반한 때

4. 공공의 질서 또는 선량한 풍속에 반하여 사서함을 이용한 때

②제1항에 따라 계약이 해지된 사서함에 배달된 우편물은 그 해지통지를 한 날부터 10일 이내에 사서함을 사용하였던 자의 교부신청이 없는 때에는 발송인에게 이를 되돌려 주어야 한다.

③사서함 사용자가 사서함 사용계약을 해지하려는 경우에는 별지 제2호서식에 그 해지예정일 및 계약을 해지한 후의 우편물 수취장소 등을 기재하여 해지예정일 10일 전까지 계약우체국장에게 통보하여야 한다.

제127조 삭제 〈2010. 9. 1.〉

제4절 우편수취함

제128조[개별 또는 공동수취함의 설치] 영 제43조제4호의 규정에 의한 개별 또는 공동수취함(이하 "마을공동수취함"이라 한다)은 배달우체국장이 설치한다.

제129조[마을공동수취함앞 우편물의 배달등] 마을공동수취함앞 우편물에 대한 배달 및 관리등은 우정사업본부장이 정하는 바에 따라 배달우체국장과 마을공동수취함을 관리하는 자와의 계약에 의하여 이를 정한다.

제130조[마을공동수취함의 관리수수료] 우정사업본부장은 마을공동수취함의 관리인에게 예산의 범위안에서 배달소요시간을 기준으로 한 실비를 수수료로 지급하여야 한다.

제131조[고층건물우편수취함의 설치] 영 제50조제1항의 규정에 의한 고층건물의 우편수취함(이하 "고층건물우편수취함"이라 한다)은 건물구조상 한 곳에 그 전부를 설치하기가 곤란한 경우에는 3층이하의 위치에 3개소이내로 분리하여 설치할 수 있다. 다만, 고층건물우편수취함 설치대상 건축물로서 그 1층 출입구, 관리사무실 또는 수위실등(출입구 근처에 있는 것에 한한다)에 우편물 접수처가 있어 우편물을 배달할 수 있는 경우에는 고층건물우편수취함을 설치하지 아니할 수 있다.

제132조[고층건물우편수취함등의 규격·구조등] 영 제50조제2항의 규정에 의한 고층건물우편수취함의 표준규격·재료·구조 및 표시사항은 우정사업본부장이 정하여 고시한다.

제133조[고층건물우편수취함의 관리·보수] ①건축물의 관리책임자 또는 사용자는 설치된 고층건물우편수취함이 그 사용에 지장이 없도록 이를 관리하여야 한다.

②고층건물우편수취함이 훼손된 경우 훼손된 날부터 15일 이내에 이를 보수하지 아니한 때에는 이를 우편수취함으로 보지 아니한다.

제134조[고층건물우편수취함에 넣을 수 없는 우편물의 배달] ① 다음 각 호의 어느 하나에 해당하는 경우에는 수취인에게 직접 배달해야 한다.

1. 요금수취인부담우편물

2. 양이 많거나 부피가 커서 고층건물우편수취함에 넣을 수 없는 우편물

② 제1항 각 호 외의 특수취급우편물은 수취인에게 직접 배달하는 것을 원칙으로 하되, 등기우편물은 영 제42조제3항 단서에 따라 전자 잠금장치가 설치된 고층건물우편수취함에 넣을 수 있다.

제135조[고층건물앞 우편물의 보관 및 반환] ①영 제51조제2항의 규정에 의하여 배달우체국에서 보관·교부할 우편물은 그 우편물이 배달우체국에 도착한 다음 날부터 10일간 이를 보관한다.

②제1항에 따른 기간이 경과하여도 우편물의 수취청구가 없는 경우에는 발송인에게 이를 되돌려 준다.

제5장 손해배상등

제135조의2[우편물의 손해배상금액 및 지연배달의 기준] ① 법 제38조제1항제1호 및 제2호에 따라 잃어버리거나 못쓰게 된 우편물의 손해배상금액은 다음과 같다.

1. 등기통상우편물: 10만원

2. 준등기통상우편물: 5만원

2의2. 선택등기통상우편물: 10만원

3. 등기소포우편물: 50만원

4. 민원우편물: 표기금액

5. 보험취급우편물: 신고가액

②법 제38조제1항제3호의 규정에 의한 현금추심취급 우편물의 손해배상금액은 그 추심금액으로 한다.

③제1항 및 제2항의 경우에 실제 손해액이 손해배상금액보다 적을 때는 그 실제 손해액을 배상한다.

④법 제38조제1항제1호 및 제2호의 규정에 의하여 배상하는 지연배달의 기준 및 배상금액은 별표 5와 같다.

제136조[손해의 신고등] ①등기우편물의 배달(반환을 포함한다. 이하 같다)에 있어서 수취인 또는 발송인이 그 우편물에 손해가 있음을 주장하여 수취를 거부하고자 할 때에는 집배원 또는 배달우체국에 그 사유를 통보하여야 한다.

②배달우체국장은 제1항에 따른 우편물이 외부에 파손의 흔적이 없고 중량에 차이가 없어 법 제40조에 해당한다고

인정하는 때에는 그 사유를 기재한 조서와 함께 수취를 거부한 자에게 우편물을 교부해야 하며, 그렇지 않다고 인정하는 때에는 수취를 거부한 다음 날부터 15일 이내에 기일을 정하여 수취를 거부한 자 또는 손해배상 청구권자의 출석을 요구하고 그 출석하에 해당 우편물을 개봉하여 손해의 유무를 검사해야 한다. 〈개정, 2022. 1. 4.〉

③제2항의 규정에 의한 검사결과 우편물에 손해가 없다고 인정하는 때에는 그 사유를 기재한 조서와 함께 동 우편물을 교부하고, 손해가 있다고 인정하는 때에는 손해조서를 작성하여 제135조의2의 규정에 의한 손해배상금을 지급한다.

제137조[수취를 거부한 자가 출석하지 아니한 때의 처리] 제136조제2항의 경우에 수취를 거부한 자 또는 손해배상청구권자가 지정기일에 출석하지 아니한 때에는 당해인에게 그 우편물을 배달하여야 한다.

제138조[손해배상청구의 취소] 우편물의 손해배상을 청구한 자가 그 청구를 취소한 때에는 우체국은 즉시 당해우편물을 청구인에게 교부하여야 한다.

제139조[손해배상금의 반환통지] 손해를 배상한 우체국에서 법 제45조의 규정에 의한 통지를 하는 때에는 영 제53조의 규정에 의한 반환금액·반환방법 및 우편물의 청구방법을 명시하여야 한다.

제140조 삭제

제6장 서신송달업자 등의 관리

제141조[서신송달업자의 신고 등] ① 법 제45조의2제1항에 따라 서신을 송달하는 업(이하 "서신송달업"이라 한다)을 신고하려는 자는 별지 제3호서식의 서신송달업 신고서에 사업계획서(사업운영 및 시설에 관한 사항, 수입·지출 계산서 등을 포함한다)를 첨부하여 관할지방우정청장에게 제출하여야 한다.

② 제1항에 따라 신고를 받은 담당공무원은 「전자정부법」 제36조제1항에 따른 행정정보의 공동이용을 통하여 다음 각 호의 서류를 확인하여야 한다. 다만, 신고를 한 자가 제2호의 확인에 동의하지 아니하는 경우에는 해당 서류를 첨부하도록 하여야 한다.

1. 법인 등기사항증명서(신고를 한 자가 법인인 경우에 한정한다)
2. 사업자등록증명(신고를 한 자가 개인사업자인 경우에 한정한다)
3. 삭제

③ 서신송달업의 신고를 한 자의 상호, 소재지, 대표자 및 사업계획 등이 변경된 경우에는 별지 제3호서식의 서신송달업 변경신고서에 그 변경사실을 증명할 수 있는 서류를 첨부하여 관할지방우정청장에게 제출하여야 한다.

④ 관할지방우정청장은 제1항과 제3항에 따른 신고를 받은 경우에는 별지 제4호서식의 신고대장에 이를 기재하고 별지 제5호서식의 신고필증을 교부하여야 한다.

제142조[휴업·폐업 등의 신고] 법 제45조의4에 따라 서신송달업자가 그 영업을 30일 이상 휴업 또는 폐업하거나 휴업 후 재개하려는 경우에는 별지 제6호서식의 신고서를 지방우정청장(관할 지방우정청장 또는 그 밖의 지방우정청장 중 어느 한 지방우정청장을 말한다)에게 제출하여야 한다. 이 경우 관할 지방우정청장이 아닌 지방우정청장이 신고서를 제출받으면 이를 관할 지방우정청장에게 송부하여야 한다.

제143조[사업개선명령] 법 제45조의5에 따라 관할지방우정청장은 서신송달업자가 다음 각 호의 어느 하나에 해당할 때에는 그 시정을 명할 수 있다.

1. 법 제45조의2제3항에 따른 변경신고를 하지 아니하는 경우
2. 화재 등으로 인하여 서신송달서비스의 제공에 지장이 발생하였음에도 보수 등 필요한 조치를 하지 아니하는 경우
3. 작업장의 보안 등이 상당히 취약하여 서신의 비밀침해 등으로 이용자의 권익을 현저히 해친다고 인정되는 경우

제144조[행정처분의 기준] ① 법 제45조의6제2항에 따른 서신송달업자에 대한 처분의 기준은 별표 6과 같다.

② 관할지방우정청장은 행정처분을 한 때에는 별지 제7호서식의 행정처분기록대장에 그 내용을 기록하여야 한다.

제145조[규제의 재검토] ① 과학기술정보통신부장관은 제141조에 따른 서신송달업 신고 및 변경신고에 대하여 2014년 1월 1일을 기준으로 3년마다(매 3년이 되는 해의 1월 1일 전까지를 말한다) 그 타당성을 검토하여 개선 등의 조치를 해야 한다.

② 과학기술정보통신부장관은 제143조에 따른 사업개선명령에 대하여 2015년 1월 1일을 기준으로 5년마다(매 5년이 되는 해의 1월 1일 전까지를 말한다) 그 타당성을 검토하여 개선 등의 조치를 해야 한다.

부칙 〈제86호, 2024. 7. 24.〉
이 규칙은 공포한 날부터 시행한다.

우체국예금·보험에관한 법률 [시행 2024. 10. 25.]

제1조[목적] 이 법은 체신관서(遞信官署)로 하여금 간편하고 신용 있는 예금·보험사업을 운영하게 함으로써 금융의 대중화를 통하여 국민의 저축의욕을 북돋우고, 보험의 보편화를 통하여 재해의 위험에 공동으로 대처하게 함으로써 국민 경제생활의 안정과 공공복리의 증진에 이바지함을 목적으로 한다.

제2조[정의] 이 법에서 사용하는 용어의 뜻은 다음과 같다.
1. "우체국예금"이란 이 법에 따라 체신관서에서 취급하는 예금을 말한다.
2. "예금통장"이란 우체국예금의 예입(預入)과 지급 사실을 증명하기 위하여 체신관서에서 발행하는 통장을 말한다.
3. "예금증서"란 우체국예금의 예입과 지급 사실을 증명하기 위하여 체신관서에서 발행하는 증서를 말한다.
4. "우체국보험"이란 이 법에 따라 체신관서에서 피보험자의 생명·신체의 상해(傷害)를 보험사고로 하여 취급하는 보험을 말한다.
5. "보험계약"이란 보험계약자가 보험료를 납입하고 보험사고가 발생하였을 경우 체신관서가 보험금을 지급할 것을 내용으로 하는 계약을 말한다.
6. "보험사고"란 보험계약상 체신관서가 보험수익자에게 보험금이나 그 밖의 급여를 지급할 의무를 발생하게 하는 피보험자의 생명·신체에 관한 불확정한 사고를 말한다.

제3조[우체국예금·보험사업의 관장] 우체국예금사업과 우체국보험사업은 국가가 경영하며, 과학기술정보통신부장관이 관장(管掌)한다.

제3조의2[건전성의 유지·관리] ① 과학기술정보통신부장관은 우체국예금·보험사업에 대한 건전성을 유지하고 관리하기 위하여 필요한 경우에는 금융위원회에 검사를 요청할 수 있다.
② 과학기술정보통신부장관은 우체국예금·보험사업의 건전한 육성과 계약자 보호를 위하여 금융위원회와 협의하여 건전성을 유지하고 관리하기 위하여 필요한 기준을 정하고 고시(告示)하여야 한다.

제3조의3[소비자 보호] 과학기술정보통신부장관은 우체국예금·보험상품에 관한 계약의 체결 또는 계약 체결의 권유를 하거나 청약을 받는 것에 관한 체신관서의 거래 상대방(이하 "우체국예금·보험소비자"라 한다)의 권익 증진을 위하여 다음 각 호의 사항을 정하여 고시하여야 한다.
1. 우체국예금·보험소비자의 권리와 책무에 관한 사항
2. 체신관서가 우체국예금·보험소비자의 권리 보호를 위하여 준수하여야 할 사항
3. 그 밖에 우체국예금·보험소비자 보호를 위하여 과학기술정보통신부장관이 필요하다고 인정하는 사항

제4조[국가의 지급 책임] 국가는 우체국예금(이자를 포함한다)과 우체국보험계약에 따른 보험금 등의 지급을 책임진다.

제5조 삭제 〈2009. 4. 22.〉

제6조[업무취급의 제한] ① 과학기술정보통신부장관은 전시·사변, 천재지변, 그 밖의 부득이한 사유가 있을 때에는 과학기술정보통신부령으로 정하는 바에 따라 우체국예금(이하 "예금"이라 한다)과 우체국보험(이하 "보험"이라 한다)에 관한 업무취급을 제한하거나 정지할 수 있다.
② 과학기술정보통신부장관은 제1항에 따라 예금·보험에 관한 업무취급을 제한하거나 정지한 경우에는 그 내용을 공고하여야 한다.

제7조[피해 예금자 등에 대한 이용편의 제공] ① 과학기술정보통신부장관은 전시·사변, 천재지변, 그 밖의 부득이한 사유로 피해를 입은 예금자 및 보험계약자·피보험자 또는 보험수익자(이하 "보험계약자등"이라 한다)에게는 과학기술정보통신부령으로 정하는 바에 따라 예금·보험의 업무취급에 관한 수수료를 면제하거나 그 밖의 이용편의를 제공할 수 있다.
② 과학기술정보통신부장관은 제1항에 따라 수수료를 면제하거나 그 밖의 이용편의를 제공할 때에는 그 내용을 공고하여야 한다.

제8조[예금·보험의 증대 활동] ① 과학기술정보통신부장관은 예금·보험을 늘리고 유지하기 위하여 필요한 활동을 할 수 있다.
② 제1항에 따른 활동의 내용과 활동 경비의 지출에 필요한 사항은 과학기술정보통신부령으로 정한다.

제9조[우편물의 무료취급] 예금·보험업무의 취급에 관한 우편물은 과학기술정보통신부령으로 정하는 바에 따라 무료로 할 수 있다.

제10조[관계 부처와의 협의 등] ① 과학기술정보통신부장관은 제14조제2항에 따라 예금의 종류별 이자율을 정하려면 금융위원회와 협의하여야 한다. 다만, 「한국은행법」 제28조제15호에 따라 금융통화위원회가 정하는 기준의 범위에서 이자율을 정하려는 경우에는 금융위원회와 협의하지 아니하고 이자율을 정할 수 있다.
② 과학기술정보통신부장관은 제28조에 따라 계약보험금 한도액을 과학기술정보통신부령으로 정하려면 금융위원회와 협의하여야 한다.
③ 과학기술정보통신부장관은 제19조제2항에 따른 국채(國債) 및 공채(公債)의 매매이율과 제1항 단서에 따른 예금의 종류별 이자율을 정한 때에는 금융위원회에 알려야 하고, 예금거래와 관련된 약관을 제정 또는 변경하였을 때에는 금융위원회에 알려야 한다.
④ 과학기술정보통신부장관은 보험의 종류를 수정하려면 「보험업법」 제5조제3호에 따른 기초서류 등을 금융위원회에 제출하고 협의하여야 한다.
⑤ 과학기술정보통신부장관은 회계연도마다 보험의 결산이 끝났을 때에는 재무제표 등 결산서류를 금융위원회에 제출하고 협의하여야 한다.
⑥ 제2항·제4항 및 제5항에 따른 제출서류와 협의 절차 등에 필요한 사항은 과학기술정보통신부령으로 정한다.

제10조의2[주민등록전산정보자료의 이용] 과학기술정보통신부장관은 다음 각 호의 어느 하나에 해당하는 경우에는 행정안전부장관에게 「주민등록법」 제30조제1항에 따른 주민등록전산정보자료의 제공을 요청할 수 있다. 이 경우 요청을 받은 행정안전부장관은 특별한 사유가 없으면 그 요청에 따라야 한다.

1. 소멸시효가 완성된 예금 및 보험금 등의 지급을 위한 경우로서 해당 예금 및 보험금 등의 원권리자에게 관련 사항을 알리기 위한 경우

2. 예금 및 보험계약의 만기 도래, 효력 상실, 해지 등 계약의 변경사유 발생 등 거래 상대방의 권리·의무에 영향을 미치는 사항을 알리기 위한 경우

제2장 예금

제11조[예금의 종류 등] ① 예금은 요구불예금과 저축성예금으로 구분한다.

② 예금의 종류와 종류별 내용 및 가입대상 등에 관하여 필요한 사항은 과학기술정보통신부장관이 정하여 고시한다.

③ 예금업무취급 등에 필요한 사항은 과학기술정보통신부령으로 정한다.

제12조[예금통장 등의 발급] 체신관서는 예금자가 처음 예입할 때에는 예금자에게 예금통장이나 예금증서를 내준다.

제13조[인감 및 서명] ① 예금자가 예금에 관하여 사용할 인감 또는 서명(「전자서명법」 제2조제2호에 따른 전자서명을 포함한다)은 체신관서에 신고된 것이어야 한다.

② 제1항에 따른 인감은 예금자의 신고를 받아 변경할 수 있다.

제14조[이자의 지급 등] ① 예금에 대하여는 과학기술정보통신부령으로 정하는 바에 따라 이자를 지급한다.

② 예금의 종류별 이자율은 금융기관의 이자율을 고려하여 과학기술정보통신부장관이 정하여 고시한다.

제15조[예금의 예입] ① 예금의 예입은 현금이나 과학기술정보통신부령으로 정하는 유가증권 또는 증서로 한다.

② 예금자는 제1항에 따른 유가증권 또는 증서로 예입을 한 경우에는 그 유가증권 또는 증서로 결제하거나 지급한 후가 아니면 그 예입금의 지급을 청구하지 못한다.

③ 제2항에 따라 유가증권 또는 증서가 결제되거나 지급되지 아니하면 예금이 예입되지 아니한 것으로 본다.

제16조[예금액의 제한] ① 과학기술정보통신부장관은 예금의 종류별로 예금자가 예입할 수 있는 최고한도액을 정할 수 있다.

② 과학기술정보통신부장관은 거래관행과 업무취급의 편의 등을 고려하여 예금자가 한 번에 예입할 수 있는 최저액을 정할 수 있다.

③ 과학기술정보통신부장관은 제1항이나 제2항에 따라 최고한도액이나 최저액을 정한 경우에는 그 금액을 고시하여야 한다.

제17조[예금의 지급] 예금의 지급은 체신관서에서 예금통장이나 예금증서에 의하여 예금자의 청구를 받아 지급한다.

제18조[예금자금의 운용] ① 과학기술정보통신부장관은 예금(이자를 포함한다)의 지급에 지장이 없는 범위에서 예금자금을 다음 각 호의 방법으로 운용한다.

1. 금융기관에 예탁(預託)

2. 재정자금에 예탁

3. 「자본시장과 금융투자업에 관한 법률」에 따른 증권의 매매 및 대여

4. 「자본시장과 금융투자업에 관한 법률」 제355조에 따른 자금중개회사를 통한 금융기관에 대여

5. 「자본시장과 금융투자업에 관한 법률」 제5조에 따른 파생상품의 거래

6. 대통령령으로 정하는 업무용 부동산의 취득·처분 및 임대

② 제1항제3호에 따른 증권의 매입, 같은 항 제4호에 따른 금융기관에의 대여, 같은 항 제5호에 따른 파생상품 거래의 각 총액이 예금자금에서 차지하는 비율과 같은 항 제6호에 따른 업무용 부동산의 보유한도는 예금의 안정을 해치지 아니하는 범위에서 과학기술정보통신부령으로 정한다.

③ 제1항제3호에 따라 예금자금을 운용하는 경우에는 장기적이고 안정적인 수익 증대를 위하여 투자대상과 관련한 환경·사회·지배구조 등의 요소를 고려할 수 있다.

④ 과학기술정보통신부장관은 제1항에 따른 자금의 운용으로 생긴 수입금으로 이자를 지급하고 그 밖에 필요한 비용에 충당할 수 있다.

제19조[국채 및 공채의 매도] ① 제18조제1항제3호에 따라 매입한 증권 중 국채 및 공채는 체신관서에서 매도(賣渡)할 수 있다. 이 경우 매수인이 요청하면 환매(還買)를 조건으로 할 수 있다.

② 제1항에 따라 환매를 조건으로 매도하는 국채 및 공채의 매매이율은 과학기술정보통신부장관이 정하여 고시한다.

③ 제1항에 따른 국채 및 공채의 매도, 환매조건부매도에 관한 절차, 취급체신관서, 그 밖에 필요한 사항은 과학기술정보통신부령으로 정한다.

제20조[예금통장 등의 재발급] ① 체신관서는 다음 각 호의 어느 하나에 해당하는 경우에는 예금자의 신청을 받아 예금통장·예금증서 또는 지급증서를 재발급할 수 있다.

1. 분실한 경우

2. 더럽혀지거나 손상되어 기재사항이 분명하지 아니한 경우

3. 예금통장에 빈자리가 없는 경우

② 제1항에 따른 예금통장 등의 재발급 수수료와 그 납입 또는 면제, 그 밖의 재발급 절차 등에 관하여는 과학기술정보통신부령으로 정한다.

제21조[예금통장 등의 제출] 체신관서는 예금업무를 취급하기 위하여 필요하다고 인정할 때에는 예금자에게 예금통장이나 예금증서를 제출하도록 요구할 수 있다.

제22조[권리자의 확인 등] 체신관서는 예금통장 또는 예금증서의 소지인(所持人)이 예금의 지급을 청구한 경우에는 그가 정당한 권리자인지를 확인한 후 지급할 수 있다.

제23조[손해에 대한 면책] 체신관서는 다음 각 호의 어느 하나에 해당하는 경우에는 지급이 늦어져서 발생한 손해에 대하여 책임을 지지 아니한다.

1. 지급 청구가 이 법을 따르지 아니한 경우
2. 천재지변이나 그 밖의 부득이한 사유로 업무취급을 하지 못하게 된 경우

제24조[예금지급청구권의 소멸] ① 체신관서는 예금자가 10년간 예금을 하지 아니하거나 예금의 지급, 이자의 기입, 인감 변경, 예금통장(예금증서를 포함한다)의 재발급신청 등을 하지 아니한 경우에는 과학기술정보통신부령으로 정하는 바에 따라 그 예금의 지급청구나 그 밖에 예금의 처분에 필요한 신청을 할 것을 최고(催告)하여야 한다.

② 제1항에 따른 최고를 한 후 2개월이 지나도록 예금지급의 청구나 그 밖에 예금의 처분에 필요한 신청을 하지 아니한 경우에는 그 예금에 관한 예금자의 지급청구권은 소멸한다.

③ 지급증서를 발행한 예금에 관한 지급청구권은 그 발행 후 3년간 지급을 청구하지 아니한 경우에는 소멸한다.

④ 제1항 및 제3항의 기간에는 만기가 정하여진 예금의 만기까지의 예치기간과 지급증서의 유효기간은 포함하지 아니한다.

⑤ 제2항 또는 제3항에 따라 예금자의 지급청구권이 소멸된 예금은 국고에 귀속한다.

제24조의2[예금 미청구자에 대한 지원] ① 과학기술정보통신부장관은 제24조제5항에 따라 국고에 귀속된 예금 중 과학기술정보통신부령으로 정하는 사유가 있는 예금에 대하여 예금자가 지급청구를 하면 예금을 갈음하는 일정한 금액을 예금자에게 지급할 수 있다.

② 제1항에 따른 금액의 지급한도와 그 밖에 지급에 필요한 사항은 과학기술정보통신부령으로 정한다.

제3장 보험

제25조[청약의 승낙] ① 보험계약은 보험계약을 체결하려는 자가 첫 회분 보험료 납입과 함께 보험계약을 청약하고 체신관서가 이를 승낙함으로써 그 효력이 발생한다.

② 체신관서는 제1항에 따른 청약을 승낙한 때에는 보험증서를 작성하여 보험계약자에게 내주어야 한다.

③ 제2항의 보험증서의 기재사항은 과학기술정보통신부령으로 정한다.

제26조[특약에 따른 불이익 변경금지] 과학기술정보통신부장관은 보험계약자와의 특약으로 이 법의 규정을 보험계약자 등에게 불리하게 변경하지 못한다.

제27조[보험약관] ① 과학기술정보통신부장관은 과학기술정보통신부령으로 정하는 범위에서 보험계약의 내용에 관한 사항을 보험약관으로 정하여 고시하여야 한다.

② 보험계약에 관하여 이 법 또는 과학기술정보통신부령으로 규정하지 아니한 사항은 보험약관에 따른다.

제28조[보험의 종류와 금액 등] 보험의 종류, 계약보험금 한도액, 보험업무의 취급 등에 필요한 사항은 과학기술정보통신부령으로 정한다.

제29조[신체검사의 면제] 보험계약을 체결할 때에는 피보험자에 대한 신체검사는 하지 아니한다. 다만, 과학기술정보통신부령으로 정하는 피보험자에 대하여는 그러하지 아니하다.

제30조[보험수익자] 보험계약자가 보험수익자(保險受益者)를 지정하지 아니한 경우에는 보험계약자를 보험수익자로 본다.

제31조[보험금의 감액 지급] 체신관서는 보험계약의 효력 발생 후 과학기술정보통신부령으로 정하는 기간 내에 보험사고가 발생한 경우에는 과학기술정보통신부령으로 정하는 바에 따라 보험금의 일부를 지급하지 아니할 수 있다.

제32조[보험계약의 승계] ① 보험계약자는 피보험자의 동의를 받아 제3자에게 보험계약으로 인한 권리·의무를 승계하게 할 수 있다.

② 제1항에 따른 승계를 한 경우 보험계약자가 체신관서에 승계 사실을 알리지 아니하면 대항할 수 없다.

제33조[보험약관 개정의 효력] ① 보험약관의 개정은 이미 체결한 보험계약에는 그 효력이 없다.

② 과학기술정보통신부장관은 보험약관을 개정하는 경우 보험계약자등의 이익을 보호하기 위하여 특히 필요하다고 인정할 때에는 제1항에도 불구하고 장래에 향하여 그 효력을 인정할 수 있다.

제34조[보험계약의 변경] 보험계약자는 과학기술정보통신부령으로 정하는 바에 따라 체신관서에 계약내용의 변경을 청구할 수 있다.

제35조[보험계약의 해지] ① 보험계약자는 보험사고가 발생하기 전에는 언제든지 보험계약을 해지(解止)할 수 있다.

② 보험계약을 체결할 때 보험계약자 또는 피보험자가 과학기술정보통신부령으로 정하는 중요한 사항을 고의 또는 중대한 과실로 고지하지 아니하거나 부실한 고지를 한 경우에는 체신관서는 그 사실을 알게 된 날부터 1개월 이내, 보험계약의 효력발생일부터 5년 이내에만 그 보험계약을 해지할 수 있다.

③ 체신관서는 보험계약 체결 당시 제36조제1항제2호의 경우 외에 보험사고가 이미 발생하였거나 발생할 수 없는 것임을 안 때에는 그 보험계약을 해지할 수 있다.

제36조[보험계약의 무효] ① 다음 각 호의 어느 하나에 해당하는 보험계약은 무효로 한다.

1. 보험계약자 또는 피보험자의 사기(詐欺)로 인한 보험계약
2. 보험계약자등이 보험계약 체결 당시 이미 보험사고가 발생하였거나 발생할 수 없는 것임을 알고 한 보험계약

② 체신관서는 제1항에 따라 보험계약이 무효인 경우에는 보험금을 지급하지 아니하며, 보험계약자가 이미 낸 보험료는 반환하지 아니한다.

제37조[보험계약 효력의 상실] ① 보험계약자가 보험료를 내지 아니하고 과학기술정보통신부령으로 정하는 유예기간이 지난 때에는 그 보험계약은 효력을 잃는다.

② 보험계약자가 제1항에 따른 유예기간이 지난 후 1개월 이내에 그 계약을 보험료 납입을 완료한 보험계약으로 변경하여 줄 것을 청구한 경우에는 제1항을 적용하지 아니한다.

제38조(환급금의 지급) 체신관서는 제34조, 제35조, 제36조 제1항, 제37조제1항, 제43조 및 제50조에서 준용하는 「상법」 제655조에 따라 보험금을 지급하지 아니하게 된 경우에는 보험수익자를 위하여 적립한 금액의 일부를 보험계약자에게 되돌려주어야 하며, 이 경우 되돌려줄 금액(이하 "환급금"이라 한다)의 범위와 환급 절차 등에 관한 사항은 과학기술정보통신부령으로 정한다. 다만, 제43조제2호에 따른 보험사고가 보험계약자에 의하여 발생한 경우에는 되돌려주지 아니한다.

제39조(보험계약의 부활) ① 보험계약자는 제37조제1항에 따른 보험계약의 효력 상실 후 2년을 초과하지 아니하는 범위에서 보험약관에서 정하는 기간 이내에 미납보험료의 납입과 함께 실효(失效)된 보험계약의 부활을 청구할 수 있다.

② 제1항에 따른 부활의 효력은 체신관서가 그 청구를 승낙한 때부터 발생한다.

③ 보험계약이 부활된 경우에는 처음부터 보험계약의 효력이 상실되지 아니한 것으로 본다

제40조(보험계약 부활 시의 준용 규정) 보험계약 부활에 관하여는 제31조, 제35조제2항·제3항 및 제36조를 준용한다.

제41조(환급금의 대출) 체신관서는 보험계약자가 청구할 때에는 보험계약이 해지된 경우 등에 되돌려줄 수 있는 금액의 범위에서 과학기술정보통신부령으로 정하는 바에 따라 대출할 수 있다.

제42조(보험금 등 지급 시의 공제) 체신관서는 보험금이나 환급금을 지급할 때 제41조에 따른 대출금이나 미납보험료가 있으면 지급 금액에서 이를 빼고 지급한다.

제43조(체신관서의 면책) 체신관서는 다음 각 호의 어느 하나에 해당하는 보험사고에 대하여는 보험금 지급의 책임을 지지 아니한다.

1. 피보험자가 보험계약 또는 제39조제2항에 따른 보험계약 부활의 효력이 발생한 후 2년 이내에 자살하거나 자해행위로 인하여 발생한 보험사고

2. 보험계약자 또는 보험수익자의 고의로 인하여 발생한 생명·신체에 관한 보험사고. 다만, 보험수익자가 여러 명인 경우에는 그가 지급받을 부분만 해당된다.

제44조(보험금의 감액 지급 등) ① 체신관서는 천재지변, 전쟁, 그 밖의 변란(變亂)으로 인한 보험사고가 발생하여 보험금 계산의 기초에 중대한 영향을 미칠 우려가 있을 때에는 그 보험금을 감액하여 지급할 수 있다.

② 제1항에 따른 보험금의 감액지급률은 과학기술정보통신부령으로 정한다.

제45조(수급권의 보호) ① 보험금 또는 환급금을 지급받을 권리는 양도할 수 없다.

② 보험금을 지급받을 권리에 대하여는 다음 각 호의 금액은 압류할 수 없다.

1. 직계존속(直系尊屬)·직계비속(直系卑屬) 또는 배우자가 사망함으로써 보험수익자가 취득하는 사망보험금청구권의 2분의 1에 해당하는 금액

2. 본인, 직계존속·직계비속 또는 배우자의 장해로 인하여 보험수익자가 취득하는 장해보험금청구권의 2분의 1에 해당하는 금액

3. 「국민기초생활 보장법」 제7조에 따른 급여를 받는 사람 또는 「장애인복지법」 제32조에 따라 등록한 장애인이 보험수익자로서 취득하는 보험금청구권(제1호 또는 제2호에 해당하는 보험금청구권은 제외한다)의 2분의 1에 해당하는 금액

4. 「장애인복지법」 제32조에 따라 등록한 장애인에게 보험사고가 발생하여 보험수익자가 취득하는 보험금청구권(제1호부터 제3호까지의 규정에 해당하는 보험금청구권은 제외한다)의 2분의 1에 해당하는 금액

③ 제2항 각 호의 보험금청구권을 제외한 보장성보험의 보험금청구권과 환급금청구권에 대하여는 보험수익자 또는 보험계약자의 생계유지에 필요하다고 인정하여 대통령령으로 정하는 금액(이하 이 조에서 "최저보장금액"이라 한다)은 압류할 수 없다. 이 경우 보험계약이 여러 개이면 그 보험금청구권 또는 환급금청구권에 해당하는 금액을 합산하여 적용한다.

④ 제2항 각 호의 보험금청구권을 취득하는 보험계약이 여러 개인 경우 또는 제2항 각 호와 제3항의 보험금청구권 또는 환급금청구권을 취득하는 보험계약을 합하여 여러 개인 경우에는 제3항은 적용하지 아니하고 제2항 각 호의 보험금청구권만 각 보험계약별로 제2항을 적용한다.

⑤ 제2항 및 제4항을 적용한 금액(보험계약이 여러 개인 경우에는 그 합한 금액을 말한다)이 최저보장금액 미만인 경우에는 제2항 및 제4항에도 불구하고 최저보장금액을 압류할 수 없는 금액으로 한다.

제45조의2(실손의료보험계약의 보험금 청구를 위한 서류 전송) ① 실손의료보험(실제로 부담한 의료비만을 지급하는 보험을 말한다. 이하 같다)계약의 보험계약자, 피보험자, 보험수익자 또는 그 대리인은 보험금을 청구하기 위하여 「국민건강보험법」 제42조에 따른 요양기관(이하 "요양기관"이라 한다)으로 하여금 진료비 계산서·영수증, 진료비 세부산정내역 등 보험금 청구에 필요한 서류로서 과학기술정보통신부장관이 정하여 고시하는 서류를 체신관서에 전자적 형태로 전송하여 줄 것을 요청할 수 있다.

② 제1항의 요청을 받은 요양기관은 「의료법」 제21조 및 「약사법」 제30조에도 불구하고 대통령령으로 정하는 정당한 사유가 없으면 그 요청에 따라야 한다.

③ 제1항 및 제2항에 따른 요청 방법과 절차, 전송방식 등에 관하여 필요한 세부사항은 대통령령으로 정한다.

[본조신설 2024. 10. 16.] [시행일: 2025. 10. 25.]

제45조의3(실손의료보험계약의 서류 전송을 위한 전산시스템의 구축·운영 등) ① 체신관서는 제45조의2제1항에 따른 업무를 수행하기 위하여 필요한 전산시스템을 구축·운영하여야 한다.

② 체신관서는 제1항에 따른 전산시스템의 구축·운영에 관한 업무를 공공성·보안성·전문성 등을 고려하여 대통령령으로 정하는 바에 따라 「보험업법」 제102조의7제2항에 따른 전송대행기관에 위탁할 수 있다.

③ 제1항 및 제2항에 따른 전산시스템의 구축·운영에 관한 비용은 국가가 부담한다.

④ 제1항 및 제2항에 따른 전산시스템의 구축·운영에 관한 업무에 종사하거나 종사한 사람은 그 업무를 수행하는 과정에서 알게 된 정보 또는 자료를 누설하거나 제45조의2제1항에 따른 서류 전송 업무 외의 용도로 사용 또는 보관하여서는 아니 된다.

⑤ 제1항 및 제2항에 따른 전산시스템의 구축·운영, 업무 위탁의 범위·방법 및 절차 등에 관하여 필요한 사항은 과학기술정보통신부장관이 정하여 고시한다.

[본조신설 2024. 10. 16.]

제46조[부당이득의 징수] ① 체신관서는 거짓이나 그 밖의 부정한 방법으로 보험금을 지급받은 자에게는 그 지급액을 반환할 것을 요구할 수 있다. 이 경우 보험계약자등이 거짓 진술이나 거짓 증명으로 보험금을 지급하게 하였으면 연대(連帶)하여 책임을 진다.

② 제1항의 경우에는 환급금을 지급하지 아니한다.

제46조의2[재보험] ① 과학기술정보통신부장관은 보험을 효율적으로 운영하고 위험을 적절하게 분산하기 위하여 필요하다고 인정하면 재보험(再保險)에 가입할 수 있다.

② 제1항에 따른 재보험의 한도와 그 밖에 재보험 계약 등에 필요한 사항은 과학기술정보통신부령으로 정한다.

제47조[복지시설의 설치 등] ① 과학기술정보통신부장관은 보험계약자등의 복지증진을 위하여 의료·휴양 등에 필요한 시설을 설치할 수 있다.

② 제1항에 따른 시설은 보험계약자등 외의 자에게도 이용하게 할 수 있다.

③ 제1항에 따른 시설의 설치와 운영에 필요한 비용은 「우체국보험특별회계법」에 따른 우체국보험적립금에서 지출한다.

제48조[보상금의 지급] ① 보험업무를 취급한 사람에게는 그 실적에 따라 보상금을 지급할 수 있다.

② 제1항에 따른 보상금의 종류, 지급범위, 보상금액 등에 관한 사항은 과학기술정보통신부령으로 정한다.

제49조[특별회계] 이 법에 따른 보험의 회계에 관하여는 따로 법률로 정한다.

제50조[「상법」의 준용] 보험에 관하여는 「상법」 제639조·제643조·제655조·제662조·제731조·제733조 및 제734조를 준용한다.

제4장 우체국예금·보험분쟁조정위원회

제51조[우체국예금·보험분쟁조정위원회의 설치 및 구성] ① 우체국예금·보험 이해관계인 사이에 발생하는 예금계약, 예금지급, 보험모집, 보험계약 및 보험금지급 등 우체국예금·보험 관련 분쟁으로서 대통령령으로 정하는 분쟁을 조정하기 위하여 과학기술정보통신부장관 소속으로 우체국예금·보험분쟁조정위원회(이하 "분쟁조정위원회"라 한다)를 둔다.

② 분쟁조정위원회는 위원장 1명을 포함한 15명 이내의 위원으로 구성한다.

③ 분쟁조정위원회 위원장은 위원 중에서 과학기술정보통신부장관이 지명하며, 위원은 다음 각 호의 어느 하나에 해당하는 사람 중에서 과학기술정보통신부장관이 위촉한다.

1. 예금·보험 관련 기관·단체 또는 예금·보험사업체에서 심사·분쟁조정 등의 업무에 10년 이상 근무한 경력이 있는 사람

2. 변호사 또는 전문의 자격이 있는 사람

3. 「소비자기본법」 제28조에 따른 소비자단체 또는 같은 법 제33조에 따라 설립된 한국소비자원의 임원 또는 임원이었던 사람

4. 그 밖에 예금·보험 또는 예금·보험 관련 분쟁 조정에 관한 학식과 경험이 풍부한 사람으로서 과학기술정보통신부장관이 인정하는 사람

④ 위원의 임기는 2년으로 하되, 연임할 수 있다.

⑤ 이 법에서 정한 사항 외에 분쟁조정위원회의 구성·운영 및 조정 절차 등에 관하여 필요한 사항은 대통령령으로 정한다.

제52조[위원의 제척·기피·회피] ① 분쟁조정위원회의 위원이 다음 각 호의 어느 하나에 해당하는 경우에는 분쟁조정위원회의 심의·의결에서 제척(除斥)된다.

1. 위원 또는 그 배우자나 배우자이었던 사람이 해당 안건의 분쟁당사자(분쟁당사자가 법인·단체 등의 경우에는 그 임원을 포함한다. 이하 이 호 및 제2호에서 같다)가 되거나 그 안건의 분쟁당사자와 공동권리자 또는 공동의무자인 경우

2. 위원이 해당 안건의 분쟁당사자와 친족이거나 친족이었던 경우

3. 위원이 해당 안건에 관하여 증언, 진술 또는 자문을 하거나 진단을 한 경우

4. 위원이나 위원이 속한 법인·단체 등이 해당 안건의 분쟁당사자의 대리인이거나 대리인이었던 경우

② 해당 안건의 분쟁당사자는 위원에게 공정한 심의·의결을 기대하기 어려운 사정이 있는 경우에는 분쟁조정위원회에 기피 신청을 할 수 있고, 분쟁조정위원회는 의결로 이를 결정한다. 이 경우 기피 신청의 대상인 위원은 그 의결에 참여하지 못한다.

③ 위원이 제1항 각 호에 따른 제척 사유에 해당하는 경우에는 스스로 해당 안건의 심의·의결에서 회피(回避)하여야 한다.

제53조[위원의 해촉] 과학기술정보통신부장관은 위원이 다음 각 호의 어느 하나에 해당하는 경우에는 해당 위원을 해촉 (解囑)할 수 있다.

1. 심신장애로 인하여 직무를 수행할 수 없게 된 경우
2. 직무태만, 품위손상이나 그 밖의 사유로 인하여 위원으로 적합하지 아니하다고 인정된 경우
3. 직무와 관련한 형사사건으로 기소된 경우
4. 제52조제1항 각 호의 어느 하나에 해당함에도 불구하고 회피하지 아니한 경우

제54조[분쟁조정 절차] ① 위원장은 분쟁조정의 신청을 받으면 지체 없이 이를 분쟁조정위원회의 회의에 부치고, 그 내용을 분쟁당사자에게 통지하여야 한다. 다만, 분쟁의 내용이 다음 각 호의 어느 하나에 해당하는 경우에는 회의에 부치지 아니할 수 있다.

1. 법원에 소(訴)가 제기된 경우
2. 분쟁의 내용이 관계 법령·판례 또는 증거 등에 의하여 심의·조정의 실익이 없다고 판단되는 경우
3. 그 밖에 분쟁의 내용이 분쟁조정 대상으로 적합하지 아니하다고 인정되는 경우

② 분쟁조정위원회는 회의에 부쳐진 분쟁에 대하여 관련 자료 등의 보완이 필요하다고 인정되면 적절한 기간을 정하여 분쟁당사자에게 그 보완을 요구하거나 관련 자료의 제출을 요청할 수 있다.

③ 분쟁조정위원회는 해당 분쟁이 회의에 부쳐진 날부터 60일 이내에 이를 심의·조정하여야 한다.

제55조[벌칙 적용에서 공무원 의제] 분쟁조정위원회의 위원은 「형법」 제129조부터 제132조까지의 규정을 적용할 때에는 공무원으로 본다.

제5장 보칙

제56조[권한의 위임] 이 법에 따른 과학기술정보통신부장관의 권한은 대통령령으로 정하는 바에 따라 그 일부를 소속 기관의 장에게 위임할 수 있다.

제6장 벌칙 〈신설 2024. 10. 16.〉

제57조[벌칙] 제45조의3제4항을 위반하여 업무를 수행하는 과정에서 알게 된 정보 또는 자료를 누설하거나 제45조의2제1항에 따른 서류 전송 업무 외의 용도로 사용 또는 보관한 사람은 3년 이하의 징역 또는 3천만원 이하의 벌금에 처한다.[본조신설 2024. 10. 16.]

부칙 〈제20457호, 2024. 10. 16.〉

이 법은 2024년 10월 25일부터 시행한다. 다만, 제45조의2의 개정규정은 「의료법」 제3조제2항제1호에 따른 의원급 의료기관과 「약사법」 제2조제3호에 따른 약국에 대해서는 2025년 10월 25일부터 시행한다.

우체국예금·보험에 관한 법률 시행령 [시행 2024. 10. 25.]

제1조[목적] 이 영은 「우체국예금·보험에 관한 법률」에서 위임된 사항과 그 시행에 필요한 사항을 정함을 목적으로 한다.

제2조 삭제 〈2008. 10. 20.〉
제3조 삭제 〈2008. 10. 20.〉

제3조의2[업무용 부동산의 범위] 「우체국예금·보험에 관한 법률」(이하 "법"이라 한다) 제18조제1항제6호에서 "대통령령으로 정하는 업무용 부동산"이란 다음 각 호의 어느 하나에 해당하는 부동산을 말한다.

1. 영업시설(연면적의 100분의 10 이상을 우정사업에 직접 사용하는 시설만 해당한다)
2. 연수시설
3. 복리후생시설
4. 제1호부터 제3호까지의 용도로 사용할 토지·건물 및 그 부대시설

제3조의3[압류금지 금액의 범위] 법 제45조제3항 전단에서 "대통령령으로 정하는 금액"이란 400만원을 말한다.

제4조[실손의료보험계약의 보험금 청구를 위한 서류 전송] ① 실손의료보험(실제로 부담한 의료비만을 지급하는 보험을 말한다. 이하 같다)계약의 보험계약자, 피보험자, 보험수익자 또는 대리인(이하 "보험계약자등"이라 한다)은 법 제45조의2제1항에 따라 「국민건강보험법」 제42조에 따른 요양기관(이하 "요양기관"이라 한다)에 실손의료보험계약의 보험금 청구에 필요한 서류의 전송을 요청하는 경우에는 피보험자의 진료내역을 확인해야 한다.

② 법 제45조의2제1항의 요청을 받은 요양기관은 보험계약자등의 요청에 따라 실손의료보험계약의 보험금 청구에 필요한 서류를 체신관서에 전송하는 경우에는 다음 각 호의 요건을 모두 갖추어 전송해야 한다.

1. 정보처리장치로 처리가 가능한 형태일 것
2. 암호화 등 안전성 확보 및 개인정보 보호 등을 위한 조치로서 과학기술정보통신부장관이 정하여 고시하는 조치를 할 것

③ 법 제45조의2제2항에서 "대통령령으로 정하는 정당한 사유"란 다음 각 호의 사유를 말한다.

1. 법 제45조의3제1항에 따른 전산시스템(이하 "실손전산시스템"이라 한다)에 전산장애가 발생하거나 실손전산시스템의 보수·점검 등으로 전송할 수 없는 경우
2. 「전자금융거래법」 제2조제22호에 따른 전자적 침해행위가 발생한 경우로서 개인정보 보호 등을 위하여 실손전산시스템을 차단할 필요가 있는 경우
3. 실손전산시스템에 의한 서류 전송을 위하여 시스템 연계 등 사전절차를 진행하고 있는 경우로서 과학기술정보통신부장관이 정하여 고시하는 경우
4. 그 밖에 제1호부터 제3호까지에 준하는 경우로서 과학기술정보통신부장관이 정하여 고시하는 경우

[본조신설 2024. 10. 22.][시행일: 2025. 10. 25.]

제4조의2[실손전산시스템의 구축·운영에 관한 업무의 위탁] 체신관서는 법 제45조의3제2항에 따라 「보험업법」 제102조의7제2항에 따른 전송대행기관에 실손전산시스템의 구축·운영에 관한 업무를 위탁하려는 경우 위탁계약을 체결해야 한다. [본조신설 2024. 10. 22.]

제5조[우체국예금·보험분쟁조정위원회의 운영] ① 법 제51조제1항에 따른 우체국예금·보험분쟁조정위원회(이하 "분쟁조정위원회"라 한다)의 회의는 위원장이 소집하며, 위원장이 부득이한 사유로 직무를 수행할 수 없을 때에는 분쟁조정위원회의 의결을 거쳐 위원장이 미리 정한 분쟁조정위원회의 위원(이하 "위원"이라 한다)이 그 직무를 대행한다.
② 분쟁조정위원회의 회의는 재적위원 과반수의 출석으로 개의(開議)하고, 출석위원 과반수의 찬성으로 의결한다.
③ 위원장은 제1항에 따른 분쟁조정위원회의 회의를 소집하려는 경우에는 특별한 사정이 없으면 회의 개최 7일 전까지 회의의 일시, 장소 및 안건을 위원에게 통지하여야 한다.
④ 분쟁조정위원회의 회의는 공개하지 아니한다. 다만, 필요하다고 인정될 때에는 해당 위원회의 의결로 분쟁당사자 또는 이해관계인이 방청하게 할 수 있다.

제5조의2[분쟁조정위원회의 조정 대상] 법 제51조제1항에서 "대통령령으로 정하는 분쟁"이란 다음 각 호의 어느 하나에 해당하는 사항과 관련된 분쟁을 말한다.
1. 우체국예금의 계약 및 지급
2. 우체국보험의 모집, 계약 및 보험금지급
3. 그 밖에 과학기술정보통신부장관이 우체국예금·보험과 관련하여 분쟁의 조정이 필요하다고 인정하는 사항

제5조의3[분쟁조정위원회의 간사] 분쟁조정위원회의 업무 지원 및 회의의 기록 등을 위하여 분쟁조정위원회에 예금 분야의 간사 1명과 보험 분야의 간사 1명을 두며, 간사는 예금·보험 분쟁 업무를 담당하는 우정사업본부 소속 4급 이상 공무원 중에서 과학기술정보통신부장관이 지명한다.

제6조 삭제 〈2016. 5. 31.〉

제7조[신청인 등의 의견청취] ① 분쟁조정위원회는 분쟁조정 신청인 또는 분쟁 조정에 필요한 전문가 등의 의견을 들을 필요가 있다고 인정하면 이들을 회의에 출석하게 하여 의견을 들을 수 있다.
② 분쟁조정위원회는 제1항에 따라 의견을 들으려면 일시와 장소를 정하여 의견청취 7일 전까지 분쟁조정 신청인 또는 전문가 등에게 통지하여야 한다.
③ 분쟁조정 신청인은 필요한 경우에는 위원장의 허가를 받아 분쟁조정위원회에 출석하여 의견을 진술할 수 있다.

제8조[분쟁조정 결과의 통지] 위원장은 법 제54조에 따른 분쟁조정 결과 또는 분쟁조정 회의에 부치지 아니하기로 결정한 사항을 분쟁당사자에게 통지하여야 한다.

제9조[수당 등] 회의에 참석하는 위원 및 제7조제1항에 따라 회의에 출석하여 의견을 진술하는 전문가 등에게는 예산의 범위에서 수당·여비 등을 지급할 수 있다. 다만, 공무원이 그 소관 업무와 직접적으로 관련되어 회의에 참석하는 경우에는 그러하지 아니하다.

제10조[운영세칙] 이 영에서 규정한 사항 외에 분쟁조정위원회의 운영 등에 필요한 사항은 분쟁조정위원회의 의결을 거쳐 위원장이 정한다.

제11조[권한의 위임] ① 과학기술정보통신부장관은 법 제56조에 따라 다음 각 호의 권한을 우정사업본부장에게 위임한다. 〈개정 2024. 10. 22.〉
1. 법 제3조의2제2항에 따른 건전성의 유지·관리에 필요한 기준의 고시
1의2. 법 제3조의3에 따른 우체국예금·보험소비자의 권익 증진을 위한 사항의 고시
2. 법 제6조에 따른 우체국예금·보험에 관한 업무취급의 제한, 정지 및 그 내용의 공고
3. 법 제7조에 따른 우체국예금·보험의 업무취급에 관한 수수료의 면제, 이용편의 제공 및 그 내용의 공고
4. 법 제8조제1항에 따른 우체국예금·보험의 증대와 유지를 위하여 필요한 활동
4의2. 법 제10조의2에 따른 주민등록전산정보자료의 제공 요청
5. 법 제11조제2항에 따른 예금의 종류와 종류별 내용 및 가입대상 등에 관한 고시
6. 법 제14조제2항에 따른 예금의 종류별 이자율의 결정 및 그 내용의 고시(「한국은행법」 제28조제15호에 따라 금융통화위원회가 정하는 기준의 범위에서 정하는 경우로 한정한다)
7. 법 제16조에 따른 예금의 종류별로 예입(預入)할 수 있는 최고한도액 및 한 번에 예입할 수 있는 최저액의 결정 및 그 내용의 고시
8. 법 제18조에 따른 예금자금(제2항에 따라 지방우정청장이 운용하도록 위임한 자금은 제외한다)의 운용
9. 법 제19조제2항에 따른 환매(還買)를 조건으로 매도하는 국채 및 공채의 매매이율의 결정 및 그 내용의 고시
10. 법 제24조의2제1항에 따른 예금의 지급
11. 법 제26조에 따른 특약에 의한 불이익 변경금지
12. 법 제27조제1항에 따른 보험약관의 결정 및 그 내용의 고시
13. 법 제33조제2항에 따른 개정 보험약관의 효력 인정
13의2. 법 제45조의2제1항에 따른 보험금 청구에 필요한 서류의 고시
13의3. 법 제45조의3제5항에 따른 실손전산시스템의 구축·운영, 업무위탁의 범위·방법 및 절차 등에 관하여 필요한 사항의 고시
14. 법 제46조의2제1항에 따른 재보험(再保險)에의 가입
15. 법 제47조제1항에 따른 시설의 설치
16. 법 제51조에 따른 분쟁조정위원회의 구성·운영
17. 제4조제2항제2호에 따른 안전성 확보 및 개인정보 보호 등을 위한 조치 내용의 고시
18. 제4조제3항제3호 및 제4호에 따른 요양기관의 청구서류 전송의무 예외사유의 고시
② 과학기술정보통신부장관은 법 제56조에 따라 법 제18조에 따른 예금자금 중 과학기술정보통신부장관이 책정하는 자금의 운용에 관한 권한을 지방우정청장에게 위임한다.

제12조(민감정보 및 고유식별정보의 처리) ① 과학기술정보통신부장관(제11조 또는 「우정사업 운영에 관한 특례법」 제17조에 따라 과학기술정보통신부장관의 권한을 위임받거나 우정사업을 위탁받은 자를 포함한다)은 다음 각 호의 사무를 수행하기 위하여 불가피한 경우 각 호의 구분에 따라 「개인정보 보호법」 제23조에 따른 건강에 관한 정보(이하 이 조에서 "건강정보"라 한다)나 같은 법 시행령 제19조에 따른 주민등록번호, 여권번호, 운전면허의 면허번호 또는 외국인등록번호(이하 이 조에서 "고유식별정보"라 한다)가 포함된 자료를 처리할 수 있다. 〈개정 2024. 10. 22.〉
1. 법 제10조의2에 따른 주민등록전산정보자료의 제공 요청에 관한 사무: 원권리자 및 거래 상대방의 주민등록번호
2. 법 제2장에 따른 예금계약의 체결, 유지·관리, 예금의 지급 등에 관한 사무: 예금계약자의 고유식별정보
3. 법 제3장에 따른 보험계약의 체결, 유지·관리, 보험금의 지급 등에 관한 사무: 보험계약자의 고유식별정보와 피보험자에 관한 건강정보 또는 고유식별정보
4. 법 제50조 및 「상법」 제639조에 따른 타인을 위한 보험계약의 체결, 유지·관리, 보험금의 지급 등에 관한 사무: 보험계약자의 고유식별정보와 피보험자에 관한 건강정보 또는 고유식별정보
5. 법 제50조 및 「상법」 제733조에 따른 보험수익자 지정 또는 변경에 관한 사무: 보험수익자에 관한 고유식별정보
6. 「상법」 제735조의3에 따른 단체보험계약의 체결, 유지·관리, 보험금의 지급 등에 관한 사무: 피보험자에 관한 건강정보 또는 고유식별정보
② 법 제45조의3제2항에 따라 실손전산시스템의 구축·운영에 관한 업무를 위탁받은 전송대행기관은 실손전산시스템의 운영에 관한 사무를 수행하기 위하여 불가피한 경우 보험계약자등의 건강정보 및 고유식별정보가 포함된 자료를 처리할 수 있다. 〈신설 2024. 10. 22.〉

부칙 〈제34949호, 2024. 10. 22.〉
이 영은 2024년 10월 25일부터 시행한다. 다만, 제4조의 개정규정은 「의료법」 제3조제2항제1호에 따른 의원급 의료기관과 「약사법」 제2조제3호에 따른 약국에 대해서는 2025년 10월 25일부터 시행한다.

우체국예금·보험에 관한 법률 시행규칙
[시행 2023. 9. 22.]

제1장 총칙
제1조(목적) 이 규칙은 「우체국예금·보험에 관한 법률」 및 같은 법 시행령에서 위임된 사항과 그 시행에 필요한 사항을 정함을 목적으로 한다.

제2조(업무취급 제한 등의 공고) 우정사업본부장은 「우체국예금·보험에 관한 법률」(이하 "법"이라 한다) 제6조에 따라 우체국예금(이하 "예금"이라 한다) 및 우체국보험(이하 "보험"이라 한다)에 관한 업무의 취급을 제한하거나 정지하였을 때에는 다음 각 호의 사항을 공고하여야 한다.
1. 업무취급이 제한 또는 정지되는 체신관서
2. 제한 또는 정지되는 업무의 내용
3. 제한 또는 정지되는 기간
4. 그 밖에 우정사업본부장이 필요하다고 인정하는 사항

제3조(이용편의의 제공 등) ① 우정사업본부장은 법 제7조제1항에 따라 다음 각 호와 같이 수수료를 면제하거나 이용편의를 제공할 수 있다.
1. 제16조제1항에 따른 수수료의 면제
2. 제50조에 따른 보험료 납입 유예기간의 연장
3. 그 밖에 우정사업본부장이 특히 필요하다고 인정하는 조치
② 우정사업본부장은 제1항에 따라 수수료를 면제하거나 이용편의를 제공할 때에는 그 내용, 기간, 취급체신관서 및 그 밖에 필요한 사항을 공고하여야 한다.

제4조(예금·보험의 증대 활동) ① 법 제8조제1항에서 "예금·보험을 늘리고 유지하기 위하여 필요한 활동"이란 다음 각 호의 행위 또는 활동을 말한다.
1. 체신관서의 직원 등이 예금·보험을 모집하는 행위와 수납(收納)하는 행위
2. 제1호의 행위와 관련된 홍보, 교육, 지도, 감독 등 예금·보험을 늘리고 유지하기 위하여 필요한 모든 활동
3. 우체국이라는 명칭을 사용하는 행위
4. 법 제46조에 따른 부당이득의 징수를 위하여 필요한 활동
② 삭제 〈2023. 9. 22.〉

제5조(우편물의 무료취급) 법 제9조에 따라 무료로 취급하는 우편물은 다음 각 호와 같다.
1. 예금·보험업무의 취급을 위하여 체신관서에서 발송하는 우편물
2. 예금·보험업무의 취급을 위하여 체신관서의 의뢰에 따라 체신관서로 발송되는 우편물

제6조(창구업무취급시간) 예금·보험에 관한 창구업무취급시간은 「은행법」 제2조제1항제2호에 따른 금융기관의 창구업무취급시간을 고려하여 우정사업본부장이 정하여 고시한다. 다만, 체신관서는 특히 필요할 때에는 창구업무취급시간을 연장할 수 있으며, 이 경우 해당 체신관서 앞에 이를 게시하여야 한다.

제6조의2[계약보험금 한도액 등에 관한 협의] ① 과학기술정보통신부장관은 법 제10조제2항, 제4항 및 제5항에 따라 협의를 하려는 경우에는 다음 각 호의 구분에 따른 서류를 금융위원회에 제출하여야 한다.

1. 법 제10조제2항에 따라 협의를 하려는 경우: 보험금 한도액 증액에 관한 자료
2. 법 제10조제4항에 따라 협의를 하려는 경우: 「보험업법」 제5조제3호에 따른 기초서류
3. 법 제10조제5항에 따라 협의를 하려는 경우: 다음 각 목의 자료
　가. 「우체국보험특별회계법」 제8조에 따른 결산서
　나. 우체국보험의 지급여력비율 및 산출 근거

② 금융위원회는 법 제10조제2항에 따른 계약보험금 한도액의 증액에 대한 협의를 요청받은 경우에는 그 내용을 고시하여 의견을 수렴한 후 과학기술정보통신부장관에게 의견을 제시하여야 한다. 이 경우 계약보험금 한도액의 증액분이 물가상승률을 반영하기 위하여 필요한 금액보다 많지 아니하고 적절한 경우에만 동의를 하여야 한다.

③ 금융위원회는 법 제10조제4항 및 제5항에 따른 협의를 요청받은 경우에는 협의를 요청받은 날부터 15일 이내에 의견을 서면으로 제시하여야 한다.

④ 과학기술정보통신부장관은 제2항 및 제3항에 따라 금융위원회가 제시한 의견에 따라 필요한 조치를 하여야 한다.

제2장 예금

제1절 통칙

제7조 삭제 〈2000. 4. 4.〉

제8조[예금 증대 활동의 경비] ① 법 제8조제2항에 따른 예금의 증대와 유지를 위하여 필요한 경비는 다음 각 호와 같다.

1. 다음 각 목의 모집경비
　가. 개인모집경비: 예금을 모집한 체신관서의 직원 및 우정사업본부장이 지정하는 자에게 지급하는 경비
　나. 관서모집경비: 예금을 모집한 체신관서(별정우체국은 제외한다)에 지급하는 경비
　다. 그 밖의 모집경비: 우정사업본부장이 필요하다고 인정하는 경우 체신관서의 직원 및 체신관서에 지급하는 경비
2. 우체국이라는 명칭의 사용료

② 제1항에 따른 경비의 지급기준, 지급방법, 지급시기 및 그 밖에 경비의 지급에 필요한 사항은 우정사업본부장이 정한다.

제9조[이자의 계산] ① 법 제14조제1항에 따른 예금의 이자는 예금의 종류별로 일할 이율, 월이율 또는 연이율로 계산한다.

② 예금의 이자계산은 예금 잔액에 그 예금 잔액의 예금일수를 곱하는 방법으로 하되, 산출된 누계액이 10원 미만인 경우에는 이자를 계산하지 않는다.

③ 삭제 〈2015. 9. 30.〉

④ 삭제 〈2015. 9. 30.〉

⑤ 제1항 및 제2항에서 정한 사항 외에 예금의 종류별 이자의 계산방법 및 정기계산시기에 관한 사항은 우체국예금약관으로 정하여 우정사업본부장이 고시한다.

제10조[예금원부의 관리] ① 예금원부는 우정사업정보센터의 장(이하 "센터장"이라 한다)이 기록하고 관리한다.

② 센터장은 예금계약의 성립·소멸, 예금의 예입 및 지급, 그 밖에 예금에 필요한 사항을 예금원부에 기록하여야 한다.

제11조[예금원부의 변경] 예금자가 예금원부의 기재사항을 변경하려는 경우에는 예금원부 변경신청서를 체신관서에 제출하여야 한다.

제12조[가입국의 변경] 예금자가 예금계좌를 개설한 체신관서(이하 "가입국"이라 한다)를 변경하려는 경우에는 해당 가입국 또는 변경하려는 체신관서에 가입국 변경신청서를 제출하여야 한다.

제13조[인감의 변경] 예금자가 법 제13조제2항에 따라 인감을 변경하려는 경우에는 인감 및 예금통장·예금증서·지급증서(이하 "통장등"이라 한다)와 함께 인감 변경신고서를 체신관서에 제출하여야 한다.

제14조[예입 가능한 유가증권 및 증서] 법 제15조제1항에 따라 예입할 수 있는 유가증권 및 증서(이하 "증권등"이라 한다)는 다음 각 호와 같다.

1. 자기앞수표
　가. 체신관서를 지급인으로 한 자기앞수표
　나. 「은행법」 제2조제1항제2호에 따른 금융기관을 지급인으로 한 자기앞수표
2. 우편대체증서
3. 우편환증서
4. 그 밖에 우정사업본부장이 지정하는 증권등

제15조[결제 불능 증권등의 반환] ① 체신관서는 예입된 증권등이 결제 또는 지급되지 아니하였을 때에는 그 사실을 예금자에게 알려야 한다.

② 제1항에 따라 통지를 받은 예금자는 해당 증권등의 예입을 취급한 체신관서에 통장등 또는 입금한 영수증 등을 제출하여야 한다.

③ 체신관서는 제2항에 따라 통장등 또는 입금한 영수증 등이 제출된 때에는 해당 예입을 취소하고 해당 증권등을 예금자에게 반환하여야 한다.

제15조의2[증권 매입비율 등] ① 법 제18조제1항제3호에 따라 「자본시장과 금융투자업에 관한 법률」에 따른 증권을 매입하는 때에는 같은 법 제4조제2항제2호에 따른 지분증권의 취득가액 총액을 예금자금 총액의 100분의 20 이내로 한다.

② 법 제18조제1항제4호에 따른 금융기관에의 대여금액 총액은 예금자금 총액의 100분의 5 이내로 한다.

③ 법 제18조제1항제5호에 따른 파생상품 거래 중 장내파생상품을 거래하기 위한 위탁증거금 총액은 예금자금 총액의 100분의 1.5 이내로 한다.

④ 법 제18조제1항제5호에 따른 파생상품의 거래 중 장외파생상품을 거래하기 위한 기초자산의 취득가액 총액은 예

금자금 총액의 100분의 20 이내로 한다.
⑤ 법 제18조제1항제6호에 따른 업무용 부동산의 보유한도는 자기자본의 100분의 60 이내로 한다.

제15조의3 ~ 15조의4 삭제〈2009. 10. 22.〉

제16조(통장등의 재발급) ① 예금자가 법 제20조제1항제1호에 해당하여 통장등을 재발급 받으려는 경우에는 과학기술정보통신부장관이 정하여 고시하는 수수료를 납부하여야 한다.
② 예금자가 법 제20조제1항제2호 및 제3호에 해당하여 통장등을 재발급 받으려는 경우에는 체신관서에 통장등을 제출하여야 한다.

제17조(통장등의 제출 등) ① 체신관서가 법 제21조에 따라 통장등의 제출을 요구할 때에는 미리 그 취지 및 제출방법 등을 해당 예금자에게 알려야 한다.
② 제1항에 따른 통지를 받은 예금자는 그 통지서에 적힌 제출방법으로 통장등을 체신관서에 제출하여야 한다.
③ 체신관서는 제2항에 따라 통장등이 제출된 때에는 예금자에게 통장등의 예치증을 발급하고 통장등을 예금원부와 대조한 후 직접 또는 등기우편으로 예금자에게 반환하여야 한다.

제18조(정당한 권리자인지의 확인 등) ① 체신관서가 법 제22조에 따른 확인을 할 때에는 예금자로 하여금 정당한 권리자임을 증명하는 서류를 제시 또는 제출하게 할 수 있다.
② 체신관서는 제1항의 방법으로 예금자가 정당한 권리자인지를 확인할 수 없을 때에는 보증인의 선정을 요구할 수 있다.

제19조(예금 현재고의 확인) ① 예금자가 예금의 현재고를 확인하려는 경우에는 현재고 확인신청서를 체신관서에 제출하여야 한다.
② 체신관서는 제1항에 따른 청구를 받으면 전산원부를 확인한 후 이를 확인하는 증명서를 해당 예금자에게 내주어야 한다.

제20조(거래중지계좌에의 편입) ① 체신관서는 요구불예금계좌가 다음 각 호의 어느 하나에 해당될 때에는 거래중지계좌에 해당 계좌를 편입할 수 있다.
1. 잔액이 1만원 미만으로서 1년 이상 계속하여 거래가 없을 때
2. 잔액이 1만원 이상 5만원 미만으로서 2년 이상 계속하여 거래가 없을 때
3. 잔액이 5만원 이상 10만원 미만으로서 3년 이상 계속하여 거래가 없을 때
② 제1항에 따른 거래중지계좌에의 편입은 매년 2회 하며, 상반기에는 5월 마지막 일요일에 편입하고 하반기에는 11월 마지막 일요일에 편입한다.

제21조(거래중지계좌의 부활 및 해약) 체신관서는 예금자가 거래중지계좌에 편입된 예금의 부활 또는 해약을 청구하면 우정사업본부장이 정하는 바에 따라 해당 예금을 부활시키거나 해약해야 한다.

제22조(예금지급청구권의 소멸 최고) ① 체신관서는 예금자가

10년간 예금의 예입·지급, 이자의 기입, 인감 변경 또는 통장등의 재발급신청 등을 하지 아니한 경우에는 법 제24조제1항에 따라 10년이 경과한 날이 해당 연도의 상반기일 때에는 10년이 경과한 날부터 해당 연도 10월 말까지, 하반기일 때에는 10년이 경과한 날부터 그 다음 해의 4월 말까지 해당 예금자에게 그 예금의 지급청구나 그 밖에 예금의 처분에 필요한 신청을 하도록 최고(催告)하여야 한다.
② 제1항에 따른 최고는 우편 또는 전자우편으로 한다. 다만, 잔액이 1만원 이상인 경우에는 등기우편으로 한다.
③ 제2항에도 불구하고 예금자의 주소 또는 전자우편주소를 통상의 방법으로 확인할 수 없을 때에는 우정사업본부장이 정하여 고시하는 방법에 따른다.

제22조의2(국고귀속예금 지급사유) 법 제24조의2제1항에서 "과학기술정보통신부령으로 정하는 사유"란 다음 각 호의 경우를 말한다.
1. 예금자의 의식불명 등으로 법 제24조제2항 및 제3항의 기간에 예금지급의 청구 등을 할 수 없었던 경우
2. 예금자의 사망으로 상속인이 예금의 존재 여부를 인지(認知)하지 못한 경우
3. 그 밖에 예금자가 최고서를 받지 못하였다고 우정사업본부장이 인정할 만한 충분한 사유가 있는 경우

제22조의3(국고귀속예금 지급한도) 법 제24조의2제2항에 따라 국고에 귀속된 예금의 지급한도는 국고에 귀속된 금액으로 한다.

제2절 예금의 예입

제23조(신규예입) 예금에 신규로 예입하려는 자는 현금 또는 증권등과 함께 예금가입신청서 및 예입신청서를 체신관서에 제출하여야 한다.

제24조(계속예입) ① 예금자나 예금자 외의 자는 우정사업본부장이 정하는 바에 따라 예금자의 요구불예금계좌에 가입국 외의 체신관서에서도 예입할 수 있다.
② 예금자가 저축성예금의 월부금을 납입하려는 경우에는 예금통장과 함께 현금 또는 증권등을 체신관서에 제출하여야 한다. 이 경우 예금자는 우정사업본부장이 정하는 바에 따라 가입국 외의 체신관서에서도 예입할 수 있다.
③ 제1항에 따라 예금자 외의 자가 예금자의 요구불예금계좌에 가입국 외의 체신관서에서 예입하는 경우에는 과학기술정보통신부장관이 정하여 고시하는 수수료를 납부하여야 한다. 다만, 과학기술정보통신부장관이 정하는 사유에 해당하는 경우에는 그 수수료를 면제할 수 있다.

제25조(예입방법 등) 이 규칙에서 정한 것 외에 예금 예입의 방법 및 절차 등 예금의 예입에 필요한 사항은 우정사업본부장이 정하여 고시한다.

제3절 예금의 지급 등

제26조(지급의 청구) 예금자가 예금의 지급을 청구할 때에는 통장등과 함께 예금지급청구서를 체신관서에 제출하여야 한다.

제27조(만기지급) ① 저축성예금의 만기가 되거나 마지막 회분의 월부금을 납입한 경우에는 만기지급을 한다.

② 저축성예금의 만기지급 시 지연일수가 선납일수보다 많은 경우에는 우정사업본부장이 정하는 바에 따라 지급일을 산정하고, 선납일수가 지연일수보다 많은 경우에는 만기일을 지급일로 한다.

제28조(만기 전 지급) ① 저축성예금의 예금자로서 우정사업본부장이 정하는 기간 이상 월부금을 납입하거나 우정사업본부장이 정하는 기간 이상 예치한 자는 예입액의 90퍼센트의 범위에서 만기 전에 지급을 청구할 수 있다.

② 제1항에 따라 만기 전에 지급을 받은 경우에는 그 지급일부터는 그 지급받은 금액에 대하여 이자를 계산하지 아니한다.

③ 제1항에 따라 만기 전에 지급을 받은 예금자는 과학기술정보통신부장관이 정하는 바에 따라 수수료를 납부하여야 한다.

제29조(해약) 예금자가 요구불예금을 해약하거나 저축성예금을 중도해약할 때에는 통장등과 함께 예금해약청구서를 체신관서에 제출하여야 한다.

제30조(지급방법 등) 이 규칙에서 정한 것 외에 예금 지급의 방법 및 절차 등 예금의 지급과 해약에 필요한 사항은 우정사업본부장이 정하여 고시한다.

제31조 삭제 〈2000. 4. 4.〉

제4절 삭제 〈2004. 8. 2.〉

제32조 –제34조 삭제 〈2004. 8. 2.〉

제3장 보험

제1절 통칙

제35조(보험의 종류) ① 법 제28조에 따른 보험의 종류는 다음 각 호와 같다.

1. 보장성보험: 생존 시 지급되는 보험금의 합계액이 이미 납입한 보험료를 초과하지 아니하는 보험

2. 저축성보험: 생존 시 지급되는 보험금의 합계액이 이미 납입한 보험료를 초과하는 보험

3. 연금보험: 일정 연령 이후에 생존하는 경우 연금의 지급을 주된 보장으로 하는 보험

② 제1항의 보험의 종류에 따른 상품별 명칭, 특약, 보험기간, 보험료 납입기간, 가입 연령, 보장 내용 등은 우정사업본부장이 정하여 고시한다.

제36조(계약보험금 및 보험료의 한도) ① 법 제28조에 따른 계약보험금 한도액은 보험종류별(제35조제1항제3호의 연금보험은 제외한다)로 피보험자(被保險者) 1인당 4천만원(제35조제1항제1호의 보장성보험 중 우체국보험사업을 관장하는 기관의 장이 「국가공무원법」 제52조에 따라 그 소속 공무원의 후생·복지를 위하여 실시하는 단체보험상품의 경우에는 2억원으로 한다)으로 하되, 보험종류별 계약보험금한도액은 우정사업본부장이 정한다.

② 제35조제1항제3호의 연금보험(「소득세법 시행령」 제40조의2제2항제1호에 따른 연금저축계좌에 해당하는 보험은 제외한다)의 최초 연금액은 피보험자 1인당 1년에 900만원 이하로 한다.

③ 제35조제1항제3호의 연금보험 중 「소득세법 시행령」 제40조의2제2항제1호에 따른 연금저축계좌에 해당하는 보험의 보험료 납입금액은 피보험자 1인당 연간 900만원 이하로 한다.

제37조(보험료의 산정) 우정사업본부장은 예정이율·예정사업비율·예정사망률 및 최적기초율[장래 현금흐름이 실제 발생하는 현금흐름에 최대한 근접하도록 추정된 기초율(최적사업비율, 최적위험률, 최적해지율 등)을 말한다] 등을 기초로 하여 보험료를 산정하고, 그 내용을 고시하여야 한다.

제38조(대리인의 청구) ① 보험계약자 또는 보험수익자는 본인 외의 다른 사람으로 하여금 보험계약에 관한 각종 청구를 하게 할 수 있다. 이 경우 해당 청구서에는 보험계약자 또는 보험수익자의 위임장을 첨부하여야 한다.

② 제1항의 위임은 체신관서에 제출하는 서류에 덧붙여 적어 증명할 수 있다.

제39조(보증인의 선정 요구 등) ① 체신관서는 보험계약에 관하여 필요하다고 인정하면 보험계약자 또는 보험수익자로 하여금 정당한 권리자임을 증명하게 하거나 보증인의 선정을 요구할 수 있다.

② 보험계약자 또는 보험수익자가 체신관서에 대한 의무를 이행하지 아니하였을 때에는 제1항에 따른 보증인이 책임을 진다.

제40조(각종 증서의 재발급) 보험계약자 또는 보험수익자는 보험증서, 보험금 또는 환급금 지급증서, 보험료 반환증서 또는 보험대출금 지급증서를 훼손하거나 분실한 경우에는 체신관서에 재발급을 청구할 수 있다.

제2절 계약의 성립

제41조(보험계약의 청약) ① 보험계약을 체결하려는 자는 법 제25조제1항에 따라 제1회 보험료와 함께 보험계약청약서를 체신관서에 제출하여야 한다.

② 체신관서가 법 제25조제1항 따라 보험계약의 청약을 승낙하지 아니한 경우에는 제1회 보험료(선납보험료를 포함한다)를 해당 청약자에게 반환하여야 한다.

③ 법 제25조제3항에 따라 보험증서에 적어야 할 사항은 다음 각 호와 같다.

1. 보험의 종류별 명칭
2. 보험금액
3. 보험료
4. 보험계약자(보험계약자가 2인 이상인 경우에는 그 대표자를 말한다)·피보험자 및 보험수익자의 성명·주소 및 생년월일
5. 보험기간 및 보험료 납입기간
6. 보험증서의 작성연월일 및 번호
7. 그 밖에 우정사업본부장이 정하는 사항

제42조(특약의 설정) 보험계약자는 제35조제2항에 따라 고시한 상품별 주계약에 부가하여 같은 고시에 따른 특약을 설정할 수 있다.

제43조(보험약관) 법 제27조제1항에 따라 보험약관으로 정할 사항은 다음 각 호와 같다.

1. 보험금의 지급사유

2. 보험계약의 변경

3. 보험계약의 무효사유

4. 보험자의 면책사유

5. 보험자의 의무의 한계

6. 보험계약자 또는 피보험자가 그 의무를 이행하지 아니한 경우에 받는 손실

7. 보험계약의 전부 또는 일부의 해지사유와 해지한 경우의 당사자의 권리·의무

8. 보험계약자 또는 보험수익자가 이익금 또는 잉여금을 배당받을 권리가 있는 경우 그 범위

9. 그 밖에 보험계약에 관하여 필요한 사항

제44조(면접 및 신체검사) ① 체신관서는 보험계약의 청약이 있을 때에는 다음 각 호의 어느 하나에 해당하는 자에게 피보험자를 면접하게 할 수 있다.

1. 체신관서의 직원

2. 우정사업본부장이 지정한 개인 또는 법인

② 제1항제2호에 따른 개인 또는 법인의 자격 및 지정절차 등에 관하여 필요한 사항은 우정사업본부장이 정한다.

③ 체신관서가 제1항에 따른 면접을 요청하면 보험계약을 청약한 자는 즉시 피보험자로 하여금 그 면접에 응하게 하여야 한다.

④ 법 제29조 단서에 따라 신체검사를 받아야 하는 사람은 다음 각 호의 사람으로 한다.

1. 중증의 병력(病歷)이 있거나 현재 증세가 있다고 판단되는 사람

2. 신체상의 결함이 있어 「보험업법」 제2조제6호에 따른 보험회사로부터 보험계약의 청약이 거절된 사실이 있는 사람

3. 제1항에 따른 면접 결과 신체검사를 실시할 필요가 있다고 인정되는 사람

⑤ 제3항에 따른 신체검사에 필요한 비용은 체신관서가 부담한다.

제45조(보험계약의 변경) ① 법 제34조에 따라 보험계약자는 보험약관에서 정하는 바에 따라 제41조제3항 각 호(제4호 중 피보험자는 제외한다)의 사항의 변경을 청구할 수 있다. 다만, 제41조제3항제1호에 따른 보험의 종류별 명칭의 변경은 보험계약의 효력이 발생한 후 2년이 지나야 한다.

② 보험계약자 또는 보험수익자는 보험료를 납입하는 체신관서와 보험금·환급금·보험료 반환금 및 대출금 등을 지급하는 체신관서의 변경을 청구할 수 있다.

③ 보험계약자는 보험계약자·보험수익자·피보험자의 성명이 잘못 표기되어 이를 변경하려는 경우에는 그 사실을 증명하는 서류를 첨부하여 체신관서에 정정을 청구하여야 한다.

제46조(보험계약의 해지사유) ① 법 제35조제2항에서 "과학기술정보통신부령으로 정하는 중요한 사항"이란 다음 각 호에 해당하는 사항을 말한다.

1. 피보험자의 신체의 이상, 과거 증세, 현재 증세 및 기능장애

2. 신체상의 결함이 있어 「보험업법」 제2조제6호에 따른 보험회사로부터 보험계약의 청약이 거절된 사실이 있는 경

우에는 그 사실

3. 피보험자의 직업 또는 직종

② 우정사업본부장은 법 제35조제2항 및 제3항에 따라 보험계약을 해지하였을 때에는 그 사실을 보험계약자에게 알려야 한다.

제3절 보험료의 납입

제47조(보험료의 납입) ① 보험계약자는 제2회분 이후의 보험료를 약정한 납입방법으로 해당 보험료의 납입 해당 월의 납입기일까지 납입해야 한다.

② 보험계약자는 보험료를 1개월·3개월·6개월·1년 단위로 납입하거나 한꺼번에 납입할 수 있다.

③ 보험계약자는 다음 각 호의 방법 중 한 가지 방법을 선택하여 보험료를 납입할 수 있다.

1. 삭제 〈2020. 12. 17.〉

2. 보험계약자가 체신관서에 직접 납입하는 방법

3. 자동적으로 계좌에서 이체하여 납입하는 방법

4. 「여신전문금융업법」 제2조제3호에 따른 신용카드 및 같은 조 제6호에 따른 직불카드로 납입하는 방법

5. 「전자금융거래법」 제2조제13호에 따른 직불전자지급수단으로 납입하는 방법

④ 제3항제4호 및 제5호에 따른 방법으로 보험료를 납입할 수 있는 우체국보험의 종류 및 보험료 납입방법 등은 우정사업본부장이 정하여 고시한다.

⑤ 보험계약자는 제2항 및 제3항에 따른 보험료 납입방법의 변경을 청구할 수 있다.

⑥ 보험계약자는 보험료 납입기간에 보험약관에서 정한 보험금 지급사유(보험계약 소멸사유와 보험료 납입 면제사유로 한정한다)가 발생한 경우에 그 발생일이 그 달의 계약일에 해당하는 날 전이면 해당 월의 보험료는 납입하지 아니한다.

제48조(보험료의 할인) ① 우정사업본부장은 보험계약자가 한꺼번에 3개월분 이상의 보험료를 선납(先納)하는 경우에는 그 보험료를 할인할 수 있다.

② 우정사업본부장은 보험계약자가 보험료(최초의 보험료는 제외한다)를 제47조제3항제2호 또는 제3호의 방법으로 납입하는 경우에는 재무건전성을 해치지 않는 범위 내에서 그 보험료를 할인할 수 있다.

③ 제1항과 제2항에 따른 보험료의 할인율 및 할인방법은 우정사업본부장이 정한다.

제49조(보험료의 단체 납입) ① 보험계약자는 5명 이상의 단체를 구성하여 보험료의 단체 납입을 청구할 수 있다.

② 우정사업본부장은 보험계약자가 보험료를 단체납입하는 경우에는 재무건전성을 해치지 않는 범위 내에서 그 보험료를 할인할 수 있다.

제50조(보험료 납입 유예기간) 법 제37조제1항에 따른 보험료 납입 유예기간은 해당 월분 보험료의 납입기일부터 납입기일이 속하는 달의 다음 다음 달의 말일까지로 한다. 다만, 유예기간의 만료일이 공휴일인 경우에는 그 다음 날까지로 한다.

제51조(보험료의 납입 면제) ① 보험의 종류에 따라 보험약관에서 정한 보험료의 납입 면제사유에 해당하는 경우에는 보험료의 납입을 면제한다.

② 보험계약자 또는 보험수익자는 제1항에 따라 보험료의 납입을 면제받으려면 「의료법」 제3조에 따른 의료기관(「의료법」 제3조에 따른 의료기관과 동등하다고 체신관서에서 인정하는 국외 의료기관을 포함한다. 이하 같다)에서 발행한 진단서를 체신관서에 제출하여야 한다. 다만, 공익사업 등 별도의 목적으로 개발된 보험으로서 우정사업본부장이 정하는 보험은 제외한다.

제4절 보험금 등의 지급

제52조(보험금 지급사유의 발생 통보) 보험계약자 또는 보험수익자는 보험기간 만료 전에 보험약관에서 정한 보험금 지급사유가 발생하였을 때에는 지체 없이 그 사실을 체신관서에 알려야 한다.

제53조(보험금의 지급청구) ① 보험수익자가 보험약관에서 정한 보험금 지급사유가 발생하여 보험금의 지급을 청구할 때에는 보험금 지급청구서에 다음 각 호의 구분에 따른 서류 및 법 제27조제1항에 따라 보험약관으로 정한 서류를 첨부하여 체신관서에 제출하여야 한다.

1. 사망의 경우: 「의료법」 제3조에 따른 의료기관에서 발행한 사망진단서 또는 사체검안서(死體檢案書)

2. 장해의 경우: 「의료법」 제3조에 따른 의료기관에서 발행한 장해진단서

3. 질병 또는 상해의 경우: 「의료법」 제3조에 따른 의료기관에서 발행한 진단서 등 질병 또는 상해를 증명할 수 있는 서류

4. 수술하거나 입원한 경우: 그 사실을 증명할 수 있는 서류

② 제1항에 따른 보험금의 지급은 즉시 지급하는 즉시지급 또는 심사에 의하여 지급하는 심사지급의 방법으로 한다.

제54조(보험금의 즉시지급) 보험수익자는 다음 각 호의 어느 하나에 해당하는 경우에는 보험약관에서 정하는 바에 따라 보험금의 즉시지급을 청구할 수 있다.

1. 보험기간이 만료된 경우

2. 보험기간 만료 전에 생존보험금 지급사유가 발생한 경우

3. 그 밖에 우정사업본부장이 정하여 고시하는 사유가 발생한 경우

제55조(보험금의 감액 지급 등) ① 법 제31조에 따라 체신관서는 보험계약의 효력이 발생한 후 2년 이내에 피보험자가 재해 외의 원인으로 사망하거나 제1급 장해상태가 된 경우에는 보험약관에 따라 보험금의 일부만을 지급한다.

② 법 제44조제2항에 따른 보험금의 감액지급률은 지급하여야 할 보험금의 100분의 50의 범위에서 보험사고의 발생률 등을 고려하여 우정사업본부장이 정한다.

③ 체신관서가 법 제44조제1항에 따라 보험금을 감액하여 지급하기로 하였을 때에는 그 지급률을 체신관서의 게시판에 공고하여야 한다.

제56조(환급금의 지급) ① 법 제38조에 따른 환급금(이하 "환급금"이라 한다)의 범위는 우정사업본부장이 정하여 고시한다.

② 체신관서가 환급금을 지급할 때에는 보험계약자로 하여금 보험금 지급청구서를 작성하여 제출하게 하고, 그 신원을 확인할 수 있는 신분증명서로 정당한 권리자인지를 확인하여야 한다.

제57조(공익급여의 지급) ① 체신관서는 수입보험료의 일부를 공익급여(公益給與)로 지급할 수 있다.

② 제1항에 따른 공익급여 지급대상 보험의 종류별 명칭과 공익급여의 지급대상, 지급범위 및 지급절차 등은 우정사업본부장이 정한다.

제5절 대출

제58조(대출금) 법 제41조에 따라 대출을 할 수 있는 금액의 범위는 보험종류별로 우정사업본부장이 정한다.

제59조(대출기간 및 대출금의 이자계산) ① 제58조에 따른 대출금의 이자율은 「은행법」 제2조제1항제2호에 따른 금융기관의 1년 만기 정기예금의 이자율을 고려하여 우정사업본부장이 정한다.

② 이자의 계산 단위는 원 단위로 하되, 그 수입금 또는 지급금에 10원 미만의 끝수가 있을 때에는 「국고금 관리법」 제47조에 따라 그 끝수는 계산하지 아니한다.

③ 대출기간의 계산은 대출받은 날의 다음 날부터 변제일까지로 하며, 대출금의 이자는 보험계약자가 이자 납기일까지 체신관서에 납입하여야 한다.

④ 보험계약자가 대출금의 이자를 이자 납기일까지 체신관서에 납입하지 아니한 경우 미납된 이자는 납기일의 다음 날에 대출원금에 산입된 것으로 본다. 이 경우 다음 납기일부터의 대출금 이자는 미납된 이자를 합산한 대출금을 기준으로 계산한다.

제60조 삭제 〈2011. 1. 12.〉

제5절의2 재보험

제60조의2(재보험의 가입한도) 법 제46조의2제2항에 따른 재보험(再保險)의 가입한도는 사고 보장을 위한 보험료의 100분의 80 이내로 한다.

제60조의3(재보험회사의 기준) 보험의 재보험을 계약할 수 있는 보험회사는 「보험업법」 제4조에 따른 재보험의 영업허가를 받은 보험회사 또는 같은 법 제2조제8호에 따른 외국보험회사로서 다음 각 호의 어느 하나의 요건을 갖춘 자로 한다.

1. 국내외 감독기관이 정하는 재무건전성에 관한 기준을 충족할 것

2. 국제적으로 인정받는 신용평가기관에서 실시한 최근 3년 이내의 신용평가에서 평가등급(이에 상응하는 국내 신용평가기관의 신용 등급을 포함한다)이 투자적격일 것

제6절 모집 등의 업무취급 및 보상금

제61조(보험의 모집 등) ① 다음 각 호의 어느 하나에 해당하는 자는 보험의 모집과 보험료의 수납을 할 수 있다

1. 체신관서의 직원
2. 우정사업본부장이 지정하는 개인 또는 법인

② 제1항제2호에 따른 개인 또는 법인의 자격 및 지정절차 등에 관하여 필요한 사항은 우정사업본부장이 정한다.

제62조(보험 증대 활동의 경비) ① 법 제8조제2항에 따른 보험의 증대와 유지를 위하여 필요한 경비(이하 "보험증대활동경비"라 한다)의 종류는 다음 각 호와 같다.

1. 보험 모집 등 보험의 증대와 유지를 위한 영업을 촉진하는데 필요한 경비(이하 "영업촉진경비"라 한다)
2. 우체국이라는 명칭의 사용료
3. 법 제46조에 따른 부당이득의 징수를 위한 활동에 필요한 경비
4. 제62조의2에 따른 부당이득 신고포상금

② 우정사업본부장은 법 제8조제2항에 따라 영업촉진경비를 다음 각 호의 금액을 합한 범위에서 지급할 수 있다.

1. 모집한 보험금액의 1천분의 2에 해당하는 금액
2. 수납한 보험료의 100분의 1에 해당하는 금액

③ 우정사업본부장은 영업촉진경비를 다음 각 호의 구분에 따른 지급기준을 고려하여 해당 관서에 지급한다.

1. 보험업무를 취급하는 체신관서: 보험의 모집 및 수금 실적
2. 지방우정청: 지방우정청 소속 관서의 실적

④ 보험증대활동경비의 지급방법·지급시기, 그 밖에 보험증대활동경비의 지급에 필요한 사항은 우정사업본부장이 정한다.

제62조의2(부당이득 신고포상금) 우정사업본부장은 법 제46조제1항에 따른 거짓이나 그 밖의 부정한 방법으로 보험금을 지급받은 자를 신고하는 자에게 우정사업본부장이 정하여 고시하는 바에 따라 예산의 범위에서 포상금을 지급할 수 있다.

제63조(보상금의 종류 및 지급대상) 법 제48조제2항에 따른 보상금의 종류 및 지급대상은 다음 각 호와 같다.

1. 모집자 보상금: 직접 모집한 자(모집 형태에 따라 지급률을 다르게 할 수 있다)
2. 관서 영업지원 보상금: 보험업무를 취급하는 체신관서
3. 삭제 〈2020. 12. 17.〉
4. 유지관리 보상금: 보험료를 수납하여 보험계약을 유지·관리하는 자
5. 유공자 보상금: 보험의 모집 및 유지·관리가 우수하여 보험수입 증대에 기여한 공로가 큰 자, 그 밖에 보험사업 발전에 기여한 공로가 크다고 우정사업본부장이 인정한 자(보험사업을 취급하는 체신관서를 포함한다)
6. 모집자 육성 보상금: 제61조제1항제2호에 따른 개인 또는 법인의 육성에 기여한 공로가 크다고 우정사업본부장이 인정하는 자(보험업무를 취급하는 체신관서를 포함한다)
7. 비례보상금: 제61조제1항제2호에 따른 개인 또는 법인 중 우정사업본부장이 정하는 자

제64조(보상금의 지급률 및 지급절차 등) ① 보상금의 지급률은 별표 2의 보상금 지급률의 범위에서 우정사업본부장이 정한다.

② 제63조제7호에 따른 비례보상금을 지급받는 자에 대해서는 우정사업본부장이 정하는 바에 따라 별도의 금액을 보상금에 더하여 지급할 수 있다.

③ 제1항 및 제2항에서 규정한 사항 외에 보상금의 지급방법 및 지급절차 등에 관하여 필요한 사항은 우정사업본부장이 정한다.

제7절 삭제 〈2023. 9. 22.〉

제65조 -제73조 삭제 〈2004. 8. 2.〉

부칙 〈제113호, 2023. 9. 22.〉

이 규칙은 2023년 9월 22일부터 시행한다.

나만의 정리노트